History of debates on the Asiatic mode of production

アジア的生産様式論争史

日本・中国・西欧における展開

福本勝清
Fukumoto Katsukiyo

社会評論社

アジア的生産様式論争史

日本・中国・西欧における展開

＊目次

はじめに

本書はマルクスのアジア的生産様式をめぐる、日本、中国、ヨーロッパのマルクス主義者の論争を、それぞれまとめたものである。各章は、以前、単独の研究論文として執筆されたものであり、読者は冒頭より、数十年前の、各国マルクス主義者の議論に立ち合うことになる。

二十世紀とは、マルクス主義にもとづく政治的実践が、今日とは比較にならないほど大きな意味をもった時代であった。理想社会樹立を目指し社会変革を担う諸個人、政治結社は、みなほとんどといってよいほどマルクス主義により理論武装していた。発達した資本主義国においてさえ、国民の大半を占める勤労者たちは飢えや貧しさに苦しめられており、それらが基本的課題である時、マルクス主義は無類の力を発揮したからである。変革の対象とされた社会をマルクス主義の経済理論や社会理論に照らし理解し、さらに、その理解に依拠し変革のための戦略や戦術を組み立てた。

二十世紀はまた、マルクス主義を標榜する革命政党による政権奪取が成功し、社会主義国家が誕生した世紀でもあった。それは、本来、輝かしい成功であり、マルクス主義にとり喜ばしい出来事であったはずであった。だが、現実に国家として存在した社会主義とは、極めて抑圧的で、理想とは無縁のものであった。マルクス主義が、そのような社会主義国家の教義とされ、抑圧の道具とされたのは、歴史の皮肉以外のなにものでもない。社会主義国において、一旦出来上がった教義は、最高指導者以外のすべての人間に押しつけられた。マルクス主義の信奉者であるか否かにかぎらず、みなその教義に従う以外になかった。社会主義国以外の、資本主義社会やその植民地のマルクス主義者もまた、大多数は、社会主義の祖国の最高指導者の教えに従った。

ただ、そこでは、まだ、マルクス主義の創始者の著作から、直接マルクスの教えを学ぶことも可能であった。

すぐれたマルクス主義者ならば、社会主義の祖国が流布させた教義と、自らがマルクスの著作から学んだマルクスの教えの間に違いがあることに気がついたであろう。

社会主義の祖国の教義は、基本的に、柔軟性に欠けていた。あるいはその理論は創造性に欠けていた。それは、個々のマルクス主義者の努力が足りなかったのでも、また彼らの創造力が足りなかったからでもなかった。それは社会主義国の知の在り方が、最高指導者を頂点として、位階に応じて真理が分有されるシステムであったからである。

すなわち、最高指導者はまったき真理を代表していた。上位の者はより多くの真理を代表し、下位の者はより少なく真理を代表していた。それゆえ、下位の者は上位の者に従い、大衆は指導者に従わねばならなかった。このような場合、下位の者は自らマルクスの著作を学ぶなかで、あるいは日々の実践を通じて、上位の者の理論的な誤りを発見したとしても、より上位の者の支持を得る以外に、誤りを糾せる方法はなかった。結局、もっとも良い方法は、位階をまず自ら上ることであり、そのためにはより上位のものを真似ることが最善の道であった。

諸階級が厳しく対立・抗争している社会において、生死をかけ闘っている革命家たちは、様々な形で結束を固めつつあったが、社会主義国家の誕生以後、一つの教義、一つの党の指導もとに固く団結することが勝利への道であると確信するようになった。マルクス主義者のほとんどがそのような組織論を受入れるとともに、それを乱すことは社会主義やマルクス主義に反する行為であると考えられるようになる。そのような傾向は、指導者たちの、教義による締め付けをよりいっそう可能にするものであった。

上から降ろされてきた教義や理論が、自らが立ち向かう変革対象の把握に役立たない時、あるいは不十分な理解にしかいたらない時、個々のマルクス主義者は、この教義や理論の改良は許されても、教義や理論の破棄や、新しい教義や理論の提出は許されていなかった。結局、理論家であれ実践家であれ、既成の教義や理論を何とかやり繰りしつつ、当座をしのぐしかなかった。すぐれたマルクス主義であればあるほど、自らが使用を許されている思想的理論的な武器と、その武器の十分な利用を拒んでいる現実の差に悩まされることになった。

二十世紀に入り、アジアにおいても、マルクス主義にもとづく革命運動が始まった時、アジアの国々の社会と歴史をどう理解するかが革命家たちの切実な課題となった。西欧起源のマルクス主義にとって、より東方の社会をどう理解するのか、つねに難しい問題であり続けたが、社会主義の祖国が作り上げたマルクス主義教義は、西と東の社会に違いはなく、ただ歴史発展の段階が違うだけだと説明するだけで、マルクスが本来抱いていた独特の「アジア的社会」に対する認識を否定してしまった。

このような困難な状況の中、マルクス本来の意図と、社会主義の祖国の教義との間で、あるいは理論と現実の間で悩み、逡巡するマルクス主義者たちは少なくなかった。だが、かれらの試行錯誤は、教義の側からはほとんど評価されることはなかった。なぜなら、すでに真理が存在する以上、逡巡し試行錯誤する必要はなく、もし行なったとしたら、そのような行為は無駄であったからである。

本書の焦点は、マルクス主義者たちの、その逡巡と試行錯誤にあてられる。

本書冒頭に登場する鈴江言一は、日本人として長く中国革命の協力者として活躍し、かつ日本と中国の共産主義者たちの連絡役でもあった。同時に、彼は、一九二〇年代の中国革命の動向に関して『孫文伝』『中国解放闘争史』などを著述し、この時代の雰囲気をよく伝えると同時に、彼の著作は一九二〇―三〇年代の中国革命史の研究にとっての必読文献となっている。戦前の中国理解という点において、鈴江は中西功とならぶ深い理解を示していた。

鈴江言一『中国革命の階級対立』における中国社会史論は、本書のテーマであるアジア的生産様式論争における彼の理論的な立場を現していると同時に、その理論に対する構え方自体が、上述の、すぐれたマルクス主義者が柔軟性を欠く教義に従った場合における問題性、立場の難しさ、解決の困難さを現している。

本書で取りあげるマルクス主義理論家の多くが、このような難しさのなかで格闘し続けることになる。

第一章　日本におけるアジア的生産様式論争　戦前編

序⑴

鈴江言一『中国革命の階級対立』（原題「支那革命の階級対立」）は、一九三〇年前後の中国革命の趨勢を描いた労作であり、中国革命史研究における古典的著作でもある。同書では、鈴江は民国期中国の社会構造を、当時のコミンテルン及び中国共産党中央の見解を踏まえ、半植民地・半封建的なものとみなす立場をとっている。だが、それにもかかわらず、同書には、そのような半植民地・半封建規定にそぐわない記述が多数頻出している。まず鈴江は、中国における封建制度が、マルクス主義的な意味での封建的生産様式もしくは封建的社会構成ではないことを指摘する。

　中国にかつて存在した封建制度は、十二世紀から十九世紀後半にわたった日本の例のごとき、また八世紀中葉以後ヨーロッパに発生したそれのごとき進歩した形態のものではなく、文字通り原始的なものであった。［中略］

　つまり周において完成した封建制度は、その発生においてヨーロッパのそれにおけるがごとく一つの国家形態から出発したものではなく、征服者の酋長を中心とする一種の宗族制度であり、全体として前者の遠心的関係に対し求心的である。したがって、周王は諸侯に対し家長の地位にあり、諸侯は本質上家長としての周王に義務と敬意を提供していたわけである（鈴江言一、1975: pp.84-85）。

鈴江はそこから、

かくて、結局中国には、ヨーロッパに見るごとき進歩した封建制度は現われなかった。このことは中国が近代国家として発達しなかった重要な原因をなすものである（p.38）。

と述べる。続いて、鈴江は「何故封建制度が実現しないで永い歴史を経過し来ったか」と問い、四川や広東等の少数地方を除いては、中国の各省中、独立国家としての必須条件たる、自給自足の可能性、自然の要害が与うる国境線などを欠くこと、さらに経済生活の中心たる広大な平原は、大規模なそして組織的治水灌漑に死活を制せられていることなどの諸点に言及し、

以上の四点は、（イ）土地が大小さまざまな王侯に分割され、（ロ）農民を農奴として領土に縛りつけ、（ハ）領内の全経済組織を王侯の絶対的私有下におき、（ニ）それぞれの領域において独立の司法、行政権が行使され、（ホ）それぞれに軍隊が養われ、不断に戦争和睦が繰り返される……こうした封建制度の存在を確実に否認するものである（p.88）。

と中国封建制論を否定してみせる。では、殷周国家以来、中国は如何なる生産様式によって構成されていたかについて鈴江は、

つまり中国の経済は、いわゆるアジア的生産方法の一句をもって説明される「同じ程度において同じ技

術をもってする生産過程の限りなき反復」（Varga,Inprekorr.Jg.8,Nr.48）を示していた（p.98）。

と述べる。この記述は、彼がアジア的生産様式論の支持者以外ではありえなかったことを明確に示している。つまり、鈴江は、一九二七年「中共農業綱領草案」において登場したアジア的生産様式規定が、二八年中共六全大会（党第六回全国代表大会）において批判され、半植民地・半封建規定が採用されたにもかかわらず、アジア派の見解を堅持していたことを示している。

その後のソ連における論争において、強い批判に晒されたマジャールやヴァルガなどアジア派がその見解を後退させ、やむをえず、アジア的生産様式の支配は歴史のある時点において封建的生産様式に取って代わられたことを認めたが、それは彼らがアジア派の見解を守るためにとった一種の戦術的妥協であったとみることができる。鈴江もまた同じような戦術をとっていたようにみえる。

厳密にいえば、中国には周の滅亡以後封建制度は存在しなかった。しかし、それは「定義」的に解釈する封建制度を意味する場合であって、こんにちまで維持されてきた官僚ならびにそれと結びつく地主と農民大衆間の支配関係は、明らかに封建的搾取制度のうえに築かれている（p.84）。

……「アジア的生産方法の特徴中、最も本質的な部分、即ち封建的搾取制度」が統一国家のうちに、いっそう整備した形態として現われ、支配階級・被支配階級間の絶対的関係を設定していた（p.100）。

これらにおいて、鈴江が殷周以後の中国の歴史に認めているのは、搾取関係や搾取制度としての封建主義であって、生産様式としてのそれではないのである。では秦漢以後の生産様式はいったいどのようなものであろうか。

（イ）周を最後とする原始的封建制度の崩壊とともに、公式的な意味におけるアジア的生産方法――即

> ち、土地私有制のないこと、国家が巨大な社会的工事の建設を指導すること、協同体制度の強固な存在があること、の三条件を重要な特徴とする――が破壊され、（ロ）これまで土地所有者として農民に対立していた国家の代わりに、神権皇帝と官僚貴族と私的地主が現われ、（ハ）それらの諸要素のもとに、アジア的生産方法に関して最も根本的な特徴をなす「封建的搾取」がいっそう発展した形態として統一国家のうちに確立されたわけである（p.86）。
>
> 土地所有階級の要求として、封建的搾取関係を確立するために生れた統一国家――この国家において官僚が一般被支配者に対する絶対的支配階級であった。彼は国家の私有者、人民の支配者として、そして農村の封建的搾取制度の内部的安定の維持を職務とすることにより、二千年にわたる搾取を続けた（pp.100-101）。

つまり、アジア的生産様式のもっとも根本的な特徴である「封建的搾取」という記述は、秦漢以後の中国の生産様式がアジア的生産様式であるとも、封建的生産様式であるとも、どちらとも言いうる性格づけであり、この曖昧な表現のなかに鈴江の意志が働いているとみなければならないだろう。さらに、このような場合の、「封建制度」や「封建的搾取関係」といった記述は、いわば余剰であり贅述である。それを鈴江は以下のように表現している。

> 中国の統一国家は厳密な意味において封建国家ではなかった。だが、「半封建」国家といえないでもなかった。故にわれわれは、その社会的政治的生活のうえに「封建的」という冠詞をつけることを条件つきで許される（p.67）。
>
> 封建的搾取、前資本主義的搾取の意味に解釈することを前提として、われわれはこんにちの中国に「封建的」の冠詞を用いることができる（p.101）。

つまり、鈴江にとっては「封建的」とは「前近代」を意味する冠詞にすぎない。この冠詞を付することによって正統派に咎められたり、異端に陥ったと見做されることを回避しようとしていたのである。

アジア的生産様式論者であった鈴江言一が師と仰いでいた中江丑吉もまたアジア的生産様式論の信奉者であった。「中国の封建制度に就いて」（中江、1950）において、中江は中国が「封建社会でないとするなら中国は如何なる社会であるか」と問い、「中国はアジア的社会である」と説く。中江はマジャールを援用し、

(1) 土木事業は中央政府の任務なる事、(2) 此と共に若干の大都会を除けば全国は村落団体に解体される、此等は完全な独立組織を有し一つの小世界を形成する事、(3) 人工的灌漑が農業の第一条件にして此は各村落団体・地方区画又は中央政府の任務なる事、(4) 国家が土地の最高の所有者にして自由な土地私有制を欠く事（p.237）

などをその特徴として挙げ、さらに「マルキストであるマ氏が出来るかぎりマルクスの解釈を尊重するのは当然であるが、マルキストでない自分は必ずしもかかる態度に従う必要がないから」上述の諸点についても「出来るだけ自由に解釈する」と述べ、中江流アジア的社会論を展開している。

意外にも、当時の中国在住の日本人マルクス主義者とその周辺において、アジア的生産様式論の支持者はそれほど多くはない。マジャール、ヴァルガ、ウィットフォーゲルらアジア派の著作の影響は大きかったにもかかわらず、鈴江言一のほかは、ウィットフォーゲルの翻訳者横川次郎や、戦後まもなくアジア的社会論を展開する尾崎庄太郎を含めても、極めて少数といわねばならない。

1　日本におけるアジア的生産様式論争の端緒

一九三〇年前後のアジア的生産様式論争の発端が中国革命にあることは、論争史において常に言及される、いわば周知の事実といってもよく、ここで再びそれに言及する必要もないかとも思われるが、行論の関係上、最低限の事実だけはあらかじめおさえておきたい。

一九二七年四月、蔣介石の上海クーデター以後、国共合作は崩壊に向かう。同年夏、武漢国民政府においても国共は分裂し、中国共産党は武装蜂起路線に踏み切る。その後、南昌蜂起、秋収蜂起、広州蜂起等を敢行するも、いずれも失敗に終わり、中国革命は退潮に転じた。同年十一月、中共中央政治局拡大会議における「中国共産党土地問題党綱領草案」(2)——一般には中共農業綱領草案と呼ばれている——は、当時の中国の社会構成をアジア的生産様式にもとづくものと規定、その後の論争の発端となった。このアジア的生産様式規定は、翌年夏、モスクワで開催された中共六全大会「土地問題決議」における「半植民地・半封建」規定の採択により、明確に否定される。

この農業綱領草案におけるアジア的生産様式規定を実現させたのは、一九二七年夏、コミンテルンより中国に派遣され、中国革命を指導したロミナーゼの強い働きかけといわれている。だが、ロミナーゼをアジア的生産様式論に向かわせたものは、彼個人の中国認識やトロツキー流の「間断なき革命」論ではなく、むしろコミンテルン中国専門家が共有していた、中国社会ひいてはアジア社会に対する強い違和感、中国異質論もしくはアジア異質論ともいうべきものであった。特に彼らは、伝統中国の社会が封建主義であるとの「半封建規定」に強い拒否感を示した。それゆえ、「半植民地・半封建」規定が公式に採用されようと、そのような違和感が残っているかぎり、議論の根は常に残ることになった。

それは、まずヴァルガ、マジャールといったコミンテルンの中国通、中国専門家によって、明確に表明されることになったほか、ソ連内の少なからざる東洋研究者の支持を得ることになった。また、彼らと交流のあったウィットフォーゲルもまたアジア派の代表的理論家として論壇に登場する。

問題をひどく複雑にしていたのは、これもまたよく知られているスターリンとトロツキーの、中国革命をめぐる厳しい対立であった。その構図のなかで「間断なき革命」論の主張者ロミナーゼがアジア的生産様式論を主張し、スターリニスト・ミフがそれを真っ向から否定していた。ミフやその後ろ盾たるスターリンからみれば、中国に封建制を認めないことにおいて、アジア的生産様式論＝トロツキズムであった。本来は交わるはずのないトロツキズムとアジア的生産様式論が、そこで不幸な遭遇を喫することになる。

だが、マジャール等アジア派の真の不幸は、トロツキズムとの疑いをかけられたことにあったのではない。猜疑心に満ちた独裁国家において、独裁者の敵と関係がある、関係が深いと思われることは、禍の到来を予感させるものではある。だが、後にウィットフォーゲルが述べるごとく、アジア的生産様式論の罪はアジア的生産様式論そのものの内部にあった。歴史発展の多様な展開につながるアジア的生産様式論は、ロシア革命やソヴィエト社会主義の普遍性を危機に陥れかねなかった。かの独裁者スターリンの『弁証法的唯物論と史的唯物論』（一九三八年）を読めば、そこにはアジア的生産様式論を受け入れる余地は全くないことが理解できるはずである。

さらに一つ、一九三〇年前後におけるアジア的生産様式論争に触れる前に言及しなければならないのは、それが一体どのような理論的根拠に支えられたものか、とくにマルクス・エンゲルスの古典との関係において、どのような論拠を持つものなのか、ということである。

当時、アジア的生産様式に関して知られていたことは、マルクス『経済学批判』「序言」（一八五九年）の、「大ざっぱにいって、経済的社会構成が進歩していく段階として、アジア的、古代的、封建的、および近代ブルジョア的生産様式をあげることができる。ブルジョア的生産諸関係は、社会的生産過程の敵対的な……形態の最後のものである」(3)という、あまりにもよく知られた一節のほか、『資本論』第一部の「商品の物神的性格とその秘密」において「古代アジア的な生産様式」とひとこと言及されているだけであり、直接的な根拠としてはこの二つの記述だけであった。さらに、アジア的生産様式に関連あるものとしては、一八五〇年代以降、インドや中国に対するマルクスやエンゲルスの関心が高まるにつれ顕著となっていた、『ニューヨーク・デイリー・トリビューン』への寄稿記事、資本論各巻、或いは両者の書簡、とくにマルクスの「ヴェ・イ・ザスリーチへの手紙への回答」下書き（一八八一年）にみられる、アジア的な共同体や東洋的専制国家に関する記述である。戦後の論争、特に一九六五年以後再開された論争において、決定的な意義をもつことになる『資本制生産に先行する諸形態』の刊行は一九三九年のことである(4)。『諸形態』のアジア的共同体をアジア的生産様式に等置してよいかどうか議論の余地はあるが、戦前の論争は『諸形態』のアジア的共同体論をも知ることができなかった点において、初めから大きな不利を抱えていたといわざるをえない。

戦前におけるアジア的生産様式論争の概略については、戦後まもなく、服部之総（1948, 1949）、尾崎庄太郎（1949）、秦玄龍（1951）などによって、さらに一九六五年――すなわち第二次論争勃発――以後においては、沢田勲（1972）、川口勝康（1974, 1975）、小野沢正喜（1982）、田中慎一（1983）などの諸家によって幾度も論じられており、とくに沢田（1972）、川口（1974, 1975）は詳細に論争過程を追っており、論争史の詳述において、筆者がそれらに付け加えるものはほとんどない。

さて論争史を概括すれば、戦前日本のアジア的生産様式論は大別して二つのグループに分れる。第一のグループは、服部之総、野呂栄太郎、羽仁五郎、平野義太郎らに代表される。彼ら――後の講座派――のアジア的生産様式論は、当時労農派との間で熾烈に争われていた封建論争（資本主義論争）における、封建遺制や半封建制の苛酷さを説明するためのものであり、特にその上部構造＝絶対主義国家の性格づけに利用されたものといえる。このような利用の仕方は、戦後しばらく流行した共同体論と同じ側面をもっている。つまり、一つの大きな歴史時代を規定する主要な生産様式や社会構成体としてではなく、幾つかの生産様式や社会構成と共存しうるような経済制度（ウクラード）や、あるいは主要な生産様式に対し強い影響を及ぼしつつ、主要な生産様式とともに社会構成体を構成する副次的生産様式としてアジア的生産様式を考えるものである。

このグループの最大の関心は、常に彼らが生きている時代そのものの社会構造の解明であった。その点において彼らは、中国革命の性格規定をめぐって、或いは中国革命を挫折せしめた社会構造及び階級情勢の規定をめぐって、ソ連及びコミンテルンにおいてはアジア的生産様式論争が勃発し、中国においては社会性質論戦及び社会史論戦が起こったのと、同じ関心のもとにあったといえよう。

第二のグループは早川二郎、相川春喜、秋沢修二など、主に古代史論争に携わった人々である。伊豆公夫、渡部義通らもアジア的生産様式に関する言及は少ないとはいえ、上記三人と同じく古代史論争の参加者であり、第二のグループに属すると考えてよい。一九二〇年代末から一九三〇年代後半にかけての論争全体を俯瞰するならば、当初はともかく、論争の主戦場は日本古代史の社会構成規定をめぐってであり、当然、論争全体を主導していたのは彼らであったといってよい。なかでも、早川二郎の頑張りは特筆すべきものであり、初期の跳びこえ論から、国家封建主義説、後期の貢納制論へと、矢継ぎ早に理論構想を提起した。早川は、けっして日本古代史に奴隷制的生産様式の存在を認めようとはしなかったが、その粘りが論争を簡単に終わらせることなく、相川や秋沢らの批判を招くとともに、早川の新たな問題提起もしくは新たな構想の提起へとつらなり、さらに論争を深化させることに繋がった。

第三のグループは中国研究者のアジア社会論である。冒頭において、鈴江言一及び中江丑吉のアジア的生産様式論を紹介したが、中国在住の彼らのアジア的社会論が在京の理論家たちの評判になることはなかった(5)。むしろ戦前日本において、マルクス主義的なアジア論は、マジャール、ウィットフォーゲルといった海外のアジア派の著作によって直接読者のもとに届けられていたのであり、ソ連におけるアジア的生産様式論争の帰趨が、アジア派に圧倒的に不利になっていたにもかかわらず、彼らの著作は翻訳・出版され続けられ、左翼論壇に大きな影響を与え続けていた。そこから、ウィットフォーゲルの翻訳に携わっていた平野義太郎、森谷克己、横川次郎などに対する高い評価も、幾分か余分に生じていたと思われる。中国及び朝鮮史研究者のなかで、前記早川・相川・秋沢らに伍して論争に加わったのは、森谷一人であったといってもよい。当時、総合誌や左翼雑誌に寄稿していた中国研究者や中国通は少なくなく、また旧態依然たる東洋史学界のなかにも、新しい理論的な模索を志す人々が登場しはじめていたにもかかわらず、第一や第二グループに対して、このグループの人々の劣勢は明らかであった。

上記アジア派の代表者たちの主要なフィールドは中国もしくはアジアであり、当時、中国こそアジア的生産様式がもっとも適用しやすい社会であったはずである。

だが、実際には、当初より中国（中国史）に対するアジア的生産様式論の適用には大きな無理があったと思われる。アジア的生産様式の根本的な指標は三つあった。一つは灌漑・治水を主要な内容とする大規模公共事業、ついで国家的土地所有、もしくは私的土地所有の不在、さらには「互いに孤立した共同体」である。

まず、国家形成における灌漑や治水の機能に大きな比重を置く議論は、当時のマルクス主義的歴史発展論に馴染まず、環境決定論や地理学的決定論と批判を浴びることになった。いわゆる「水浸しの理論」といった揶揄が行われた所以である。また、誰もが知っているように、中国史において私的土地所有は長い歴史を有する。この矛盾については、戦後、ウィットフォーゲル『東洋的専制主義』における「弱き所有」の概念で説明がつけられることになる。

それゆえ、東洋的専制主義（オリエンタル・デスポティズム）の基底に置かれるべきは、大規模公共事業ではなく、「孤立した農業共同体」であるということになる。実際のところ、アジア的生産様式論者もしくはアジア的社会論者にとって、この比重の移動は、やむをえぬ選択であった(6)。この「孤立した共同体」に比重を置いた東洋的専制主義もしくはアジア的生産様式についての議論は、第三のグループばかりでなく、早川、秋沢など古代史論争参加者の中国社会論（アジア社会論）にも見ることができる。それは、当時、なかば常識化された見解であった可能性がある。

実際のところ、今日的視点からみれば、このような「孤立した共同体」による中国社会の理解は、たいへん疑問の多いものであった。だが、それに気がついたのは、戦後しばらくのことであった。決定的な転回点は、一九三〇年代から四〇年代にかけ、華北を中心として行われた満鉄の慣行調査である。調査は、中国に村落はあれども、その村落はけっして我々の考えているような共同体ではないこと、或いはなかったことを明らかにしたのである。

もちろんそのような結論は、原始社会から古代にかけて、氏族社会の崩壊以後に一時期、地縁的な共同体が存在した可能性までも否定するものではなかった。だが、もしそのような地縁的な共同体が存在したとしても、古代社会の崩壊以後はそれも失われたと考えられている。だが、専制国家の重圧により、農村における共同体は次第に姿を消していく。残されたものは家父長制的な世帯共同体もしくは強固な同族組織であった。すなわち、少なくとも隋唐以後の農村社会には、村落はあれども、村落共同体なるものは存在しなかったこと、つまりその意味において民国期とほぼ同じ状態にあったことを想定せざるをえないのである。

だが、当時、慣行調査が行なわれ、調査資料が出始めたにもかかわらず、この「孤立した共同体」による中国社会論の横行はやむことがなかった。近代以前の伝統的農村社会の村落が共同体ではなかったなどと誰も信じることができなかったのである。どのように優れたフィールドワークであったとしても、調査結果がそれまでの常識と異なったものであった場合、それを受け入れるのにはやはり時間がかかるといわざるをえない。慣行調査の場合、その成果を消化するには一段の時間が必要であり、戦後まもない福武直『中国農村社会の構造』(1946) から一九七〇年代の旗田巍『中国村落と共同体理論』(1973) までの、二十数年間がそのような意味での、我々の納得のための時間であったといえる。筆者は中国研究の末席に座るものとして、このことを力説せざるをえない(7)。

中国史におけるアジア的生産様式論の適用は、「孤立した共同体」によって基礎づけるのではなく、あくまでも前二者、すなわち治水・灌漑等大規模公共事業による早期における国家形成、私的土地所有の欠如(ウィットフォーゲル説による)によって、説明されるべきであったと考える。

2　論争の枠組とその変遷

(1) 論争の始動へ向けて

一九二〇年代後半の中国革命をめぐってのアジア的生産様式論争と同じように、日本におけるアジア的生産様式論は、近代日本の社会構造の特質にかかわるものとして、資本主義論争＝封建論争に随伴しつつ、一九二〇年代末に論壇にその姿をあらわした。

海外の理論動向に敏感であった日本の左翼論壇にアジア的生産様式論が紹介されたのは、はやくも一九二七年、リャザノフ編『マルクスの支那インド論』の編序においてであるといわれ、さらにその後ヴァルガ、マジャール等のアジア的生産様式論が紹介され、同時にそれらへの批判としてミフ、ドゥブロフスキー、ヨールク等の論考が次々に翻訳される。

論争のその後に対し大きな影響を及ぼしたと思われるものは、やはり野呂栄太郎（1929）における、かの悪名高き「国家＝最高地主」説である。「国家は最高地主であり、……我国の地租は、その伝統的観念においても、またその実質においても、地代の形態と本質的に異なる何者でもあり得ない」として、明治初年における地租改正の意義を否定し、半封建論の理論的根拠の一つとなった、この「国家＝最高地主」説は、その後、労農派から厳しい批判にあったにもかかわらず、基本的に維持される。

この奇妙な理論の依ってきたるところが、野呂等の「「いわゆるアジア的生産様式」によって特徴づけられた我が国の封建制度」についての独特な理解にあることは言うまでもない(8)。日本のアジア的生産様式論は、講座派においてはその半封建論の補強理論となり、一種のアジア的停滞論の日本版＝日本的停滞論として、その役割を担ったといえる。

このようなアジア的生産様式の理解とその利用が正当なものであったかどうかは別として、封建論争（日本資本主義論争）において、日本封建制及び近代以後の半封建制論の根幹といってもよい部分にアジア的生産様式論が取り入れられたこと、そのことの意義は絶大であった。というのも、一九三〇年代前半から中葉にかけ、アジア的生産様式論争が華々しく行われたのは、ほかならぬ日本のみの現象といってよく、そこに、輝ける講座派の理論的指導者たる野呂が、明確にその理論的枠組にアジア的生産様式概念を組み込んだことの意義の大きさがある。アジア的生産様式論は、講座派＝半封建論者たちにとって異端の学説というより、つねに関心を向けるべき歴史理論の一つであった。それゆえ、封建論争ならびに古代史論争においても、講座派につながる理論家たちがアジア的生産様式を論ずること――それを肯定するか否定するかにかかわらず――に何の躊躇も迷いもなかったことは、それが講座派歴史理論にはっきり位置づけられていたこと、その意義の大きさを見逃すことはできない。

羽仁五郎「東洋における資本主義の形成」（1932）におけるアジア的生産様式論もまた、この野呂と同じ視角から論じられており、羽仁がヨールク的見解を採ったということ以上に、ここにおいては、野呂の視角（講座派的な半封建論の補強）が継承されていることが重要である。つまり羽仁においては、ヨールク、ゴーデスの見解が受容されたように見えながら――平野においてはウィットフォーゲル説の受容に傾いていたように見えるが――本質的には野呂の視角の継承の線において受容したのであって、諸家それぞれの本格的なアジア的生産様式論の展開ではなかったと考えられる。

その点において、講座派にとって、ヨールクの見解の方が、ゴーデス説以上に都合のよいものであった。というのも、ヨールクがアジア的生産様式の独自な社会構成の内容を否定するあまり、アジア的生産様式とは小農的生産やマニュファクチュアと同じような、一種の労働技術の様式にすぎないと、その概念の縮減をはかったため、かえってアジア的生産様式を古代から解放し、その後の社会構成体の性格づけに利用しやすくなったといえるからである（ヨールク、1931）。皮肉なことに羽仁、平野等がヨールクから得たものは、マジャール批判ではなく、かえって疑問の多い、価値を減じられたアジア的生産様式（社会的技術的労働様式）である。基本的には半封建論及び明治国家＝絶対主義説の理論的補強を、アジア的生産様式論から得ている。

アジア的生産様式をめぐる本格的な論争は、一九三三年春、早川二郎「日本歴史とアジア的生産様式論争」の発表以後、ようやく始まったといってよい。その際、誰もがその存在を考慮しなければならなかったのは、ゴーデスの見解であった。ソ連内のアジア的生産様式論争の一大分岐点であった、一九三一年、コム・アカデミー主催のレニングラード討論会において、もっとも華やかな役割を演じたのがゴーデスであり、そしてスターリンの意の通り、ゴーデスは、マジャール等アジア派のアジア的生産様式論を葬ることに成功した。ゴーデスの主張は極めて単純であった。いわゆるアジア的生産様式＝清算論である。一八五〇年代のマルクスは、東洋に関する諸科学がまだ未熟な段階であったという影響から免れていない。そして何よりもモルガンを知らなかった。その後、モルガン『古代社会』により、原始社会から階級社会への歴史発展が解明され、それにもとづきマルクス・エンゲルスは、未熟であった五〇年代の歴史発展論（『経済学批判』「序言」）を再検討し、そしてそれを最終的に放棄した。それゆえ、そのような限界を有する五〇年代のマルクスの言説をもって、あらためてアジア的生産様式論を展開することは、理論的に誤まりであり、さらに、それはマルクス主義や社会主義の敵に手を貸すことになる、とアジア派に与する理論家や研究者たちを恫喝したのであった（ゴーデス、1932）。

(2) 論争の様相

尾崎庄太郎（1949）は、戦前の国際的論争のあとをそれぞれの立場にしたがって大別し、次のように分類している。

(1) アジア的生産様式否定論、もしくはその生産様式概念は単に技術的な構成をなすものにすぎないものとするもの。その代表者はヨルク。

(2) 仮説論。初期の時代に仮説として提起されたが、後にモルガン「古代社会」を知るに及んで棄てられたとするもの、ゴーデスに代表される。

(3) マルクスには、アジア的生産様式という概念は存在するが、歴史的にはそのような生産様式の存在した社会は実証されないとするもの。

(4) 奴隷制に先行する前階級社会で、普遍的に存在したとするもの、森谷克己等。

(5) 過渡的段階説。早川二郎（貢納制説）、ライハルト等。

(6) 最初の敵対社会であり、普遍的に存在していたとするもの。平野義太郎、相川春喜、初期のコヴァレフ。

(7) 奴隷社会のアジア的変種説。コキン、スツルーヴェ、呂振羽等。

(8) 国家封建主義もしくは封建制のアジア的変種説。初期秋沢、初期早川。

(9) 奴隷制時代には奴隷制のアジア的変種、封建制時代には封建制のアジア的変種。後期コヴァレフ。秋沢、赤松、佐野等はこれに近かった。

(10) 原始共同体から封建制社会への過渡的段階説。あるいはもっと漠然と、これらの時代におけるアジア社会の特質であるとするもの。伊豆公夫、羽仁五郎等。

(11) 原始社会―アジア的構造―資本主義社会へと進んだとし、アジア社会には奴隷制も封建制も存在しなかったとするもの。ウィットフォーゲル説。

この尾崎の分類では、奴隷制のアジア的変種説としてコキン、B・B・ストルーヴェ、呂振羽の名があがっている。だが、コキンはパパヤンとともにマジャール派の中核であり、一九三〇年、コキン・パパヤンの共著として『井田――中国古代の農業体制』(補)を発表している。その序文はマジャールが書いていたように、彼らはいずれもアジア的生産様式論の積極的な鼓吹者であった。たしかに、一九三一年のレニングラードの討論会では、コキンは奴隷制の変種説に与したかのようにみえるが、それは自説すなわちアジア的生産様式概念を守らんがための妥協であり、それを、上記のような分類で処理してしまえば、論争の本質が見えなくなってしまうであろう。

すなわち誰が何を言明したかより、本来何説に与していたのかが重要である。また、さらに彼らが何説に与していたか以上に、論争参加者が何を意図して論争していたのか、彼らの理論的な構えの方が重要なのであり、その彼らの理論的変遷にも大きな意味を認めなければならない。その点において、早川二郎、相川春喜、秋沢修二という、もっとも重要な三人の理論家たちの見解とその推移こそ注目されるべきであろう。それは、日本におけるアジア的生産様式論争の理論展開そのものであったからである。

(3) 論争の深化

ありていに言えば、一九三三年以後、その突然の死に至るまで(一九三七年十一月)、日本におけるアジア的生産様式論争は、早川二郎を中心として展開していた。一九三三年三月の、「日本歴史とアジア的生産様式」と、その後の早川・相川論争は、それまで少しずつ行われていた論争が、ようやく明確な相互の批判の応酬と、それに続く理論的発展という形をとるにいたったことを示していた。ただ、論争の発端となった早川・相川論争それ自身は、それほどレベルの高いものではない。早川が奴隷制跳びこえ論(それはけっして早川が発明したものではない)を唱え、それに対し相川が、その跳びこえ論に非常な無理があることを指摘しただけのものであったからである。

たとえば早川は社会構成を跳びこえた例として、ゲルマン人たちにおける古典的構成(奴隷制社会)の跳びこえをあげ、「日本人もゲルマン人と同じく、支那の文明を承け継ぐことによって古典的構成を跳びこえることができた。その土台となったのは生産諸力の急激な発達であった」として、古代日本社会は氏族制の解体から農奴制――アジア的封建制すなわち王朝時代の国家的土地所有制、これが初期早川にとってのアジア的生産様式――へ移行したと主張したが、この跳びこえ論(封建制への直接移行論)の論拠が単にヨーロッパ史のアナロジーであるかぎり、つまりゲルマン人に起きたことは日本においても起きうるといった程度のものであるかぎり、それに論難を加えることはたやすかったはずである。

しかし跳びこえ論における早川の国家的土地所有＝アジア的生産様式説の理論的根拠はマジャール『中国農村経済研究』第一版の巻頭に付されたモスクワ「中国問題研究所編輯局」による批判的序文の見解に由来する。この中国問題研究所編輯局序文の見解は、ゴーデス的見解とあいまって、当時の封建論争において、徳川封建制国家的土地所有説もしくは徳川封建制国家封建主義説を唱える講座派（羽仁、服部等）の主張を補強するものとして利用されている。早川は徳川期における国家的土地所有については服部等を厳しく批判している。それを古代史に限定し、王朝時代＝国家的土地所有に立脚する農奴制説を唱えたということができる。

早川におけるアジア的生産様式＝アジア的変種の封建制＝国家封建主義説は次第に形を整えていく(9)。早川跳びこえ論の弱みは、跳びこえを可能にした大化（改新）以前の時代の社会構成に関して、十分な検討がなされていなかったことにあった。早川は一九三四年十二月、「東洋古代史における生産様式の問題」において、アジア的な古代社会は氏族制崩壊過程における貢納制＝アジア的生産様式を経て、王朝期の国家封建主義に移行し、それがさらに典型的封建主義に転化すると論じた。この後期早川＝貢納制論が初めて展開された『歴史科学』一九三四年十二月号は、同時に、コヴァレフ「奴隷所有者的構成」論が掲載されている。貢納制＝アジア的生産様式論を展開する早川は、その後、コヴァレフ説を受容し、奴隷所有者的社会構成の普遍性を認めるにいたる秋沢、渡部等など古代史研究者たちに包囲され、互いに分岐を深めていくことになる。

他方、相川は当初、日本における奴隷制の否定へと勢い込む早川の揚げ足をとっていた感もないわけではなかった。だが、それも、三三年十二月「「アジア的」観念形態への傾向「アジア的生産様式」とゴーデス的見解」あたりから、論理的に整ってくる。『ドイツ・イデオロギー』（一八四六年）における所有の第二形態の移相ともいうべき「共同体的私有」（共同体の私有財産）を理論的足場に、独自の社会的構成体としてのアジア的生産様式論を展開するようになる。

アジア的生産様式＝「共同体的私有」にもとづく家父長制的奴隷制とする相川のアジア的生産様式論は、原始共同体から古典古代的生産様式への過渡としては、一応うまくつながっているかにみえる。原始共同体→共同体的私有＝家父長制的奴隷制→奴隷制的社会構成体（一方の側に古典古代的共同体＝ローマ市民・奴隷所有者、他方の側に共同体から剥奪された奴隷層）。だが、マルクスの「アジア的社会論」は、そのような継起的発展や段階論の図式が実際のアジア社会の歴史とはうまく繋がらない、実際のアジア社会の経済社会構成をうまく説明できないところから生れたものである。

相川は、アジア的生産様式は古代アジア的生産様式でなければならないと力説する。相川は古代アジア的生産様式が灌漑に深く結びついていることを否定しない。だが、それは共同体的土地所有及び国家的土地所有との関わりを通して、灌漑を考えるのであって、その逆ではない。それゆえ、前記共同体的土地所有→共同体的私有→古典古代的共同体と奴隷制、というシェーマが崩れることはない。相川は「奴隷所有者的構成とコヴァレフの見解」（1935a）において、「共同体的私有財産」なる弁証法的移行の一過程を構造的矛盾の発展として捉えること――すなわち「共同体的私有＝構造的矛盾の発展」、発展の自然成長性――、コヴァレフにはその視点がないこと、それゆえコヴァレフは共同体的所有から私的所有への弁証法的移行の具体的変遷を論理化できず、両者の共存から、ただ共同体的所有に対する私有の質的優位を説くのみであると、批判している。

さらに相川は、早川や秋沢修二とは異なり、アジア的社会論の一種の偏向に敏感であり、アジア的生産様式論やアジア的社会論ばかりでなく、理論家たちがアジアを問題にする時、そのアジアがつねに負の符号を偑びることを警戒し、警告するのが常であった。

相川の理解に対し秋沢は、相川のアジア的生産様式論が、共同体的私有の矛盾を中心に展開するとしても、その実態は家父長制的奴隷制であり、奴隷制の一タイプにすぎず、結局のところ「奴隷制の発展の一段階であって、先奴隷所有者的構成としての独自の敵対的社会経済的構成をなすものでは断じてない」と一蹴している。さらに秋沢は相川の虎の子である「共同体的私有」が、『ド・イデ』において、所有の第一の形態＝種族奴隷制ではなく、所有の第二の形態、古代的な共同体的所有もしくは国家的所有から奴隷所有者的生産様式が発展する、その過程における矛盾として述べられているのであって、先「古代的」な社会経済的構成や独自な先「古代的」な生産様式を構成するものとして述べられているのではないと、厳しく批判する（「奴隷所有者的社会経済構成の意義」、1935b）。この秋沢の指摘はしごく当然のものであって、アジア的生産様式論を補強するために『ド・イデ』を活用するとしたら、所有の第一の形態である部族的所有とそのもとにおける種族奴隷制からその発展の論理を導き出すのが、やはり理にかなっており、早川もまた批判するように、この「共同体的私有」からは崩壊期の共同体を導きだすことはできても、地代＝租税の一致を伴う「土地国有」や「アジア的専制政府」などを導きだすことはできない（早川、1936: p.119）。

だが、上記の秋沢の厳しい相川批判にもかかわらず、相川に対する秋沢の関わりは微妙である。特に、三四年十二月の相川による早川批判において提出された視点、部民及び律令制下の共同体農民の性格規定を、秋沢は継承している。早川は部民及び共同体農民が奴隷であることを一貫して否定していた。それに対し相川は、部民や律令制下の共同体農民（公民）を奴碑と相関させ、部民や公民を半奴婢的傾向にあるものと規定、奴隷的な存在へと牽引させることによって日本的奴隷制を基礎づけようとした（1935b）。この相川の手法（奴婢制による部民制の奴婢化への牽引）が、以後秋沢によって摂取され、アジア的生産様式論の否定、日本古代史における奴隷所有者的構成体の確立に結実する。奴隷制の日本的形態は、この日本奴婢制と日本的変態奴隷制としての部民制との必然的な連関、結合の上に成立していると秋沢（1936）がいう時、渡部義通『日本古代社会』（1936）における日本的奴隷制の規定、「規定的奴隷たる奴婢制とその発展を槓桿として起こった部民（変形奴隷制）との必然的な連関＝結合」に完全に一致するのをみる。

（4）奴隷制の勝利

コヴァレフ（1934）は、原始社会から奴隷制への発展の「例外なくすべての国に於ける」「一般的合則性」を認めるとともに、経験的事実としては「奴隷制が大多数の国々で発展し農奴制に転化した」というレーニン的措定を強調した。この新見解は「古代東洋を封建制社会と認める見解」に「対置」されたもの、従って「国家封建主義」説に対する一つの方法論的批判たりうるものとして、日本新興史学界に出現したと相川は言う

(1935a)。「その発生から頽廃までの古代社会の発展の弁証法を、本質的矛盾の発展の弁証法として説明する」ためには「古代的生産様式の最も本質的な方面、その基本的矛盾の分析から始める」ことが必要であるとコヴァレフは語る。それゆえ、その新見解は「奴隷の Revolution が奴隷所有者を清算して勤労収取の奴隷所有者的形態を廃絶した」というスターリンの言葉(一九三三年コルホーズ突撃隊第一回全同盟大会の演説)を以って旋回している。スターリンは語っている、古代社会崩壊の要因は何よりも先ず奴隷とその同盟者コロヌス、都市手工業者の変革的抗争に求められねばならない、と。

もし、最初の階級分裂が奴隷と自由民ならば、奴隷制的社会構成へと展開するのは、秋沢の論理=歴史的方法によっては必然的である。本来、秋沢は一九三四年末、大化の改新以後=国家封建主義説によって、早川とほぼ同じ立場にたっていた。この国家封建主義は、奴隷制へ向かうべき経路が条件の未成熟によってやむをえず辿ったものであった。それゆえ、秋沢がコヴァレフ説に触れたとき、改新以後=奴隷制へと見解を変えるのは当然であった(10)。

最初の階級分裂が奴隷所有者と奴隷であったこと、それゆえ最初の階級社会が奴隷所有者的構成であり、原始共産社会に続く社会発展の必然的な歴史的段階である、これは単純であるが、論理的であり、かつ説得的であった。だが、問題は古典古代的社会構成(ギリシア=ローマ的古代)における奴隷制が労働奴隷制であり、それは商品生産の発達に伴い展開したものであったことである。ギリシア=ローマ以外の商品生産が未発達な古代社会において、労働奴隷制もしくは大規模な奴隷制度が欠如していること、したがって、そのような古代を奴隷所有者的構成の範疇に含めることはできない、早川ばかりでなく秋沢も一九三四年末の時点ではそうは主張していた(「日本における国家的土地所有の問題」1934)。だが、コヴァレフのいう「古代史研究の領域における「レーニン的段階」の確立」、それが秋沢を普遍的なる奴隷所有者的構成の承認へと進めさせることになった。「奴隷所有者と奴隷! これが最初の階級的大分裂である」(レーニン「国家について」)など、レーニンの著作に顕著にみられる歴史発展段階の継起的序列「原始社会—奴隷制—農奴制」を普遍的な歴史的発展段階の序列として確立すること、それがコヴァレフの「レーニン的段階」の確立であった(11)。

コヴァレフをなぞりながら秋沢は「弁証法的普遍的範疇としての「奴隷所有者的構成」の概念は、云うまでもなく、ギリシア=ローマ的な謂わば「古典的奴隷制」を排他的に意味するものではない」、つまり古典的奴隷制以外の奴隷制をも含めて奴隷所有者的構成は歴史的普遍的範疇として定立されると主張する（1935b）。コヴァレフと違うのは、秋沢が執拗に弁証法的普遍的範疇とか歴史的普遍的範疇といった観念的な言辞を振り回すところである。相川春喜は熱狂的な山田「分析」の徒であったが、構造的基底性、相互規定的相関関係といった用語からも、秋沢もまた山田「分析」に大きく影響されていたことがわかる。相川の「共同体的土地私有」がその構造的矛盾によって、共同体的土地所有（原始共同体的生産様式）→共同体的土地私有（アジア的生産様式）→共同体（奴隷所有者）と奴隷からなる古典古代的生産様式、へと自己展開するのに比して、秋沢においては、氏族制度と国造制度、部民制と奴婢制等は、それぞれの間に交互作用的弁証法的関係が成立するとともに、これら弁証法的関係の発展により、共同体的諸関係を崩壊せしめ、日本型奴隷制が生成するとされる。

だが、この構造的矛盾（相川）も弁証法的矛盾物（秋沢）も、畢竟、理論的な概念に過ぎない。理論的な概念が次々と歴史発展の諸段階、社会経済的諸構成を生み出したとしても、それは単に観念の世界の上でのことである。現実とそれを取り違えることは許されない(12)。

それに対し早川は、一貫して奴隷制否定派であった。彼のアジア的生産様式論（国家封建主義、貢納制）は、奴隷制の拒否とイコールであったといえる。それゆえ、コヴァレフ説の登場に対しては、秋沢のようにそれを受容するのではなく、貢納制論へと展開した自らの理論的発展をいっそう強化することによって、急速に影響力を増していくコヴァレフ説に対抗せんとしたのであった。

だが、日本においても、歴史発展における奴隷所有者的構成の普遍性を主張するコヴァレフ説の受容が大勢を占めるにつれ、孤立を深めた早川は、一定程度の後退を余儀なくされる。それが、奴隷所有者的経済制度（ウクラード）は認めるが、奴隷所有者的構成は拒否するという、「東洋社会に奴隷所有者的構成はなぜ存在しないのか」（1935b）の立場であった。まさにそこに早川の苦悩が滲んでいる。だが、『古代社会史』（1936）では、より完成度の高い貢納制論を展開している。

早川によれば、貢納制、とくに狭義の貢納制＝アジア的生産様式である。原始共同体の解体期において、貢納制は共有の対立物として――具体的には共同体による共同体の征服により――生まれながらも、共同体的諸関係の保存とよく両立し、そしてその共同体的諸関係の残存が奴隷制的社会構成への発展を妨げ、国家封建主義＝アジア的封建制を成立させる。貢納制は理論的には奴隷制的社会構成への過渡でもあると早川は述べる。だが、アジア的社会において、それは共同体的諸関係の強固な残存により妨げられ、実現することはないのである。

上記の早川の構成（フォルム）と制度（ウクラード）の区別を盾にとった「奴隷所有者的構成の欠如」説に対し、秋沢は、早川が「奴隷制の一定形態、或いは奴隷制の一定発展段階たるギリシャ＝ローマ的な「古典的奴隷制」のみを排他的に奴隷所有者的構成と理解して」（1935b）いる点を批判する。「奴隷制が単なる「経済制度」に止まって、奴隷所有者的構成を決定し結実していない場合は、奴隷制が殆ど未展開で、未だ支配的なものとならず、奴隷所有者的構成の単なる萌芽に過ぎない場合か、或いはそれが既に次の社会経済的構成のうちにあって、奴隷所有者的構成の単なる遺物であって、従って支配的なものとなっていない場合か何れかである」（1935b）。大化改新以後の律令期はそのいずれでもない以上、奴隷制社会以外のなにものでもない、そう秋沢はいわんばかりである。当時の「日本歴史教程」に集った古代史研究者は、早川を除けば、その他はみな秋沢と同じく、日本の国家成立期には、すでに奴隷制が支配的な段階に入っていたと認めたのであった。

では奴隷所有的構成の普遍性を認めてしまった秋沢にとって「アジア的生産様式」とは何であろうか。「所謂「アジア的生産様式」とは、アジアの幾多の諸国において典型的な形態で見られるような、農村共同体の崩壊過程の特殊性、農村共同体の鞏固な遺在に依って規定されたところの――そしてそれはアジアの幾多の専制主義的諸国におけるが如き特殊な歴史的社会条件の下に於けるところの――アジア的諸特性であるに過ぎない」（1935b）。

だが、このような規定は、ヨールク説への逆戻りではないのか。このような単なるアジア的諸特性を表わすためにマルクスがわざわざアジア的生産様式なる用語を、人類の前進的諸時代の敵対的生産様式として、古典古代的、封建的、近代ブルジョア的生産様式とともに、その名をあげたのだとしたら、それ自体がとても奇妙なことになってしまうだろう。つまり、後期秋沢説では、マルクスの意図――それを探ること自体が論争の一大テーマでもあるが――に抵触してしまうことになる。

それでも秋沢は意気込む。「それゆえ、我々は、今、日本における最初の敵対的社会経済的構成が何であるかの分析に際して、一つの独自の社会経済的構成体としてのアジア的構成、或いは一つの独自の生産様式としての「アジア的生産様式」――先古代的敵対的構成、又は先古代的非敵対的構成――の問題に顧慮し、惑わされる必要は絶対にない。「アジア的生産様式」とは如何なる独自の古代的敵対的または非敵対的生産様式、社会経済的構成でもなく、アジアの専制主義的諸国の特殊な歴史的社会的諸条件の下にあらわれた農村共同体の崩壊の特殊性に依って規定されたところのアジア的諸特性に外ならないからである」(1935b)。ここに見えるのは、アジア的生産様式に折衷的な解決をはかろうとしたコヴァレフ説というよりも、問題提起としてのアジア的生産様式論自体を葬り去ろうとするヨールク説やゴーデス説の口吻にほかならない。

(5)鎖に繋がれた論争――小括

一九二〇年代後半から一九三〇年代にかけて、アジア的生産様式論争は、ソ連、日本、そして中国において、それぞれ展開された。その展開ぶりは、ソ連においては華々しくかつ熾烈であり、中国においては同時期の諸論争の一部として行なわれ、そして日本においては、ソ連と中国の中間のレベルで、すなわち熾烈であるとはいっても、ソ連におけるような異端狩りの様相を呈することもなく、また中国のように諸論争の一部としてではなく――少なくとも一九三三年から一九三七年――独立した論争として行われた。

論争において何が擁護され、あるいは容認され、何が批判され、排除されたのか。ソ連における論争において、ミフ、ドゥブロフスキー、ヨールク、ゴーデス等は一貫して、独立した社会構成としてのアジア的生産様式論及びマジャールなどその主張者たちを批判し、排除し続けた。それは、スターリンの意を体したものであり、そのような行為を通じて、ソ連における歴史家たち、もしくはアジア専門家やアジア研究者たちは、一九三〇年代後半におけるスターリン歴史理論の完成に手を貸すことになった。

だが、ソ連における論争の実際は、それ以上のものであった。つまり、ソ連という国家の内部においては、論争は単なる社会科学論争や歴史論争の枠をはるかに超え、革命戦略に付随した論争として、イデオロギー論争として行われた。そこでは、アジア派の見解はつねにプレハーノフやトロツキーといった思想的な異分子や政治的反対派との関わりから、批判的に言及されたのであり、批判は恫喝と同義語であった。つまり、その見解、観点を放棄しないかぎり、いずれプレハーノフやトロツキーなどと同じ運命が待ち受けていることを意味した。どのようなもったいをつけた論理を振り回そうとも、ミフ、ヨールク、ゴーデス等のマジャール派批判の刺々しさ、毒々しさは、そこに由来している。

日本では幸いにも、論争におけるそのような拘束は、さほど感じられていなかったようにみえる。「ところで、〝アジア派〟が沈黙をしいられ、論争そのものが立ち消えになる事情が、スターリンの一声にあったことは先日も語ったとおりだと思うが、そんな事情は当時の日本にはまったく知られていなかったんだよ。レニングラード討論集会の速記録でM・ゴーデスの結論を読んだとき、学術討論になにもスターリンや党をもち出さなくてもよさそうなものだ、という感じがしないではなかったが、他の人びとがどう受けとったかはわからない。いずれにしても、そんな点がわれわれのあいだで問題になったことはない。政治や党と学問・思想の関係といったことに、それほどの敏感さをもち合わせていなかった証拠だと思う」(渡部義通、1974: p.211)。

だが、それにしても、本来は筋金入りのアジア的生産様式論者であったはずの早川二郎が、ゴーデス説の受容を出発点として議論しなければならなかったことは、おそらくは異端という無用なレッテルを貼られたくなかったからだと考えられないこともない。トロツキストと呼ばれることはもちろん、ブハーリン主義、デボーリン主義と呼ばれることも避けねばならなかった時代であった。プレハーノフの徒と呼ばれることも屈辱であったであろう。メンシェヴィキもしくは地理的環境論の主張者を意味したからである。また、アジア派、マジャール派と呼ばれることは、地理的環境論に与しているのみならず、「水浸しの理論」の信奉者とみなされることになった。

早川は本格的な論争参加以来、アジア的生産様式は独自の社会構成ではありえないと必ず前置きしてから議論を進めるのがつねであったが、それはそのような多くの顧慮を払いつつ、可能なかぎり自由に議論する余地を自らに残すためであったと考えられる。

さてこのような難しい局面における各説は、一種のパズル上の答えのようなものである。たくさんの制限のなかから、可能なぎりぎりの答えを引き出す、その作業に似ている。一般に社会主義圏における社会科学や歴史における論争は、そのような相貌をもたざるをえない。

たとえばヨールク解である。ヨールク解の特徴は、あろうことか、生産様式論争におけるもっとも著名な一節、つまりかの『経済学批判』「序言」の一節「アジア的、古代的、封建的、近代ブルジョア的」と並べられた生産様式を、社会的技術的労働様式へと降格させるものであった。つまり、序言のアジア的、古代的、封建的、近代ブルジョア的な生産様式とは、小農民的生産様式、大規模機械的、マニュファクチュア的生産様式と同じ、狭い意味のものにすぎないというのである。ヨールクはこの一手によって、アジア的生産様式が独自の社会構成であることを否定せんとしたのであった。『経済学批判』「序言」が、「ある一定のアジア的生産様式をある特殊な階級構成として述べたという御伽噺に引導を渡すこと」、これがヨールクの狙いであった。だが、これはあまりにも見え透いた手であり、ほとんど成功しなかったといってよい。

いずれにしても、ドゥブロフスキー(13)にせよヨールクにせよ、彼らがその論考の欠点や誤まりを批判されようと、それはマジャールたちが批判に晒されているのとは、質的に異なった情況を意味した。後者（マジャール等アジア派）に対する批判は政治的イデオロギー的な批判であり、その後の研究活動、著作活動に大きな影響を与えざるをえなかった。反対に彼ら反アジア派が権威者の後ろ盾を得ている、それが明確であるかぎり、彼らは批判から守られていたといってよい。

ヨールク解が十分な成功を収めなかったがゆえに、新たなアジア的生産様式否定論が要請されていたといってよい。それがゴーデス解であり、もっとも緊要であったコム・アカデミー主催のレニングラード討論集会において、アジア的生産様式論抹殺のため絶大な役割を果した。ゴーデス解は一言でいえば、清算主義、すなわちアジア的生産様式そのものの清算をはかるものであった。ゴーデスによれば、アジア的生産様式についての問題はもともと存在しなかったものであった。つまり、それはすでに一八八〇年代、マルクス・エンゲルスがモルガンの発展段階論を受け入れた時点で、存在しなくなっていたのである。たしかに、アジア社会の認識が不十分であった一八五〇年代において、そのような不十分な認識を近似的に埋めるための仮説として、アジア的生産様式概念はやむをえざるものとして提出されたことがあった。だが、それは八〇年代にすでに解決ずみであり、それによってアジア的生産様式は、独自な社会経済構成ではなく、封建制におけるアジア的特色にすぎないものとされるにいたったのである(14)。

それらに対してコヴァレフ解のスマートさが目立つ。というのも、すでにアジア派が学派として存在しなくなった時点において、後ろ盾の政治的権威を振り回したり（虎の威を借りたり）、論敵を恫喝するような言い回しを選ぶ必要はなくなっていたからである。日本でコヴァレフが広く受容された理由の一つは、コヴァレフにはそのような刺々しさ、権力をかさにきた恫喝といった側面が薄いことがあげられよう。もちろん、その奴隷制の普遍性説が当時の左翼理論家たちに説得力を持っていたということが、コヴァレフ受容の最大の理由であった。また、アジア的奴隷制→アジア的封建制への発展といった図式は、ヨールク解に馴染んだ人々によっても支持されるものであった。

ただ、それでもコヴァレフ解には、スターリンの影があることを指摘せざるをえない。コヴァレフ解の収束点こそ、スターリン五段階説（原始共同体→奴隷制→封建制→資本主義→社会主義）であり、日本におけるコヴァレフ解の受容は、まずは『日本歴史教程』（第二冊）に、さらに戦後の「世界史の基本法則」へと繋がるものであった。日本古代史における奴隷制的構成体の確立は、コヴァレフ解の受容抜きでは語れないものであった。また、そのような奴隷制論が広く受容されていたがゆえに、戦後の『資本制生産に先行する諸形態』の刊行も、奴隷制的構成体に対応した「総体的奴隷制」概念の確立に結びついただけであり、本来「諸形態」

が有していたはずの多様な歴史観への可能性は実現するべくもなかった。

上述においてのみ、アジア的生産様式否定論の各説をわざわざと解と呼んだのは、ただの戯れにすぎない。だが、戯れにもそれなりの理由がある。まず、難問に対する答えには、大きな制限が存在したこと。そして、大きな制限が相互に矛盾しているため、答えは、一種アクロバットのような、無理を強いられたこと。このような各説は、一面においては、マジャール派に対するこけおどしでもあったが、にっちもさっちもいかない情況における窮余の一策といった趣がある。

但し、冷静にこの時期の論争を辿ってみれば、スターリンの使徒たち、特にヨールクやゴーデス等は、マジャール、ヴァルガ等と同様にアジアの異質性に気がついていたことが理解できよう。どのような回避策を駆使しようと、アジア社会の歴史の異質性を抹殺することはできなかったといえる。問題はそれを異なった概念で捉えるかどうかであった。ヨールク、ゴーデス、コヴァレフ等は、マジャールやウィットフォーゲルと違い、それを既存の枠組（社会発展のコース）のなかで処理することを主張した。それが彼らの、一面における、居丈高なポーズとは異なった、思わぬ難しさを背負い込んだ側面でもあった。また、彼らの解決案にもかかわらず、論争が伏流としてやむことはなかった理由でもある。

それでは、あらためて日本におけるこの時期のアジア的生産様式論争の成果とは何であろうか。あるいはどのような欠点をもっていたのであろうか。諸家は一致して論争によって理論的なレベルがあがったことを指摘している。そのような論争を通じ各人の研究水準がたかまり、その結果、アカデミズムの若手研究者によって結成された歴史学研究会のメンバーからも一目おかれることになる。当時、古代史家ばかりでなく、マルクス史家のほとんどは実はみな素人もしくは素人同然であった。このような素人歴史家たちは、唯物論研究会歴史部会に集うか、あるいは、創刊されたばかりの『歴史科学』に寄稿し、論壇をにぎわすことになる。彼らの書いたものは史料の扱い方もしらない素人芸として、それらは、アカデミズムもしくは伝統史学の側から黙殺されるのが常であった（渡部、1974）。だが、アカデミズムの側からも若手研究者たちが、勉強会に集まり、次第に新しい動きを示しはじめる。それは以後、歴史学研究会の結成に結びつき、そのなかからマルクス史学を受容するものも出始める(15)。後のことになるが、渡部義通に触発され、藤間生大、松本新八郎、石母田正らがマルクス主義的な古代史、中世史研究を志したのも、このコンテキストからである。

おそらく、「世界史の基本法則」の信奉者ならば、この論争が奴隷制論争でもあり、その過程において、日本古代史における奴隷制時代が確立したことを成果としてあげるであろう。だが、筆者は早川二郎の奴隷制否定論の方が正しいと考えており、そのような正統派然とした議論に与するわけにはいかない(16)。むしろ、一貫した奴隷制否定論者であった早川二郎を、理論戦線から一切排除しなかったこと。そのような自由闊達な雰囲気と厳しい相互批判が、とにもかくにも両立していたこと。このことの重要さは、いくら強調しても強調したりないところである。

犬丸義一(1984)は、早川が戦後もなお健在であったならば、奴隷制説一色に収斂されていく古代史学に対し、強烈な批判を提示しえたであろうし、いっそう論争が華々しく展開されていたかもしれないと、その早逝を惜しんでいる。また、早川の論敵であった渡部(1974)も、生きていれば古代史に豊かな実りをもたらしたであろうと、回顧している。ともに、共感しうるところであるが、戦後史の実際の展開をふりかえる時、多分、「世界史の基本法則」の前に、早川は異端としてかえって孤立した可能性の方が高かったであろうと考えざるをえない。

3 戦中・戦後へ

(1) 第一次論争の終息

一九三六年十二月、渡部義通・早川二郎・伊豆公夫・三沢章(和島誠一)『日本歴史教程』第一冊(白揚社)

が発行された。だが、大化改新による律令の成立までを扱うことになっていた第二冊の執筆をめぐって、早川と渡部等の間の溝は埋めることができなかった。日本における奴隷制について、古代におけるウクラード（経済制度）の一つとしては認めても、社会構成としては認めることを拒否している早川（原始社会→貢納制→国家封建主義→典型的な封建制）と、日本古代史を原始社会→奴隷制社会→封建社会への流れの中に位置づける渡部等との間の見解の差は埋めがたく、早川は第二冊の執筆から降りることになる。代って秋沢修二が加わり、第二冊は一九三七年六月発行される。

一九三七年十二月、日頃より山歩きの好きだった早川二郎は秩父山中において不慮の死をとげる。全面的な日中戦争勃発から五ヶ月後のことである。すでにその前年から、左翼論壇に対する弾圧が強化され、多数の理論家、研究者が逮捕・拘留され、転向ないし沈黙を強いられていた。

一九三六年六月、相川春喜、桜井武雄（『歴史科学』編集者）が逮捕される。相川の逮捕は、七月の「コム・アカデミー」事件の先触れとなり、官憲のフレームアップによる同事件では山田盛太郎、平野義太郎、小林良正が逮捕され、各々の転向が報道され、左翼戦線に衝撃を与えることになった。そして、三七年十二月の人民戦線事件第一次検挙、三八年二月の第二次検挙によって、多数（四八四名）の左翼関係者が逮捕された。猪俣津南雄が逮捕されたのは、第一次検挙においてであり、山川均、向坂逸郎等旧労農派関係者と同時期であった。伊豆公夫もこの時検挙されている。

すでに左翼論壇はその存在すら許されなくなっていた。渡部義通は、教程第二冊発行後、教程第三冊の執筆を目指し、古代から中世への移行を明らかにすべく、秋沢、伊豆に代る若い研究者たち、藤間生大、松本新八郎、石母田正等——いずれも歴研のメンバーであった——と研究会を始めていた。だが、その彼も一九四〇年十一月検挙される。日本古代史、中世史研究が戦後、藤間、松本、石母田等によって牽引されることになるが、その橋梁として渡部が独特な位置を占める所以である。

（2）アジア的停滞論

秋沢修二は一九三九年、『支那社会構成』を発行する。同書はヘーゲル、マルクスを論じながら、一切伏せ字がなく、当時の秋沢が官憲にとってどういう存在であったかを暗示している。秋沢は、同書においても、アジア的生産様式否定論にたっており、中国における歴史的停滞を、アジア的生産様式の遺制にではなく、奴隷制と農奴制の長期にわたる絡み合いに求めている。往年の講座派の雄である平野義太郎が、そのアジア的生産様式論をアジア的停滞論へと転用し、日本帝国主義による中国支配、アジア侵略を正当化せんとしたことはよく知られている。同じように、秋沢もアジア的生産様式論をもって停滞論を唱え、皇軍による中国統治を容認したと伝えられている。だが、『支那社会構成』における秋沢は明確にアジア的生産様式否定論を貫いており、秋沢理論＝アジア的生産様式論＝アジア的停滞論という等置は正確ではない。イメージだけが一人歩きしているものと考えられる。

このアジア的生産様式論＝アジア的停滞論という等置は、戦後、アジア的生産様式論再開への足かせとなった。特に親中国派において顕著であった(17)。戦後、中国史、特に近代史においては、アジア的停滞論批判が大いに叫ばれ、停滞論克服の試みが継続的になされたはずであった。だが停滞論批判は単に、歴史的発展のシェーマを当てはめればよいというものではない。たとえば大塚史学の中国史への適用によって、明らかになったのは、資本主義の萌芽やそれを越えた資本主義に向けた経済発展の道などではなく、むしろ西欧や日本の経済発展のコースとはまったく異なった発展のありようであった。停滞論の克服を目指したものがかえって停滞を印象づけてしまう、それが一種の逼塞感を生むことになりかねなかった(18)。

たしかに、戦後の一時期、といってもかなり長期にわたってであるが、中国革命が成就したことにより、中国の先進性は証明され、停滞論は事実をもって克服されたと考えられるようになった。だが、文革の前後より、革命の行詰まりが表面化する。特に、文革後、中国を訪れたものは、その後進性に衝撃を受けることになった。それまで積み上げられてきた中国革命のイメージが崩れ去り、かえって新たな停滞論が台頭する。一九八九年天安門事件は、その頂点であった。だが、その衝撃が次第に遠のき、一九九二年以後、再び始まった経済発展により、アジアの生産基地としての中国の地位が確かなものになりつつある今日、停滞論を語る根拠はどこにも存在しないように見える。

だが、インド、中国、ロシアというユーラシアの三大国家が初めて肩を並べて資本主義へ向けた経済発展の道を歩み始めた現在、逆にそれらの強国が本来有する文明の異質性が際立つ機会が増えていく。同一性が増すにつれ、その同一性を基準として異質性が明確になる、そのような時期が到来したということができる。五〇年前、社会主義＝全体主義批判として語られた「オリエンタル・デスポティズム」論が、再び具体的な意味を持つ可能性が、今、ないとはいえないと考えている。

［注］

（1）本稿は二十世紀におけるマルクス主義歴史理論の再検討の一環として、日本、中国、ソ連、西欧におけるアジア的生産様式論争の比較を意図したものであり、理論家たちの個々の議論よりも、論争全体を俯瞰せんとする概括的なものを目指すものである。本論文は、日本における戦前、戦後のアジア的生産様式の特質を一本の論文としてまとめることを意図して書き始められたものである。

筆者は元来、現実の歴史に生きる歴史家の生き方、歴史家の歴史に強い関心があり、特に中国のアジア派ともいうべき侯外廬、呉大琨等の生き方に興味があった。一九八〇年代前半に中国に学ぶ機会を得たが、残念ながら当時の中国においては、そのような関心から研究することは不可能であり、やむをえず当時、夥しい数の新史料が出始めていた中国共産党史や中国革命史にフィールドを移さざるをえなかった。ただ、中国滞在中、この国がまさに東洋的専制国家の遺制のもとにあるという実感を得た。帰国後、ウィットフォーゲル『東洋的専制主義』を読み、「社会よりも強大な国家」というイメージに大いに納得することになった。

ここ数年来、中国農村社会論を中心テーマとし、史料・文献を漁るなかマルクス主義者たちの論争に関心を持ち、次第に日本資本主義論争、移行論争・新移行論争（従属理論・接合理論）、そしてアジア的生産様式論争へと焦点を移してきた。今後、中国、西欧におけるアジア的生産様式論争の検討の後、中国における共同体の問題の検討を経て、最後はやはり再び中国農村社会論に戻るつもりである。

アジア的生産様式論争については、一九七〇年代、平田清明、望月清司、福冨正実等が理論戦線において華々しく活躍していた頃から、関心があった。おそらく、スターリンによって抹殺された異端の理論という響に惹かれたのであろう。だが、中国を対象としたアジア的生産様式論は、マジャール、ウィットフォーゲルがあまりにも偉大であったためか、日本においても、中国においても、その後十分な成果をあげているといいがたい。

足立啓二『専制国家史論』（1998）は、もう一つのオリエンタル・デスポティズム論であるが、残念ながら本書はまったくアジア的生産様式については触れることがなく、さらにウィットフォーゲルの名さえ出さないという徹底ぶりにおいて際立っている。

巻頭において鈴江言一『中国革命の階級対立』から幾つかパラグラフを引用したが、そこには簡略ではあるが、中国を対象としたアジア的生産様式論が何を含まなければならないのか、そのエッセンスは出そろっており、さらに何が足りないのかについても、その欠点もまた出そろっていると考えられる。中国革命史、中国共産党史研究から中国研究に入り込んだものとして、さらに、そこから伝統中国の社会構造の解明を志向したものとして、鈴江言一は中西功と同じくいつまでも学ぶにたる先達である。筆者によるアジア的生産様式論研究の巻頭に、鈴江言一をもってきた所以である。

筆者が現在、時間に追われながらもアジア的生産様式論争にこだわる理由は、一九八九―一九九一年以後、マルクス主義に対する関心が急速に失われていっている現状に鑑み、もし今日、それをやっておかなければ、数年後、あるいは十数年後に、それを再開しても、論争当事者にせよ、文献や史料せよ、アクセスできなくなる可能性が高いということが理由としてあげられる。社会主義とかマルクス主義が権威を失うこと自体は、それほど悪いことだとは思っていない。本来、社会主義とかマルクス主義というものは、実践するにせよ、研究するにせよ、自発的なものであり、何らかの利益を期待して行うものではないからである。純然たる知的興味や関心の対象となることは、とくにマルクス主義本来の姿を取戻す契機となるかもしれないと考えている。たとえば、マルクス・エンゲルス書簡やグラムシ獄中ノートが我々を圧倒し、我々を惹きつけてやまないのは、そのようなつきることのない知的好奇心やひたむきな探求心の横溢によるものである。

昨年来、インターネット上で資料検索を行うようになったが、意外なことに、海外におけるアジア的生産様式に関する著作は、一九八〇年代がまさにピークであったということに気づかされた。意外なことにと言わざるをえないのは、日本においては一九八〇年代においては、論争（第二次アジア的生産様式論争）はすでに終焉していたからである。一九七九年『マルクスとアジア』、一九八二年『共同体と近代』など一連の著作によって、小谷汪之の問題提起は日本におけるアジア的生産様式論争をほぼ終息させたのである。小谷旋風ともいうべき小谷汪之の問題提起以後、日本においては、以前からのアジア的生産様式論者、たとえば福冨正実を除けば、新たにアジア的生産様式論を唱えるものはいなくなったといっても過言ではない。

この差は何故であろうか。これが、筆者が急遽再びアジア的生産様式論争史に関心を蘇らせた理由である。また、西欧、ソ連などの論争との比較を思い立った理由でもある。

（2）『中国共産党史資料集』第三巻、国際問題研究所編、勁草書房、一九七五年。

（3）『経済学批判』、武田隆夫他訳、岩波文庫、一九五六年、一四頁。

（4）つまり、第一次論争（一九三〇年前後の論争）が終息した後、マルクスの遺稿『経済学批判要綱』が発表され、その歴史理論にかかわる部分が『諸形態』として刊行されたのであった。

（5）中国在住の左翼理論家たちのなかでは、中西功あたりが、論争に参加すれば事態は変わっていたであろう。だが、中西は倭友尾崎庄太郎とは異なり、中国におけるアジア的生産様式論の適用には否定的であった。おそらく、停滞論との絡みで、躊躇するものがあったからだと思われる。講座派の枠組のなかで、中国の資本主義的な経済発展の可能性を構想するという、独自な任務を自分に果していた中西にとって、停滞論と容易に結びついてしまうアジア的生産様式論を受け入れることはできなかったのだと思われる。中国における資本主義発展の可能性を否定することに躍起となっていた大上末広が、アジア的社会論を受け入れていたのとは好対照をなす。

（6）閉鎖的・孤立的な小宇宙としての農村共同体、そして互いの連関の欠如。地域権力を創出することのない、たがいに孤立した村落。村落が共同体でなければならないのは、前資本主義社会における小農民は共同体なしでは農業の再生産が不可能であるとの、西欧人（日本人もまた同様）の思い込みによる。この「互いに連関のない」というモチーフが、『ルイ・ボナパルトのブリュメールの十八日』で知られる、相互に接触のない、孤立した農民大衆のイメージと同一であるという横川（1936）の指摘は説得的である。重要なことは、閉鎖的・孤立した存在が互いに結合できず、国家や地方政権に対して無力であるということ。互いに閉鎖的・孤立した存在が並立しあっているモチーフにとって、その構成要素は、互いに孤立していれば、共同体ではない村落でも、同族組織（宗族）や拡大家族（ザドルガ）でもよく、もちろんミールでもよいはずである。また、インドのように、互いに排斥しあいながら自己完結した世界を築かざるをえないカスト的な共同体でもよいということになろう。

（7）少なくとも中国史に深い造詣を有していたウィットフォーゲルのアジア的生産様式論はこのような「共同体」論を前提にしてはいなかった。

(8) 服部之総もまた「『アジア的生産様式』はその前時代的残存物によって最も酷烈にされた、いわば最も傍若無人な封建制である」(服部、1933)と述べ、野呂とほぼ同じ「アジア的生産様式」に対する見方を共有していたことを示している。

(9) 早川が王朝期を国家封建主義とはっきり呼ぶにいたったのは一九三四年十二月。また自説を国家封建主義説と呼ぶにいたったのは一九三五年七月である。三三年段階においては、国家封建主義はつねに括弧つきで用いられており、自説を国家的土地所有にもとづく農奴制もしくは封建制として慎重な言い回しを選んでおり、明確に国家封建主義とは呼ぶにはいたってはいない。

(10) 一九三六年二月における秋沢の自己批判。「『国家的封建主義』なるものの社会経済的構成としての意義が不明確である……。所謂『国家的土地所有』と結びついた国家的封建主義的収取の現象形態と日本古代国家のアジア的デスポティズムの政治形態、即ち日本古代階級社会の全上層建築が日本的な奴隷制的生産諸関係とこの生産諸関係の総和としての日本型奴隷所有者的生産様式との必然的な構造的連関において理解されねばならぬ」云々。

(11) コヴァレフはこの「レーニン的段階」の確立を目指し、「奴隷所有者的構成はギリシャ＝ローマ的古代の埒内に限られてはいない」、「今まで大多数のマルクス主義的歴史家における支配的見地は、古代的(ギリシャ＝ローマ的)地中海の埒による奴隷所有者的構成の地理的制限性に関する観念であった」、「かくして、ギリシャ＝ローマ的古代のみを奴隷所有者的構成の具体的形態と考えるならば、我々は歴史学の基礎、マルクス＝レーニン主義的構成理論を疑問の下におくであろう」等々とたたみかけている。

(12) このような概念の自己展開、論理＝歴史的方法における現実との乖離については、中村哲『世界資本主義と明治維新』(青木書店、一九七八年)を参照。

(13) ドゥブロフスキー(1930)のマジャール批判論文もまたヨールク以上に奇妙な内容のものであった。特に封建的生産様式から農奴制的生産様式への移行といった独特の発展図式が異彩を放っている。だが、これはロシア・東欧の中世から近代への発展を模写したものであり、ロシア流の歴史発展を普遍的な発展図式へと高めることを狙ったものということができる。

(14) このような清算主義には一定の根拠がないわけではない。たしかに、晩年、エンゲルスばかりでなくマルクスまでもが、モルガンに傾倒していたことは事実である。エンゲルスが『反デューリング論』において展開した、国家形成への二つの道、特にその中の公的任務を足場としての国家形成の道が、『家族・私有財産・国家の起源』において、展開されてはいなかったこと、それをどのように評価するのか難しい問題である。だが、マルクスに限っていえば、マルクスは『経済学批判』「序言」以後、アジア的生産様式に関して特にその概念を発展させることもなかったが、同時にその概念を否定したこともない。また、一八八〇年代のマルクス、布村一夫のいわゆる老マルクスにおいても、「ヴェ・イ・ザスリーチの手紙への回答」草稿に顕著にみられるように、資本主義的世界システムに組み込まれつつあったロシアの共同体の運命を、西欧社会のそれの運命と同一視することはなかった。近代社会における歴史発展のコースに関して、それを一元化しなかったマルクスが、古代社会あるいは先古代において、諸民族の歴史発展のコースを一元化することは考えにくい、というより、ありえないと考えている。

(15) 実際には、この歴史科学派と歴研派の溝は深く、限られたメンバーを除けば、戦前において容易に交わることなく、それぞれの道を歩むことになる。

(16) 筆者は、早川二郎及び福冨正実の歴史論（とくにアジア的生産様式論）からは多くを学び、且つ共感している。しかし、彼らの律令期＝国家封建制論には賛成できない。

(17) 私事にこだわって恐縮ではあるが、一九七〇年代末、中国研究所で行われていた歴史研究会（石田米子女史が中心となって開催されていた）に参加した時のことである。そのような会で、アジア的生産様式論争の話が出ると、決まって「長老」たちから、あれは極めて観念的な論争であって、いまさら検討するに値するとは思われない。だが、論争に現われたような資料、たとえばヴォーリン、ヨールクによる広東省農民運動調査資料などは貴重なものであった、というような発言がなされていた。当時、会には野原四郎、幼方直吉等が顔をみせていたが、筆者は、野原四郎の発言であったと記憶している。だが、野原四郎はロジェ・ガロディ『現代中国とマルクス主義』（大修館、一九七〇年）の訳者であり、アジア的生産様式論について一家言もっていたはずである。筆者の記憶違いかもしれない。

(18)「……たしかに、戦後のわが東洋史学、なかんずく明清社会経済史研究は、まさにその停滞論の克服を目指して出発した。顕著な例として、西嶋定生氏の一連の明代綿業研究がある。それは、周知の通り、大塚史学の成果であり、初期資本主義の経済制度でもあった、かの「農村工業」の論理を援用して構築されたものである。ところが、結論としては、マニュファクチュアはおろか問屋制前貸すら検証できないまま、撤退を余儀なくされた」（安野省三「地主の実体と地主制研究の間」『東洋史研究』第三三巻第三号）。

(補) 本書はマジャールのアジア的生産様式に関する長文の序で知られる。マジャールの序文は「アジア的生産様式について」と題して、『満鉄調査月報』（一九三四年一月、三月号）に訳出されている。その日本語訳後記に、「以上はエム・コーキン、ゲー・パパヤン共著『井田』、『古代支那農業組織』（レニングラード、一九三〇年）へのマヂアールの序文を岑紀の支那訳『中国古代社会』より訳出したるものを調査係において露文原書と対照し全部に亘って相当の訂正を施したものである。ここに訳者に対し感謝の意を表するとともに、諒解を乞う。」とある。ここから、少なくとも、満鉄の訳者たちは、コキン&パパヤン『井田』と岑紀訳『中国古代社会』(黎明書局、1933)を同じものであると考えていることがわかる。なお、『中国古代社会』の著者は柯金(コキン)となっており、本文は「井田」制とは何か、で始まる。『中国古代社会』には、マジャールの長文の序の前に、岑紀の訳者序が掲載されているが、本書の原題は「中国古代の土地制度」(古時中国之土地制度)であると述べる以外、『井田』との関係について、訳者序は何も語っていない。

[文献リスト]

一九二七年
福田徳三「唯物史観経済史の出立点の吟味」『改造』五—九月
リャザノフ編『マルクス・支那及び印度論』小林良正訳　厳松堂書店
ヴァルガ「中国革命の基本的諸問題」『世界経済年報』第三輯
一九二八年
服部之総「明治維新史」『マルクス主義講座』第四巻　一月
一九二九年
マジャール「支那に於ける農村経済」『社会思想』六、七月号連載
野呂栄太郎「日本における土地所有関係」『思想』八四、八八号
平田良衛「支那革命と農業問題」『思想』八六号
産業労働調査所『支那に於ける最近の農民運動と農業問題』叢文閣　七月
ミフ「アジア的生産方法について」
ヴァルガ「支那革命の諸根本問題」(『世界経済年報』第三輯より転載)
エル・マギヤール「支那農民経営の経済とその発展の諸傾向」
一九三〇年
寺島一夫「マルクス・エンゲルスに於ける「アジア的生産方法」の意義」『プロレタリア科学』第二年第五号
マデヤール「アジア的生産方法」『満鉄支那月誌』第七年第九、一〇号

エス・ドゥブロゥスキー「封建制度、農奴制及商業資本主義の本質について」『満鉄支那月誌』第七年第一二号
鈴江言一『支那革命の階級対立』大鳳閣
一九三一年
ヨールク「アジア的生産様式の問題に寄せて」『マルクス主義の旗の下に』一七、一九号　白揚社
伊藤蔵平『日本国家の成立過程』白揚社
羽仁五郎「「アジア的生産様式」の問題に寄せて」『帝国大学新聞』四一二号　十二月二十一日
一九三二年
グーコフスキー「アジア的生産様式の問題に関するマルクス・エンゲルスの見解の発展」『歴史科学』第二号
羽仁五郎「東洋に於ける資本主義の形成」『史学雑誌』一九三二年第二、三、六、八号
ウィットフォーゲル「ヘーゲルの支那論」『歴史科学』八月号
M・ゴーデス「アジア的生産様式に関する討論の総決算」『歴史科学』九月号
伊豆公夫「「アジア的生産様式」と我等の課題」『歴史公論』創刊号　十一月
堀勇雄「日本古代史前進のために」（上）（下）『歴史公論』創刊号
山名正孝「アジア的生産方法の根本問題」『東亜』十一月号
マジャール『中国農村経済研究』（上）希望閣
一九三三年
森谷克己「東洋社会に関するヘーゲルとマルクス」『社会』一月号
早川二郎a「日本歴史とアジア的生産様式」『歴史科学』三月号
大上末広「旧満洲の土地形態と地代形態」『満鉄調査月報』三月—五月号
相川春喜a「「アジア的生産様式」の理論の反動性」『社会』四月号
服部之総「維新史方法上の諸問題」『歴史科学』四月—七月号
相川春喜b「アジア的生産様式の日本歴史への「適用」論に関連して」『歴史科学』五月号
早川二郎b「「日本歴史とアジア的生産様式」について相川氏に答う」『歴史科学』六月号
早川二郎c「いわゆる「アジア的生産様式」の問題をめぐって——特に服部氏の見方と筆者の見方の相違について」
『早川二郎著作集』Ⅰ所収
三浦恒夫「日本奴隷制に関する最近の討論」『唯物論研究』八月号

早川二郎ｄ「「王朝時代」の「国家的土地所有」について」『歴史科学』八月号
早川二郎ｅ「三浦氏に答う」『唯物論研究』九月号
三浦恒夫「早川氏へ」『唯物論研究』九月号
相川春喜ｃ「「アジア的生産様式」と日本封建制に関する論争」（１）『歴史科学』十月号
相川春喜ｄ「「アジア的」観念形態への傾向——「アジア的生産様式」とゴーデス的見解」『思想』十二月号
早川二郎訳『アジア的生産様式に就いて』白揚社　四月
早川二郎ｆ『日本王朝時代史』白揚社　十二月

一九三四年

森次勲「支那社会経済の「アジア的」特質の考察」『東亜』一月号
エル・マヂアール「アジア的生産様式について」『満鉄調査月報』二月、三月号
相川春喜ａ「「東洋的封建制」再論」『歴史科学』四月号
安藤英夫「「アジア的生産方法」とウィットフォーゲル」『東亜』四月号
森谷克己「支那経済社会史の諸問題」『歴史科学』四月号
相川春喜ｂ「ウィットフォーゲル「支那の経済と社会」の日本版刊行に寄せて」『歴史科学』四月号　第三巻第五号
服部之総『維新史の方法論』白揚社　五月
平野義太郎「支那研究に関する二つの途」『唯物論研究』六月号
相川春喜ｃ「アジア的生産様式とは何か」『法政大学新聞』六月
浅海士郎「日本に於ける「アジア的生産様式」論争文献」（１）『歴史学研究』一三号
秋沢修二「日本における国家的土地所有の問題——国家的封建主義の弁証法的把握のために」『経済評論』十二月号
コヴァレフ「奴隷所有者的構成の若干の問題について」『歴史科学』十二月号
早川二郎「東洋古代史に於ける生産様式の問題」『歴史科学』十二月号
ウィットフォーゲル『解体過程にある支那の経済と社会』中央公論社　一月
平野義太郎「『ウィットフォーゲル、解体過程にある支那の経済と社会』の祓」
佐久達雄『東洋古代社会史』白揚社　二月

一九三五年

浅海士郎ａ「日本に於ける「アジア的生産様式」論争文献」（２）『歴史学研究』一六号

コヴァレフa「アジア的生産様式について」『歴史科学』二月号
森谷克己a「社会系統の一時代としてのアジア的生産様式と東洋諸社会の生活過程」『歴史科学』二月号
春山見鳥「最近に於けるアジア的生産様式の問題の発展」『歴史科学』二月号
相川春喜a「奴隷所有者的構成のコヴァレフの見解」『経済評論』四月号
李清源「アジア的生産様式と朝鮮封建社会史」『唯物論研究』四月号　三〇号
早川二郎a「所謂東洋における「奴隷所有者的構成」の欠如を如何に説明すべきか」『唯物論研究』四月号
秋沢修二a「「アジア的生産様式」に関する三つの論文」『歴史科学』五月号
辰巳経世「「アジア的生産様式」に関する論争の諸成果と残された若干の問題」『唯物論研究』七月号　三三号
早川二郎b「所謂奴隷所有者的構成の東洋的形態の問題」『唯物論研究』七月号
早川二郎c「日本歴史における奴隷所有者的構成の問題に関するコンラード氏の諸説」『歴史科学』七月号
森谷克己b「謂ゆる「アジア的生産様式」再論」『歴史科学』九月号
浅海士郎b「アジア的生産様式」歴史学年報昭和十年版『歴史学研究』二五号　十一月
森谷克己c「東洋諸国における社会経済史的構造の諸問題」『神戸商大六甲台』十月
秋沢修二b「奴隷所有者的社会構成の意義　奴隷制の日本的形態」（その一）『経済評論』十二月号
相川春喜b『歴史科学の方法論』白揚社　七月
アー・ゲー・プリゴジン＆カー・オストロヴィチャノフ『社会構成論』叢文閣　九月
コヴァレフb『古代社会論』白揚社

一九三六年
秋沢修二「奴隷制の日本的形態」『経済評論』一月号
ヴェー・ライハルト『前資本主義社会経済史論』叢文閣　二月
早川二郎『古代社会史』三笠書房　五月
横川次郎「支那における農村共同体とその遺制について」『経済評論』七月号
マヂャール『支那の農業経済』早川二郎訳　白揚社　二月
ガイムク編『東洋封建制史論』白揚社　三月
渡部義通『日本古代社会』三笠書房

一九三七年

清水盛光「旧支那における専制権力の基礎」『満鉄調査月報』二月号
森谷克己a「社会経済史における東洋の特殊性」『歴史』七月号
猪俣津南雄『農村問題入門』中央公論社　七月
森谷克己b『アジア的生産様式論』育生社　十一月
一九三八年
翼朝鼎『支那社会経済史分析』白揚社　四月
一九三九年
森谷克己a「アジア的国家とアジア的社会構成」『アジア問題講座』九巻
森谷克己b「東洋的生産様式と経済思想」『知性』一一号
赤松啓介『東洋古代民族史』白揚社
秋沢修二『支那社会構成』白揚社　二月
ウィットフォーゲル『東洋的社会の理論』日本評論社
一九四一年
森谷克己「東洋的生産様式と共栄圏確立」『科学主義工業』一月号
一九四二年
森谷克己「アジア的生産様式」『支那問題辞典』中央公論社
一九四八年
服部之総「日本におけるアジア的生産様式論争の終結」『社会評論』第五巻第五号
渡部義通「日本古代社会の世界史的系列――アジア的生産様式論争」『日本古代社会』Ⅲ　日本読書組合　三月
一九四九年
布村一夫「アジア的生産様式の清算」『歴史学研究』一四一号
服部之総・尾崎庄太郎・伊豆公夫・秦玄龍・岡本三郎『アジア的生産様式論』白揚社
服部之総「社会構成としてのアジア的生産様式」
尾崎庄太郎「アジア的生産様式論争」
一九五〇年
中江丑吉『中国古代政治思想』岩波書店

一九五一年
秦玄龍『アジア的生産様式』中央公論社　二月
一九五七年
遠山茂樹「唯物史観史学の成立」『日本歴史講座』第八巻　東京大学出版会
一九六三年
森谷克己の発言「シンポジウム　日本における朝鮮研究の蓄積をいかに継承するか：アジア社会経済史研究――朝鮮社会経済史研究を中心に」『朝鮮研究月報』十一月号　一二号
一九六五年
森谷克己『中国社会経済史研究』森谷克己遺稿論文集
一九六六年
塩沢君夫「日本におけるアジア的生産様式論の発展」『経済科学』第一三巻第四号
一九七二年
原秀三郎「日本における科学的原始・古代史研究の成立と展開」『歴史科学大系1　日本原始共産制社会と国家の形成』校倉書房　三月
沢田勲「日本における『アジア的生産様式』論争の展開1――戦前における論争」『金沢経済大学論集』第六巻第一号　六月
一九七四年
渡部義通『思想と学問の自伝』河出書房新社　九月
川口勝康「日本マルクス主義古代史学研究史序説　戦前編」（上）『原始古代社会研究』1　校倉書房
一九七五年
川口勝康「日本マルクス主義古代史学研究史序説　戦前編」（下）『原始古代社会研究』2　校倉書房
鈴江言一『中国革命の階級対立』（全二巻）阪谷芳直校訂　平凡社東洋文庫
一九七六年
五井直弘『近代日本と東洋史学』青木書店
一九七七年
福冨正実・加藤希久代編『早川二郎著作集』Ⅱ　未来社　四月

福冨正実「早川二郎著作集Ⅱ解説」『早川二郎著作集』Ⅱ所収
増田弘邦「早川二郎と渡部義通」『早川二郎著作集』月報2
一九七八年
福冨正実・加藤希久代『早川二郎著作集』Ⅰ　未来社　三月
福冨正実「早川二郎著作集Ⅰ解説」『早川二郎著作集』Ⅰ所収
原秀三郎「早川二郎とアジア的封建制」『早川二郎著作集』月報1
一九八二年
小野沢正喜「原始共同体と国家文化人類学における政治組織論の展開」(2)『社会科学論集』二三集　九州大学教養部社会科学研究室
一九八三年
田中慎一「アジア的生産様式及びアジア的生産様式論争」長岡新吉・石坂昭雄編『一般経済史』第二章のⅡ　ミネルヴァ書房
一九八四年
福冨正実・加藤希久代編『早川二郎著作集』Ⅲ　未来社　二月
福冨正実「早川二郎著作集Ⅲ解説」『早川二郎著作集』Ⅲ所収
犬丸義一「日本マルクス主義史上の早川二郎」『早川二郎著作集』月報3
一九八六年
福冨正実・加藤希久代編『早川二郎著作集』Ⅳ　未来社　十一月
福冨正実「早川二郎著作集Ⅳ解説」『早川二郎著作集』Ⅳ所収
中島健一「早川二郎の思い出」『早川二郎著作集』月報4
塩沢君夫「早川二郎と私」『早川二郎著作集』月報4
Germanie A. Hoston, Marxism and the Crisis of Development in Prewar Japan, Princeton University Press.

第二章　日本におけるアジア的生産様式論争　戦後編一九四五―一九六四年

序

一般にアジア的生産様式論争といえば、一九三〇年前後の、ソ連、中国、日本における論争と、一九六四年以後再開され、ソ連、西欧、日本等において活発に展開された第二次論争の、二つの時期の論争を指す。その意味では、一九四五年から一九六四年にかけての時期は、論争の中断期もしくは空白期にあたるはずである。

著者本来の構想からいえば、全体を前編（第一次論争）と後編（第二次論争）に分け、敗戦直後から一九五二年ぐらいまでを前編に属せしめ、後編は一九六四年もしくは一九六五年からの第二次論争再開以後を論じるはずであった。その際、一九六四年以前の塩沢君夫や福冨正実の労作は、第二次論争の前奏ともいうべき位置づけにおいて叙述するつもりであった。

そのようなことが可能であると考えたのは、一つには、一九五二年頃までの論争は、一九四七年『資本制生産に先行する諸形態』の翻訳及び出版という大きな出来事があったにもかかわらず、基本的には戦前論争の枠組に強く縛られたままであったからである。変化は、一九五三年のスターリンの死以後、ようやく始まったといってよい。さらに、そのやっと生じた変化も、塩沢君夫や福冨正実といった、その後の第二次論争の主役たちが、萌芽的、散発的にアジア的生産様式を論じていた程度のものといった印象しかなかったからである。

末尾に付した文献リストを一瞥すれば、少数の理論家たちが萌芽的、散発的に論じていたという印象とは、現実は大きく違ったものであったことがわかる。だが、より子細にみれば——ここでの関心は一九五五年以後の議論についてである——、アジア的生産様式に関する議論に参加していたのは、やはり塩沢、福冨のほかには、太田秀通ぐらいではなかったのかと思われる。それ以外の諸家は、古代史論争や共同体論争、もしくはアジア的デスポティズムをめぐる論争に参加していたのであって、かならずしもアジア的生産様式を焦点とする論争に参加していたという意識はなかったのではないかと思われる。そこが、一九六五年論争再開後の論客たちと異なる点であろう。

だが、そのような事情を割り引いても、この時期、アジア的生産様式に強く関連する諸論争が行われていたことは事実であった。一九四五年から一九六四年の時期をアジア的生産様式論争の空白期間としてではなく、前期（第一次論争）及び後期（第二次論争）とは区別された中期として論争の時期を設定できるのは、おそらく日本だけであろう。そこに日本におけるアジア的生産様式論の独特の伝統があると考えられる。

一九四五年から一九六四年の二十年間を概括する時、論争全体の帰趨を左右する二つの大きな著作文献の刊行が、まず注意をひく。一つはいうまでもなくマルクス『資本制生産に先行する諸形態』（以下『諸形態』と略す）であり、一つはウィットフォーゲル『東洋的専制主義』（原著は一九五七年、日本語訳は一九六一年）の刊行である。前者の刊行の意義についてはいまさら言うまでもないことであろう。『諸形態』抜きに、戦後、特に第二次論争以後のアジア的生産様式論の展開を論じることができないといって過言ではない。後者については、かなり否定的なニュアンスにおいて、決定的な意義をもっていたということができる。『東洋的専制主義』が、反共理論の書として登場したこと、とくにそのなかでも「水の理論」が「現行の共産主義＝全体主義」を理論的に基礎づける装いをもって展開されたこと、それはそれ以後のアジア的生産様式論争に深刻な影響を与えることになった。アジア的生産様式論＝アジア的停滞論という図式が、戦後のアジア的生産様式論争の展開にとって大きな障害であったことは、以前にも述べた。それ以上に、『東洋的専制主義』による、アジア的生産様式論＝アジア的デスポティズム論＝水の理論＝反共理論といった概念図式は、アジア的生産様式論の展開に強くマイナスに働くことになった。

1 『諸形態』の刊行とアジア的生産様式論争の「終息」

『資本制生産に先行する諸形態』は、飯田貫一、岡本三郎の翻訳により、一九四七年『歴史学研究』九月号（第一二九号）に、両者の解説を附して掲載された（ドイツ語版ではなく、ロシア語版からの翻訳であった）。マルクスの未発表遺稿である『諸形態』については、その前年からすでにその存在が研究者や理論家たちの間――左翼論壇と呼べばもっともぴったりくるのだが、逆に予断を与えかねない言葉でもあり、ここでは使用しない――で知られており、『歴史評論』や『歴史学研究』においても、その消息が伝えられており、待ち望まれた刊行であった。

『諸形態』の刊行は、アジア的生産様式論争を再び活発化させることではなく、「終息」させることに結果した。今日的視点からみれば、それは意外な結末であったといってよい。第二次論争以後の、とくに福冨正実、望月清司、平田清明といった非共産党系の論客たちの著作を読み、マルクスの著作から歴史発展の多様な展開を読み解くことを教えられた我々の世代――いわゆる団塊の世代――にとって、『諸形態』を含む『経済学批判要綱』は、その中心に位置すべき著作といってよかったはずである。だが、一九四七、四八年の時点では、そのように読まれなかった（『経済学批判要綱』高木幸二郎訳、が翻訳、出版されたのは、一九五九年から一九六五年のことである）。それは逆に、まったく反対に読み込まれたのである。

『諸形態』の日本における発表は、同時に、アジア的生産様式＝奴隷制の変種説の勝利を決定づけるものであった。飯田貫一・岡本三郎の解説（1947）によれば、『諸形態』により「アジア的生産様式とは奴隷制や封建制とならんで存在する特殊な社会構成体ではなく、また封建主義の変種でもなく、実に奴隷所有者的社会の特殊な形態である」ことが証明されたことになる。あるいはまた、アジア的生産様式は未発達な奴隷制である、と。もし、そのような解釈が妥当ならば、戦前以来のマルクス主義歴史学を代表する服部之総が簡単に言ってのけたように、『諸形態』の刊行は「日本におけるアジア的生産様式論争の終結」であった。

ごく普通に考えれば、『経済学批判』「序言」に言う、大づかみな歴史発展の段階として、古典古代的生産様式、封建的生産様式、近代ブルジョア的生産様式と並べられ、しかも敵対的生産様式の最初に位置せしめられたアジア的生産様式が、特殊な奴隷制や未発達な奴隷制であったとしたら、それがもしマルクスの意図するところであったとしたら、マルクスはなぜ、奴隷制的社会構成を意味する古典古代的生産様式とは別に、わざわざアジア的生産様式の名をあげたのであろうか。そう、人は疑問に思うはずである。

アジア的生産様式に関して、『諸形態』の次の二つのパラグラフが注目を呼んだ。一つは「結合的統一体」に関するくだりであり、さらに一つは「総体的奴隷制」に関するくだりである。以下の引用は、飯田貫一（1949）からのものである[1]。

> たとえば、多くの基本的なアジア的諸形態におけるように、結合的統一体が、すべてのこれらの小さな諸集団のうえにそびえたち、最高の所有者あるいは唯一の所有者としてあらわれることもある。このために、現実の諸共同体は世襲的な占有者としてのみあらわれることになるのであるが、このことはなんらその形態に矛盾するものではない。この統一体が現実の所有者であり、また集団的所有の現実的な前提でもある。それゆえに、この統一体そのものは、これら多くの現実の個々の諸集団のうえにたつところのある特殊なものとして、あらわれることも可能である。このようにして、これら諸集団のうちにおいては、各個々の人間は、実際には所有を剥奪されているのである（p.8）。

上記の諸集団、あるいは集団的所有は、諸共同体、あるいは共同体的所有と訳すべきところである。この小さな諸共同体に君臨する結合的統一体のイメージが、アジア的デスポティズムにぴったり照合したことにより、

『諸形態』のアジア的共同体は、アジア的生産様式の基底をなすものとみなされた。そのような結合的統一体及びそれを代表するデスポットこそが唯一の所有者であり、諸共同体は占有者にすぎず、さらにはその共同体成員は無所有である。それらは、その後、総体的奴隷制を根拠づけるものとされる。つまり、共同体成員は奴隷と同じ存在であるというわけである。

奴隷制のもとでは、農奴的隷従、等々のもとでは、労働者そのものは、ある第三者あるいは集団に奉仕するところの天賦の生産諸条件の一つにすぎない（このことは、たとえば総体的奴隷制が存在している場合の東洋には、関係ない。これはただヨーロッパ的観点からしてのみそうなのである）（p.49）。

このパラグラフの総体的奴隷制は冷静に考えれば、一種の比喩にすぎないことはあきらかであろう。総体的奴隷制 allgemeine Sklaverei を森谷克己（1965: p.36）のように全員奴隷制とでも解すれば、きっと比喩であることがより明確になったであろう（なお英訳は general slavery）。

奴隷制説の信奉者たちにとって、それ以上に重要な一節がある。それは、征服に伴う共同体の変容にふれた部分で、変化がもっとも少ないのはアジア的形態であると述べ、そこでは個人は単なる占有者にすぎず、事実上共同体の統一を一身に具現するもの（ホブズボーム、1969: p.136）、すなわちデスポットの奴隷なのだと述べるくだりである。

他面において、この所有形態のもとにおいては個々の人間は、決して所有者になることもなく、ただ占有者であるにすぎない。それゆえに、本質的には、彼自身は、共同体の統一がそのうちに人格化されているところのものの財産、奴隷である。したがって、奴隷制は、この場合には、労働諸条件を破壊することもなく、また関係の本質を変化させることもないのである（p.44）。

だが、これも冷静に判断すれば、奴隷や奴隷制は一種の比喩でしかないことは明らかであろう。共同体成員の労働諸条件を破壊することもなく、関係の本質も変化させるものでない奴隷制とは奴隷制ではありえないからである。そこから、アジア的生産様式＝特殊な奴隷制説、もしくは未発達な奴隷制説を導き出すのは、読み込みすぎであろう(2)。だが、アジア的共同体と奴隷制を結びつけるパラグラフとして読み込もうとする人々にとっては、奴隷制に関わるこの二つのパラグラフは、奴隷制説の動かぬ証拠であった。

2　世界史の基本法則と総体的奴隷制

戦前から戦後へのマルクス主義史学の継承という点において、渡部義通の存在の大きさについては、諸家が一致して認めている点である。彼がその後、共産党を離れ、共産党批判の側に回ったとしても、その評価に変更はなかったように見える（渡部義通『思想と学問の自伝』河出書房新社、一九七四年）。

戦前、アジア的生産様式に関して渡部は、早川二郎、相川春喜などに比較してほとんど発言していないが、もともと森谷克己と同じように、原始共同体説をとっていた。だが、『諸形態』の刊行は、渡部をも巻き込み、彼の原始共同体説に変更を迫ることになる。渡部（1948）は、戦前におけるアジア的生産様式論争に関する回顧が主たる内容ではあるが、その後半において、自己の見解の誤まりを認め、アジア的生産様式＝アジアにおける特殊な奴隷制説に修正を余儀なくされている。これは実に皮肉な結果であった。

戦後の歴史学界とくに古代史研究を領導していたのは、石母田正、藤間生大、松本新八郎であった。彼らはみな「日本歴史教程」第三次メンバーとして、渡部義通に教えを受けた若い世代の研究者たちであった。しかも、原始社会→奴隷制→封建制→資本主義への歴史発展を日本史の具体的な流れのなかに発見し、とくにその発展図式においてネックとなっていた奴隷制を日本古代史に位置づけること、その難題を解決したのは、ほかならぬ渡部義通であり、上記の三人は渡部が日本古代史研究において理論的に基礎づけた、原始社会から奴隷制への発展、それにもとづいて古代史研究をさらに進展させた人々であった。

藤間生大（1948）は、アジア的生産様式＝奴隷制説をはっきりと打ち出し、総体的奴隷制の実質は、結合的統一体のデスポットの支配の下における家父長的奴隷制であるとした。さきの渡部の修正は、それに習った格好であった。松本新八郎（1949）は、原始共同体→奴隷制→封建制→資本主義→社会主義への歴史発展を「世界史の基本法則」と規定した歴史学研究会一九四九年度大会における基調報告であり、『諸形態』を踏まえ、結合的統一体とそのデスポット、そして共同体の三つの形態に言及しながらも、アジア的生産様式はおろか、総体的奴隷制にも言及していない。ただ、一切の生産手段が結合的統一体＝国家の所有に帰し、民衆はわずかに「それの占有によってのみ、すべての個人の生存が許されるという意味で最初の奴隷制国家であるようなものであると思われる」（松本、1949: p.7）と、古代アジア的国家の社会構成が『諸形態』にいう総体的奴隷制であることをほのめかしている。

渡部義通が「上代社会の「構成」と特質」（『日本歴史教程』第二冊）において「奴婢制と部民制の連関＝統一」として日本奴隷制理論をまとめた水準から比べれば、これらは、理論的な冴えに欠けていた。彼らのアジア的生産様式＝総体的奴隷制説は、まだ家内奴隷説や家父長制的奴隷制説、あるいは未発達な奴隷制説の水準を抜けておらず、戦前、早川二郎が「国家封建制」と規定しようとした律令期の社会構成や階級関係を十分に説明したとはいえないものであった。

一九五〇年代中葉以後、安良城盛昭や門脇禎二の批判に晒された彼らは、次第に奴隷制規定の重心を、家父長制や家内奴隷制から、国家と共同体農民の階級関係に移し、その階級関係の性格を奴隷制的なものと論ずるようになる。ようやく総体的奴隷制という名称にふさわしい本格的な議論が行なわれるにいたる（後述）。

3　共同体論争とその副産物

一九五〇年当時の、藤間、松本、石母田等のアジア的生産様式＝総体的奴隷制は、その後の水準から比べれば未熟なものであったが、ともあれこれにより、アジア的生産様式は世界史の基本法則すなわちスターリンの歴史発展の五段階論のなかに位置づけられ、論争は一旦終焉したかにみえた。独自な社会構成体としてのアジア的生産様式は、マルクスの新たな「聖典」によって否定されたのである。

『諸形態』の刊行前後の一九四七年から一九五一年にかけてのアジア的生産様式に関する著作のなかで、岡本三郎、服部之総、布村一夫らに代表される流れは、そのような色彩を色濃く持ち、アジア的生産様式論争の終焉を声高に叫ぶものであった。事実、一九五一年以後、しばらくアジア的生産様式論に関する論文や著作は、ほとんど姿を消すにいたる。

事態は思わぬ方向に動く。一九五三年、スターリンが死亡。そして、その三年後、ソ連共産党第二十回大会（一九五六年）でのフルシチョフの秘密報告において「スターリン批判」が行なわれ、世界の共産主義者、マルクス主義者を震撼させつつも、つかの間の雪解け期をむかえる。

一九五七年度歴史学研究会大会において、塩沢君夫の報告「アジア的生産様式の理論と日本の古代国家」が行なわれ、アジア的生産様式論争がけっして終結してはいないことを明らかにしたのであった。しかし、塩沢報告は突然出現したものではない。塩沢自身も言うように、その二年前、一九五五年に公刊された大塚久雄『共同体の基礎理論』が理論的に大きな役割を果すことになった。一九五五年は、スターリンの死から二年、そして日本共産党の第六回全国協議会（六全協）が開催され、その無残な失敗に終わった極左武装闘争路線が放棄された年でもあった（一九五五年七月）。だが、理論戦線をみれば、一九五五年はけっして極左路線の終焉を意味してはいなかった。農地改革以後もなお農村における寄生地主制の維持もしくは再編・維持を強く主張する論調に満ちており、その半封建制の基礎となるものが、農村における強固な共同体及び共同体的諸関係の残存であった。大塚共同体論は、そのような潮流に沿って登場したのである（大塚久雄、1956）。

だが、大塚共同体論は、当時の日本の現状分析のため――寄生地主制や半封建制の存続の証明のため――に創出されたのではない。大塚久雄自身の人類史の発展理論として構想されたのである。早くからアジア的生産様式論に興味があった大塚は、一九四七年一月、「封建制分科会」（歴史学研究会・民主主義科学者協会歴史部会共催）において、渡部義通とアジア的生産様式の性格をめぐって、それを社会構成とみなすべきかどうか、原始的共同体社会の最後の段階に属するものか、階級社会に属するものかどうかについて、熱い議論を闘わせている。折りからの『諸形態』の発表は大塚に大きな影響を与え(3)、彼の共同体論に関する「問題観点をほぼ決定的なものとした」とされる。

『共同体の基礎理論』は、当時としては、大胆にも『諸形態』の三つの共同体と『経済学批判』「序言」の前近代的な三つの生産様式を直接対応させ、各共同体をそれぞれの生産様式の基底に据えるものであった。すなわち、アジア的共同体がアジア的生産様式に、古典古代的共同体が古典古代的生産様式に、ゲルマン的共同体が封建的生産様式にそれぞれ対応していると主張するものであった。かくして大塚久雄は、スターリンの五段階論――「世界史の基本法則」とはそれをただ言い換えたにすぎない――を奉じ、アジア的生産様式論の清算を成し遂げたつもりでいる歴研主流派を尻目に、アジア的生産様式論再構築の下拵えを成し遂げたことになる。

一九五五年という歴史時点が持つ意味について、ややこだわってきたが、それは『共同体の基礎理論』がどのような歴史的コンテキストにおいて刊行されたのかが、その内容とともに重要であると考えるからである。上述した通り、それは潮の境目において発表された。だが、一九五五年が分岐点であったと意識されたのはその数年後のことであった。一九五五年に発表された著作は、それ以前の論調を引きずっており、それらを読むかぎり、時代の流れは少しも変化がないかのように見える。一九五六年前半においても、事態はそれほど変わっていないかのように感じる。だが、一九五七年には誰もが、流れが変わったことを意識させられることになる(4)。スターリン批判の余波が続き、さらに同年九月には日本共産党の新綱領草案が発表され、寄生地主制論や半封建制論が放棄されるにいたる。

それゆえ、塩沢君夫の歴研五七年度大会における報告は、歴史家をとりまく状況が変わりつつあることの証でもあった。またスターリンの五段階論の枠組には収まらない「独自の社会構成としてのアジア的生産様式」を掲げる本格的なアジア的生産様式論者の登場でもあった。さらに塩沢君夫は、アジア的生産様式の収取様式が貢納制にあることを主張することによって、早川二郎の貢納制論を継承する側面をももっていた。その反面、塩沢は律令期をアジア的生産様式、その後を古代的生産様式すなわち家父長制的奴隷制にもとづく社会構成とするなど、前年歴研五六年度大会において、律令期を総体的奴隷制、その後を家父長制的奴隷制と画することを主張した安良城盛昭の報告「律令制の本質とその解体」と同様な、経済史をもって具体的な歴史研究に代える傾向（もしくは経済史の優位性）を有していたことを指摘せざるをえない。

4　アジア的デスポティズム

歴史学界におけるデスポティズムに対する関心は、戦後一貫して高く、それは日本史、東洋史（中国史）及び西洋古代史において、ほぼ共通の課題であった。当時、ながく天皇制支配の下に苦しめられ、その弾圧下において学究を余儀なくされた世代であれ、青春期を天皇制ファシズムとともに生きた世代であれ、専制権力の形成について、誰もがとうてい無関心ではいられなかったであろう。

そのようなデスポティズムに対する関心は、具体的には、日本古代史においては国家形成及び大化の改新以後の律令期の社会構成に向けられ、中国古代史においては、古代専制国家の形成の問題に向けられた。古代史におけるデスポティズム論に対し大きな影響を与えたのは、やはり『諸形態』における「結合的統一体」（総括的統一体）と「総体的奴隷制」という二つの大きな概念であった。さらに、日本古代史においては、国家形成の途上における共同体とデスポットの関わりが、いわゆる英雄時代をめぐる論争として取り上げられ活発な議論を呼んだことはよく知られている（石母田正「古代貴族の英雄時代――古事記の一考察」）。それに対し、日本の研究者たちの手によるマルクス主義史学を方法論とする中国史研究は戦後ようやく本格化したといってよい(5)。社会経済史的方法による実証的研究は西嶋定生「碾磑の彼方」(『歴史学研究』一二五号、一九四七年)がその先駆的研究として、いまもなお、高い評価を得ている。

歴研一九四九年大会における「世界史の基本法則」討論、なかでも松本新八郎報告「古代社会における基本的矛盾について」は古代史研究に基本的な方向性を与えるものであった。同じく歴研一九五〇年大会における西嶋定生報告「古代国家の権力構造」は、秦漢帝国に対応する社会構成として家父長制的家内奴隷制の成立を主張し、それ以後中国古代国家の社会構造が総体として、すなわち社会構成体や生産様式と関連して議論されるようになる(6)。中国古代史においては、西周以後の封建制をどう評価するかがポイントであったが、西嶋は、西周封建制度をマルクス主義的な意味での封建的社会構成として捉えかえす議論にも、あるいは戦前のアジア的生産様式論争においてかまびすしく喧伝されたゴーデス流アジア的封建制論にもくみせず、むしろ当時の日本古代史研究から強いインパクトを得て、家父長制的奴隷制説を成立させた(7)。

この西嶋の報告及びその後次々と発表された論考を受け、一九五〇年代前半には「中国古代統一帝国論」をめぐる論争が西嶋定生、増淵龍夫等を中心として繰り広げられる。邑制国家の衰退及びそれを支えていた氏族的共同体の崩壊は、同時に古代統一国家へ向けた社会全般の変化を意味するが、それらの論争を通じ、「戦国期からはじまり、秦漢において完成される専制君主権力の中央集権的統一支配の体制は、唯一絶対の天子による分解された個々の人民に対する直接の個別人身支配の体系である」との西嶋等の見解が主流として定着していくが、この個別人身支配説に対し増淵は様々な角度から批判を加え、両者の溝は埋まることはなかった(8)。

西嶋(1957)は、一九五〇年代前半の論争を振り返り、残された秦漢帝国形成の問題点として、「第一点は春秋中期以後の変動期に際して、のちの秦漢帝国の国家権力の中核者となる所の、換言すれば皇帝権力にまで上昇する所のかのパトリアルカールな権力発生の物的基礎を如何に把握するかという問題、すなわち春秋中期以前における血縁的氏族制的集団の中から析出して来る非血縁的家父長的集団の形成が、そもそも如何なる生産関係を基礎として可能であったかという問題である。第二点は、かくして形成された非血縁的家父長的集団と、その権力下に支配される一般農民との関係を如何に規定するかという問題である」と述べ、彼が、問題がなお家父長制的隷属関係に関連して存在すると考えていたことを明らかにしている。

専制権力の基礎構造を家父長制とは一応別な形で——というよりも家父長制を越えたものとして——中国古代デスポティズム論として提起したのは木村正雄「中国の古代専制主義とその基礎」(1958)である。常識的には、古代中国の国家形成や社会構造を問うことそれ自体がアジア的デスポティズム論になりそうなものであるが、巨大な中国古代国家の様々な相貌、すなわち国家・豪族・農民の関係——さらに共同体の解体、地主制と小農生産、封建制と郡県制、官僚制等々——の解明に追われ、なかなか専制権力の構造そのもの、構造の中核に迫る議論ができなかった、と言えば言えないことはない。だが、それ以上にアジア的デスポティズム論は、戦前のマジャール、ウィットフォーゲルの灌漑・治水説を想起させ、さらに戦中期のアジア的停滞論をも連想させることによって、簡単には公開の議論の俎上に載せることは難しかったのではなかったかと思われる。

木村正雄(1958)は、西嶋がいう第二の問題点、専制国家=皇帝権力と農民大衆の関係を卓抜な構想をもって解き明かしたのである。統一国家の形成過程において皇帝権力の支配を可能にする物的基礎として、増淵龍夫(1959)は、皇帝の私有地である公田の拡大取得を重視すべきであると主張していたが、木村はそれを、君主による大規模な治水灌漑事業による農地の拡大と、その増大した耕地の大部分が国家権力によって取得されたことに根拠を求めたのである。

木村は、春秋戦国期の邑制国家が支配していた農地——華北では高地は乾燥のため耕作に適さず、低地も洪水の危険性があり容易には農業を営めない土地であるため、邑制国家はその中間の、水を得やすくしかも洪水の危険性がない河岸のやや小高い丘を中心とする若干の土地に農作の基礎を置いていた——を第一次農地と呼び、大規模な治水灌漑事業によって拡大された農地を第二次農地と呼び、戦国後期以後、急速に拡大されていった農地が、第二次農地であること、第二次農地に招来された農民たちこそが皇帝権力の迅速な伸長を可能ならしめ、秦漢帝国形成への物的基礎となったことを明らかにしたのであった。

木村正雄(1958, 1965)は、その構想のスケールの大きさ、そして治水灌漑の重視という観点をマジャールやウィットフォーゲルと同じくしながら、方法論の斬新さ、緻密な実証性（特に漢代における県の置廃の分析と実証）において群を抜いており、独自なアジア的デスポティズム論として、一つの時代を画する研究であったといってよい。

木村（1959）はまた中国古代の専制主義が如何なる生産関係にもとづいていたのかを問い、それは「斉民制」とでも仮称されるべきものであったと述べている。中国古代の直接生産者は主要には「奴婢や賤民と区別された良民で、斉民あるいは人民と呼ばれ、彼らは思想的自由、政治的自由こそ持っていなかったが本来売買されるべき存在ではなく、土地を所有する権利を認められていた」とし、そのような直接生産者からなる斉民制は、「究極においては奴隷制と規定されるべきかは後日の検討にまつとして、ともかくも一応古典的奴隷制とは区別」されるものとしている。が、古典的奴隷制とは明らかに別であり、しかも、もしかしたら奴隷制と規定されるかもしれないが、それ自身は奴隷から構成されているのではなく、一律直接に国家の規制支配を受けている小農民から構成されている「斉民制」は、むしろ総体的奴隷制の言い換えであると考えた方がそのイメージははっきりする。

この木村の中国古代デスポティズム論は、共同体論とくに互いに孤立した小共同体がアジアにおける専制権力の尽きない源泉となっているとの環節社会論に比重をかけた従来のアジア的生産様式論をはるかに越えた説得性をもっている。

だが、木村正雄のデスポティズム論は、発表と同時に、大きな困難に直面することになった。一九五七年、ウィットフォーゲルの大著 Oriental Despotism が刊行され、その影響が日本にも及ぶ。ウィットフォーゲルにおいて、「東洋的専制主義」は、アジア的停滞論を意味するだけではなく、反共理論の根拠でもあった。ついに、ウィットフォーゲルは、マルクス主義の背教者とされる。その後、アジア的デスポティズム論を唱える者は、ウィットフォーゲルの「水の理論」との相違を鮮明にせざるをえなくなる（9）。治水灌漑に重点をおいてデスポティズム論を展開していた木村正雄は、以後、そのような危うい状況のなかで研究を進め、著作の発表を強いられることになった（10）。

それでもなお、木村は自己の中国古代デスポティズム論の深化を目指し、大著『中国古代帝国の形成――特にその成立の基礎条件』(1965)を完成させる。同書は著者木村の基本的見解の体系的叙述であるが、治水灌漑とそれにもとづく土地経営を具体的に考察し、さらに第二次農地と専制権力の対応関係を明らかにすべく、当時の千五百をこえるすべての県の起源、地理的歴史的条件、推移等を詳細に検討し、県の置廃の詳細な検討を行なっている。それらの膨大な史料の収集・整理と分析・統計を通じ、その実証を徹底させている。同書はたしかにその後の中国古代史研究に大きな影響を与えている。だが、その理論が受容され、批判・反批判を含めて、十分な検討がなされたり、あるいはそこから新たなデスポティズム論の展開があったとはいえない。また、中国古代史以外の領域に影響を与えることもなかった。同時期の、あるいはその後のアジア的生産様式論争に対する影響もほとんどない。もし、当時の中国研究者たちが、木村の構想を継承し、さらに当時刊行されつつあった中国農村慣行調査のエッセンスを取り入れ、共同体論に依存しないアジア的デスポティズム論を構築し、かつそれをもってアジア的生産様式論争にぶつけていたならば、日本のアジア的生産様式論争が共同体論に偏重し、それゆえ小谷汪之の批判に耐えられず、一九八〇年代初頭には失速してしまうなどということはなかったであろう。

5 「世界史の基本法則」とは何だったのか?

アジア的生産様式論争の新しい胎動について語るまえに、世界史の基本法則とは何であったのかについて、少し述べてみたい。前述のごとく「世界史の基本法則」とはスターリンの歴史発展の五段階論の言い換えにすぎない。この「世界史の基本法則」とは、個々の例外はあれ、どの民族の歴史も、原始共同体社会から社会主義まで、この五段階を経て発展しなければならないとするものであった。単に歴史的な傾向ではなく、法則とわざわざいうのは――トートロジーになるが――、歴史において、それが法則として働いているということを意味する。各国、各民族の歴史のなかにその法則性を発見することこそ、歴史科学の任務であった。逆に言えば、たとえ例外はあっても、その例外自体、きちんと法則を支える原理によって、理論的に説明しうるということを意味する。

一般に「世界史の基本法則」という言葉は、一九四九年歴研大会において成立したものとされる。それに対し、一九五〇年代末には、「世界史の基本法則」の見直しの動きが生れ、それが六〇年代に入って顕在化する。だが、わずか十年ぐらいで、基本法則を見直すというのでは、法則の法則たる所以が問われかねない。基本法則の見直しといった場合、それは言外にスターリン『弁証法的唯物論と史的唯物論』(1938)で定式化された歴史発展の五段階論の見直しを指している。そして見直しの主要な対象は以下の二点であった。一つは、本当に五段階なのかどうか、ほかに歴史発展の段階となる生産様式或いは社会構成体がないのかどうか、という問題である。さらに一つは、どの民族も例外なく歴史発展の五段階を経なければならないのかどうか、という問題である。

後者の問題については、一般には例外を認めており、それは「跳びこえ」と呼ばれる。だが、「跳びこえ」があまりにも頻出すると、それは例外ではなくなり、むしろ「跳びこえ」が常態であり、五段階を経る民族は例外となる。ただ、多数の「跳びこえ」を許容したとしても五段階説が崩壊するわけではない。主要な民族が五段階を経て社会主義段階に達したということであれば、それほど問題が生じるわけではない。ギリシア・ローマ世界の人々が原始共同体社会から奴隷制社会に、ゲルマン民族が原始共同体社会から奴隷制を跳びこえ封建社会に発展したという場合、一般には、ゲルマン民族は、ギリシア・ローマ世界の周縁において、初期的な奴隷制社会を経験しているとか、地中海世界への民族移動により、進んだギリシア・ローマ文明の生産力を継承したがゆえに、跳びこえが可能となったなどと説明されている。

問題となるのはアジア社会である。アジア社会がもし、奴隷制を経ないで原始共同体社会から封建制に発展したり、奴隷制も封建制も経ず資本主義社会に到達したりすれば、広大な地域、多数の民族が例外的なコースを辿ることになり、それを「跳びこえ」としてすますわけにはいかなくなる。アジア史における「跳びこえ」

の容認は、アジアにおいては、西洋的な歴史発展のコース、すなわち五段階説がいうような原始共同体社会→奴隷制→封建制→資本主義社会→社会主義社会への発展の道だけではなく、ほかに幾つか別な発展の経路があるのではないかという問題を呼び起こす可能性がある。それゆえ、「世界史の基本法則」を擁護しようとすれば、何が何でも、アジアに奴隷制や封建制を見つけなければならなくなる。マルクス主義社会科学やマルクス主義史学の導入期において、アジアのそれぞれの民族においてなんとか奴隷制や封建制を強引に見つけ出したとしても、具体的な歴史研究の進展によって、そのような奴隷制や封建制（農奴制）が、ギリシア・ローマ世界の奴隷制や中世西欧の封建制とはあまりにも大きく異なっており、それを同じ言葉で一括りにすることは、研究を進展させるというよりも、阻碍させるものと感じられるようになる。あるいは、無理を承知で、奴隷制概念や封建制概念のインフレーションを放置するかのどちらかである。冷静に考えれば、マルクス主義の創始者たちは、そのような例外の頻出に答えるべく、アジア的生産様式概念を創出したのだといえる。

実のところ、何故このような、かたくなな歴史発展論が誕生したのかをこそ問わねばならない。「世界史の基本法則」という言葉には、このようなかたくなな歴史発展論をカモフラージュする効果がある。法則である以上、厳格であるのは当然だからである。だが、マルクス主義の創始者たちこそ、このような法則をもって現実の歴史叙述や説明に替えることを拒否していたのではないか。かたくなさの起源は創始者にあるのではない。それはロシア革命の成功によって、世界に初めて社会主義国家が誕生し、その革命の遺産相続人となった人々が、自らの革命と国家をマルクス主義歴史理論によって聖化しようとしたところから生じた。世界革命の総本山たる社会主義の祖国ソ連が歴史の偶然から生れたなどということは絶対にできなかった。ロシア革命は歴史の必然によって成就したのであり、ロシアは当然にも歴史発展の典型的な道を経て社会主義社会に到達したのであった。ロシア革命が特殊な歴史発展の道を辿った民族における革命だったとしたら、他の民族の参考にはならなくなる。ロシア革命の経験は学ぶに足る経験でもなく、革命を成功させたボルシェビキの革命理論もまた学ぶ価値のない特殊な歴史情況を反映した特殊な理論であるということになる。

すなわち、歴史発展の典型的なコースは、もちろんマルクスがそれを抽出した西欧の歴史にも、さらに社会主義の祖国ロシアの歴史にも、十分に適合的でなければならないということになる。アジア的生産様式は、西欧の歴史発展に無縁である以上、ロシアにも無縁でなければならない。もし、西欧の歴史発展のコースにはないアジア的生産様式を歴史発展の一つの段階として認めてしまえば、ロシア史の特殊性はその段階ゆえと説明されてしまうだろう。すなわち、西欧にはないアジア的な野蛮さ、デモクラシーの不在、経済発展の後進性は、ロシアにおけるアジア的生産様式の遺制であるという歴史分析を当然まねくことになる。当時、各国共産党は国際共産党たるコミンテルンの支部であった。コミンテルンの締付けにより、各国党における異論を持つ人々は沈黙を強いられるか、党を離れるしかなくなっていた。だが、自らをマルクス主義の正統な後継者に任じ、遅れたロシアの粗野な革命家の風下に立つことを肯んじない西欧のコミュニストやマルクス主義者が、アジア的生産様式論に依拠して、ロシア革命やボルシェヴィキの革命理論に疑問を持ち、スターリンの支配に疑いを差し挟む余地は依然として残っていた。アジア的生産様式は歴史発展の一つの段階としても、あるいは独自な社会構成としても、存在することは許されなかった。かくして、マジャール等アジア的生産様式の擁護者たち、アジア派はスターリンに疎まれ、論壇から追放される。さらに、『弁証法的唯物論と史的唯物論』において、アジア的生産様式を抹殺した歴史発展の五段階論が、マルクス主義の公式歴史理論として宣言されることになる。

問題を難しくしているのは、各国の共産主義政党やマルクス主義歴史家の民族意識や歴史意識が、この問題に、大きく影響している、もしくは微妙な影を投げかけているという点である。上述のスターリンの歴史発展の段階論自体、大ロシア人の民族意識にもとづくものという側面をもっている。ソ連のアジア的生産様式論争において、ドゥブロフスキーは、原始社会→封建制→農奴制という発展図式を提案したが、これは明らかにロシアや東欧の歴史経験に根ざしたものである。東欧及びロシアでは、中世初頭に西欧の影響下に一応の封建化——もしくは初期封建制——を経験したが、中世後期から近世にかけ、再版農奴制の時代を迎える。特にロシアでは、封建諸侯や封建貴族の没落と、ツアー・ロシアにおける皇帝権力の伸長と農奴制の強化となって現われる。ドゥブロフスキーの図式は誰からも注目されることなく忘れさられたが、それは明らかにマルクス・エンゲルス或いはレーニンのいずれの文献によっても支持されえないほど偏ったものであったからである。

たとえば、中国の共産主義者たちが、ほとんどといってよいほどアジア的生産様式概念を受け入れず、五段階説に従っていることをどう考えればよいのであろうか。新中国において五段階説が公式理論として君臨していることは、民族主義的な歴史意識から容易に説明がつく。一九五〇年代後半から一九六〇年代前半にかけ、中国においては毛沢東主義歴史観とでもいうべき独自の歴史観が成立したが、それは世界史の組み替えを主張し、中国が辿ってきた歴史発展の道も、西欧がたどってきた歴史発展の道も、同一の発展段階を踏まえたものであり、ともに正統なものとするものであった。つまり、西洋にはギリシア・ローマ的奴隷制があり、中国には殷周奴隷制があるが、どちらも同じ奴隷制であり発展段階として同じである。西洋には領主制的封建制があり、中国には地主制的封建制があるが、どちらも同じ封建制であり、やはり同じ発展段階にある。中国も西洋も、同じように原始社会→奴隷制→封建制→資本主義社会を経てきたという点においてはまったく変りがなく、中国の社会主義はその意味で、世界史の普遍的な段階としての社会主義であるということになる。西洋と中国の相違は、段階にではなく、類型にある。これは、戦前のコヴァレフやストルーヴェの、奴隷制段階にあっては奴隷制のアジア的変種、封建制段階にあっては封建制のアジア的変種といった、アジア的変種論に近似しているが、変種を、同格な類型と言い換えたところが相違する。だが、類型間の差異を突き詰めれば、歴史発展のコースの多様性の問題につながる可能性があるはずである。しかしながら、中国ではそのように受けとられることはない。おそらく、中国以外の世界を知ることが少なかったためであろう。その場合、類似といっても差異といっても、書物から得られたものであり、実感を伴うものではなく、類型化も観念の世界の出来事だからである(11)。

また、インドにおいては、戦後、ソ連の影響が強く、したがってマルクス主義史学において五段階説が大勢を占めている。インドにおいてはアジア的生産様式論の擁護者もごくわずかであり、おそらくそこにはインドは特殊な世界ではない、ヨーロッパと異なった特殊な歴史発展を経てきたのではない、という歴史意識が働いているようにみえる。インド・中国ともに、文明の発祥地であり、過去においてはそれぞれ一つの世界であった。それが、過去に特殊な社会構成を持ち、特殊な歴史発展の経路を辿ってきたなどと認めたくない意識に繋がっているのではないかと考えられる。

日本ではアジア的生産様式論が流行している。それは一面ではアジア的停滞論＝脱亜論に通じている。だが、もう一面では自分たちもまたアジアの一員であり、アジアと同じ歴史を共有している、自らの半身はアジアであるという脱亜論批判、あるいは親アジアの意識が潜んでいることを見逃してはならない。桜井由躬雄『ベトナム村落の形成』（1986）によれば、ベトナムは日本と同じく歴史理論においてアジア的生産様式論が有力な位置を占める数少ない国である。そこには自らの村落共同体に対する自負がありはしないだろうか。

6　新しい胎動

歴研一九五七年度大会古代史部会における塩沢君夫報告「アジア的生産様式の理論と日本の古代国家」（『歴史学研究』一九五八年十一月号掲載）は、アジア的生産様式をタイトルとする報告が、歴研という大きな、影響力を有する学会においてなされたという点において画期的であった。さらに、一九五九年には同じく塩沢君夫『古代専制国家の構造』が、一九六〇年には太田秀通『共同体と英雄時代の理論』が出版され、アジア的生産様式論は——少なくとも古代史研究においては——「世界史の基本法則」に変更をせまる歴史理論の一つとして関心を集めるにいたる。

本稿末尾の文献リストからもわかるように、一九五五年以後（すなわち、アジア的生産様式論の「清算」以後）一九六四年までの期間において、アジア的生産様式論に関する論文の半数を塩沢が書いているが、そのほか歴研大会における報告、掲載された学術誌の知名度、労作『古代専制国家の構造』の出版等によって、論争の再開に果たしたこの時期の塩沢の役割の重要さ、貢献は明らかである(12)。

塩沢のアジア的生産様式論の独自性は、一つは、独自な生産様式としてアジア的生産様式を捉え、人類の歴史を、原始共同体社会→アジア的生産様式→古代的生産様式→封建的生産様式→資本制生産様式への発展と構想する点にある。資本主義以前の敵対的生産様式は古代奴隷制及び封建制の二段階ではなく、三段階であるということになる。また、アジア的生産様式の具体的な搾取様式は上位の共同体による小共同体の搾取すなわち貢納制である。ここまでは大塚共同体論の枠内にあるが、塩沢はこれを具体的な日本古代史に適用し、石母田正等の大化改新以前及び大化以後＝律令期が奴隷制社会であるとする学界主流の古代奴隷制理論に真っ向から批判を加える。問題は奴隷制の形成と共同体の分解に関わっている。

塩沢が批判する石母田正等の古代奴隷制理論の核心とは、

各共同体が家父長制的な奴隷制の方向に……分解するということが総体的奴隷制の一つの基礎であり（石母田、1956: p.71）、日本の古代では、奴婢・家人その他の形態における私的な奴隷制と並んで、人民一般を奴隷制的に支配する「政治的奴隷制」が支配していること、換言すれば、ここでは二つの形態の奴隷制が相互に制約しつつ二重に支配していたことを意味する（石母田、1959: p.546）。

であり、それに対して塩沢は（引用文は一九七三年からのものであるが）、

原始共同体社会の崩壊の中から生れる最初の階級社会は「アジア的生産様式」を基盤とする「古代専制国家」であり、それは古代奴隷制に先行する独立の生産様式であり、共同体の分解、家内奴隷制の成立を前提とするものでも、それを基礎とするものでもなく、家内奴隷制はアジア的生産様式の中から生れる……（塩沢君夫「生産様式の諸形態について――石母田正・芝原拓自の近著によせて」『歴史学研究』四〇一号、p.28）。

と主張する。塩沢はここで、共同体の分解により家父長制的奴隷制や家内奴隷制が析出されるというアプロー

チ自体に反対している。特に石母田等が律令期に比定している総体的奴隷制に関して、総体的奴隷制とは共同体の分解が阻止されているがゆえに成立する、あるいは共同体が強固に残存していて、その成員が共同体に対して自立しえず、かえって共同体に埋没していることが、総体的奴隷制の基礎であると述べ、従来の家父長制的奴隷制や家内奴隷制論に軸足を置いた奴隷制理論に対し徹底的な批判を浴びせている。塩沢によれば、家内奴隷制にせよ、家父長制的奴隷制にせよ、総体的奴隷制（アジア的生産様式）の中から生れてくるのである（塩沢君夫『古代専制国家の構造』増補版、1962b: p.33）。

さらに塩沢は、『古代専制国家の構造』増補版序章において、石母田、藤間等のみならず、安良城盛昭「律令体制論」をも俎上に載せているが、そのなかで特に注目すべきは、安良城が「律令制社会を、天皇・官僚・寺院と奴婢との間の奴隷制的関係と、アジア的共同体成員としての班田農民と国家との間の生産関係との、二つの生産関係の相互規定ととらえていること」を捉え、この相互規定論は、基本的には奴婢制と部民制を並べた渡部理論と同じ考え方であり、さらに石母田正とも全く一致していると指摘し、支配者層の奴婢所有の方が広汎な共同体（班田農民）に対する支配より規定的だとみることはできないと批判している。相互規定論は、渡部義通以来というより山田盛太郎『日本資本主義分析』以来の、講座派の理論的レトリックである。

塩沢はまた、律令期＝総体的奴隷制説に対し、それをアジア的生産様式と言い換えるべきだと主張するが、その理由として、総体的奴隷制は『諸形態』においてのみ、しかも一度しか使われていないことをあげ、マルクスにとっては未熟な概念であったことをあげている。さらに、総体的奴隷制概念の使用は、古代奴隷制にあたかも、西洋の古典的奴隷制と東洋の総体的奴隷制があり、両者が互いに並行する形になり、類型説に結果する。共同体の諸形態及び生産様式はあくまで、継起的・段階的に理解すべきであり、類型説的な考え方をとることは正しくない――『諸形態』におけるマルクスは、類型説的に読むことが可能であるが、それ以後の著作においては継起的な発展段階として捉えられている、それゆえ『諸形態』の見解は未熟なものと見なくてはならない（p.82）。

以上によって塩沢が、基本的にはアジア的生産様式論を展開しつつも、「世界史の基本法則」自体には疑問をもっていない、むしろ「世界史の基本法則」の修正を求めているということがわかる。

塩沢の問題点は、すなわち大塚共同体論に内在する共同体継起説に固有の難問を抱えている点である。大塚の共同体継起説を字義どおりに解釈すると、共同体はアジア的共同体において、もしくは古典古代的共同体において、すでに階級社会に突入している――アジア的共同体は総体的奴隷制に、古典古代的共同体は奴隷制社会に転化している――はずであり、もし『諸形態』のゲルマン的共同体が本源的共同体であるならば、太田秀通が指摘するように、奴隷制社会を経験した共同体は、ゲルマン的共同体においてふたたび階級社会以前の状態に戻っていなければならないことになる（太田秀通、1959: p.196）。そのような齟齬を避けるためにも、大塚や塩沢にとっての『諸形態』のゲルマン的共同体は、すでに階級社会の共同体すなわち封建的共同体でなければならないのではないか(13)。

塩沢は、ギリシア・ローマ民族の共同体はアジア的専制国家を経ることなく古典古代的ポリス国家に進み、ゲルマン民族の共同体は奴隷制国家を経ることなく封建社会に移行したと述べているが、このような跳びこえは、かえって跳びこえ――ギリシア・ローマ的共同体は奴隷制社会に、ゲルマン的共同体は封建社会に移行するコース――こそが常態であり、継起説自体が破綻していることを示すものではないか。

塩沢は、またそのような共同体の継起的発展説に忠実であるがゆえに、日本中世を古典古代的共同体に基礎をおく家父長制的奴隷制社会であると規定しているが、これはもっとも納得しがたい点である。

塩沢がなお「世界史の基本法則」の探求を掲げているのに比し、それに根本的な疑問を投げかけているのが、福冨正実である。この時期（一九五五年―一九六四年）、塩沢についでアジア的生産様式論に関する著作が多いのが福冨であり、雪解け以後のソ連における歴史理論の動向及び既成学説見直しに関する論文を多数翻訳しており、その点においても稗益するところが大きい。ただこの時期の福冨は、その論文、翻訳のほとんどが『東亜経済研究』『山口経済学雑誌』に限られており、彼の論文が有力誌に掲載されたり、著作が出版され、アジア的生産様式論争の主役の一人として活躍するのは、一九六五年、第二次論争以後のことである。

福冨は例の山村工作隊の時期に学生運動に参加しており、前衛党の圏内を離れた後は、いわば一匹狼風な生き方を選んできたようなところがある。それゆえか、堀江英一、大塚久雄をはじめとし、学界の権威に対し好んで論争をしかけるような奔放さもしくは勇猛さを有していたようだ。だが、そのおかげで、五〇年代末から八〇年代中葉にかけ、彼の膨大な論文、著書、翻訳、対談から、その時々の学界の動向、歴史理論の変遷について、他の著作では得られない理解や情報を得ることができる。さらに、栗原百寿、野呂栄太郎、猪俣津南雄、早川二郎、柳田国男といった人物に対する論評もまた、彼自身の思想やその生き方を足場に書いているところがあり、いずれも興味深いものとなっており、これもまた稗益するところが大きい。

福冨正実は、そのアジア的生産様式論を通じて、アジア的生産様式、古典古代的生産様式、封建的生産様式を、資本主義へ向かう歴史発展の多様な経路の一つとして捉え、位置づけている。福冨はソ連における「封建的構成体の基本的経済法則」をめぐる論争を検討し、「一部の国々だけが発達した奴隷制的生産様式の解体及び危機にもとづき封建制度へ移行するにすぎず、多くの国々は奴隷制が未発達のまま、後に直接に封建的構成体に移行するのであり、さらに種々の民族が奴隷制度をまったく経ずに原始共同体社会の解体にもとづき封建制度へ移行している」とのメイマン及びスカスキンの見解を俎上に載せ、

このようにメイマン及びスカスキンは、われわれとちがって、ある個々の民族が原始共同体制度から封建制度へ直接移行する問題を、人類全体が無階級社会から階級社会へ移行するさいの多様性の問題の一つとして提起するのではなく、封建制度への多様性の問題の一つとして提起し、この問題を、奴隷制的生産様式のもとにおける再生産の特殊性から説明しようとしている。彼らによれば、発展した奴隷制的生産様式、したがって奴隷制的構成体……は、たとえ個々の民族が経過しないばあいがあるにしても、人類が全体としてはかならず経過しなければならない五つの構成体（原始共同体的、奴隷制的、封建的、資本主義的、社会主義的）のなかの一つである。したがって、彼らの見解は、本質的には、社会発展の必然的な一般的段階の一つをこの段階の特質（奴隷制的再生産の特殊性）にもとづいて個々の民族がとびこえることもありうるという「とびこえ論」である（福冨正実、1960c: p.29）。

と厳しく批判する。マルクス及びエンゲルスは、奴隷制的生産様式などという用語は一度も用いていないと断じる福冨にとって、「人類が全体としては奴隷制的構成体をかならず経過する」という見解は、マルクス主義とは無縁なのである。

それに対し福冨は、無階級社会（原始共同体社会）から階級社会へは、諸民族にとって多様な発展の経路があり、アジア的生産様式、古代的生産様式、封建的生産様式はその経路の一つであると主張する。

> 東スラヴ人やゲルマン人のもとにおける最初の階級社会が封建社会であり、ギリシア＝ローマ人のもとにおける最初の階級社会が労働奴隷制にもとづく奴隷制社会であり、アジアにおける最初の階級社会が総体的奴隷制にもとづくアジア的専制国家であるという階級社会への移行の多様性（福冨、1960c: p.39）

の提唱こそ、福冨の真骨頂であった。だが、それでも以下の記述は、なお福冨はまだ躊躇している部分があったかにみえる。

> われわれは、「社会的生産過程の敵対的形態」としては「アジア的・古代的・封建的・近代ブルジョア的（資本主義的）の四つの生産様式」を考え、「社会経済構成体」としては「奴隷制的・封建的・資本主義的の三つの構成体」を考える。われわれの見解からすれば、「奴隷制的構成体」（支配と隷属の関係の本質が奴隷制的な性格をおびた社会経済構成体）は存在しえても、「奴隷制的生産様式」なるものは存在しえない。「アジア的生産様式」と「古代的生産様式」とは、それらのうえに構築される上部構造の本質が同じ性格をおびていても、生産様式としてはまったくちがった内容をもっている（福冨、1960b: p.89）。

四つの生産様式に対する三つの社会構成体、すなわちアジア的生産様式を奴隷制的な社会構成とする理解は、彼がまだ「世界史の基本法則」＝歴史発展の五段階論から、充分に離脱し得ていないことを表わしていよう。

アジア的生産様式＝総体的奴隷制と理解することは、当時としてはやむをえないものであろうが、ここは塩沢もいうように、総体的奴隷制においては本来の意味の奴隷が未検出であることが、社会構成の特徴として必ず言及されなければならない。総体的奴隷制はいわば比喩のようなものとして理解すべきであり、実は奴隷制的な社会構成ではない。その搾取様式は上位の共同体（結合的統一体もしくは総括的統一体）による小共同体からの貢納が主要なものである。さらに言えば、福冨もまた早川二郎の貢納制論に与していたはずである。奴隷制的生産様式の概念そのものを否定し、さらに人類が全体としては奴隷制的社会構成を必ず経過しなければならないとする見解をも拒否する福冨が、アジア的生産様式をまだ奴隷制的社会構成の枠内に留めおくというのは、自らに矛盾しているといわざるをえない。

一九五五年以降、一九六五年までの時期におけるアジア的生産様式論の提唱者としては、塩沢、福冨がまずその代表としてあげられるが、太田秀通もその著書『共同体と英雄時代の理論』によって、アジア的生産様式論を魅力ある歴史理論として浮上させることに貢献したということができる。ただ、『共同体と英雄時代の理論』は、東方のデスポティズムへの道と西方のデモクラシーの道への分岐を、ポリス形成期以前のホメロス時代やミュケナイ時代のギリシア人王国まで遡り、それをシュメール人の都市国家と比較し、東方においてはその社会構成がアジア的共同体を基礎としているがゆえに、その灌漑・治水を中心とした公共の機能の早期的な発達が、共同体成員のデスポットへの従属を深めさせることによって、総体的奴隷制及び古代専制国家が成立したと考えており、一種の東西文明比較論にもなっている。

このようなヨーロッパ古代史からみたアジア的生産様式論は、アジア史研究にとって大いに参考になるが、だが、増淵龍夫（1960a）が言うように、あくまで、アジアの外側からみたアジア論であり、「アジアの世界が何故にポリス的ヨーロッパ的自由の世界へと展開しなかったか」と問うのは、ヨーロッパ的観点からのものであって、「アジアの進むべき到達点は、必ずしもヨーロッパではない」という批判が当然出てくることになる。しかし、このような問いは、一八五〇年代の「アジア的共同体」及び「アジア的生産様式」に代表されるマルクスのアジア的社会論以来、つねにつきまとう問題である。当時（一九六〇年前後）の、中国革命に対する不当なほどの高い評価が、このような増淵の発言につながった部分もあったのではないかと思われる。それに対する答えは容易ではないが、マルクスのアジア的社会論がアジアの外側からの、ヨーロッパ人の勝手なアジア像の押しつけではないか、という批判――増淵は必ずしもこのように明言しているわけではないが、そのウィットフォーゲル批判、アジア的デスポティズム論及び総体的奴隷制論への批判などに、その含意をうかがうことができる――に対しては、一九六〇年の時点での増淵の批判が早計にすぎたように、現在の時点においても、なお早計であると考える。

なお、筆者は、太田秀通の歴史理論においては、『奴隷と隷属農民』(1979)にみられる、奴隷と奴隷に似た隷属農民との種別性に関する議論が、もっとも優れていると考えている。アジア的生産様式下の、あるいは総体的奴隷制の下での、共同体農民もしくは共同体崩壊後の隷属農民がはたして奴隷であるかどうかについて、さらに奴隷制下の奴隷とどう違うかについて、同書は明確な指標を与えている。

戦後、第二次論争の直前まで、アジア的生産様式論に関する著作を発表しつづけたものに森谷克己がいる。森谷の一連の論文は、古代中国史を俎上とした唯一のアジア的生産様式論といってよい。だが、学界主流からはほとんど無視に近い扱いを受けていたように思われる。戦前、特に戦中期に、平野義太郎等とともにアジア的停滞論に与し、日本帝国主義のアジア侵略や占領統治の正当化に手を貸した、そのことがまだ影響を残していたからであろうか。

そのほか一九五〇年代後半から六〇年前後にかけて戸田芳実、河音能平、芝原拓自等が論壇に登場し、一九六〇年代前半には吉田晶、望月清司等がデビューを飾っている。彼らは、一九六五年、第二次論争の勃発後、論争の主役もしくは重要な担い手となる。また、一九六〇年代前半に引き続き論争の一方の雄として活躍する塩沢、福冨、太田等も依然として健筆を振うとともに、原秀三郎、林直道、平田清明等が加わり、論争はいっそう熾烈に闘わされることになるが、その詳細は次章以降としたい。

最後に、戦前の論争と戦後の論争を、理論家たちに焦点をあて比較してみると、戦後論争の主役たちは、戦前の主役たちと随分異なった相貌をしていることに気づかされる。あるいは、戦前の理論家たちの間の関わりと、戦後の理論家たちの関わりは、随分と違っているようにみえる。戦前の理論家たちに比べ、戦後のアジア的生産様式論争の参加者たちは、みな異なったグループ、学派から出てきている。しかも彼らは、もしグループに加わっていたとしても、それぞれのグループのなかでは、やや異色な存在であったようにみえる。それゆえ、戦後のアジア的生産様式論の提唱者は、戦前の、特にアジア派もしくはマジャール学派のような、他のグループや学派とは区別されたある特定の歴史観や歴史認識を有するグループや学派としては、存在することはなかったように思われる。アジア的生産様式論の提唱者だからといって、何か特別の学派やグループが形成されたわけではないからである。もちろん、アジア的生産様式論者といっても、個々の主張は互いにかけ離れている場合が多く、まとまって何か組織だって動く理由もなかったからであろう。

　そのような研究者の存在のあり方は、マルクス主義史学の学界における認知もしくは社会的認知という問題と関係があるのかもしれない。大学人或いはアカデミズムの一翼につらなれば、グループや学派に属さずとも、研究生活を持続することは可能だからである。或いは、実践と離れた理論や学説というものが、究極のところ、一つの商品であり、他とは異なった商品であること自体に意味があり、それゆえ類似した学説を唱えるということは、かえって差異化への欲求に拍車をかけることになるからであろうか。ちょうどこの時期は、理論家から研究者への転換期にあたっていたということができる。

[注]

（1）ロシア語から訳した飯田訳には限界があり、本来は岡崎次郎訳（青木文庫、1959）もしくは市川泰次郎訳（ホブスボーム、1969）などを使用したいのだが、一九五〇年前後の理論家たちが利用できたのは飯田・岡本（1947）もしくは飯田（1949）であったことから、飯田訳を使わざるをえない。たとえば die zusammenfassende Einheit、飯田訳における結合的統一体は、岡崎訳では包括的統一体、市川訳では総括的統一体である（英訳は comprehensive unity）。一九五〇年当時の歴史家たちにとり、『諸形態』は結合的統一体と総体的奴隷制の書であった。翻訳用語の問題は重大な意味を孕んでいるが、ここでは、一九五〇年前後という歴史状況との整合性をはからざるをえない。

（2）このパラグラフは、もしアジア的形態において征服が実行されたとしても、という条件のもとで言われているのではないかと思われる。すなわち、もし、征服が行われたとしても、アジア的共同体のもとでは、共同体成員はデスポットの財産、奴隷として現われるにすぎず、この奴隷制は共同体成員と土地の結びつきを断ち切るわけではない——貢納制と同じことを言っている——と読むべきではないか、と思われる。もちろん、この場合の奴隷制とは総体的奴隷制であり、ヨーロッパ人の視点からのみ奴隷制とみえるものにすぎない。

(3) さらに同年及びその翌年の大学院の講義（東京大学大学院社会科学研究科理論経済学・経済史学専門課程「経済史総論」）において、「共同体の基礎理論」をテーマに選んでおり、その講義要綱が後に『共同体の基礎理論』となって刊行される（『大塚久雄著作集』第七巻、一九六九年、後記）。

(4) 石渡貞雄「農業の構造」『農業理論の現状と展望』（綿谷赴夫、西村甲一編、東洋経済新報社、一九五七年）。石渡は一九五〇年代前半の農業理論の対立、主として共産党主流派と栗原百寿らとの熾烈な対立に触れ、共産党主流派が理論的にもさらに実践における検証の面でも誤まっていたこと、それゆえ、六全協においてその誤まりを自己批判しなければならなかったことを指摘した後、一九五五年から一九五六年にかけての論壇の状況について以下のように述べている。

……（昭和）三十年から三十一年に発表された著書の多くが、対立の緩和以前に書かれていたことである。このため、発表された時期と書いた時期との間は、ずれがおきていることである。とくに、封建制を強調する立場の著者においてその感が深い。というのは、一生懸命農地改革後の農業構造に封建制を論証づけようとしていたが、それが発表できる段になると、それはあまり重要なモチーフとはなっていなかった、白々しいもの、間の悪いものになっていたからである。これは、悲劇的である。なお同じようなことは、学者的な一部の研究者で、ようやく自分なりに農地改革後の農業構造を封建制として理論化される段になると、すでに六全協以後となり、かつそれにこだわらぬためか、そのまま発表することになっているが、これまた白々しいものとなってしまっているということである。

(5) 西嶋定生は、戦前の、中国史の発展段階や時代区分を法則的に把握しようとした試みとして森谷克己『支那社会経済史』（1934）や秋沢修二『支那社会構成』（1939）に言及しながらも「しかしこれらの見解はいわば専門的歴史学者といわれる人々以外からの発言であって、アカデミックな歴史学界においてはほとんど問題にされず、むしろそこではこのような時代区分論と関係なく中国史の研究が進められていたのである。その中でも東京と京都の二つの大学の東洋史学科を中心とする中国史研究は、日本の中国史研究の二つの中心として、それぞれ独自の性格をもっていた。そのおのおので培われた業績が、戦後の時代区分論争に豊富な素材を与えることになったのである」と述べ、アカデミズムで育った研究者として、戦前の『歴史科学』に集った左翼史家に対する率直な評価を語っている。秋沢はともかく、大学人として人生を送った森谷克己でさえいわば門外漢扱いしていることに、当時の東大、京大を中心とした東洋史学の自負を感じるとともに、そのような人たちの手で戦後の新しいマルクス主義史学にもとづく中国古代史研究が開始されたことに強烈な違和感を感じざるをえない。

（6）「古代国家の権力構造」報告後の討論における西嶋定生と北富條平の論争は興味深い。西嶋が、小作関係に巻き込まれた小農民を、共同体的な存在ではあっても、共同体の分解により、すでに共同体農民として自己完結できず、それゆえ豪族層のもとにおける家父長制的な家内奴隷制によって規制されざるをえず、そこから秦漢時代の小作制を家内奴隷制の実現の一つの形態であり、それを含めて全体として奴隷制社会を構成すると述べたのに対し、北富は、ある程度の階級分化は認めながら、秦漢時代は労働奴隷制ではありえず、また家内奴隷制は単にウクラードにすぎない、それゆえ共同体と国家との関係すなわち搾取関係を総体的奴隷制として見るべきだと反論し、西嶋に、私の考えとまるっきり違うと言わしめている。彼らの論争を受けた石母田正が、北富の構造論よりも、一見明晰を欠くようだが西嶋の歴史的方法が稔り多い収穫をもたらすと信ずると締めくくっている。意味深長というべきである。

（7）同時期の藤間生大（1948）も、前述のごとく、総体的奴隷制のもとにおける結合的統一体のデスポットは、依然として家父長制的奴隷制家族を営んでおり、その家長であると同時に、全体の支配体制の長でもあった（五井直弘、1976: p.226）と述べており、同じように専制権力の基礎を家父長制的奴隷制に求めている。この時期、このような専制権力を基礎づける社会構成として家父長制的奴隷制論が主張されたのは、天皇制国家との関連をおいては考えられない。明治国家において成立した天皇制絶対主義支配が村落レベルにとどまらず個々の家庭レベルまで浸透したこと、この天皇制による個々の村落や家への支配が、村落レベルにおける地主への隷属及び家庭レベルにおける家父長への隷属と等置され、家父長制といえば、専制権力を説明したかのように考えられたことが、この時期、家父長制的奴隷制論が流布した原因の一つではなかったかと思われる。だが、家父長制的隷属関係とはパトロン・クライアント関係と同様にどの社会、どの時代にも存在するものであり、それをたとえ奴隷制と結合させたとしても、経済的社会構成を規定することはできない。さらに言えば、一般にマルクス史家が言う家父長制的奴隷制における奴隷とは、家族及び家族として扱われている非血縁者が奴隷のように従属を強いられていることを指しており、それは比喩であり、奴隷的身分でもなければ、実際に家父長によって本当に奴隷そのものとして扱われているわけではない。それは、どうしても奴隷制的な社会構成をそれぞれの民族や国家の歴史発展の段階として構想せざるをえないがゆえに設定された想像の産物としか考えられない。

(8) 増淵龍夫は、マルクス主義的な生産様式論や社会構成体論に対し――それをヨーロッパ的な視点からの押しつけとして――終始批判的であった。だが、その増淵が、侯外廬『中国古代社会史論』(一九五五年)の古代専制国家論=アジア的生産様式論に対して極めて高い評価を与えていたことは興味深い。西嶋等の個別人身支配体系に関していえば、以下の点が考慮されなければならないと考える。我々が確かな資料とすべき最初のものは、一九四〇年前後に行われた満鉄調査部による華北農村慣行調査であるが、その調査によって明らかになったのは、権力による農村の支配とは極めて大雑把な、田舎の勝手に委ねる粗放的な支配であった。たとえ時代を遡って明清期の農村を想定しても、その粗放的支配という事実は変わらなかったであろう。そうする時、この秦漢期あるいは隋唐期の個別人身支配体系は、その後崩壊し、ある時期から粗放的な農村支配に転化したと想定しなければならなくなる。あるいは、個別人身支配というものが粗放的な支配と矛盾しないと想定する方法もあるが、それをイメージするのは極めて難しいと思われる。

(9) 増淵龍夫(1959)によれば、一九五六年社会経済史学会において西嶋定生の報告「中国古代帝国と共同体の関係」は、邑共同体再生産に不可欠の要因として灌漑を指摘し、邑共同体の分解とともに、この邑共同体の灌漑機能が国家の手に吸収されることによって、中国古代デスポティズム形成の一端があることを明らかにしている。「総体的奴隷制」概念の適用に批判的であったと思われる西嶋が、一時期それに近づいていたことを示していよう。だが、この報告は論文の形では発表されなかった。また、増淵(1962)は、西嶋の大著『中国古代帝国の形成と構造』(1961)が秦漢期の二十等爵制、特に民爵授与の内面的解釈を通じて、研究視角に大きな転換を示したことに触れ、このような皇帝と人民の関係の意味の解釈において、西嶋が所謂「東洋的専制主義」概念の適用を拒否し、国家と里共同体の関わりを爵制との関連において追究したものと述べつつも、だが、結局のところ西嶋は、人民の生活の場である里共同体が、国家権力によって他律的に秩序づけられていると理解しており、それは「東洋的専制主義」概念における共同体の位置づけと変わらないと指摘し、個別人身支配を強調しそれをアジア的な総体的奴隷制の展開形態と解したかつての西嶋の残影を認めざるをえないと総括している。増淵の西嶋批判は多岐にわたるが、筆者は、この部分が増淵の批判の核心ではないかと考えている。

(10) 当時、ウィットフォーゲル「水の理論」や木村正雄の中国古代デスポティズム論を俎上に載せて議論していたのは増淵龍夫（1959, 1962）である。傾向として、ウェーバーリアンたちが、「水の理論」に対して、それを厳しく批判しながらも、議論自体としては比較的冷静な対応をとっていたのが目立つ。後は無視、拒絶、悪罵の投げつけであった。それは当時の、知識人の誰もが進歩派を装っていた時代においては、当然の対応であったと思われる。

（11）中国では、日本の歴史理論の分野において重視されている『諸形態』の内容が議論されることはほとんどない。当然、『諸形態』に典拠をもつ「総括的統一体」や「総体的奴隷制」についてもまったく言及されることはない。その原因の一つは「共同体論」という理論的な概念がそもそも存在しないからであろう。逆にいえば、日本人がなぜ「共同体論」にやたらとこだわりを持つのか、ということが問題にされなければならない。中国と日本における村落及び村落共同体に対する認識の相違について、福本勝清「近代中国における自然村と行政村」『明治大学人文科学研究所紀要』第五〇冊（2002）、及び「村という幻」『蒼蒼』第一〇〇―一〇二号（蒼蒼社）を参照。

（12）「塩沢説はその理論水準――系譜的には早川・相川両説の揚棄で、さらに大塚理論を吸収した、日本独自の系列による達成――と実証水準――日本のアジア的生産様式の時代には奴隷制未検出という独創的な古代史研究の成果――の高さで優れ、日本を代表する見解である」（田中慎一「アジア的生産様式及び補論」長岡新吉・石坂昭雄編著『一般経済史』ミネルヴァ書房、一九八三年）。田中が言う奴隷制未検出とは、塩沢が、アジア的生産様式の社会では奴隷は家内奴隷制という形では存在せず、アジア的生産様式は家内奴隷制を基礎とする社会ではないという点、及び総体的奴隷制＝アジア的生産様式と家父長制的奴隷制は概念として矛盾するとしている点である。

（13）塩沢らは、アジア的共同体を農業共同体の最初の段階――血縁関係にもとづく部族共同体――と規定し、生産力の発展により、それがさらに古典古代的共同体――土地私有が発生し奴隷と奴隷所有者への階級分化が進行する――を経て、ゲルマン的共同体――この段階では耕地がそれぞれの共同体成員の私有とされる――に展開するとしたため、ゲルマン民族の共同体もそのような普遍的な発展段階を経ざるをえず、タキトゥス時代のゲルマン人たちの共同体――マルクスが『諸形態』で想定していたゲルマン的共同体――は、ゲルマン人の共同体のアジア的形態と言わなければならなくなっている。ゲルマン人の共同体のアジア的形態があれば、ゲルマン人の共同体の古典古代的形態、ゲルマン人の共同体のゲルマン的形態も存在するということになろう。実際には、塩沢はこの共同体の歴史的展開を次のように説明している。

　ゲルマン民族について、マルクスは、……シーザー時代が原始的共同体に近い段階であり、タキトゥス時代頃から移動直前まではアジア的形態の共同体の段階であったとしている。ところが、……その後、奴隷制が充分に発展せず、ギリシャ・ローマ民族のように典型的な古代的形態を経過することなく、……「あたらしい型の共同体」に発展したとするのである。この「あたらしい型の共同体」は、「ゲルマン人によって、あらゆる被征服地に導入」されて、封建的生産様式の基礎となったものであった（塩沢君夫、1962b: pp.98-99）。

この「新しい共同体」とは、「ザスーリチの手紙への回答下書き」で知られる、共同体的土地所有の基礎のうえに成立している農業共同体に代る新しい共同体、すなわちマルクに代表されるような土地私有によって成立した村落共同体のことである。ゲルマン人の共同体のアジア的形態、古典古代的形態、塩沢らのこのようなレトリックが、如何に矛盾に満ちたものか、想像に難くはない。

［文献リスト］

岡本三郎a「アジア的生産様式の問題」『歴史評論』第二巻第二号　四月
一九四七年
岡本三郎b「アジア的生産様式論」『潮流』七月号
石母田正「モンテスキューにおける奴隷制の理論」『歴史評論』第二巻第五号　八月
マルクス「資本制生産に先行する諸形態」飯田貫一訳『歴史学研究』一二九号　九月
飯田貫一・岡本三郎「新たに発表されたマルクスの草稿について」『歴史学研究』一二九号　九月
藤谷俊雄「日本古代の奴隷制について」『歴史評論』第二巻第六号　九月
野原四郎「中国史研究の新しい方向　ウィットフォーゲル博士の最近の業績について」『歴史評論』第二巻第六号
九月
尾崎庄太郎「東洋的社会民主主義社会の成立は可能か」『歴史』第一巻第一号　十二月
一九四八年
尾崎庄太郎「東亜における地主的土地所有の本質」『歴史評論』第三巻第一号
渡部義通「日本古代社会の世界史的系列――アジア的生産様式論争」『日本古代社会』Ⅱ所収　日本読書組合　三月
飯田貫一「マルクスにより集団的土地所有の三形態の特徴づけ」『歴史学研究』一三二号　三月
藤間生大「政治的社会成立についての序論（Ⅰ）（Ⅱ）――「アジア的生産様式論」の具体化のために」『歴史学研究』一三三、一三四号

服部之総「日本におけるアジア的生産様式論争の終結」『社会評論』第五巻第五号
岡本三郎「アジア的生産様式について」『思想』五月号　二八七号
布村一夫「ソ連における東方史学の発展　マルクス「新草稿」との関連において」『歴史評論』一六号　第三巻第五号
前島省三「律令制的デスポティズムとその物質的基礎としての村落共同体」『日本史研究』九号　十月

一九四九年
前島省三「アジア的生産様式と日本古代史学」『季刊社会科学』第二号　四月
北村敬直「中国社会研究の二つの立場」『日本史研究』一〇号　六月
野原四郎「いわゆる『アジア的生産様式』について――疑深まるウィットフォーゲル説」『季刊中国研究』第八号
布村一夫「アジア的生産様式の清算」『歴史学研究』一四一号
飯田貫一訳『資本制生産に先行する諸形態』岩波書店　八月
服部之総・尾崎庄太郎・伊豆公夫・秦玄龍・岡本三郎『アジア的生産様式論』白揚社
服部之総「社会構成としてのアジア的生産様式」
尾崎庄太郎「アジア的生産様式論争」
伊豆公夫「アジア的専制主義」
秦玄龍「ヨーロッパと東洋社会」
岡本三郎「古代東方史学の諸問題」
歴史学研究会編『世界史の基本法則』歴史学研究会一九四九年度大会報告　岩波書店
松本新八郎「原始・古代社会における基本的矛盾について」
高橋幸八郎「封建社会における基本的矛盾について」

一九五〇年
護雅夫「ロシアとモンゴル――草原史への一つの途」『思想』十二月号　三一八号
布村一夫「家族共同体理論の批判――M・コワレフスキーの生涯と業績において」『思想』十二月号　三一八号
西嶋定生「古代国家の権力構造」歴史学研究会編『国家権力の諸段階』歴研一九五〇年度大会報告　岩波書店

一九五一年
秦玄龍『アジア的生産様式』中央公論社　二月

尾崎庄太郎『アジア的専制主義』中央公論社　一九五二年
中島健一「古代的社会に関する若干の考察」『歴史地理学の諸問題』一月
森谷克己「アジア的生産様式の問題について」『政経論叢』広島大学政経学会　第二巻第二号　一九五三年
木村正雄「中国古代国家成立過程における治水灌漑の意義」『東京教育大学東洋史学論集』
相田重夫「スターリンとソヴィエト歴史学」『歴史評論』四月号　四四号
浜口重国「中国史上の古代社会問題に関する覚書」『山梨大学学芸学部研究報告』第四号　十二月　一九五四年
中島健一「朝鮮古代史社会の特徴づけ」『日本歴史』八月号　七五号　一九五五年
内藤戊申「東洋史の時代区分（続）」『文学論叢』愛知大学文学会　第一一輯　十一月
栗原百寿『農業問題入門』有斐閣
大塚久雄『共同体の基礎理論』岩波書店　一九五六年
中島健一「世界史における奴隷制と封建制——とくにその時代区分と地域性について」（レジュメ）『歴史学研究』四月号　一九四号
大塚久雄「「共同体」をどう問題とするか」『世界』三、四月号
安良城盛昭「律令制の本質と解体」『時代区分上の理論的諸問題』岩波書店
石母田正「古代・中世史部会討論における発言」『時代区分上の理論的諸問題』岩波書店
藤間生大「階級社会成立についての研究ノート」『歴史学研究』九月号　一九九号
藤原浩「「ゲルマン共同体」とはなにか——「諸形態」理解のために」『思想』一月号　三九一号　一九五七年
岩田拓郎「奴隷制度の解釈に対する一つの疑問」『歴史学研究』二月号　二〇四号
土井正興「ソヴィエトにおける古代世界史の構成」『歴史評論』二月号　八四号
大谷瑞郎「共同体をどう問題にするか——大塚博士の共同体論について」『歴史評論』五月号

橡川一郎「土地所有の歴史的諸形態」『歴史学研究』六月号　二〇八号
森谷克己「中国における継起的諸社会の経済的構成」『法経学雑誌』岡山大学法経学会　二二号
西嶋定生「中国古代社会の構造的特質に関する問題点——中国史の時代区分論争に寄せて」鈴木俊・西嶋定生編『中国史の時代区分』東京大学出版会　五月

一九五八年

木村正雄「中国の古代専制主義とその基礎」『歴史学研究』三月号　二一七号
塩沢君夫ａ「共同体と生産様式の諸形態」『経済科学』第五巻第四号
天野元之助「中国古代デスポティズムの諸条件——大会所感」『歴史学研究』九月号　二二三号
塩沢君夫ｂ「アジア的生産様式の理論と日本の古代国家」『歴史学研究』十一月号　二二五号
河地重造「秦・漢帝国の基本構造と歴史的性格」『歴史学研究』十一月号　二二五号
塩沢君夫ｃ『古代専制国家の構造』御茶の水書房

一九五九年

増淵龍夫「中国古代デスポティズムの問題史的考察」『歴史学研究』一月号　二二七号
木村正雄「中国古代デスポティズムの諸条件」『歴史学研究』三月号　二二九号
中島健一「東南アジアにおける農奴制と奴隷制度」『史観』五四—五五合冊号　三月
芝原拓自「前資本制分析の方法に関する覚書（Ａ）——とくに『諸形態』の理解について」『新しい歴史学のために』五二号
福冨正実ａ「「アジア的生産様式論」と「大塚史学」」『東亜経済研究』第四巻第二号
福冨正実ｂ「共同体の三つの段階と「資本主義的生産に先行する諸形態」におけるゲルマン的共同体」『山口経済学雑誌』第一〇巻第四、五号
森谷克己「中国歴史における農奴制・「未熟な」封建主義の成立」『岡山大学創立十周年記念論文集』（下）「政治学と経済学の諸問題」
太田秀通『共同体と英雄時代の理論』山川出版社
石母田正『古代末期政治史序説』未来社

一九六〇年

増淵龍夫ａ「国家形成におけるヨーロッパの道とアジアの道——太田秀通「共同体と英雄時代の理論」をよんで」『歴

史学研究』一月号　二三七号
河音能平「農奴制についてのおぼえがき――いわゆる「世界史の基本法則」批判のこころみ」『日本史研究』四七、四九号
福冨正実a「アジア的形態とアジア的生産様式」『東亜経済研究』第五巻第一号
福冨正実b「階級社会への移行の一般性と多様性の問題」(1)『山口経済学雑誌』第一一期第一号
福冨正実c「階級社会への移行の一般性と多様性の問題」(2)『山口経済学雑誌』第一一期第二号
門脇禎二『日本古代共同体の研究』東京大学出版会
増淵龍夫b『中国古代の社会と国家』弘文堂
一九六一年
上山春平「前資本主義社会の分析方法――共同体論・原蓄論・地代論」『新しい歴史学のために』六七号
芝原拓自「「奴隷制・農奴制」をどう把握するべきか――上山春平氏の御教示に答える」『新しい歴史学のために』六八号
戸田芳実a「日本封建制成立史研究とアジア的社会構成の問題」『歴史評論』九月号　一三三号
戸田芳実b「アジア史研究の課題五――古代から中世への移行」『歴史学研究』九月号　二五七号
西嶋定生『中国古代帝国の形成と構造』東京大学出版会
ウィットフォーゲル『東洋的専制主義――全体主義権力の比較研究』アジア経済研究所訳　論争社
一九六二年
増淵龍夫「所謂東洋的専制主義と共同体」『一橋論叢』第四七巻第三号
塩沢君夫a「アジア的生産様式と奴隷制」『経済科学』第九巻第三号
吉田晶a「律令制の再検討に関する諸前提」『歴史学研究』四・五月号　二六四号
吉田晶b「古代社会の構造」『日本歴史』第四巻　岩波書店
塩沢君夫b『古代専制国家の構造　増補版』御茶の水書房
一九六三年
塩沢君夫a「古代史研究と実践的課題」『歴史評論』二月号　一五〇号
塩沢君夫b「前資本主義社会分析の方法について――「諸形態」の適用に関連して」『日本史研究』六九号
住谷一彦『共同体の史的構造論』有斐閣

一九六四年

望月清司「「諸形態」と「農業共同体」に関する覚え書」(1)(2)『専修大学社会科学研究所月報』第五、六号

太田秀通「ピュロス文書における王国の社会構造」『人文学報』東京都立大学　三月

一九六五年

望月清司「「諸形態」における「奴隷制および農奴制」について」『専修大学社会科学研究所月報』第一九号　四月

太田秀通「古代社会論の若干の問題」(1)(2)『歴史評論』五月、六月号　一七七、一七八号

金光淳「マルクスの「アジア的土地所有形態」と「封建的土地国有制」に関する諸問題」『立命館経済学』第一四巻第五号

塩沢君夫「アジア的生産様式社会における階級分化」『共同体の史的考察』日本評論社

森谷克己『中国社会経済史研究』森谷克己遺稿論文集

木村正雄『中国古代帝国の形成』不昧堂書店

一九六六年

影山剛「書評：木村正雄著「中国古代帝国の形成」」『歴史学研究』六月号　三一三号

第三章　日本におけるアジア的生産様式論争　第二次論争編一九六五―一九八二年

序

一九六四年、国際的な規模においてアジア的生産様式論争が再開される。論争の国際的な再開は、スターリン批判（一九五六年）の開始とともに、一九三〇年代における論争の中断以後、ながく封印されていたアジア的生産様式論研究が、社会主義圏において再び可能となったこと、さらに一九六〇年以後、アジア、アフリカに多くの独立国が生まれたにもかかわらず、経済発展も政治的安定も達成できず、新植民地主義とよばれたような旧宗主国に従属した状況が続いたことから、アジア、アフリカ、さらにラテン・アメリカなどの前資本主義的な経済社会構成に対する関心が高まったことが、大きな契機となっている(1)(2)。

国際的な論争の再開は、ほどなく日本に紹介される。『思想』誌上における本田喜代治の二つの論文（1965, 1966）が、それである。同じく一九六六年、福冨正実によって、ソ連における論争が紹介され、さらに本田喜代治によって、国際的な論争の発端となったシェノーやシュレ-カナルなどフランスのマルクス主義者たちの論文が翻訳・出版されている（本田編、1966）。一九七〇年代末まで、華々しく繰り広げられた日本におけるアジア的生産様式論争――第二次論争――が、ここに始まったといえる(3)。

1　論争の予備的な概観

（1）論争史の流れについて

一九六五年から一九八〇年代初頭までの、論戦が熾烈に闘わされたわずか十数年間の期間を、さらに細かく時期区分するのは、瑣末な作業であるとの見方もあろうが、ここでは、日本における第二次論争の流れの概略を把握するために、以下の四つの時期に分けて、論争を俯瞰してみたい。

第二次論争の時期区分：
一九六六―一九六九　端緒期　本田喜代治、平田清明らによる問題の提起
一九六九―一九七四　昂揚期　有力な諸説が出そろった時期
一九七四―一九七八　中間的な総括期　論争概括の試みや各誌における特集が組まれた時期
（或いは成熟期）
一九七九―終息期　小谷汪之『マルクスとアジア』に始まる緩やかに終息に向かう時期

上記時期区分を概略説明すると、以下のごとくである。

1　本田喜代治の問題提起は一九六五年、六六年の二つの論文（「アジア的生産様式の問題――社会発展における特殊＝日本的なものへの志向」1965、「「アジア的生産様式」再論」1966）につきる。本田は社会学専攻であり、本田自身によれば、マルクス主義者でも歴史学専攻でもないという。そのような人物によって第二次アジア的生産様式論争の戦端が切り開かれたということに、この論争の広がりを感じざるをえない。さらに、本田はア

ジア的生産様式論争を単なる古代史論争にかぎることなく、日本社会のアジア的性格――すなわち天皇制の解明にも努力が傾けられるべきであると、問題を提起している。

2　平田清明「マルクスにおける経済学と歴史認識」（1966）は、アジア的生産様式に関する専著ではないが、その後のアジア的生産様式論に大きな影響を与えたものである。第二次論争をそれ以前の論争と比べ、理論水準を高め、その相貌をより複雑なものとしたのは、この平田論文であり、平田所有論の提起であったといって過言ではない。同論文は戦後アジア的生産様式論争の最大の典拠となったマルクス『資本制生産に先行する諸形態』が、『経済学批判要綱』の一節であり、かつその循環＝蓄積論の一部をなしていることを指摘し、これまでの『諸形態』の理論上における取扱いが、『要綱』から『諸形態』を切り離して研究してきたこと、『要綱』全体における『諸形態』の論理的位置づけを考慮してこなかったことを批判し、これまでとは異なった、まったく新しい視角から『諸形態』の読み直しを求めたものであった。「『諸形態』が『要綱』全体の論理的文脈において、特に循環＝蓄積論において読まれるべきこと」、これが平田の新しい視点であり、同時期、平田と同様にマルクス主義研究の新しいあり方、新しい道を模索していた望月清司等から強力な支持を受けることになった。

平田は、『諸形態』の本源的所有を、「所有とは本源的には、自分に属するものとしての、自分のものとしての、人間固有の定在とともに前提されたものとしての自然的生産諸条件にたいする人間の関係行為のことにほかならない」（第一の規定）こと、「個体が種族共同体に帰属している」（第二の規定）こと、「所有権は、自分のものとしての生産諸条件にたいする意識された関係行為である」（第三の規定）ことの、三項によって規定している。さらに「それ自体が生産活動であり、類帰属であり、意識関係行為である」という所有の三つの視点によって『諸形態』の本源的所有の三形態、すなわちアジア的形態、古典古代的形態、ゲルマン的形態を分析している。問題はアジア的形態であり、とくにその本源的所有の転回形態（二次的構成）に擬せられる総体的奴隷制についてである。平田によれば、総体的奴隷制は奴隷制や農奴制とは異なって、「歴史的叙述の積極的範疇ではな」く、この「アジアの奴隷制とは、共同体成員が専制君主に支配されていることそのものに他ならず」、「それは意識関係行為における所有・被所有関係であ」り、その支配関係は「一種の外面道徳的＝法的状態における支配隷属関係なのであって、それ自体としてはアジア的形態の本源的土地所有の本質を変えるものではない」と述べ、「アジアの奴隷制とは……現実的領有関係すなわち生産関係における階級関係ではない」こと、すなわち「アジア的生産様式とは、このような上位の生産関係・生産力であるところの国家をうちに孕む共同体的生産様式である」と明確に述べ、さらに「そこには国家の神政的性格が濃厚に浸透している点、とくに留意されるべきである」（平田、1971b: p.90）と注意を促している。

一九六〇年代後半から一九七〇年代前半にかけて、日本のマルクス主義理論戦線における平田清明の影響力の大きさについて、今日、想像することは難しい。一九六八年、「市民社会と社会主義」（『世界』二月号）を発表、それを収めた『市民社会と社会主義』（1969）が世の注目を集め、さらに「マルクスにおける経済学と歴史認識」を巻頭に、一九六九年から一九七一年初にかけ、矢継ぎ早に『思想』誌上をにぎわした諸論考を収めた『経済学と歴史認識』（1971）が出版され、平田は一時代の寵児となった感があった。それは、一九七〇年前後の、第二次安保をめぐる騒然とした社会的雰囲気のなかで、大学もしくはアカデミズムがその存在意義を問われた時期の、いわば、時代の申し子であった。

平田がとくにマルクスの「失われた基礎範疇」として、「所有」、「交通」、「市民社会」らをあげ、硬直化した既成のマルクス主義教義体系及び学問体系に挑戦した時、それはちょうど、大学やアカデミズムに対する異議や抗議と重なり合う時代であった。たとえば、平田所有論の核心である「所有とは我ものとする行為」であるとの所有概念の提起は、飢えや貧しさよりも社会的疎外感に苦しむ高度成長期の日本社会の若者やインテリの心情にフィットするものであった。飢えや貧しさの克服は、既存の窮乏化革命論で何とか説明がついても、疎外の克服は、窮乏化論ではすでに太刀打ちできなかった。労働や生産あるいは積極的な行為を通じて、自分自身を獲得すること、若い平田の読者たちは、平田所有論をそう読み込んだのである。平田清明の問題提起に反応したのは、そのような異議申立ての世代ばかりではなかった。『要綱』から分離された『諸形態』としてではなく、『諸形態』を『要綱』の一環として位置づけ、未完の『資本論』たる『経済学批判要綱』の体系に即して読み直すこと、この平田の主張は、多くの理論家や研究者に受け入れられた――あまりにも正当な主張なので当然といえば当然であるが――ほか、「疎外された労働」の論理の復権を掲げる望月清司のように、既成の「唯物史観学」（マルクス主義教義体系）への挑戦を、同じく『要綱』体系の理解を基礎に、試みるものも現われる(4)。また、マルクス主義理論戦線において、平田は、本来は既成のマルクス主義教義体系の流れにある人々にも、少なからぬ影響を及ぼしている。

3　第二次論争の初期においては、アジア的生産様式論そのものを危険視したり、それが活発に議論されることを危惧する風潮がまだ残っていたことは、伊豆公夫（1967）や、河音能平（福岡猛志、1969: p.75）の発言に見受けられる。彼らの危惧は、アジア的生産様式がマルクス主義における異端――具体的にはトロツキズムやウィットフォーゲルの反共理論――と結びついたり、あるいはアジア的停滞論へ流れることへの危険性についての警戒から生れたものである。だが、このような危険視や危惧は、その後のアジア的生産様式論争の盛行の前に、いったん影をひそめることになる。

4　昂揚期の始まりは、一九六九年の原秀三郎の二つの論文「アジア的生産様式批判序説」（正・続、1969a, 1969b）が一つのメルクマールであると考える。原説は、①平田所有論の影響下にあること、②総体的奴隷制は「東洋に存在する奴隷制の普遍的形態」のことであり、それは階級関係としての奴隷制ではなく、本源的共同体における「人格的奴隷状態」であること、すなわちアジア的生産様式＝原始共同体的生産様式説、③律令期の社会構成としての国家的奴隷制説を特徴とする。とくにアジア的生産様式＝原始共同体的生産様式説は戦後の主流であったアジア的生産様式＝総体的奴隷制説、すなわち奴隷制のアジア的形態説にとって代わるものとして登場したところに意義がある。後に吉村武彦（1985）によって、アジア的生産様式＝原始共同体生産様式説は、日本古代史においては「主流になった感がつよい」と言わしめたほど強い影響力を及ぼしている。原秀三郎は芝原拓自とともに、戦後歴史学界主流となったマルクス史学の流れに沿って学問形成しながらも、マルクス史学主流であった石母田正、藤間生大らを呵責なく批判し、歴史学界においてやや特異な立場をとっていたと思われる。芝原拓自「前資本制分析の方法に関する覚書―（A）とくに『諸形態』の理論について」（『新しい歴史学のために』五二号、一九五九年）は所有論に先鞭をつけたものとして高い評価をうけていた。芝原・原が、さらに平田所有論を吸収し、独自の生産様式論を構築し、理論戦線に登場したことは、学界に大きな波紋を投げかけることになった。とくに、前衛党に結集したマルクス主義教義体系の擁護者たちにとって、芝原や原の新たな装いは、容認すべからざるものであった。教義体系の守護著たる林直道（1974）が、教義体系の批判者たる平田清明ばかりでなく、芝原や原を強く批判した所以でもある。

5　石母田正『日本の古代国家』（1971b）は、日本古代史や中世史のフィールドでは、一九七〇年代全般を通じて大きな話題となったほか、その理論的な影響も大きかったと同時に、厳しい批判にも晒されることになった。とくに律令期の社会構成体の性格に関して、従来と同じく「総体的奴隷制」としながら、その実際の内容については、在地の首長—共同体農民による生産関係を第一次的なもの、国家—共同体農民間の収取関係を第二次的なものと規定し、従来の二重の生産関係（二重の奴隷制）の絡み合い説を放棄したところに、大きな意義がある（新しい石母田理論）。この在地の生産関係の優位性は、専制国家の成立後も変化することなく、かえってそれを内から掘り崩していったことを主張している。その結果、石母田の首長制論（「第一次的生産関係としての首長制」）は、何故、アジア的専制社会であるはずの律令期の社会構成から、中世封建的社会への転換が生じたのか、中国や朝鮮と異なり、なにゆえ専制国家の形成を経ながらも、日本においては、専制国家体制のなかから封建化が進行したのかを、理論的に説明可能にしている(5)。

6　昂揚期は、多数のアジア的生産様式論者によって、その主著がこぞって上梓された時期にあたる。また、アジア的生産様式と関連を有する著作も次々と刊行されている。以下、専著もしくは関連著書の別なく列挙すると、山之内靖（1969）、福冨正実（1970b）、塩沢君夫（1970）、小林良正（1970）、平田清明（1971b）、石母田正（1971b）、林道義（1971）、淡路憲治（1971）、保田孝一（1971）、芝原拓自（1972）、望月清司（1973）、吉田晶（1973b）、林直道（1974）、黒田俊雄（1974）などを挙げることができる。これらの著作は、アジア的生産様式論争において、この時期が、もっとも想像力に富み、かつ生産力の高かった時期であることを象徴している。

7　一九七四年以前に、『日本歴史体系』1（歴史科学協議会編、校倉書房）における原秀三郎（1972）、同シリーズ2、3における吉田晶（1972a, 1972b）の戦前・戦後論争史の総括が発表され、さらにアジア経済研究所のシンポジウム（1973）や沢田勲の戦前論争の総括（1973）が発表されており、中間的な総括期はすでに一九七二年頃から始まっていたと見ることもできる。

それゆえ、昂揚期と中間的な総括期は、ほとんど区別できない一繋がりの時期であるともいえる。あえてそこに区切りを設ける必要がないかもしれない。だが、論争の前半の立役者である平田清明、望月清司が、本書にいう中間的な総括期には、論争から遠ざかってしまうこと、各学術誌において、アジア的生産様式（あるいは前近代の社会構成）や共同体論の特集がこの中間的総括期に行われていることなどによって、両時期に差異を設けることができるのではないかと考える。また、沢田勲の戦後論争の総括（1974）及び文献目録（1975）、川口勝康の戦前論争に関する詳細な総括論文（1974, 1975）、さらに日本における中国史学の回顧及び総括を目指した五井直弘（1976）なども、この時期が一種の総括期（まだ熾烈な論争が続けられているなかでの中間的な総括期）にあたるといえるのではないかと考えられる。

中間的な総括期の前後から、平田清明、望月清司にかわって、熊野聰、中村哲らがあらたな論争の主役として登場する。経済史研究者の退場及び新たな歴史研究者の参戦は、論争の、原理論的な議論からより実証性の高い議論への、移行を示しているように思われる。

8　終息期のメルクマールは、小谷汪之『マルクスとアジア——アジア的生産様式論批判』（1979）である。だが、当時、依然として太田秀通、福冨正実といった古くからのアジア的生産様式論者が健筆をふるっており、熊野聰、中村哲に加え、論争の新しい担い手である近藤治、吉村武彦、滝村隆一らが論陣をはり、また各学術誌においては、共同体論、社会構成体論、時期区分論の特集が引き続き組まれており、論争は依然として活発に行われていたかのようにみえる。論争に関連する著作も相変わらず活発に出版されていた。どこにも、終焉の兆しがあるようにはみえなかった。

だが、一九八〇年代に入るや、その退潮は明らかであった(6)。何ゆえ論争が終息に向かったのかについては、後に詳述する。問題を先取りしていえば、小谷の議論は、アジア的生産様式論を、古代史の領域だけではなく、その後の、近代から現代にかけてのアジア社会の特質を究明するキー概念として捉える見方、或いはアジア社会をそのような特殊なものとして捉える見方そのものを否定する問題意識に支えられている。それはちょうど、第二次論争を仕掛けた本田喜代治の問題提起に対する真っ向からの否定としてみなすことができる。同時に、戦後マルクス主義史学の第一人者、石母田正のアジア的生産様式論争に対する否定的な態度の復活とでも言いうるものである。

9　全体として、様々なフィールドにおいて論争は行われ、互いに影響しあっていた。論争の参加者は、様々な学問領域の出身者もしくは研究者であり、かつ様々な理論的バックグランドを有していた。たとえば、吉田晶、原秀三郎、吉村武彦らは日本古代史の、河音能平、戸田芳実、黒田俊雄、峰岸純夫は日本中世史の、芝原拓自、中村哲らは日本近代史の研究者であり、太田秀通は西洋古代史、熊野聰は西欧中世史、近藤治はインド近代史、小谷汪之はインド中世史の研究者であった。経済史からは、塩沢君夫、望月清司、福冨正実らが、経済学史からは平田清明が、経済学からは林直道が、さらにマルクス主義国家論からは滝村隆一らが参戦した。また、松尾太郎は経済史専攻だが、アイルランド問題の研究者でもあった。蛇足だが、独特の歴史構想をもつロシア史家松木栄三やビザンツ史家渡辺金一が、この論争に正式に参加しなかったことが惜しまれる。

（2）諸説の分類

第二次論争において、いかなるアジア的生産様式論が闘わされていたのかについて、まずは、直接には一九六〇年代~七〇年代の論争に参加していなかった小野沢正喜（1982）の見解をとりあげる。小野沢は、第一期論争（一九三〇年代前後）及び第二期論争（戦後）における諸見解を、それぞれ次の四つのグループに分類している。

①アジア的生産様式概念肯定論A
地域的決定論に立つアジア的社会の特殊性を強調する立場
②アジア的生産様式概念肯定論B
「原始共産社会→奴隷制社会→封建社会→資本主義社会」という四段階発展シェーマに立ちながらも、アジア的変種を認めようとする立場
③アジア的生産様式概念肯定論C
「原始共産社会→アジア的生産様式の社会→奴隷制社会→封建社会→資本主義社会」という五段階発展シェーマをとなえる立場
④アジア的生産様式概念否定論
「原始社会→奴隷制社会→封建社会→資本主義社会」という四段階発展シェーマは普遍的に妥当し例外はないとする立場

なお、小野沢がいう四段階発展説（原始共産社会→奴隷制社会→封建社会→資本主義社会）は、一般には、社会主義を含めて五段階発展説（原始共産社会→奴隷制社会→封建社会→資本主義社会→社会主義社会）とも呼ばれている。

以上の分類を日本の戦後論争に適用すると以下のようになる。

①アジア的生産様式概念肯定論A（地理的決定論に立つ多系的・並行的発展論）
（a）原始共同体社会をさす総称名詞とする。したがって無階級社会とする立場……芝原拓自、原秀三郎
（a'）（a）と同様の『諸形態』の解釈をした上で原始共同体社会にあたるものをアジア的生産様式の第一段階と呼び、専制国家を伴ったアジア的社会をアジア的社会の第二段階と呼ぶとする立場……吉田晶
（b）「農業共同体」に基礎をおいた階級社会である総体的奴隷制をアジア的生産様式と呼ぶ立場……福冨

正実
②アジア的生産様式概念肯定論B（普遍的四段階説）
（a）アジア的生産様式を総体的奴隷制と等置する立場……服部之総、渡部義通、伊豆公夫
③アジア的生産様式概念肯定論C
（c）アジア的生産様式は農業共同体を基礎におく早期階級社会とする立場……大塚久雄、塩沢君夫、赤羽裕、小林良正
④アジア的生産様式概念否定論……旧労農派グループ及び旧講座派グループの一部

小野沢は、第一期、第二期の、ソ連、中国、日本の各論争を通じて、②（a）をアジア的生産様式＝奴隷制のアジア的変種説に、③（c）をアジア的生産様式＝最初の階級社会説にそれぞれあてている。問題は①である。①は当初、マジャール及びウィットフォーゲルに代表される。第二期論争ではウィットフォーゲルとは別な論拠から、地理的決定論に立つアジア的特殊性論が復活したとして、ソ連のヴァシリエフ及びストゥチェフスキー、メリキシヴィリの所説をあげている（福冨正実訳『アジア的生産様式論争の復活』に収録）。それにしても、この「①アジア的生産様式概念肯定論A（地理的決定論に立つ多系的・並行的発展）」という呼称及び位置づけは、分類された人々に充分すぎるほどの重圧感をもたらす。おそらく、福冨正実を除けば到底その重圧感に耐えられないであろう。もともと、マルクス主義教義体系に近い立場から出発した芝原・原や吉田晶にはは自らの学説が地理的決定論をもって呼ばれることには拒絶感があり、本人たちにはこのような分類は、それ自身到底納得がいかないものであろう。

また、この分類には、一九五〇年代末から論争の主役であった太田秀通、第二次論争初期の旗手である平田清明、あるいはマルクス教義体系擁護派の林直道、一九七〇年代中葉から論争を盛り上げた熊野聰、中村哲、吉村武彦等、よく知られた論客たちの名前が抜け落ちている。また、石母田正についても分類②（a）に入れて欲しかったところである。②（a）に服部之総、渡部義通、伊豆公夫がその名をあげられているのは、小野

沢が一九六五年以降ではなく、戦後論争全体を分類の対象としているからである。

意外にも、論争当事者ではない第三者からのアジア的生産様式論争（第二次論争）のレヴューは少ない。戦前の論争とは異なり、一九八〇年当時では、まだ歴史になっていなかったからであろうか。その後も論争の回顧及び批評は行われていない。それだけに上記の小野沢の試みは貴重ではあるが、肝心の一九六五年以降の論争については、残念ながら網羅的でない恨みが残っている。

次に、論争の当事者たちが、誰をライバルとみなしていたのか、第二次論争をどのように俯瞰していたのかを見てみたい。それに該当するのは、塩沢君夫（1970）、芝原拓自（平田清明・芝原拓自ほか、1973）、林直道（1977）、福冨正実（1981）等の論文、著作である。

一九五〇年代中葉以後、一貫して日本のアジア的生産様式論争を主導してきた塩沢君夫『アジア的生産様式論』（1970）は、①芝原拓自、②河音能平、③平田清明、④太田秀通、⑤福冨正実、⑥吉田晶、⑦原秀三郎・芝原拓自らの諸説を、自説への批判と関連して紹介している。しかし、①は一九五九年の論文（芝原拓自「前資本制分析の方法に関する覚書―（A）とくに『諸形態』の理論について」）に関する批評であり、②も一九六〇年の論文（河音能平「農奴制についてのおぼえがき――いわゆる世界史の基本法則批判のこころみ」）を批判の対象としており、第二次論争を対象とする本稿とはやや時期がずれる。塩沢（1970）の、ライバル各説の紹介及び批判は、論争史の優れた要約としてよく引用されている。

芝原拓自の分類は、一九七三年アジア経済研究所シンポジウムにおいて述べられたものである。芝原はあらかじめ、アジア的生産様式論争における古代史プロパーの部分については、原（1972）の説明に譲り、ここではトータルな歴史認識の方法の一環としての、アジア的生産様式論のみを取り上げると述べ、①大塚久雄・塩沢君夫説、②平田清明説、③福冨正実説、④芝原拓自・原秀三郎説、⑤林直道説を、論争をかざる代表的な学説として、その要旨を紹介している。パネル・ディスカッションの前の、総括的な問題提起の一部として、芝原の各説の紹介が行なわれたためか、その要旨紹介は簡潔であり、かつ公平なものである。

林直道（1977）は七〇年代後半、日本における論争を総括し、その主要な見解として①石母田正、②塩沢君夫、③太田秀通、④吉田晶、⑤福冨正実、⑥原秀三郎・芝原拓自説、⑦林直道をあげている。林は、当時のもっとも有力な学説は、依然として、アジア的生産様式＝古代東洋専制主義＝アジア的奴隷制とする解釈であり、①石母田正の総体的奴隷制論はその立場にたっていること、また②、③、④、⑤は、この定説の枠をこえようとする代表的な試みであることを述べ、さらに②、③、④、⑤がいずれもアジア的生産様式を敵対的階級的なものとしてとらえているのに対して、同じく①をこえるものとして提出された⑥、⑦は、前階級社会、原始共同体的生産様式として理解するものであり、かつ⑥の総体的奴隷制の理解が、「現実的領有関係におけ る階級関係ではなく、意識関係行為における外面的道徳＝法的状態での身分的支配隷従関係であった」とする平田清明の所説と共通しており、総体的奴隷制＝東洋的専制主義とする⑦自説と異なっていると、両説の相違を明らかにしている。

最後は塩沢君夫と同じく一九五〇年代から論争の一方の雄であった福冨正実（1981）の見方である。福冨は、上記塩沢や芝原のように、所説を列挙していないので、具体的な数をあげたり、ナンバーを打つことはできない(7)。福冨が理論的なライバルとして批判の俎上に載せているのは、太田秀通、塩沢君夫、中村哲、原秀三郎・芝原拓自、林直道・不破哲三、石母田正及び吉村武彦らの諸説である。なお、太田については、多系発展説であり、福冨自身の見解に接近してきたとして、その論点の相違をあわせて指摘している。

理解を容易にするため、各説の差異が明示されたカタログのようなものを作ることができればよいのだが、難しい。さらにつけ加えれば、各説の適切なネーミングすら難しいことに気づく。たとえば、一九三〇年代の論争では、アジア的生産様式をめぐる所説は、アジア的生産様式否定説、過渡期段階説、奴隷制のアジア的変種説、原始共同体説といった名称で、論争の主役たちの所説を形容できた。また、国家封建主義あるいは貢納制といった概念においても、各自の所説の特徴の大部を説明することが可能であった。また、一九四〇年代から五〇年代にかけても、初期奴隷制説や総体的奴隷制説によって、各自の立場を説明できた。ところが第二次論争の場合、たとえば原秀三郎・芝原拓自および林直道を、アジア的生産様式＝原始共同体説と呼んだところで（もちろん、そう呼ぶことは正しいのだが）、彼らの学説の基底を占める歴史理論の差異までも説明することができない。原・芝原と林直道が同じ原始共同体的生産様式説を唱えながら、なにゆえ熾烈な論争を展開したのか、それは単なる「似た者どうしが憎み合う」近親憎悪などではなく、むしろ両者の歴史理論において、容易には埋めることができない大きな溝が存在していたからである。

2　アジア的生産様式論と「世界史の基本法則」をめぐる攻防（一）

（1）奴隷制――つまずきの石

アジア的生産様式論と歴史発展の五段階論は、いわば二律背反の関係にあったということができる。「世界史の基本法則」とは、歴史学研究会一九四九年度大会において成立した普遍的な歴史発展の公式であった。その内実は、一九三〇年代に形成された、原始共同体→奴隷制→封建制→資本主義→社会主義、というスターリンの歴史発展の五段階説の忠実な継承であり、戦後歴史学の主流となったマルクス主義史学において、ソフィスティケイトされ、アカデミズムの学説としての装いをつけたものであった。それは、現時点からみれば、単系発展説であり、直線史観としかいいようのないものであった。世界史の基本法則について、どのような言い方がなされようと、それはスターリンの歴史発展の五段階説であった。当時、世界史の基本法則のあれこれの理解は、当然にもソ連の歴史学界の動向に左右されていたし、その後もソ連の動向に影響されがちであった。

だが、この世界史の基本法則、すなわち歴史発展の五段階説には大きな弱みがあった。それは、この五段階の発展図式がマルクス『経済学批判』「序言」（一八五九年）のよく知られた一節――いわゆる唯物史観の公式の末尾に付された一節、「定式」とも呼ばれている――「大づかみにいって、アジア的、古代的、封建的および近代ブルジョア的生産様式を経済的社会構成のあいつぐ諸時期としてあげることができる。ブルジョア的生産諸関係は、社会的生産過程の最後の敵対的形態である」（杉本俊郎訳、国民文庫）、の記述と明らかに矛盾していることからくるものであった。スターリンの権威が絶大であった時代、この矛盾は矛盾として感じられることはなかった。あるいは、矛盾として感じられても、マルクス主義者がスターリンの権威のもとにあるかぎり、それをはっきり矛盾として表明することはなかった。また、この歴史発展の五段階説もしくは世界史の基本法則には、大きな援軍が存在した。マルクス主義の創始者の一人、エンゲルスの著作であり、とくに『家族・私有財産・国家の起源』を中心とするマルクス没後の一連の著作であった。それらは、『経済学批判』「序言」の一節、「定式」がもつ、世界史の基本法則との齟齬を、打ち消す役割をはたすことになった。

そこから、マルクス主義の創始者たちの学説を、マルクス没後のエンゲルス(晩期エンゲルス)(8)及びレーニン、スターリンの解釈に依拠して、理解しようとする傾向や、エンゲルス『起源』の、不当なほど大きな扱い、重い位置づけが生れる。それもまた、戦前、戦後のソ連学界からの継承であった。ソ連学界の継承とは、結局のところ、ソ連の学界が、ソ連における政治動向から自由でない以上、というより、政治に従属していた以上、ソ連の政治的権威者の歴史理解に左右されていたということを意味した。

第二次世界大戦後――実際には一九三〇年代後半に始まっていたのだが――、マルクスの膨大な未発表原稿が次々と発表され、文献学的な研究が著しく進む。マルクス自身に即したマルクス研究が深まるにつれ、マルクスの著作の解釈を、晩期エンゲルスやレーニン、スターリンに即して理解する必要は、次第に薄れていく。というよりも、マルクスの没後、マルクスの著作に対する解釈をエンゲルスやレーニン、スターリン等の権威に委ねて行っていた、その不自然な状況にようやく終わりが告げられる日がやってきたということであった。スターリン批判後、あるいは六全協とそれに続く、日本共産党の路線転換以後、世界史の基本法則の見直しが、議論の俎上に登るようになる。その声は次第に高まり、六〇年代に入るや明確な潮流となった。アジア的生産様式論争の再開(第二次論争)は、その気運にのって始まったといってよい。

もちろん、世界史の基本法則すなわち歴史発展の五段階説が、世界的な規模の、あるいはそれぞれの地域や民族の、歴史発展を滞りなく説明することができれば、たとえスターリンの政治的な権威によって公式として歴史科学にもたらされたものであっても、おそらくスターリン批判後も、その地位に揺るぎがなかったかもしれない。だが、この公式は、生れた時から、ヨーロッパ以外の地域、とくにアジアの歴史をうまく説明しえない代物であった。

それまで、公式（歴史発展の五段階説）の適用がまがりなりにも成功していたかのように見えたのは、各国史及び各民族史においてマルクス主義的歴史研究が始まったばかりの時期にあたっていたからである。各国のマルクス史家たちは、戦前の渡部義通、相川春喜、秋沢修二等と同じように、それぞれの古代や中世に、奴隷と奴隷制、農奴と封建制を「発見」することに、一応は成功したといえる。だが、マルクスがヨーロッパ以外に、唯一封建制を認めた日本を例外とすれば(補)、そのような発見は無理を重ねた結果であった。

各国史及び各民族史の研究の進展は、スターリン時代一九三〇年代から一九五〇年代初頭の「発見」や「成功」が、矛盾や危うさに満ちたものであったことを明らかにした。スターリン時代、中国、インド、オリエントなどのアジア古代の歴史は奴隷制社会であると規定された。剰余労働および剰余生産物といった社会的剰余の担い手は奴隷であり、剰余を搾取する奴隷主と奴隷の関係こそが主要な生産関係であった。だが、当時から、奴隷と呼ばれている人々は共同体農民でもあることが知られていた。共同体農民であっても奴隷に等しい存在であり、奴隷として搾取されている、王—共同体農民の生産関係は奴隷主—奴隷の生産関係にほかならない、と。それが奴隷制規定の根拠であった。しかし、古代史研究の進展によって、共同体農民を奴隷と呼ぶことは不可能となっていく。それでも、さまざまな手法を駆使し、新たな名称を創出しつつ、アジアにおける奴隷制概念は維持されてきた。

アジアの中世及び近世についても同じ方法が採られていた。しかも、「封建的なるもの」に、前近代的な、もしくは前資本制的な社会関係といったニュアンスがあり、アジアの前近代が封建社会であること、すなわちアジア的な封建制は、古代アジア奴隷制よりも、受け入れやすい概念であったと思われる。たとえばマルクスがインドの歴史に封建制（経済的社会構成としての封建制）をけっして認めなかった（後述）にもかかわらず、大部分のマルクス史家たちはアジアにおける封建制の存在を疑うことはなかったようにみえる。

歴史家ばかりを責めてはなるまい。本来、そのような難問に答えるべく用意されたはずの、アジア的生産様式論は、すでに満身創痍のようにみえた。当時（一九六〇年前後を想起してほしいのだが）、アジア的生産様式論は――それ自身に固有の理論的難題のほかに――三重苦のもとに喘いでいた。一は公式教義におけるアジア的生産様式論の否定。否定したのは革命の最高指導者であり、その圧倒的な権威は、歴史家の遠く及ばない世界から重くのしかかってきていた。しかも、その教義はすでに社会科学における有力学説として三〇年以上の伝統を有しており、学問的な権威として振る舞っていた。二は、アジア的停滞論との関わりにおいて。歴史におけるアジアの特殊性を強調することは、アジアの停滞を説明することになりかねなかった。良心的であればあるほど、その議論に与することは、停滞論に加担するように思われたであろう。とくに日本において、アジア的停滞論とその克服は、戦後史学の原罪として、アジアをフィールドとするマルクス史家にとって大きな試練として受け止められていた。三は、ウィットフォーゲル「水の理論」における反共理論への転化の反響において。マルクス史家が反共理論の片棒をかつぐことはありえず、つねにその疑いを解いておかねばならなかった。ウィットフォーゲルに言及することはもちろん、アジア的デスポティズムに言及することさえ、用心すべきことがらであった。「現存する社会主義」に対する批判を意味しているとの疑いをまねきかねなかったからである。そのような状況のなかで、アジア的生産様式をアジアもしくは非ヨーロッパの歴史の、独自の生産様式であることを認めることは、それ自体で勇気のいることがらであった。もし、既存の学問的伝統と衝突することを避けるとすれば、それまでと同じように奴隷制概念や封建制概念をインフレーションさせ、何とか歴史的事実に近似するように、理論的な再構成をはかるほかなかった。

論争の参加者たちは、このような難しい状況のなかに置かれながら、新しい歴史研究やマルクス研究の成果をどのように吸収するのか、それぞれ厳しく問われていたといえる。次々に構想された各種奴隷制概念は、現時点からすると冗長な概念の遊びのようにみえる。だが、当時としては、それは奴隷制を普遍的な発展理論の不可欠の一段階であるとした制限された公式の枠組のなかで、それぞれの理論家たちが、実証研究や理論研究の新しい成果を取り入れながら、より整合的な歴史発展の理論的フレームを構築したかどうかが試される実験室でもあったということができる。しかし、それらの試みは総じて失敗に終わった。というのも、奴隷制が普遍的な歴史発展の一段階であるとする前提自身が間違っていたからである。

（2）整合性はいかにはかられたのか——原・林・中村らによる五段階説のさらなる展開

現実の古代史研究の進展と新段階を迎えたマルクス研究に押され、一九五〇年代末以来叫ばれてきた世界史の基本法則の再検討は、ようやく本格化する。とくに、その具体的な論争の場こそ、古代史の領域であり、とりわけアジア的生産様式と奴隷制が交差する地点においてであった。原秀三郎のユニークなアジア的生産様式論、すなわち原始共産制の生産様式説が登場する。

すでに一九四〇年代後期における石母田正らの「律令期＝総体的奴隷制」論が、日本史の発展段階における奴隷制を擁護することで、戦前の渡部理論（日本型奴隷制）を継承するとともに、ともかくも日本古代史に総体的奴隷制を認め、アジア的生産様式をも理論的枠組のなかに組込むことで、羽仁五郎『東洋における資本主義の形成』（1933）以来のアジア的生産様式論——古代から近代にいたるまでの日本社会にアジア的性格を刻印しつづけた元凶としてのアジア的生産様式——をも包摂・継承することになった。渡部「日本型奴隷制」理論の継承者たちも、羽仁歴史哲学の継承者たちも、どちらも満足するような暖昧なしかけとなっていた。

だが、この石母田等の総体的奴隷制説は社会構成や生産様式に関する本格的な理論として提出されることはなかった（原、1972: pp.379-380）。総体的奴隷制と称せられている以上、アジア的生産様式論（もしくはアジア的共同体論）として提出されるべきであったはずである。だが、石母田はアジア的生産様式論には否定的であった。アジア的生産様式論抜きの総体的奴隷制説として、それ以上の理論的深化が試みられなかった理由の一端は、この石母田のアジア的生産様式論争に対する否定的な態度に起因していたと思われる。その後、総体的奴隷制説のアジア的生産様式論への深化は、二人の古代史家によってなされた。その一人、一九五〇年代後期に登場した塩沢君夫の古代専制国家論＝アジア的生産様式論は、大塚共同体論によりつつ、石母田等旧説の理論的不備を鋭くつくものであった。

それに対し、一九六〇年代中葉の吉田晶の古代社会構成体論＝アジア的生産様式論は、石母田説を批判的に継承し、それを理論的に補完するものであった。ただ、吉田説は、アジア的生産様式の二段階論ともいうべきものであり、国家形成を契機として、国家形成以前をアジア的生産様式の第一段階、国家形成以後をアジア的生産様式の第二段階と呼ぶ、独特の構想をもつものであった。それは、プリミティブなアジア的共同体の上に築かれた総括的統一体と、諸共同体を睥睨しかつそこに聳え立つ古代専制国家を、ともにアジア的生産様式概念に取り込もうとしたところから来ている。さらに、その古代専制国家は、ながくその社会に中央集権的性格を付与し、アジア的な封建制に、ヨーロッパ封建制とは異なった特徴を色濃く残存させることになる。これは、アジア的生産様式の通時的な側面を強調する視点に理論的根拠を与えようとするものであった。だが、この吉田の二段階論は、マルクス主義教義体系擁護派にとって、古代史研究のもっとも重要なメルクマールである国家の成立を挟んで、たとえ第一段階、第二段階と分けているにせよ、国家成立以前の段階も、国家成立後の段階も、同じ生産様式（アジア的生産様式）、同じ社会構成（総体的奴隷制）のもとにあるという矛盾を抱え込んでいた。

一九六九年、原秀三郎によって提出されたアジア的生産様式――すなわち原始共産制の生産様式説――は、その意味で、本格的な日本古代史家のアジア的生産様式論であり、石母田旧説に批判的であったり、ものたりなさを感じていた古代史研究者に大きな衝撃を与えることになった。原（1969a, 1969b）説の核心は、やはりその特異な総体的奴隷制の解釈――「東洋に存在する奴隷制の普遍的な形態」――にある。そして「東洋に存在する奴隷制の普遍的なもの、一般的なもの」は「可能性としての奴隷制」であり、それを、総体的奴隷制とは「意識関係行為における所有・被所有であり、現実的領有関係すなわち生産過程における階級関係ではない」との平田清明（1966）の本源的所有論によって根拠づけている。さらに「可能性としての奴隷制」について、原（1969b）は自然生的・家父長的な「人格的依存関係」にもとづく「人格的奴隷状態」（人格的隷属状態）であると再規定している。すなわち、総体的奴隷制とはあくまで「自分のものとしての所有」である本源的所有に属し、現実の生産過程における階級関係ではないのだ、と自説を補強している。そして、ここに原及びその盟友たる芝原拓自の理論的な自負がある。というのも、芝原拓自「前資本制分析の方法に関する覚書―(A)とくに『諸形態』の理論について」(1959)は、「本源的所有」が、労働主体が自分のものとしての彼の生産と再生産の諸条件に関する関係であること、そこにおいて奴隷制や農奴制などの派生的所有とは峻別されることを、すでに明らかにしていたからである。

このような本源的所有にもとづく生産様式、アジア的生産様式が階級支配を意味するものではなく、原始共同体的生産様式を意味することは明らかであった。それゆえ、時代区分論として、総体的奴隷制が原始共同体社会を想定する以上、原にとり、律令期は、総体的奴隷制社会ではありえない。原はそれを国家的奴隷制と名づける。その実体は、家内奴隷制の国家規模への拡延とされる。理論的な構えが大きかったわりには、律令期=国家的奴隷制説は、竜頭蛇尾の感が強い。なぜなら、石母田等の律令期=総体的奴隷制説を批判しながら、原は、国家的奴隷制は家内奴隷制(家父長制的奴隷制)と共同体に対する支配の二つの生産関係によって成立し、しかも規定的であるのは家内奴隷制であるとしており、それは塩沢君夫が痛罵したように、渡部義通以来の二つのウクラード説(相互規定論)の変形にすぎないからである(塩沢、1970: p.132)。原の石母田(旧説であろうと、新説であろうと)に対する批判意識が強烈な割には、その理論的構想は従来の学説の枠組みを越えるものではないといわざるをえない。

では原説が、何故、「アジア的生産様式論を新たな高みにひきあげた」(吉村、1975a: p.333)と表現されるほど、大きな意味合いをもったのであろうか(9)。原説とともにもたらされた「自分のものとしての所有」や「意識関係行為」といった平田の学説用語の登場にこそ、その秘密がある。突然、ここにおいて、古代史研究者は、平田所有論なる未知の世界へと投げ込まれたことになった。一九五〇年代中葉における大塚共同体論の登場は、たしかに古代史を含めたマルクス史家に大きな影響を与えた。だが、ウェーバーについては、それまでも社会経済史の領域において読み込みが進んでおり、マルクス史家といえどもけっして未知のものはなく、むしろよく知られたものであった。だが、平田所有論の登場は、単にマルクス・エンゲルスの原典をよく読んでおかなければならないという、マルクス史家への一般的な教訓を越えたところに、研究者たちを巻き込んだ。スターリン批判以後、とりわけ一九六〇年代に入り、マルクス研究は飛躍的な進展をみせていた。疎外論や物象化論といった哲学や経済学を貫く視点による新たな解釈の登場は、その一例にすぎない。一方の先端には、『ドイツ・イデオロギー』、『経済学批判要綱』、『資本論』を中心とした厳密なテキスト・クリティークの流れがあり、もう一方の先端にはアルチュセール革命や従属論・接合論へつらなる、ネオ・マルクス主義や広義マルクス主義への新たな理論的胎動が始まっていた。それらネオ・マルクス主義や広義マルクス主義のほとんどはマルクス主義教義体系擁護派から異端もしくは反マルクス主義的なものとして拒絶される運命にあった。だが、一九七〇年前後の時代のうねりは、それら正統派の防衛線をはるかにこえるものであった。彼らの影響下にあったマルクス史家でさえ、多かれ少なかれ、公然ともしくは密かに、その影響を受けることになる。このような歴史的文脈において、原の二つの論文（1969a, 1969b）のインパクトがいかに大きかったか——以後、様々な論点にわたり原説が猛烈な批判に晒されたにもかかわらず——が理解できよう。

一九七〇年代初頭における林直道のアジア的生産様式論争への登場は、この原・芝原説への、遡って平田所有論への、マルクス主義教義体系擁護派からの反撃として位置づけることができる。林直道は『経済学批判』「序言」の「アジア的、古代的、封建的および近代ブルジョア的生産様式」の発展図式と、原始共同体→古代的→封建的→資本主義と展開するマルクス・エンゲルスの社会発展史論との食い違いについて触れ、もしアジア的生産様式が最初の敵対的生産様式であるとするならば、前者は、原始共同体的→アジア的→古代的→封建的→近代ブルジョア的への流れとなり、後者に比較すれば「アジア的がハミ出てしまう」とし、この不整合をなんとか解決せんとはかる。すなわち、「アジア的生産様式イコール原始共同体と解してよいならばまことに問題は簡単であり、……全困難が一気に氷解することは明らかである」と述べ、アジア的生産様式＝原始共同体的生産様式説の論拠を『資本論』第一部第一章における「商品の物神的性格とその秘密」のなかの「古代アジア的生産様式」が登場するパラグラフの解釈（とくにフランス語版『資本論』における）に求めている(10)。林によれば、「アジア的生産様式とは、それ自体は原始共同体の支配的生産様式でありながら、同時に後代の東洋的専制主義＝総体的奴隷制の基底的ウクラードとなったところのものである」（林直道、1974: p.30）。それゆえ、アジア的生産様式それ自体は、階級社会ではなく、無階級社会の社会構成であるということになる。その意味で、林直道説は、同じくアジア的生産様式＝原始共産制的生産様式と解する原秀三郎説（同時に芝原説）に同じか、もしくは極めて類似したものと受け止められるかもしれない。だが、その意味合いはかなり異なっている。林の批判の矛先は原・芝原であり、さらには彼らの理論に大きな影響を与えていると考えられる「異端」平田清明であった。

芝原及び原の歴史理論には、平田清明と同様、生産力であれ、生産関係であれ、いずれにせよ、自分のものとしての所有、自己の労働にもとづく所有こそが、その基礎にある、あるいは核心にあるという、根本的な視座が存在する。だが、林直道はまっこうからそれを否定する。林にとって、理論の核心にあるべきは、他人の労働の成果の領有である。つまり、所有の二つの側面のうち、重要なのは他人の労働の成果を我がものとすること、すなわち階級関係こそ理論の中心に据えられなければならない。それを曖昧にすることは許されない。また、搾取が存在しないという点において原始共同体社会は、到達すべき共産主義社会のイメージを先取りするものとして重要な位地を占める。だが、芝原・原は、原始共同体社会をすでに人格的隷従関係に満ちたものとして描き、原始共同体社会のイメージ・ダウンに力を貸している、等々。それに対する芝原の、林に対する反批判（芝原、1973）は、ひどく弁解じみていて、まるで異端審問官のまえでの嫌疑者のようにふるまっており、その自己弁護は痛々しい響をもっている(11)。

原・芝原説および林直道説につづく、修正五段階説（『経済学批判』「序言」の発展図式と歴史発展の五段階説の食い違い、不整合性の解決案、すなわち世界史の基本法則の修正）は、中村哲の「国家的奴隷制及び国家的農奴制」説である。中村（1977）は「『経済学批判』（一八五九年）のアジア的生産様式概念や『諸形態』のアジア的共同体概念についても、同様に、マルクス・エンゲルスの理論の到達点からみれば、未熟な、不十分な概念であり、現在のわれわれは、これらの概念をそのまま使うべきではない」（p.158）とし、国家的奴隷制をもってそれに代えることを主張する。中村にとって「国家的奴隷制とは、一般にアジア的専制国家、あるいは全般的奴隷制（総体的奴隷制 allgemeine Sklaverei）、アジア的生産様式といわれる関係をさしている」（p.131）。

この国家的奴隷制の奴隷とは、実際には共同体農民（共同体的所有のもと、個別労働に従う）であり、それは「単なる占有者にすぎず、無所有である」ところの所有関係において、奴隷制の基本的性格をもっている。

つまり、アジア的専制国家の共同体農民とは（萌芽的、微弱ながらも）小経営的生産様式の主体たる土地占有奴隷にほかならない。さらに中村は、この土地占有奴隷は、スパルタのヘイロータイからアジア的専制国家の公民までを包括している。この国家的奴隷制の解体後のアジア的社会の社会構成を国家的農奴制と規定する。

原説（アジア的生産様式＝原始共同体的生産様式）は日本古代史を越え大きな衝撃を与えた。だが、原説は日本以外のアジア史を射程に入れたものではなかった。それに比し、中村哲の国家的奴隷制及び国家的農奴制は、中国史やインド史を含めた上でのアジア史をも対象としていることで、中国史、朝鮮史、インド史研究者からも注目を浴び、かつ彼らのアジア的社会論に影響を与えている（後述）。

3　アジア的生産様式論と「世界史の基本法則」をめぐる攻防（二）

（1）独自の社会構成としてのアジア的生産様式論

五段階発展説との整合性を保たせながら、かつアジア的生産様式をもその発展段階の一つであることを認めるとしたら、アジア的生産様式とは、結局は奴隷制もしくは封建制にカテゴライズされるとするか、原始共同体社会の生産様式に等しいものとするほかなかった。あるいは戦前の早川二郎や戦後のテーケイやモーリス・ゴドリエのように、原始共同体社会から階級社会への過渡的な生産様式であるとする方法もある――過渡的な生産様式の提唱者たちの共通点は、①五段階説の枠組を崩さず、②しかも過渡期の生産様式を通して単系的な発展コースから多系的な発展コースへの転換をはかること、この二つである――が、これは、『経済学批判』「序言」において、アジア的、古典古代的、封建的と、その内容はどうあれ、形式的には互いに同格の前資本制的な生産様式として述べられており、そのなかでアジア的生産様式のみを過渡的な生産様式であり、独自の社会構成をもつものではない、と規定するのは、根拠に乏しいといわざるをえない。いずれにせよ、他の生産様式の別名とするにせよ、過渡的生産様式説をとるにせよ、アジア的生産様式とは、他の生産様式とは区別された独自の生産様式ではなかったとする点において、それらは共通している。

たとえば、戦前日本における論争の旗手たち――とくにアジア的生産様式肯定論ともいうべき立場にいたはずの早川二郎、森谷克己が、前者は過渡的生産様式説を、後者は原始共同体説を唱えていたことは象徴的である。日本の論争が本格化したのは、一九三一年以後――すなわち、レニングラード討論の後のことであった。独自の生産様式としてのアジア的生産様式を唱えることは、マルクス主義者であり続けるならば、事実上不可能だったのである。

国際的論争を再度ふりかえるならば、アジア的生産様式を東洋における封建主義と呼び換えたのは、アジア的生産様式論のもっとも徹底した反対者であったゴーデスである。彼がアジア的生産様式＝奴隷制ではなく、封建制説を主張したのは、マジャール、コキン、パパヤンなどのアジア派（マジャール学派）が、当初、中国社会はアジア的生産様式にもとづく社会であり、ヨーロッパ資本主義の到来以後においても、農村を中心としてその強い影響下にあると主張していたからである（一九二七年、『中国共産党農業問題綱領草案』）。だからこそ、アジア派の根拠を掘り崩すためにも、封建主義への呼び換えは必要であったのである（マジャール『中国農村経済研究』、一九二八年、に付載された中国問題研究所編集者序文をみよ）。その後、アジア派はヨールク、サファロフらの猛烈な攻撃の前に後退を余儀なくされ、その主張を次第に弱めていく。だが、アジア的生産様式にもとづく社会を、ヨーロッパ資本主義到来以前のものとする、アジア派の妥協案もまた修正を強いられ、アジア的生産様式から封建制的生産様式への発展を唱えざるをえなくなる。古代の生産様式として、アジア的生産様式を規定したコキン、パパヤンらの試みも、その流れにある。だが、アジア的生産様式を独自な生産様式概念として残そうとするかぎり、アジア派への攻撃は止むことがなかった。

一九六〇年代まで、長く定説となったストルーヴェ等の古代東洋的奴隷制説は、アジア的生産様式を、古代アジアの生産様式としても認めないとするものであり、その抹殺の意図はヨールクやゴーデス説などとともに明らかであった。

戦後二十年間、マルクス主義古代史学は、やはりソ連の学界の主導により推移した。今日的時点からみれば、水準と呼べるほどのものではない学説が、その時々のマルクス主義古代史研究を左右したのである。当時の支配的見解であるストルーヴェ説（アジア的生産様式＝古代東洋的奴隷制）はその典型であった。そこから、古典古代の奴隷制は本物の奴隷制であり、古代アジアにおける奴隷制は、初期階級社会の、未熟な奴隷制であるとの含意が生じる。それに対して、テュメネフは、古典古代の奴隷制と、古代アジアの奴隷制は、未熟な奴隷制と発達した奴隷制の差異ではなく、それぞれ歴史発展のコースを異にする社会構成であると主張し、ストルーヴェ説にあきたらない研究者たちに影響を与えた。太田秀通、福冨正実などのアジア的生産様式論も、当初、その影響下にあった(12)。

戦後の論争は、『諸形態』ぬきでは語れない。とくに日本においては、その影響は決定的であった。マルクスが『諸形態』において、追加的な文脈において使用した、アジアにおける「総体的奴隷制」は、石母田正など戦後日本のマルクス史家たちに好んで採用された。アジア的共同体をベースにした奴隷制とされる総体的奴隷制は、内容としてはあきらかに「アジア的生産様式」でありながら、名称が奴隷制であるという、アジア古代史にとってきわめて都合のよい概念であった。日本の古代史、中世史を、原始共同体社会→総体的奴隷制→封建制の発展図式において描こうと、原始共同体社会→総体的奴隷制→家父長制的奴隷制→封建制で表そうと、いずれにせよ、原始共産制→奴隷制→封建制という、歴史発展の五段階説に合致していた。

戦後、日本のマルクス史家たちは、歴史発展の五段階説を「世界史の基本法則」と呼び換え、その美称のもとに結集し、学界において主導権を獲得することに成功した。総体的奴隷制は、日本古代史にとって、まさに救世主であった。それによって古代史家たちは、律令期の社会構成を如何に規定するかという難問を解決することができたからである。律令期を総体的奴隷制の社会構成とした場合、その奴隷制の実態は、国家的奴隷制にほかならない。なぜなら、律令期の基本的生産者は私奴婢にせよ官奴婢にせよ、それら奴隷ではなく、共同体農民にほかならず、彼らを国家的土地所有のもとにおける奴隷と呼び換えることにより理論的整合性をはかっていたからである。だが、この律令期＝国家的奴隷制説にはつねに、根本的な矛盾がつきまとっていた。国家的奴隷制は二つの生産関係――王族、貴族、豪族など奴隷主階級と奴隷との生産関係と、国家と共同体農民の生産関係――の絡み合いから成り立っていたが、奇妙なことに、諸家はいずれも、二つの生産関係のなかで、後者ではなく前者を主要な生産関係であると力説していた。そこに、総体的奴隷制説をとりながらも、古典古代的奴隷制との近似性をより強調しようとする強い傾向を認めることができる。

東洋における封建制、東洋古代の奴隷制、総体的奴隷制、国家的奴隷制、そして奴隷制の古代アジア的なコース、さらには原始共同体的生産様式（原秀三郎、林直道）等々、このような呼び換えもしくは読み換えがなんども試みられたのは、アジア的生産様式が指し示すものが――多少の暖昧さや振幅をともないながらも――誰にとっても、疑いなく、確固として存在するからにほかならない。もし、指し示すものが存在しないとすれば、誰もそれに悩まされることはなかったであろう。

奴隷制にも封建制にも還元されることなく、また原始共同体社会にも解消されることのない、それ自身固有の社会構成（敵対的な社会構成）をもつ独自の生産様式としてのアジア的生産様式、それはもともとマジャールなどアジア派が唱えていたものであった。ウィットフォーゲルもまた同じ見解にたっていた。

独自の生産様式としてのアジア的生産様式概念は、日本では、戦後、塩沢君夫によってもたらされた。そのことの意義は、強調されなければならない。だが、それは世界史の基本法則の枠のなかでの出来事であった。塩沢君夫は、原始共同体社会→アジア的生産様式→古代的生産様式→封建的生産様式への発展図式を掲げ、歴史発展の五段階説に公然と異議を唱えたが、だが、その発展段階の継起性、直線性にまで異議を唱えたのではなかった。その点において世界史の基本法則の修正ではあっても、法則そのものへの疑義ではなかった。

塩沢君夫（かつ大塚久雄）によれば、『経済学批判』「序言」にいう、アジア的生産様式、古代的生産様式、封建的生産様式は、『諸形態』におけるアジア的共同体、古典古代的共同体、ゲルマン的共同体と、それぞれセットであった。各生産様式が継起性をもち、それぞれの段階を踏まえて次の段階に発展するように、各共同体（本源的所有の諸形態）もまた継起的、段階的に発展するものと考えられていた。その搾取様式（剰余労働、剰余生産物の収取様式）は、アジア的生産様式（総体的奴隷制）においては貢納制（小共同体による総括的統一体への貢納）、古代的生産様式においては奴隷制、封建的生産様式においては農奴制であった。

生産様式の発展（生産力の継承）は、かの大塚久雄の辺境変革論によってなんとか説明できても、大塚＝塩沢説に沿おうとすれば、具体的に、各生産様式に各本源的所有の諸形態（共同体）を見つけなければならなかった。日本中世を家父長制的奴隷制と規定することは、支持者を見つけることは難しくない。だが、そこに古典古代的共同体と同質もしくは同型の共同体を見つけることは不可能であった。

(2) 継起説か類型説か——多系発展説へ

独自の生産様式としてのアジア的生産様式概念の提唱者としては、塩沢のほか、太田秀通、福冨正実がよく知られている。また、後二者は、発展段階論における継起説に代わる、類型説の提唱者としても知られている。塩沢君夫が第二次論争の勃発（一九六五年）以後も、一九五〇年代後期と基本的には同じ主張を繰り返していたのに比し、後二者は第二次論争以後、以前のテュメネフ的見解の影響を脱し、多系発展説ともいうべき主張を展開するにいたる。二人の違いは、よりアカデミズム（歴研）主流に近く、多系発展説による世界史の基本法則の再検討を唱えつつ、それと折り合いをつけようとしていた太田と、そのような潮流とは無関係に、多系発展説をもって世界史の基本法則そのものに挑戦しようとしていた福冨との、構え方の違いにある。

太田秀通は当初、二系的発展論というべきものを唱えていた。それは、国家形成過程におけるアジアの道とヨーロッパの道が、ギリシア・ローマにおける古典古代的共同体と、古代オリエントにおけるアジア的共同体の、構造的な差異に由来すること、その構造的な差異にもとづき階級形成がはかられ、それぞれポリス的世界とアジア的専制に到達したことを述べるものであった（『共同体と英雄時代の理論』、一九五九年）。いわば、東西文明の分岐論ともいうべきものであった。太田はミケーネ社会を、貢納王政にもとづくものとして、その後の発展の経路について、二つの道のどちらにも、そのたどる「傾き」を認めていた。太田秀通（1968）は、ミケーネ社会は、アジア的生産様式の初期の段階を経たが、その発展コースを最後までたどることなく、古典古代的共同体の形成へ向かったとしている。ミケーネ王政のアジア的性格をより強調するとともに、ミケーネ文明の歴史が結局において、古典古代世界に属することを明確にするものとなった。さらに、太田（1977）は東地中海世界の歴史が、原始共同体社会、アジア的専制およびギリシアのポリス的世界の交錯や重畳から成り立っていることを示し、多系的発展論を鮮明にすると同時に、つづく『奴隷と隷属農民』（1979）は、古典古代的生産様式における奴隷、封建的生産様式における農奴の地位に匹敵する、アジア的生産様式の下の直接生産者、すなわち剰余労働・剰余生産物の主要な担い手が、奴隷でも農奴でもない、第三の範疇としての隷属農民であることを明らかにした。この第三範疇論は、アジア的生産様式が、奴隷制にも封建制にも解消されない独自の生産様式であることを明らかにした点で、特筆すべきものである。

太田（1979）によれば、封建社会に到達するまでの世界史を社会構成史的見地から巨視的に構築すれば、次のようになる。

原始共同体↓古代アジア的生産様式　↓封建的生産様式
原始共同体↓古典古代的生産様式↓封建的生産様式
原始共同体↓封建的生産様式

さらにそれを次頁のごとく図示している（太田、1979: p.114）。

この破線の矢印……↓で示されている関連が、先行する文明の影響のもとに異なった地域世界に属する共同体が階級転化および国家形成を果たし、新たな文明の波頭に立つこと、さらには後続の文明に影響を及ぼしその歴史発展を促すことを示すとともに、その継承の系譜が、いわゆるアジア的↓古典古代的↓封建的↓近代ブ

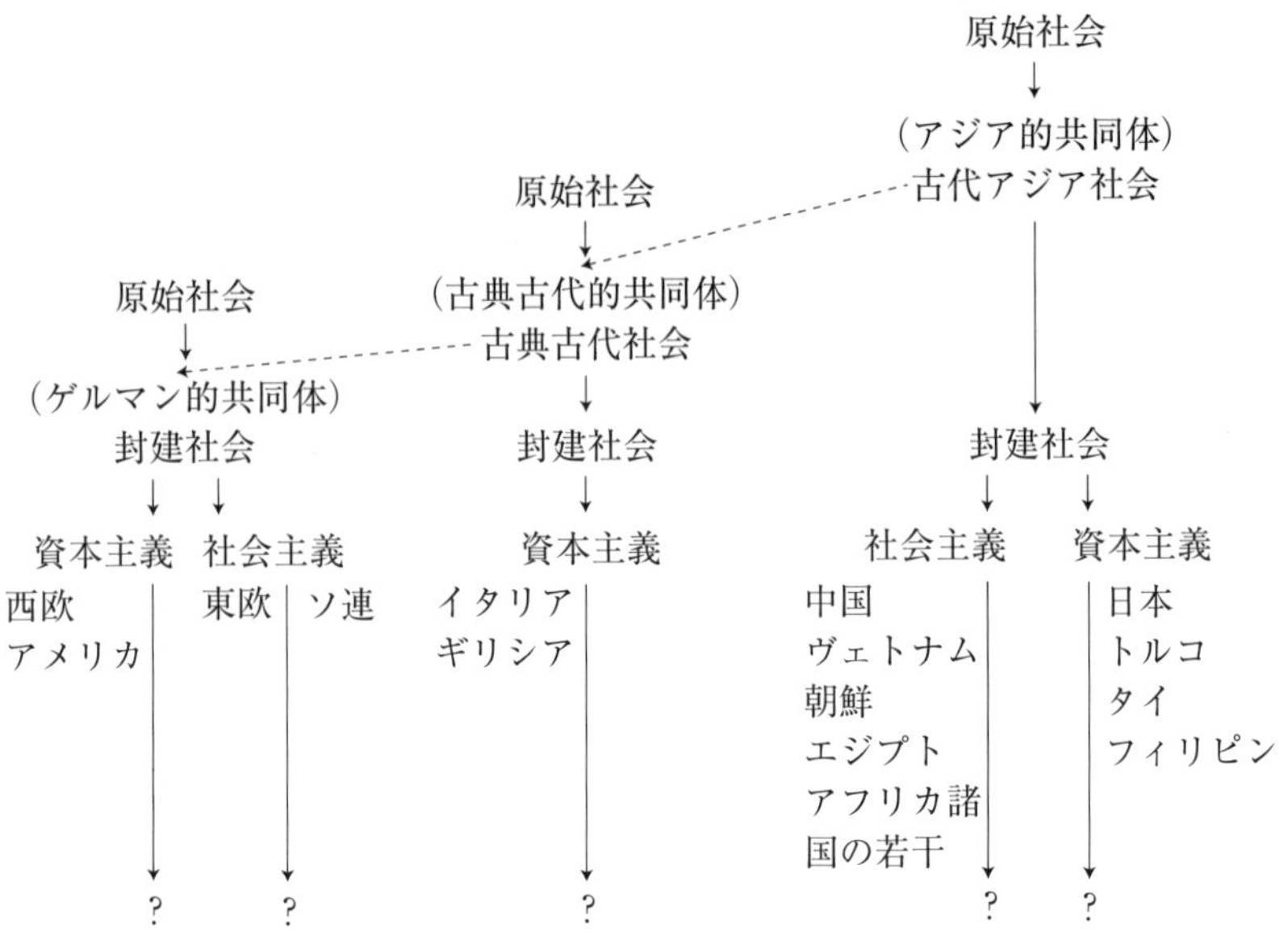

1. アジア的共同体、古典古代的共同体、ゲルマン的共同体は、それぞれに続く社会構成の起点となった村落共同体の諸形態を示す。
2. ←……はその影響のもとではじめてそれらの共同体が形成されえたことを示す。
3. この図にない太平洋やアフリカには原始社会から資本主義か社会主義へ移行するものがあろう。

ルジョア的生産様式の、世界史的な歴史発展の図式として把握されることになる。

同じような多系的発展の図式は、黒田俊雄（1974: p.371）にも掲載されている（次頁）。というより、太田の構想そのものが、黒田や峰岸純夫（1975）などの発展図式の発表を踏まえ、それらを参考にしつつ考え出されたものであろう。どの民族も、どの国も、同じように、各生産様式もしくは各経済的社会構成体を次々と経過していくという意味での世界史の基本法則に大きな疑問が投げかけられ、その再検討が久しくせまられていたという当時の学界の状況がこれらの議論の背景にあり、黒田は、人類の歴史（世界史）の発展段階を可能な限り図示しようとしたと考えることができる。黒田の発展図式の特徴は、共同体の諸形態の、その後の発展（転変）の全ての可能性を描き出そうとしている点にある。

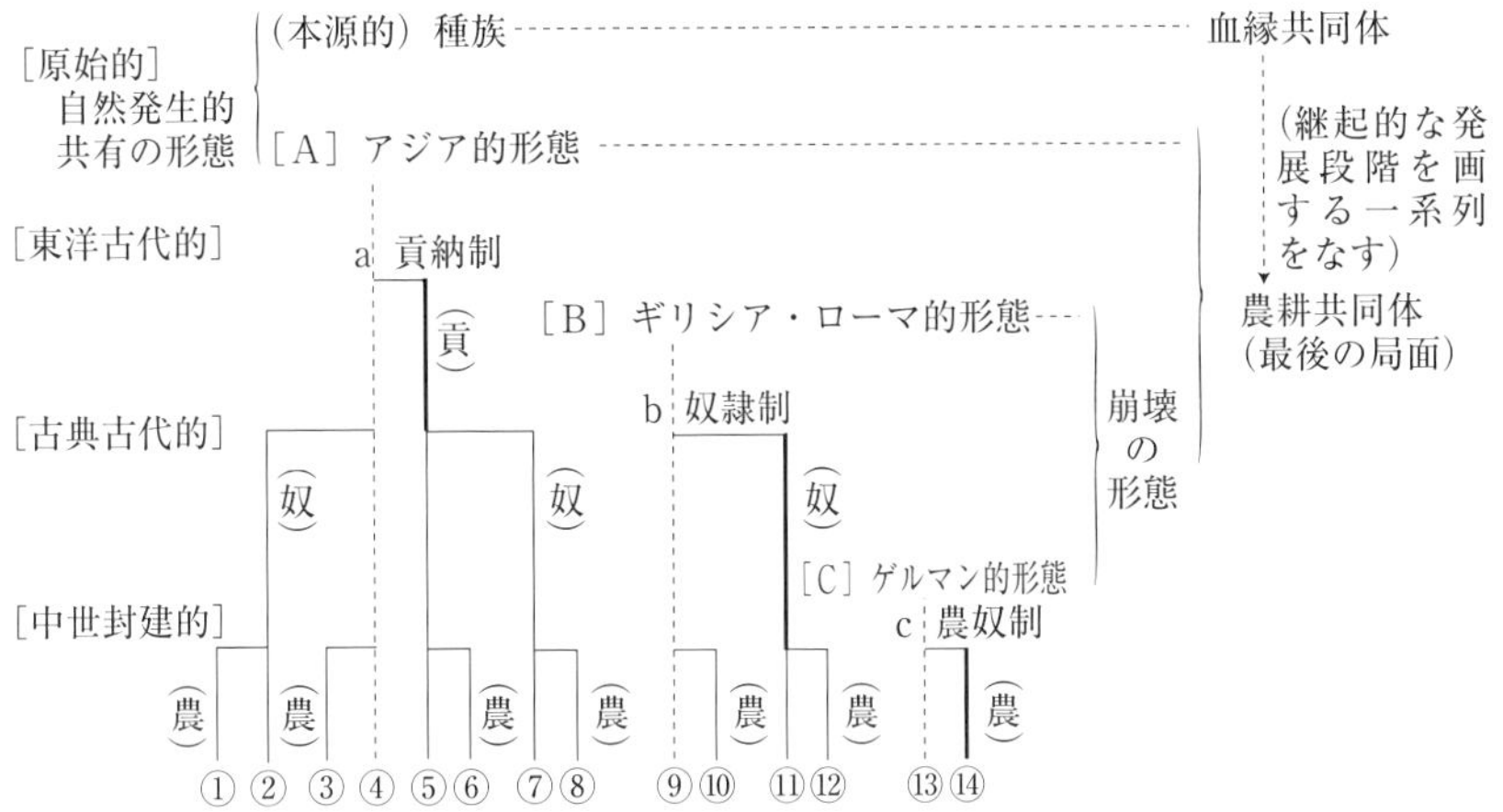

したがって、図式の性格上、形式的可能性にすぎないものも含まれている。

黒田のアジア的生産様式概念は、戦後日本のマルクス史家たち（とくに古代史、中世史研究者）が共有していた「総体的奴隷制」とほぼ同じものである。しかし、それは古典古代の奴隷制ではなく、近代資本主義のもとでの賃労働を賃金奴隷というのと同じく、一種独特の隷属のことであると明確に述べている。また、アジア的生産様式概念は「自給自足の共同体」を「基底」とするという点において、原始共同体社会における自然発生的協業についても、東洋古代社会の基底の生産共同体についても使用されるとするが、この点において、林直道（＝原始共同体社会の生産様式）説に顧慮を払っていると同時に、アジア的生産様式を国家形成の前後によって二つの段階に分ける吉田晶説にも接近しているようにみえる。

そこから、原始共同体の首長制、上位の総括的統一体としての専制君主さらに国家というふうに、アジア的生産様式における幾段階かの進展を考えている。その一段階としての東洋古代的専制主義における階級関係と直接生産者の存在形態に関して、多分に比喩的である「総体的奴隷制」概念を避け、階級関係を「貢納制」で表現し、その直接生産者を中国古代の用語をかりて「黎民」と呼ぶことを提案している。階級関係たる貢納関係は、国家もしくは共同体の首長によるライオット地代（すなわち「租税＋地代」）

であり、これは、当然にも石母田正の首長制論を踏まえている。この部分は、戦後の日本古代史・中世史の主流であった石母田領主制論に対して、非領主制（荘園制）論を唱え真っ向から批判の論陣をはっていた黒田の、世界史の基本法則に関わる歴史理論の開陳であり、興味がつきないところである。

この黒田の「黎民」は、木村正雄の斉民制を想起させる。木村の斉民とは、中国古代の直接生産者、すなわち「奴碑や賤民と区別された良民」のことにほかならない（木村正雄「中国古代専制主義の基礎条件」『歴史学研究』一九五九年三月、二二九号）。彼らは「思想的自由、政治的自由こそ持っていなかったが本来売買されるべき存在ではなく、土地を所有する権利を認められていた」存在、つまり普通の人民のことである。当時、木村は遠慮がちに、これらの直接生産者は、「究極においては奴隷制と規定されるべきかは後日の検討にまつとして、ともかくも一応古典的奴隷制とは区別」されるものと述べているが、総体的奴隷制を念頭におきながら、その奴隷制とは古典古代の奴隷とは区別された存在だと主張しているのである。この二十年後、木村のいう斉民は、太田秀通により、奴隷にも農奴にも解消されない、前資本主義社会における直接生産者の第三範疇、隷属農民に包摂されることになる。

また、やや簡略化された形ではあるが、峰岸純夫（1975: p.26）にも、太田や黒田と同様の発展図式が載せられている（上図）。

社会構成体の移行（試案）

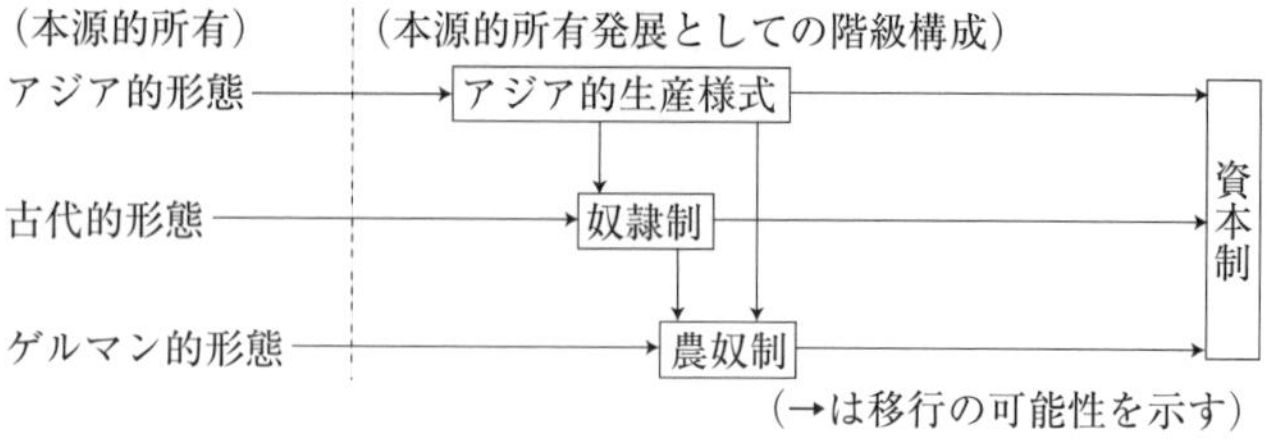

これと黒田との違いは、峰岸は黒田のように、用心深く、全ての発展の可能性をもれなく包み込むことをしていないという点である。アジア的共同体→アジア的生産様式、古典古代的形態→奴隷制、ゲルマン的形態→農奴制という、基本的な発展コース、および歴史的には先行したアジア的生産様式から奴隷制および農奴制へ、さらに同じく奴隷制から農奴制への移行を含むだけのものになっている。黒田説よりもより歴史の実際に近い

ものとなっている。さらに峰岸はアジア的生産様式のもとにおける階級的な生産関係（古典古代的生産様式における奴隷制、封建的生産様式における農奴制、に対応した）を「アジア的隷農制」と規定する。アジア的隷農制とは、過重な徭役労働が一つの特徴となっているアジア的隷属形態にほかならない。このような峰岸のアジア的生産様式理解とそれを包み込む人類史的規模における社会構成体移行論は、ちょうど、黒田と太田をつなぐ媒介、環の役割を果たしているようにみえる。さらには、メロッティ（Melotti）なども同様の発展図式を掲げており(13)、多系的発展論が、国内外をとわず、マルクス史家に広く受容され始めたことを示している。

福冨正実の多系的発展論も、このメロッティ等の構想と共通点が多い（福冨、1970b）。上述のごとく福冨正実もまた、太田秀通と同じく、一九五〇年代末以後、精力的に多系的発展論を唱えていたことでよく知られている。論壇に登場していた以来、福冨は、アジア的共同体→アジア的生産様式、古典古代的共同体→古典古代的生産様式、ゲルマン的共同体→封建的生産様式へと、本源的共同体の諸形態によりそれぞれコースを別にして発展するとして、その多系発展説を主張していたが、それでもなお、第二次論争以前においては、アジア的生産様式の社会構成（総体的奴隷制）を奴隷制的社会構成に属するものと規定しており、なお奴隷制の遍在性に顧慮を払っていたことがわかる。だが、第二次論争勃発以後は、そのような顧慮すらも完全に払拭している。

福冨は、第二次論争勃発後も、それ以前と同じく一貫して、論争の高揚のために、努力を払っていた。国際的な論争が再開されるやいなや、一九六五年以後、『山口経済学雑誌』、『東亜経済研究』等において、つぎつぎとソ連・東欧における論争を翻訳・紹介している。福冨（1969）は、その成果を集成したものである。また福冨（1970b）は、その多系的発展論を詳細に展開したものであるが、とくにアジア的生産様式について、それを包み込むエコ・システムの重要性を説いて、説得力がある。当時の学界の状況からいえば、そのような議論は、地理的環境決定論として批判される危険性が大であった。その点においても、同書は論争への大きな貢献であった。

福冨はスターリンの歴史発展の五段階説だけではなく、大塚・塩沢説もまた、同じく直線史観であることを批判し、本源的共同体の諸形態により、それぞれ異なった敵対的経済的社会構成（総体的奴隷制、奴隷制、農奴制）へと発展することを述べ、原始共同体社会から前資本制的生産様式を経て資本制的生産様式へといたる、人類史における発展経路の多様性を説いている。

だが、誰もが世界史の基本法則の再検討を叫ぶようになり、原・芝原説が一世を風靡するようになった頃から、福冨の論争へのスタンスに変化が生まれたように思われる。福冨はアジア的生産様式論争の促進者としての役割から、次第に、自説の強硬な主張者としての立場に移っていく。一九七二年以後は、アジア的生産様式論の提唱者のなかでも、福冨固有の主張である国家的封建制説を強く押し出すようになる。福冨は、アジア的社会における、国家以前の共同職務執行機関の段階、貢納制にもとづく総括的統一体のもとにおける下位共同体の搾取の段階――すなわち共同体関係を通した階級社会の形成の段階、そして国家のもとにおける統合が進み、国家による共同体成員に対する地租（租税＋地代）を通した搾取の段階、これらの三つの段階を峻別する。アジア的生産様式とは、第二の段階であり、第三の段階はアジア的生産様式ではなく、国家的封建制であり、マルクスは両者を厳密に区別していたと述べる。さらに、その後、第二の段階、共同体関係を通した階級関係にもとづく敵対的経済的社会構成＝アジア的生産様式の社会を、第一の段階と同じく、人格的隷属関係にもとづく支配（第一次構成）とし、人格的隷属関係のなかに物的隷属関係にもとづく支配（第二次構成）が入りこむ第三の段階＝国家的封建制とは、その点において厳しく区別されると主張するにいたる（福冨、1981）。

福冨の国家的封建制論は戦前の早川二郎の国家的封建制論の継承であった。この福冨の国家的封建制論は、さまざまに参照されることはあったとしても、賛同者を見出してはいないという意味で、福冨独自の主張であった。だが、国家的封建制論は、中村哲の国家的奴隷説および国家的農奴制説、同じく近藤治および峰岸純夫のアジア的封建制説、小谷汪之の中世インド封建制論、さらに永原慶二のアジアにおける封建制理解等と強い関連を有し、それらは共通の問題意識群に属するといってよく、けっして孤立した見解というわけではない（後述）。

そのほか、多系的発展論の提唱者として望月清司をあげることができる。望月は、奴隷制と農奴制の並行的発展「古代世界における奴隷制もしくは農奴制」および「中世における奴隷制もしくは農奴制」を唱え、さらに古典古代世界（古典古代的諸生産様式から構成される）と中世西欧世界（封建的諸生産様式から構成される）の並列性を主張している。望月清司（1973b）の一節に、「人類がそれぞれの地域的・歴史的諸条件のなかで創り出した、アジア・地中海世界（アルプス以南）・西欧世界（アルプス以北）という三つの文明圏は、それぞれが継承した本源的ゲマインヴェーゼンの解体形態に根源的に規定された、現代における異質の三文明圏なのである。マルクスにおける「発展段階」のあのシェーマ（『経済学批判』「序言」における、アジア的、古典古代的、封建的、近代ブルジョア的生産様式を含む発展図式のこと――福本）は、単線継起的ではなく複合的併存的であった」（望月、1973b: p.556）と述べた部分があり、アジア的（諸）生産様式をも含めた、歴史発展の多様性を構想していることがわかる。また、望月の「アジア的共同体」に関する問題提起（望月、1971, 1972b）にも啓発される点が多い(14)。だが、それにもかかわらず、望月は、アジア的生産様式への直接的な言及は慎重に避けており、残念ながらこれ以上詳しく触れることができない。

（3）世界史の論理

ここでいう世界史とは、世界史の基本法則における世界史とは異なった意味をもつ。というより、世界史の基本法則における世界史とは、実はまったく世界史的ではなかった、そこから説明しなければならない。世界史の基本法則とは、その名称とは反対に、きわめて一国的な、あるいは一民族的な法則であった。つまり、どの国も、どの民族も、原始共同体社会→奴隷制→封建制→資本主義→社会主義への段階をたどって発展するという意味で、発展段階の普遍性を主張していても、それは一国ごと、民族ごとに発展するのであって、そこになにか世界史的な関連があるわけではなかったからである。もし、関連があったとしても、せいぜいが隣国や隣接民族から影響を受けるという程度のものであり、それさえも発展の内因論の立場にたてば、否定されざるをえないものであった。

前述したように、世界的なレベルにおける地域史（地域世界史）の研究が進み、基本法則の例外が頻出する。

それを跳びこえ論で回避しようにも、その跳びこえが常態化し、法則そのものが適用できなくなっていく。どの民族、どの国家も同じように世界史の基本法則（五段階説）の適用が可能であるとは、誰も考えることができなくなった。世界史の基本法則の再検討が叫ばれた一九六〇年代、世界史の論理が登場する。つまり、個々の国家や民族ではなく、多様性や不均等性を含みながらも、地域世界史およびそれを包括した人類史として、歴史発展を構想しようとするものである。遠山茂樹「世界史における地域史の問題点」（歴史学研究会一九六五年度大会における提起）がその転機だとされている。一九七〇年代に入るや、世界史の基本法則は次第に言及されなくなる。世界史の基本法則の再検討というキャッチフレーズすら稀になっていく。隔世の感があるといわざるをえない(15)。

だが、世界史の基本法則に代わって勢力を得た感のある、この世界史の論理もしくは世界史説は、一国では解決できないことを、すなわち一国規模では成立しえない世界史の基本法則を、世界史のレベルで復権しようとするものである、ということもできる。ただし、この場合、その理論的足場は、ほかでもなく『経済学批判』「序言」の「定式」である。もうスターリンの手垢にまみれた「歴史発展の五段階説」を典拠とするわけにはいかないのである。そうである以上、なんらかの形で、発展段階のなかにアジア的生産様式を位置づけないわけにはいかない。そのため、アジア的生産様式が何者であるかをあらかじめ決定（規定）しておかなければならない。一九七〇年前後において、芝原・原が、林直道が、アジア的生産様式＝原始共同体社会の生産様式説を掲げて論壇に登場したことと、そのことは無関係ではない。

世界史の基本法則から世界史説への移行を媒介しているものは、この定式への回帰である。一九七〇年代に入るや、アジア的生産様式概念そのものを否定するものは、なお四〇年代および五〇年代と同じく、アジア的生産様式概念抜きの総体的奴隷制を主張する石母田正を除いて、ほぼ存在しなくなるのも、上記と同じ理由からであった。しかし、それは学界の大勢が旧説すなわち「歴史発展の五段階説」の放棄や否定につながったという意味ではない。むしろ、旧説は形を変えつつ依然として有力な地歩を占め続けたといってよい。形式は変わったが、内容は残ったといわざるをえない。世界史説は、その意味において、一方では世界史の基本法則に代わるものとして登場したと同時に、もう一方ではその継承者としての役割を果したといえる。

　太田秀通や黒田俊雄が、多系発展説であるとともに、それを世界史と構想していることについては、すでに言及した。たとえば黒田は「……人類史は、単一・単系の展開ではなく、民族により地域により多様性と発展差をみせながら展開する。だがそのような差異をみせながらも、しかも大きくは人類史的発展段階の統一性＝構造をもちながら展開する。そして、それを確認することは、おくれた地域や民族の役割と世界史を前進させる事業への参加を明らかにする手がかりを見出すことになるとともに、ある地域や民族が「歴史の発展段階」を「とびこえ」るという問題を解決することになる。つまり、一国史的・一民族史的「とびこえ」が、人類史的には実は「とびこえ」でなくなる、あるいは「とびこえ」が当然になるのである」（黒田、1974: p.372）と述べ、多様性の統一が、人類史的スケールにおいてしかありえないことを指摘している。また太田秀通（1978b）は、マルクスの世界史像とは「世界史の具体的な発展過程を、民族と地域を異にしつつ新たな発展段階を劃する社会構成の前進的な諸時代として捉え、指導的傾向に普遍的合法則性を見いだしつつ諸民族、諸地域の発展の世界史上の位置づけを明らかにした」ものであり、かつ「ここでは一系発展か多系発展かは二者択一の問題ではなく、多様な発展史を示す諸民族の多系発展を、世界史上の一系発展の系列のなかに歴史的に位置づけ、発展の合法則性は、より深いところで、すなわち生産力と生産関係の矛盾の展開としての生産の発展という基本的立場に立って捉えられ」（太田、1978b: p.163）ているとして、発展の多様性と合法則性との関わりを明らかにしているが、ここから「『世界史の基本法則』の再検討は、基本法則の廃棄であってはならない」（p.159）という太田の根本的な構えが出てくるのは当然である。

　熊野聰（1976）は、そのエンゲルス国家論への熱烈な擁護がなければ、歴研主流のそれとはずいぶんおもむきを異にした印象を受ける著作である。熊野は従来の単系発展説、多系発展説をともに批判し、世界史の観点を強調する。「単系説に反対する二つの方向がある。一つは多系発展説、一つは「世界史」説である。……多系説はさまざまな色合いをもつが、福冨説のばあい、人類の最初期に原始共同体がどの民族にもみられるし、資本制生産様式がすべての民族を一つの世界史になげこむ、また社会主義において自主的であると同時に統一的な真の世界史が成立する、という歴史認識と展望をもったうえで、原始共同体と資本主義の中間にあたる時期（マルクスの第二次的構成）は、民族のおかれた諸条件によってさまざまな形態をとりうる、と考える。これを福冨氏は「階級形成の多様性」と見事によんでいる。したがってアジア的、古代的（というのはこのばあい、古典古代的）、封建的の三つの生産様式は相互に内的な意味での発展段階ではなくて、類型的な形態だということになる」と福冨を評価した後、「この見解の、わたくしに思われるかぎりでの、最大の欠陥は、世界史でないことである。……つまり多系説は、はじめと終りに世界史があるが、前近代は個別史の足し算であって、その点では単系説と等しい」（熊野、1976: p.193）と切り捨ててみせる。熊野にとって、『経済学批判』「序言」における定式「アジア的、古代的(16)、封建的」は発展段階的な社会構成 Formation ではあるが、ふつう考えられているような、それらの発展段階的な社会構成が、一方から他方へと継起的に形態転化するのではなく、たとえば古代から中世への移行とは、古代的生産様式が主導的な役割をはたした一つの世界から、封建的生産様式に主導される新しい世界へ移行することを意味する。つまり、一つの世界の構造転換、世界史の段階的移行が生じたのだと主張する。

それに対して、『諸形態』における「アジア的、古典古代的、ゲルマン的」とは、類型的な共同体の「諸形態」Formen ということになる。それらの言及にもかかわらず、熊野はアジア的生産様式に関してはそれ以上具体的に述べていない。一九七〇年代から八〇年代にかけての、熊野のゲルマン的共同体に関する著作に、独自の視点があり、さらに封建制論においても独自の構想をもっていただけに、熊野独自のアジア的生産様式論——それが肯定論であろうと否定論であろうと——の提出がのぞまれていたところであった。

世界史の論理を強調する論者に滝村隆一がいる。ただ、滝村の理論活動は世界史の基本法則やその再検討とはまったく無縁であった。滝村はそのユニークな国家論（滝村国家論）の提唱者として知られている。滝村国家論は「二重の国家」説であり、それは〈共同体—即—国家〉および〈共同体—内—国家〉の、二重の視点によって支えられている。二重の視点による滝村国家論の切り口はきわめて斬新であり、かつ明解であった。

方法としての世界史について、滝村は次のように述べる。「これは、六九年以来私の一貫した主張であるが、形式的にはヘーゲルから継承したマルクスの〈世界史〉なる概念とは、いわゆる直接の時代的世界性、つまり時々の時代として現象する場所的・空間的な意味での世界性を意味するものでもなければ、また、個別歴史の機械的な集合ないし総体としての世界史をさすのでもない。あくまで時代的世界の推移を数世紀という巨視的な射程において観察して、時々の時代の尖端をゆく、あるいはその尖端に躍り出た諸民族が、経済・政治・文化の統一的な様式において、従前支配的だったそれを質的に凌駕する現実的可能性を把持することによって君臨するに到ったとき、この新たに到来せる統一的様式をその根柢的な原理すなわち高度の一般的論理において抽象・把握するところに成立する概念である」として、マルクスはこのような社会構成の世界史的発展を、とくに基底的な経済的社会構成に即して、アジア的、古代的、封建的、および近代ブルジョア的生産様式をあげ、定式化したのであるとする（滝村，1976: p.82)。したがって、唯物史観における世界史の発展史観は、個別実証史学の直接的方法として提起されたものではない。歴史的事象に対する実証的追究の方法ではなく、歴史的事象に対する一般的な社会事象としての、高度の原理的解明の方法として確立されたものである。というのも、「政治的または経済的な社会事象は、直接には人間社会の歴史的発展、従ってとりもなおさず〈アジア的〉、〈古代的〉、〈中世的〉、〈近代的〉な〈世界史的〉発展段階を通じて、その本来的性格に対応した内的諸契機を全面的に開花せしめる」ものであるからだと述べる。

滝村の用語、文体、論理展開には、独特なものがあり、今日的時点で読むには抵抗を感じるかも知れないが、前のパラグラフにおける「尖端に躍り出た諸民族」とか「君臨する」といった表現は、国家興亡史もしくは国家論を前提とした記述であることを念頭におけば理解しやすくなるはずである。引用された記述からみれば、滝村はやや生硬に世界史の論理を前面に押し出し、アジア的、古代的、封建的、近代ブルジョア的等が、継起的、段階的につながりつつ、発展してきたと述べているようにみえるが、実際には——とくに滝村隆一（1982）においては——、部族国家（原始共同体社会）から、アジア的国家、古典古代の国家、中世国家へは、それぞれ並列的に形成されるのであり、アジア的、古典古代的、中世的国家のそれぞれは、互いに移行関係にないことから、滝村が多系発展説を踏まえ、世界史的な発展を強調しているのだということがわかる。

4　第二次論争の地平

（1）論争の諸相

一九六五年以後の第二次論争をふりかえって、それぞれ論者たちがアジア的生産様式に関してどのような見解を主張したのか、あるいはどのような見解に与したのか、それを簡単にまとめると、以下のようになる(17)。

①世界史の基本法則すなわち歴史発展の五段階説を依然として擁護する人々

a　過渡的生産様式説

小林良正	農業共同体

b　他の生産様式もしくは社会構成に等しいとするもの

手嶋正毅	古代東洋奴隷制
林直道	原始共同体的生産様式（≠総体的奴隷制）
芝原拓自・原秀三郎	原始共同体的生産様式（＝総体的奴隷制）
石母田正	総体的奴隷制（≠貢納制）
中村哲	国家的奴隷制・国家的農奴制
吉田晶	総体的奴隷制（二段階説）

②独自の生産様式概念としてのアジア的生産様式

なお、ここでのポイントは、総体的奴隷制は奴隷制ではないということ。

a　継起的な発展段階説（六段階発展論）

塩沢君夫　貢納制

b　多系発展説

福冨正実　貢納制（三系発展説）

c　世界史的発展段階説

黒田俊雄　貢納制

峰岸純夫　アジア的隷農制

近藤治　総体的奴隷制

太田秀通　第三範疇論（二系発展説→多系発展説）

吉村武彦　総体的奴隷制＝アジア的隷農制（第三範疇論）

③マルクス歴史理論の新解釈

平田清明　共同体的生産様式説（総体的奴隷制は意識関係行為）

望月清司　複合併存的発展説（総体的奴隷制は比喩）

どのようなことであれ、分類は難しい。それぞれの学説は、一つの用語で形容しうるほどシンプルでもない。それゆえ、それぞれが何説もしくは何論を唱えているかを一語で表しても、それで割り切れるわけではない。ただ、各理論家たちのアジア的生産様式論に表題をつければという、条件をもってようやく成立するものでしかない。付言すれば、アジア的生産様式＝総体的奴隷制を否定するものは、林直道を除いて、ほとんどいない。ただ、総体的奴隷制の奴隷が、如何なる奴隷であるのか（ないのか）について、論者の意見は分かれる。とくにこの問題については①と②の間に大きな区別がある。またアジア的生産様式のもとにおける階級関係が、主に貢納制であることも、多数のものが認めている。

①と②と異なって分類されたとしても、その違いは、論者によっては、それほど大きなものではない。同じ

理論的系譜にあるものでも、①と②に分けざるをえなかったものもある。たとえば、石母田正と吉村武彦の相違、同じく中村哲と近藤治の相違である。石母田新説（首長制論）と吉村の古代社会論は、理論的な継承関係にある。だが、吉村は、その総体的奴隷制における直接生産者を、太田秀通のいう隷属農民としており、石母田とは別の世界史的な発展段階についての構想をもっているように思われる。石母田正は、総体的奴隷制をあくまで奴隷制範疇に属するものとする立場を、最後まで変更することはなかった。近藤治は中村哲に近いが、古代奴隷制とも封建制とも異なったアジア独自の社会構成としてアジア的生産様式を捉えており、中村のようにそれを国家的奴隷制（奴隷制のカテゴリーに属する）や国家的農奴制（封建制のカテゴリーに属する）に解消はしていない。また、中村の国家的奴隷制→国家的農奴制への発展を、アジア的生産様式→アジア的封建制への発展と読み換えており、これはむしろ峰岸や福冨に近いといえる。

②bと②cの違いは、論者によって極めて小さい。ただ、福冨はたとえ世界史的な発展段階論としても、奴隷制をその不可欠な一段階として位置づけることに反対している。なお、福冨自身は、一九七〇年代末においては、太田と自分の間の相違はほとんどなくなったと、両者の見解の接近を表明している（福冨、1981: 113p）。熊野聰の位置づけは難しいが、熊野の太田秀通への書評（熊野、1979）によれば、アジア的隷農は第三範疇ではあるが、大田の直接生産者の第三範疇＝隷属農民が、農奴をも含む概念であることによって徹底性を欠くと批判しており——農奴＝第二範疇であり、農奴を含めた第三範疇は第三範疇ではなくなり、第二範疇の手直しにすぎなくなる——、上記の分類でいえば、②のc（世界史的発展段階説）であると考えられる。

また、③として平田、望月を別格に扱ったのは、彼らの著書なり議論なりを、アジア的生産様式論として分類することができず、かといって第二次論争はかれら抜きでは語れない以上、やむをえず項を別にして付載した。

（2）共同体と市民社会

日本のアジア的生産様式論争において、特に第二次論争において、アジア的生産様式論とはとりもなおさず、アジア的共同体の問題であった。アジア的生産様式論とアジア的共同体論は、同一の問題群（アジア的社会論）に属していたといえる。その典拠となったのが、『資本制生産に先行する諸形態』であることは、いうまでもない。アジア的生産様式論が共同体論に偏重していたこと、これには幾つかの理由がある。

まず、前近代の社会が共同体から成り立っているという、われわれの先入観（臆見）の存在をあげなければならない。近代市民社会成立以前の社会は、共同体社会である、もしくは共同体を基礎とする社会であるという考えは、いわば当時の常識であり、疑いを挟む余地のないものと思われていた。幸か不幸か、マルクスの、一八五〇年代から一八八〇年代、その最晩年にいたるまでの、アジア社会論もまた共同体を基礎としていた。マルクスもまた、われわれと同じように、洋の東西を問わず前近代に共同体抜きの社会を想定できなかったのである。西欧と日本という、中世に強力な村落共同体を持ちえた社会に生まれ育ったものがもつ臆見であったといわざるをえない。

共同体論が第二次論争におけるアジア的生産様式論の主流となったもう一つの大きな理由は、ウィットフォーゲル『オリエンタル・デスポティズム』(1957)以後、アジア的生産様式のもっとも重要な指標となっていた灌漑・治水を含む大規模公共事業が、立論の根拠として十分に利用できなくなっていた事情をあげなければならない。

戦前の論争において、マジャール、ウィットフォーゲル等アジア派の最大の論拠は、アジア（乾燥アジア）における灌漑・治水などの大規模公共事業の存在であった。それらの強調は、「水浸しの理論」として揶揄され、批判の十字砲火を浴びる結果となった。地理的環境の重視に対してはプレハーノフ主義との非難が浴びせられるのがつねであった。イデオロギーの支配のもとでは、理論家たちを黙らせるのには、政治的批判、レッテル貼りが一番有効であった。公式教義は、歴史発展を単純化されたエレメント（生産力と生産関係）の相互作用に還元し、かつ発展は一国もしくは一民族におけるその単純なエレメント＝内因の働きによるものであり、地理的環境（外因）はその発展を遅らせたり速めたりすることはできても、発展そのものをもたらすものではないと宣言していた。

だが、それにもかかわらず、マルクス・エンゲルスの著作から、アジアとくに四大文明の後継地域における灌漑・治水の重要性の指摘や、あるいは灌漑・治水と専制国家の結びつきを示す文章を多数抜き出すことは容易であった。しかし一九五七年、冷戦の最中に発表されたウィットフォーゲル『オリエンタル・デスポティズム』は、議論の前提そのものを吹き飛ばすことになった。それは、灌漑・治水を無視したからではない。逆に、灌漑・治水を基礎とした東洋的専制主義（水力社会）こそ、二十世紀の社会主義（ソ連、中国などの共産主義国家）、すなわちウィットフォーゲルにとっての全体主義をもたらした元凶であると強く主張するものであった。一九三〇年代における治水・灌漑を中核とするアジア的生産様式論は、一九五〇年代、共産主義＝全体主義を理論的に解明する水力理論として再登場することになった。水力理論＝反共理論である以上、単なる灌漑・治水の重視でさえ、反共理論への加担と受け取られかねなかった。第二次論争から灌漑・治水が、論拠として用いられなくなったのも当然といえば当然であった。

また、共同体論は国家論とも理論的な整合性がとりやすく、その点においても、流行しやすい側面をもっていた。さらに共同体論は、アジア的生産様式論の指標である、私的土地所有の不在および専制国家＝総括的統一体といった概念に対して、理論的適合性をもっている(18)。

わが国においては、アジア的生産様式の特徴とされる①大規模公共事業、②アジア的共同体の長期にわたる残存、③私的な土地所有の不在、④デスポティズム、⑤農工の強固な結合等、のうち、共同体論は②③④⑤をカバーするものとして、アジア的生産様式論の中心にすえられることになったのである。

歴史理論のテーマとして共同体論が問題となったのは、具体的には大塚久雄『共同体の基礎理論』（1955）以後のことである。大塚は「……封建的生産様式の崩壊、他面から云えば、資本主義的生産様式の発生と云う変革点を境界として、世界史はある意味で大きく二つに分けることができる。と云うのは、この変革を境界としてそれ以前の生産諸様式は、それぞれの特性はあるにせよ、いずれもその根底において「共同体」Gemeindeとして編成され、その上に打ちたてられていたのに対して、それ以後の生産諸様式はそうした「共同体」的構成を全く欠いていると云う決定的な相異を両者の間に見いだすからである」（大塚、1969: p.7）と述べ、近代以前の社会が共同体を基礎とする社会であり、それ以後の社会とその点が決定的に異なることを主張した。大塚共同体論は社会科学や歴史理論の分野に大きな影響を及ぼしたが、大塚を支持する、しないにかかわらず、この共同体をもって歴史を二分する思考法は、広く受け入れられることとなった。共同体の対立概念として市民社会を復活させ――マルクスの失われた概念として――、共同体から市民社会への、分業および所有の発展として、人類史を再構築すべきだと主張したのが、平田清明（1969: p.64）、望月清司（1973a）であり、再開されたアジア的生産様式論争（第二次論争）の理論的地平を高めたもの、それらを含む彼らの問題提起であったことはすでに述べた。共同体と市民社会をもって、前近代および近代の歴史を総括することは、福冨正実、太田秀通等においても同様であった。

ここで執拗に共同体から市民社会へという人類史の構想を問題にしているのは、少なくともアジアの歴史に、この図式があてはまらないからにほかならない。資本主義的な世界システムに組み込まれる以前のアジアにおいて、われわれのイメージする共同体が存在した地域は、おそらく日本だけであろう。判定は微妙であるが、ベトナムやインドネシアを加えることができるかもしれない。だが、アジア的生産様式論が主として問題とするような、中国、インド、中近東（エジプトも含めて）の諸国においては、われわれのイメージする共同体は、古代は別として（原初的な共同体およびその残存形態は存在したかもしれないが）、その後の歴史に存在しないといってよい。それを最初に明らかにしたのは、戦前の満鉄が行った農村慣行調査であり、それらの資料にもとづいて戦後長期にわたって続けられた中国農村社会論の成果であった。しかし、それらは、アジア的生産様式論争にほとんどといってよいほど反映されなかった。

西欧中世や日本中近世のような村落共同体が存在しないとしても、前近代であるかぎり、なんらかの共同体は存在するであろう、そのような含みで議論がなされていたようにみえる。小農民経営は、なんらかの共同（協働）関係抜きでは、それを維持することさえ難しい。その共同関係は共同体という形をとるはずであり、したがって共同体は存在する。たぶん、このような論理が実証と照らし合わせることなく、いわば常識化されていたのであろう。また、肝心のアジア研究者も、少数の例外（たとえば小谷汪之）を除いては、それにあえて異をとなえていなかったようにみえる(19)。

再開されたアジア的生産様式論争において、その理論の中核たるアジア的共同体、この概念がアジアの前近代の歴史を読み解く鍵として、きわめて不十分なものであるということこそ、歴史の皮肉以外のなにものでもない。マジャール、ウィットフォーゲル等、戦前のアジア的生産様式論は、共同体論に主軸をおいてはおらず、また再開された国際的論争においても、『諸形態』との関わりから、共同体の比重は以前に比べて増していたとはいえ、日本のように偏重することはなかった。

（3）アジア的封建制

世界史の基本法則の再検討から、マルクスの定式への回帰がすすむなか、アジア的生産様式は、理論家（歴史理論を射程に入れながら歴史を構想しようとする研究者）たちの間で一定の重みをもって語られるようになっていく。それが一九七〇年代後半の状況であった。アジアの古代において、何らかの意味で、アジア的生産様式もしくはそれに相当する社会構成が存在していたと考える以外に、定式との整合性をたてることができなくなりつつあった。だが、この場合、難しいのは、アジア的社会において、古代以後の社会経済構成をどのように構想するのかであった。というのも、マルクス・エンゲルスの文献によるかぎり（個々のきれぎれの記述を除くとすれば）、アジアにおける封建制は、日本以外にその存在を認められていなかったからである。もし、従前のように世界史の基本法則や歴史発展の五段階論に依拠することができるならば、封建制の普遍性は論証する必要もなく、アジアにおける封建制には確固とした理論的地位が与えられており、誰もそれに悩む必要はなかったであろう。だが、それにもう依拠できない以上、理論家たちは、それぞれ新たに理論的根拠を提示する必要を迫られることになった。

だが、実際には、当時（一九七〇年代後半）マルクス史家の間で、中国、インド、中近東の歴史に封建制（農奴制）を認めない研究者はごく少数であった。そこが、強く疑義がだされていた古代奴隷制との違いであった。もし、仮に、アジアの歴史に奴隷制も封建制も認めないとすれば、アジアの歴史は古代以後、資本主義的世界システムに組み込まれるまで、一貫して、アジア的生産様式もしくはそれに相当する社会構成に覆われていたことになる。かのアジア的停滞論と同じ図式に陥ることになった。そこまで大胆な構想を述べることができるものは、本当に例外的な存在であった(20)。

アジアにおける封建制を認める人々、具体的には朝鮮、中国、インド、中近東等を対象としたマルクス史家たちが、自らが対象とする個々の国家や地域に、封建制の存在を認める時、マルクス主義の創始者であるマルクス・エンゲルスが、それを認めていなかったなどと意識することはない。それに気づく必要もなかったであろう。研究者たちは、アジアの個々の国家や地域の封建制を、所与として受け取ったのである。戦前、戦後において普遍の真理であった歴史発展の五段階論に沿って、個々の国々の歴史に封建制は確固とした位置を占めてしまっていたのである。そうである以上、理論家たちは別として、一般の研究者たちは、その所与として受け取ったアジアにおける封建制をそのまま使用するのがふつうであった。だが、理論家たちは、そういうわけにはいかなかった。マルクス・エンゲルスに、アジア的封建制の概念がないということは、誰かがそれに気づき発表すれば、他の理論家たちもそれを無視することはできなくなる。

マルクスの、いわゆる「コヴァレフスキー・ノート」（コヴァレフスキー『共同体的土地所有、その崩壊の諸原因、経過および諸結果』からの抜粋および評注）が発表された時、それは誰の目にも明らかとなった。マルクスは、この手稿において、コヴァレフスキーが認めたインド史における封建制を、明確に否定していたのである。マルクスは、インドにのみ封建制を否定したのではない。マルクスに、そしておそらくエンゲルスにも、日本以外のアジアの歴史に封建制の存在を認めた言及がないということが重要なのである。

この点は、きわめて重大な難問をアジアをフィールドとするマルクス史家につきつけるものである。誰もが自国の歴史に用いている封建制が、マルクスに従うかぎり、ほとんどのアジアの国々に適用できないということは、おそらく彼らにとって想像外のことであったであろう。なぜなら、マルクス史家にとって封建制とはまず農奴制のことであり、そして直接生産者である農奴と、その農奴から経済外的強制を用いて剰余労働および剰余生産物を取得する農奴主（荘園領主や地主貴族）との生産関係（階級関係）こそ、封建制規定の要であった。マルクス史家は、農奴と農奴主関係およびそれに類似した関係（たとえば地主制）があるかぎり、その社会に封建制を認めてきたのである。それが、レーニン『ロシアにおける資本主義の発展』以来のマルクス主義の封建制の定義であった。そして、そのような封建制の定義は、マルクスの唯物史観の公式（『経済学批判』「序言」）における、経済的社会構成や生産様式概念に一致するものと、だれもが思い込んできた。つまり、経済的社会構成を決定するものは、上部構造ではなく、土台である。土台すなわち経済構造であり、生産力と生産関係の総和や総体から成り立つ。とすれば、先の封建制規定に誤りはないはずであった。ところが、「コヴァレフスキー・ノート」の例など、マルクスやエンゲルスの実際の議論からは、唯物史観の公式がいう土台だけでは、封建制を十分に規定することはできないことがわかる。というのも、個々の問題に具体的な答えを迫られた場合における、マルクスの封建制規定は、つねに、土台だけではなく――明示的ではないが――上部構造（つまり知行恩貸制や主従制といった法制史的概念）への参照を含んでいるからである。

「コヴァレフスキー・ノート」については、一九七二年、そのインドにかかわる概要を論じたガマユノフの二つの論文が、福冨正実によって訳出されており、すでにその時点で、日本の理論家たちにマルクスのインド封建制否定論が知られていたことになる（「コヴァレフスキー・ノート」の全訳は、『マルクス・エンゲルス全集』補巻四［一九八〇年］、に収録されている）。だが、それにもかかわらず福冨の国家的封建制論が撤回されることはなかった。福冨は、日本ばかりでなく、中国やインドなどのアジア諸国においても、古代アジア的生産様式に続く社会構成は、律令期日本のような国家的封建制であると主張していた。中国、インド、中近東にみられるような、私的土地所有が存在しないか、存在したとしても未発達な段階における（すなわち、土地の私的所有が、地主・小作関係を成立させてはいるが、領主の隷属農民に対する領有支配関係にまで展開しない段階における）、専制国家支配の、国家と小農民の生産関係こそが国家的封建制であり、その収取関係は、例の国家＝地主に対する租税的地代（租税＋地代）の形態をとる。

福冨は自説を、コレスニツキーや松木栄三の初期封建制論で補強している。コレスニツキーや松木によれば、ヨーロッパ初期封建制においても、統一した王権が比較的強固な国家組織としてまず成立し、軍事力および行政機構は王権のもとに集中されていたこと、そして共同体農民の国家に対する臣従関係を通して、租税的地代が収取されていたことを指摘し、荘園制や領主制は、その公権の分有や分与として形成されたこと、同時に、王権が課す軍役や租税負担が自由農民を零落させ、荘園や領主への私的隷属関係の深まりが農奴制を成立させたと述べている。福冨は、「このヨーロッパ初期中世における国家的諸義務を直接負担する共同体農民たちの隷属制との共通性」(福冨、1981: p.396)ゆえに、日本の律令制社会をも、初期封建制すなわち国家的封建制とみなし、さらにこの「封建的搾取の最初の形態」は、日本以外のアジアにも存在する、すなわち小経営的生産様式のもっとも初期の発展段階に対応しているアジアに特徴的な「租税的地代」がそれであると主張する。それゆえ、福冨にとって、アジアにおいても封建制は成立する。

中村哲は、マルクス・エンゲルスの封建制規定が日本以外のアジアに適応されていないということを十分に理解しつつ、アジア的封建制概念を打ちたてようとした。そこに、中村の特徴があり、理論家としての意気込みが感じられる。前述のごとく、中村によれば、アジア的共同体やアジア的生産様式といった概念は、未熟な、不十分なものであり、それらを、マルクス・エンゲルスの理論の到達点から再構成しなければならないと明確に述べている。さらに、アジア的とかヨーロッパ的とかいう言葉は、それ自体では何ら概念内容を示さないから使うべきではないと述べ、ヨーロッパ、アジアを含めた世界史的視野から、経済的社会構成の再構成をはかっている。その結果、前近代アジアの社会構成を示すものとして得られたのが、国家的奴隷制と国家的農奴制の二つの概念である。国家的奴隷制が、アジア的生産様式や総体的奴隷制に相当するものであることはすでに述べた。国家的農奴制とは、ヨーロッパ的な封建制が展開しなかったアジア諸国の中世を対象として、その社会構成をマルクス・エンゲルスの歴史理論の検討を踏まえて、あらためて構築したものである。アジア中世を封建制と規定することは、封建制概念の厳密性を損なうということが、この国家的農奴制概念の成立の前提となっていることが注目される。

国家的農奴制とは、当然にも、国家的奴隷制の解体とともに成立する。土地所有はまだ国家的土地所有が優位にあり、私的土地所有とくに大土地私有は、国家的土地所有と結合しつつ、そのもとにおける占有または用益という形でしか存在しない。農民はすでに小経営的生産様式の主体として形成され、それゆえ、土地に対する名目的な所有権をもっている国家＝専制君主が経済外的強制によって小経営農民から剰余労働を搾取する。これは、基本的に農奴制であり、国家＝専制君主は農奴主であり、公民（農民）は農奴である。国家による剰余労働搾取＝地代は国家に対する租税という形態をとる（中村、1977: p.191）。つまり、中村は、農奴制を抽象的次元でとらえれば、国家的農奴制も封建的農奴制（ヨーロッパ的封建制）も同じ性格をもっており、農奴主が多数の私人であるか国家＝専制君主個人であるか、農奴が私的隷属民であるか国家に隷属する公民であるか、が両者の違いであると述べる。

中村に従い、アジアの古代および中世を、国家的奴隷制から国家的農奴制への展開として考察すれば、アジア諸国の社会構成の歴史をうまく説明できるようにみえる。だが、どのように形容しようと、奴隷制をアジア古代の共同体農民に適用することはできない。それゆえ、近藤治は国家的奴隷制→国家的農奴制を、アジア的生産様式→アジア的封建制（アジア的隷農制）への展開へと組みかえ、インド史に適用している。アジア的封建制の論拠として、エンゲルス『反デューリング論』における、東洋に「トルコ人がはじめて、彼等の征服した国々に一種の地主的封建制度を導入した」との一節をあげ、インドも含むアジアにおける封建制の存在を肯定したものと理解している。その一節をも含めてマルクス・エンゲルスは、アジアにおける封建制の存在を否定していると理解する中村と、近藤は、その点において見解を異にしているが、全体的な文脈からすれば、中村の見方の方が、マルクス・エンゲルスのアジア観の実際をより捉えていると考えられる(21)。

以上のような福冨正実、中村哲、近藤治らの努力は、はたして成功したのだろうか。残念ながら、福冨、近藤らの労作によってアジア的封建制が根拠づけられたとはいえない。また、中村の国家的農奴制もまた、マルクスのアジア的社会論に整合しているとはいえない。国家的封建制とか、国家的奴隷制、国家的農奴制というように、アジアの奴隷制や封建制（農奴制）の規定に、つねに国家を冠しなければ社会構成を定義しえない、あるいは発展段階論を構築しえないということは、アジアにおける奴隷制や封建制（農奴制）が、特殊である、すなわち古典古代の奴隷制や西欧中世の封建制（農奴制）とは異なるということを明らかにしている(22)。それを承知で、中村はあえて、封建制概念の厳密さを損なうまいとして、国家的農奴制概念を提起したのだが、マルクス・エンゲルスの理論的到達点を、後の（レーニン以後の）歴史発展の五段階説と同様の発展段階論の見地から眺めており、マルクスのアジア的社会論の見地から構想しているわけではない。

マルクスがアジアに奴隷制も封建制も認めないのは、マルクスのアジア的社会論が、いわゆる「アジア的生産様式論」における、大規模公共事業、私的土地所有の不在、共同体の孤立、農工の強固な結合の強調にみられるような、ある意味で、かたよった特徴のつかみ方に由来している。だが、そのこと自体、マルクスのマルクスたる所以を形づくるものであり、それを未熟、不十分で片付けることは、マルクスのアジア的社会論自体を否定するものにほかならない。マルクス及びエンゲルスにおいては、アジア的社会論をとれば、発展段階論が展開しきれず、発展段階論をいかせば、アジア的社会論が無視されかねない、いわば背中合わせの関係にあったとみることができる(23)。

（4）エンゲルス『家族、私有財産、国家の起源』への疑義

その最晩年にいたるまで、マルクス主義の創始者たちは、前近代社会の歴史を発展段階論として構想していたわけではない。マルクス・エンゲルスは、『ドイツ・イデオロギー』において、所有形態史および分業展開史についての構想を述べており、さらに『経済学批判要綱』において、人格的依存関係→人格的依存関係をとおした物的依存関係→物的依存関係をとおした人格的依存関係へ、といった依存関係（社会関係の本質）の展開として人類史を構想している。また、共同所有→人格的所有→私的所有→高次における社会的集団的所有といった所有の観点からの巨視的な見方も『資本論』で述べており、発展段階論がなかったというわけではない。

ただ、社会構成や生産様式を中心とした発展段階論は、最後まで明確な形では述べられることはなかった。たとえば、『諸形態』のアジア的、スラヴ的、古典古代的、ゲルマン的等の共同体は、類型的であり、継起的、発展段階的な概念ではなく、また『経済学批判』「序言」におけるアジア的、古典古代的、封建的、近代ブルジョア的等の各生産様式も、その前資本主義的生産様式の並びは、発生史的な序列ではあっても、そこに発展や移行の必然性や内在的な法則があったわけではない。言うまでもなく、マルクスの最大の関心は封建社会からの資本主義の発生にあり、その移行や転化の法則の究明であった。

一八六〇年代以降、次第に、原始社会や古代史に対する関心、および、同じことだが、より古い社会制度を残していると考えられる社会に対する関心が深まっていく。メーンやマウラーの、今で言う民族学もしくは人類学に関する著作や、五〇年代のインド論に加えて、ロシア、アイルランド等についての民族誌や社会誌的著作が読まれ、複合並存的であった、あるいはせいぜい発生史的な序列にすぎなかった、各文明やその社会構成の各々のエレメント（共同体、家族、土地所有、国家ら）の、互いの類似やつながりが明らかになっていく。

だが、それでも、一八八〇年代初頭、マルクスが試みたのは、社会構成体そのものではなく、前資本制的社会構成のエレメントたる共同体の諸形態を、共有と私有の二重性の視点から、二重性の出現、両者の均衡とその破壊として、統一的に把握すること、より具体的には、原古的な型の共同体→原古的共同体の最後の段階（農業共同体）→新しい共同体への発展として記述することであった（「ザスーリチの手紙への回答下書き」）。後の、歴史発展の五段階説にいきつく社会構成体の発展段階論と比べれば、それはきわめてつつましい試みといわざるをえない。だが、このつつましさに、たぶん、大きな意義があると思われる。なぜなら、このつつましやかな発展の図式は、彼のアジア的社会論とけっして矛盾しない。むしろ、適合的なものであった。原古的共同体→農業共同体→新しい共同体（第二次構成）への共同体の発展は、アジア的、スラヴ的、古典古代的、ゲルマン的な各共同体のいずれにも共通するものであったからである。

マルクスの死後、人類史を社会構成の発展段階としてとらえる大きな試みがなされるようになる。エンゲルスは、マルクスの「ザスーリチの手紙への回答」およびその「下書き」を読むことはなかった。それゆえ、そこに込められた共同体の発展図式を知ることもなかった。マルクス主義の創始者による社会構成の発展段階論としての記述は、『起源』の著者に始まる。だが、この『起源』はモルガン『古代社会』に直接依拠したものであった。それまで、マルクスにせよ、エンゲルスにせよ、他人の著作に全面的に依拠して、経済や歴史について自らの理論や思想を述べるということはなかった。マルクスがいかにモルガンを高く評価して、『古代社会』に関する抜粋および評注からなる「モルガン・ノート」(『古代社会ノート』)を作成していたとしても、それが、モルガンに直接依拠した著作の発表につながると考えるのは早計である。もし、マルクスがモルガンの影響を受けた著作を書いたとしても、それは「コヴァレフスキー・ノート」と「ザスーリチの手紙への回答下書き」との関係に似たものになったであろう。モルガンの学説は、マルクスの歴史理論のなかに吸収され、モルガンの学説によって、マルクスの著作が占領されるなどといったことはなかったであろう。だが、その占領がエンゲルス『起源』に起きたのである。

このモルガンの学説による『起源』の占領が、その後のマルクス主義にもたらしたものは、決定的なものであった。それは、レーニンの継承を経て、スターリンの歴史発展の五段階説に結実する。問題をアジア的生産様式論に関する部分に限れば、まず、『起源』において、それまでのマルクス・エンゲルスのアジア的社会論が削除されたことがあげられる。それは、『反デューリング論』まで、保持していた、国家形成もしくは階級社会形成の二つの道(支配―隷属関係発生の二つの道)、すなわち①共同体の社会的職務の執行機能の自立化(政治的な階級形成)の道と、②私的所有の発展による階級対立の激化(経済的階級形成)、それを抑圧するための国家の成立の道が、『起源』においては、後者の道のみになってしまったことである。それを、吉田晶(1975a: p.52)や福冨正実(1984: p.495)のように「紙面の都合から」第一の道を詳細に論じることができなかったと額面どおり受けとることはできない。何故なら、その後、エンゲルスは国家形成や階級形成について、アジア的社会に特有なあり方を特に論じることはなかったからである。第一の道に触れないことによって、エンゲルスはアジア的社会論抜きの、人類史の発展段階論を選択したのである。たしかに、『起源』以後のエンゲルスには、『起源』以前と同じような、国家成立に関する、アジア的社会に関する言説が、まったくなくなったわけではない。だが、それはあくまで名残であり、すでにゲシュタルト・チェンジが起きた後の補助的な言説にすぎない。

次に、国家形成や階級形成を第二の道に特化した結果、原始社会から階級社会への移行において――そのモデルを古典古代においたことによって、最初の階級社会が奴隷制社会となってしまったことであった。ついに、原始社会→奴隷制→封建制→資本主義社会という社会構成の発展図式が成立した。その結果、アジア的生産様式は、あるべき位置づけを失ったのである。

現代人類学の成果をまつまでもなく、『起源』は幾つもの弱みを抱えた著書であった。母系制から父系制への移行については、今さら触れる必要がないだろう。何よりも、国家の成立が、社会編成の血縁制から地縁制への移行、共有制から私有制への移行、無階級社会から階級対立への移行などと、すべて同時に起こるという、無理な設定こそ、最大の疑義が生じるところであった（山崎カヲル、1982）。そして、これらは、まさにモルガンの学説を全面的に受け入れたところから生じたのである。滝村隆一（1982）が鋭く批判したように、単系的な歴史発展の構想へ向けた、このようなエンゲルスのモルガン受容が、アジア的社会論を切り捨てることによって、かえって二十世紀のマルクス主義歴史理論の不毛を生むことにつながったのである。

それにしても、一九七〇年代にいたっても、マルクス史家におけるエンゲルス『起源』の位置づけの高さは異常である。そして、『起源』への高い評価は、モルガンの擁護につながっている。中村哲（1977）がマルクス・エンゲルスの理論的到達点という時、それは『起源』を指している。また、同じく、熊野聰のような俊英、福冨正実のような反骨の学徒までもが、七〇年代後半になっても、あるいは八〇年代前半になっても、エンゲルス国家論の擁護を高らかに謳うのは、奇異としか言いようがない。また再三にわたり、エンゲルス国家論の擁護やモルガン家父長制論の継承を力説する吉田晶（1973a, 1980）も同様であり、一種の信仰告白に近いものと受けとめざるをえない。

5　アジア的生産様式論争の終焉

（1）小谷汪之のアジア的生産様式論批判

一九七九年、サブタイトルに「アジア的生産様式論争批判」と題された小谷汪之の著作『マルクスとアジア』が出版された時、アジア的生産様式論争（第二次論争）が終焉に向かっている兆候は、どこにもなかったようにみえた。だが、同じく小谷汪之『共同体と近代』（1982）が発表された時、論争の退潮はすでに明らかであった。わずか、一人の著者の、しかも一、二冊の書物が、長期にわたって続けられてきた論争を終わらせることができたとはとても思えない。だが、同時に、小谷のこの一九七九年の著書が、論争に極めて重い課題を与えたことは明らかであり、そして、一九八二年の著書は、その重さにさらなる重さを加えたことは事実であった。

何が小谷の著書で問われたのであろうか。アジア的生産様式論争の中核である、アジア的共同体論そのものの真偽が問われたのである。小谷（1979）は、マルクスのアジア社会論を一八五〇年代から一八八〇年代初頭にいたるまで検討し、そこに国家的土地所有論に依拠したものと共同体的土地所有論に依拠したものがみられること、時系列的には前者から後者への流れにあることを述べ、とくにアジア社会論の基底である「土地共有の村落共同体」概念が、マルクスが依拠した諸資料の誤読に基づくものであることを立証したものである。同書が主に一八五〇年代の、『諸形態』のアジア的共同体論に関わるマルクスのインド研究を論じたものであるのに対し、小谷（1982）では、一八七〇年代後半から一八八〇年代のマルクスの共同体論、すなわち「コヴァレフスキー・ノート」や「ザスーリチの手紙への回答の下書き」に関わるマルクスのインドやロシアなどの共同体研究を論じたものである。小谷は、マルクスが本源的共同体もしくは原始共同体につながるとみとめた十九世紀に現存した土地共有の共同体は、実際にはその多くが中世もしくは近代以後に、歴史的に形成されたものであり、マルクスの立論は根拠を失っていたことを述べ、さらに、十九世紀の七〇年代から八〇年代の社会経済史研究はすでにその趨勢をかなり明らかにしていたにもかかわらず、マルクスはそれらを無視し、自らの共同体論――十九世紀に現存していた土地所有にもとづくとみなされている共同体は、いずれも原始的共同体の後身であるとする――に固執し、誤りを深めていたことを厳しく指摘している。

マルクスのアジア的社会論もしくは非ヨーロッパ的社会論のエポックともいうべき一八五〇年代の『諸形態』と一八八〇年代初頭における「ザスーリチの手紙の回答の下書き」のいずれもが、その肝心の共同体論において、根拠にとぼしい、思い込みに満ちたものであることが小谷によって明らかにされたことになる。小谷はそれでも、マルクスのそのような「事実誤認にもとづく原始共同体論」は、今日そのままうけつぐわけにはいかないにしても、「近代世界の構造と、それを正当化する世界史認識の構造をともに批判するという二重の意味において、近代批判としての本質を持つものであった」（小谷、1982: p.115）と、一応肯定的に評価しているようにみえる。しかし、それは小谷のマルクス史家としての苦しい言い訳のようにも聞こえる。

小谷のいう、事実誤認にもとづくマルクスの原始共同体論は、マルクスの主観においては、「より高度の形態をとった古代の社会型の再生」（モルガン）を目指す彼らの人類史の全体像に強くむすびついていた。原始共産制が、資本主義がもたらす高度な生産力を発展により、より高次の形態において再生されると主張していた彼らにとって、ミールに見られるような土地共有の村落共同体、とくに割替え慣行を含む共同体は、たとえプリミティブな形であれ、人間が実際に共有を実践しているものとして、彼らの信念に応えるものとみなされていた、そのように考えられる。

（2）小谷への反批判

上記の小谷のマルクスの原始共同体論批判は、当然、そのような共同体論を中核としたアジア的生産様式論への批判であり、かつ論争自体への批判でもあった。前述のごとく、アジア的共同体論もしくは共同体論を核としたアジア的生産様式論は、『諸形態』及び「ザスーリチへの手紙への回答の下書き」における共同体の解釈に、その立論の根拠を置いていた。それゆえ、そのような共同体理解に対し、小谷汪之から根本的な疑義が提起された時、有効な反論ができなかった。実際にも、当時、小谷に対し、ほとんど反論らしい反論がなされなかった、それが意外ではあるが歴史的事実であったということである。意外にもといわざるをえないのは、当時、アジア的生産様式論の積極的支持者たちの多くがまだ健筆を振るっていたからである。

小谷に対する批判らしい批判がなかったのは、小谷によるマルクス共同体論批判が、テキスト・クリティークによる根本的な批判であったことである。アジア的生産様式とは、いかなる生産様式か、いかなる社会構成かといった解釈をめぐる問題ではなく、アジア的生産様式論そのものの基盤であるアジア的共同体論が、マルクスが依拠した諸資料に対するマルクス自身の誤認や、当時の社会経済史研究の蓄積を無視した思い込みによって築かれたものであった、との批判であったからである。

論争は、有力説をめぐって批判や反批判があってこその論争である。第二次論争開始後も、平田清明、原秀三郎、芝原拓自、福冨正実、塩沢君夫、望月清司、林直道、中村哲、太田秀通らの所説をめぐって、厳しいやりとりが行われ、それが論壇をにぎわし、論争の水準をより高めることに貢献したのである。だが、小谷の著書に対しては、「興味深い指摘をおこなっている」といった程度の注記が添えられるぐらいで、それ以上の言及はおこなわれることはなかった。また、福冨正実（1981）、滝村隆一（1981）において、彼らが従来ならば共同体と呼ぶべきものを、それを避け、村落制度（福冨）、村落―地域的（滝村）と言い換えているのを見るとき、やはり小谷（1979）の強い影響を感じることができる。

数少ないが、小谷の批判への反応としては、中村哲による小谷への反論「歴史学におけるアジア認識の課題――小谷汪之氏の近業をめぐって」（中村、1991）、および桜井由躬雄（1986）をあげることができる。前者は一九八五年、京都民科歴史部会例会での報告をまとめたものであり、小谷の国家的封建制、国家的農奴制批判に対し、中村の立場から反論したものである。中村が小谷旋風のダメージを受けていないのは、中村の方法論が小経営的生産様式論に支えられたものであったからであり、そこが同じく小経営的生産様式論に依拠しているとはいえ、共同体論をも支柱にしていた福冨正実との違いであろう。また、桜井（1986）は前近代のベトナム村落における村落共有田の歴史的展開を分析したものであるが、同書序文において、原始共同体から村落共同体への変遷を跡づけ、その軌跡のなかで、割替え共同体が実在した可能性を、様々な文献資料や民族誌研究をもとに、明らかにしようとしたものであり、小谷の問題提起に正面から答えようとした意欲的労作である。

（3）八〇年代――論争の終焉

巻末に付載した文献リストからわかるように、一九八〇年代に入るや、アジア的生産様式論に関する著作は激減する。それでも文献がやや多めに見えるのは、一九八〇年代、九〇年代においては、関係する著作、論文をなるべく広く取り上げようとしたからにほかならない。論文の数もさることながら、本格的な著書がほとんどなくなったことが印象的である。だが、国際的な論争を俯瞰すると、一九八〇年代は、一九七〇年代に引き続き、アジア的生産様式論争は依然として活発であった。その差はどうして生じたのであろうか。一九九〇年代には、国際的な論争も下火になるが、それは一九八九年および一九九一年以後、マルクス主義に対する興味や関心が、知識人の間で、急速に失われていくという世界的趨勢の現れであり、アジア的生産様式論争だけの問題ではない。

日本におけるアジア的生産様式論争が一九八〇年頃、ほぼ終息もしくは終息に向かったことの原因は、一つには先の小谷汪之のマルクス共同体論に対する厳しい批判があげられる。まさにそれは旋風のように、論争を葬り去るのに貢献したのである。だが、アジア的生産様式論は、本来けっしてマルクスの共同体論のみによって支えられていたものではなかった。不幸にして途中で挫折せしめられたとはいえ、アジア的生産様式論を、マルクス主義のもとにおける社会科学の一翼として位置づけた戦前の論争は、けっして共同体論に偏重はしていなかったし、再開された国際的な論争（第二次論争）もまた、共同体論に偏重していたわけではなかった。共同体論への偏重は、日本の第二次論争における、大きな特徴であった。それゆえ、そのマルクスの共同体論の根拠が揺らいだ時、アジア的生産様式論もまた致命的なダメージを受けざるをえず、論争は一挙に下火に向かうことになった。

さらに、もう一つ、一九八〇年代に、戦前以来、ながく日本に存在していた独特の論壇、すなわち左翼論壇が消滅したことも、論争の終焉の大きな原因であるといえる。戦前以来、日本の読書人、知識人の独特なあり方の反映として、左翼論壇や左翼出版界があった。一九八〇年代には、それらは決定的に失われてしまう。そこには日本社会の大きな変質があったのであり、同時に知のあり方に、大きな変動が生じたのであった。左翼論壇や左翼出版界に拠って、自著を発表し、生活をたてていた左翼知識人という知のあり方が過去のものとなり、知に携わるもののほとんどが、大学に帰属するようになった。書き手、売り手の変化は、読み手（読者）の意識の変化の反映でもあった。マルクス主義それ自体が、一九八九年もしくは一九九一年を待たずに、読者の興味の対象ではなくなりつつあった。その点において、アジア的生産様式論争もまた、他の社会主義やマルクス主義に関わる論争と同じ運命を享受したといえる。

［注］

（1）国際的な第二次論争の発端については、本田（1966）、太田（1967）、福冨（1969）解説「ソ連邦の諸文献において再開されたアジア的生産様式論争の経過と若干の問題点について」、塩沢（1970）、福冨（1970a）を参照。論争の発端及び経過について、ほぼ同じようなことが述べられている。ウルメン（1995）にも、ウィットフォーゲル側からみた論争の再開が、やや詳しく述べられている。

（2）第二次論争全体を通じて、国外の論争の影響は、ほとんどなかったこと。これが、第二次論争と第一次論争（一九三〇年代）との顕著な相違である。他者の論点を批判する時、それはシュレ-カナル的であるとか、ゴドリエ的であるとか、テーケイ説もしくはテュメネフ説に近いといった評価がなされたことは事実である。またテーケイ、ゴドリエ、ロジェ・ガロディ等の訳書が出版され、テュメネフ、ダニーロヴァ、コレスニツキーらの論文も学術誌に訳出掲載されている。だが、それの影響は軽微であり、ましてや国外研究者の所説の継承者は出現しなかった。ヨールク説、ゴーデス説、コヴァレフ説に翻弄された第一次論争とはその点において、まったく異なった様相をしていた。

（3）一九六五年以後のアジア的生産様式論争は、戦前、とくに一九三〇年代の論争と区別するため、第二次論争と呼ばれている。だが、前著「アジア的生産様式論争史・戦後日本篇」（2002）［本書第二章］でも述べたように、日本の場合、戦後まもなくから一九六四年頃まで、アジア的生産様式をめぐる論争がなかったわけではない。原始共同体的生産様式でもなく、奴隷制や封建的生産様式のアジア的変種でもない、独自の生産様式であることを主張するアジア的生産様式論は、少なくとも一九五〇年代中葉以後、塩沢君夫、福冨正実らによって唱えられており、マルクス主義歴史理論の世界において、その点、日本は独自な理論的伝統をもっていたということができる。

（4）望月清司（1973）は、同著「あとがき」において、自分の学問達成の道が、「もし平田清明氏、花崎皋平氏、広松渉氏、福冨正実氏らの助力、そして内田義彦氏の方向指示がなかったとしたら、とうてい踏みこえられなかったろう」と述懐している。ここでの「助力」とは望月の理論的なライバル（好敵手）に対する献辞であろう。なおその名を挙げられている五人はいずれも既成のマルクス主義学問体系すなわち望月のいう「唯物史観学」に対するアンチ・テーゼの抱懐者である。平田が既成のマルクス主義教義体系に対する挑戦者であることはすでに述べたが、福冨正実は一九五〇年代後半からのアジア的生産様式論者であり、かつ栗原百寿、猪俣津南雄などの評価・再評価において、講座派主流の流れをくむ既存のマルクス主義学問体系と一線を画していた。花崎皋平、広松渉は新左翼運動もしくは全共闘世代の理論的旗手であった。

（5）石母田正のアジア的生産様式論との関わりは微妙である。石母田は『諸形態』（1947）の登場後、律令期の社会構成体を「総体的奴隷制」とみなすことで、奴隷制論（奴隷制を歴史発展の普遍的な段階とする立場）に与し、かつ戦前の渡部義通の奴隷制論の継承をはかっていた。石母田正『歴史と民族の発見』（1952）は戦前のアジア的生産様式論争について、「日本での論争についてここで申し上げたいことはつぎの点です。それは論争が、そもそもこの問題が提出された地盤である中国革命の生きた課題と現実から遊離してたんなる学問上の論議に転化されればされるほど、――事実そうなりましたが――、一つの特徴的な傾向が出てきたのであります。それはいちじるしい観念的な傾向、スコラ的論議です。インドから中国・蒙古の高原を経て日本にいたる広大なアジアが、原始、古代、中世にわたって、論議の掌中で自由にされ、あらゆる範疇や概念が駆使され、実体のない法則が立ててはくつがえされ、あげくの果てにはマルクスの典拠の訓古学的な解釈にさえ堕しはじめました。かんがえ得るあらゆる可能な「理論」が提出されたあと、論争はいつか終りました。アジアの大地がこれほど軽くなったことはかってありません。それは軽くなっただけではなく「アジア的停滞性」という呪文のような言葉にしばりつけられました」、「「アジア的停滞性」をうちやぶる使命をもった理論がいつかアジア的停滞性を基礎づける理論――帝国主義のアジア支配の理論――にひきずられていったばかりでなく、自分自身の無気力と行動の停滞の合理化となり、西欧に対するいわれのない賛美となり、アジアの大衆に対する絶望ともつながってゆきました」（p.27）と評しているが、彼のアジア的生産様式に対する見方が「アジア的停滞論」のイメージにダブっていることをはっきり表わしている。

この石母田のアジア的生産様式論に対する懐疑的な立場は、日本における第二次論争を終息させた小谷汪之にも共通している。ただ、小谷の場合、その議論は、マルクスやウェーバーのアジア社会論に対する徹底したテキスト・クリティークによって支えられている。

もう一つ、石母田正に関して見逃せないのが、彼の日中分岐論へのこだわりである。日中分岐論とは、「同一の類型に属する古代国家の解体から出発しながら、何故二つの民族はそれぞれ異なった歴史的発展のコースを示したのであろうか」、古代末期には「中国の方がより高い生産力の段階に到達したにもかかわらず、なぜ中国は宋朝のような国家形態をとり、日本では典型的あるいはヨーロッパ的な封建制に進歩したのであろうか」（石母田正「中世史の起点」『中世的世界の形成』、東京大学出版会、一九五七年）に端的に表れているような問題意識をめぐる議論をいう。石母田は日中両国の歴史発展の差異を、当初は、中国における農村の共同体的遺制にもとめ、さらに両国の中世「領主制の構造」差にもとめた。だが、いずれも停滞論から自由ではなかったとして、後に自己批判している。在地における「首長―農民」の生産関係こそが主要なものであり、「国家―農民」関係は第一次的生産関係に依存した二次的なものであるとする、石母田新説の「第一次生産関係としての首長制」論には、古代を通じてそのような関係は変らず中世に引き継いだ日本と比較し、「国家―農民」関係が第一次的なものとなり、在地における「首長―農民」関係が二次的なものに転化した中国の間に、その後の歴史発展の差異が生れたとする理論的な含意があるのではないかと考えられる。

さらに付け加えれば、『日本の古代国家』（1971）において、首長制を基底とする総体的奴隷制論（新しい総体的奴隷制説）を唱えたが、そこにおいてもなお、この総体的奴隷制がアジア的生産様式であることを認めず、むしろ奴隷制的なものとみなしている（峰岸、1975: p.20）。石母田の堅い意志を感じざるをえない。

（6）近藤治（1996）「一九八〇年代に入ると、アジア的生産様式に関する国際的な論争は急に下火となり、一部にはこの生産様式をインド史に適用するのは、もはや時代遅れの考え方だとするような見方さえでてきた。私はアジア的生産様式論が豊かにしたインド史研究上の諸成果を簡単には失ってほしくない、と願っている」（pp.248-249）。谷川道雄（1993）「以上のような重要な課題を残したまま〝論争の時代〟は終わったのである。個々のテーマに関する討論には、早く終わったものと晩くまで続けられたものとの相違があるが、全体として、七〇年代後半を期として、しだいに終息に向う」（pp.23-24）。

（7）福冨正実（1981）所収の論文で、各論の紹介及び批判となっているのは、第一部「塩沢理論とアジア的生産様式概念」、「アジア的生産様式論と「国家的封建制」概念――原秀三郎氏のアジア的生産様式論批判について」、「中村哲氏の理論とわたしの立場」、「フランス語版『資本論』と「総体的奴隷制」概念――林直道氏のアジア的生産様式論を批判する」、「林直道氏＝不破哲三氏の理論とわたしの立場」の論文である。なお、福冨正実は、従来、テュメネフ的な立場をとり、アジア的生産様式＝総体的奴隷制が経済的社会構成としては奴隷制的社会構成に含まれるとし、「四つの生産様式と三つの社会構成」説を唱えていたが、一九七〇年発表の『共同体論争と所有の原理』において、それを明確に否定し、総体的奴隷制における奴隷制とは奴隷制ではないこと、奴隷制的社会構成とは異なった独自の社会構成であることを述べている。

（8）エンゲルスはマルクスの生前、「コヴァレフスキー・ノート」も「モルガン・ノート」も、その存在を知らされていなかったこと、さらに「ザスーリチの手紙への回答」及び「回答下書き」の存在すら知らなかったことは、歴史理論において、晩期エンゲルスは老マルクスの思索の継承者であることを疑わせものである。筆者は、マルクス主義の創始者の一人であるエンゲルスであるとはいえ、マルクスの死後、すでにマルクスとの相互了解により修正されたり補完されたりする可能性のなくなったエンゲルスの言説を、マルクスのものと同じものであるとは到底いえない、と考えている。ここにおける筆者の真意は、マルクス主義とはマルクスとエンゲルスという二人の思想家の、相互了解のなかにあったと考えるところにある。

（9）吉田晶（1975b）は、その注記のなかで、「かつて、拙著『日本古代社会構成史論』（一九六八年）で、共同体と国家の起源について私見を述べた。その後アジア的生産様式論争があらためて復活し、そのなかで拙論についての批判も行われ、私自身もその後の諸研究から多くの教示を受けた」と述べ、さらに本文では「六九年のアジア的生産様式を原始共同体の生産様式とする原・芝原説の提起を契機に、この問題に関する論争は質的にも量的にも一挙に拡大したといえよう」と記している。本稿末尾に付された文献リストからもわかるように、一九六八年にはすでにアジア的生産様式論争（第二次論争）は復活していた。「その後……あらためて復活し」との吉田の表現は、まさに原説の登場の衝撃を物語っている。

（10）フランス語版『資本論』の林直道のパラグラフの解釈をめぐっては、太田秀通（1974, 1978b）及び熊野聰（1976）の解釈に従う。

（11）芝原拓自（1973）は、林直道の芝原・原批判に対する反批判であるが、彼ら――林直道と芝原・原の置かれている立場の相違をはっきりと理解させてくれる好例である。芝原の反論は、まるで異端審問官（林直道）の尋問に、汗みどろになりつつ自らの潔白を証明しようとあがいている、嫌疑者のいかにも弁解がましい弁解といった趣きの、ものである。

なお、教養体系の守護者、林直道のもっとも強く主張するところは、生産関係を階級関係として捉えることである。それは、生産関係がまず分業関係であり、生産＝分業は、近代市民社会的な生産様式においては、「広がりつくした分業」として存在すること、さらに近代市民社会的な分業関係が、資本―賃労働を基軸とする資本主義的な生産関係に転回（すなわち領有法則の転回）することによって階級関係が成立すると考える望月清司や平田清明と決定的に対立する。林直道などによれば、階級関係を二次的なものとするこのような思考方法そのものがブルジョア的偏見に満ちたものということになろう。

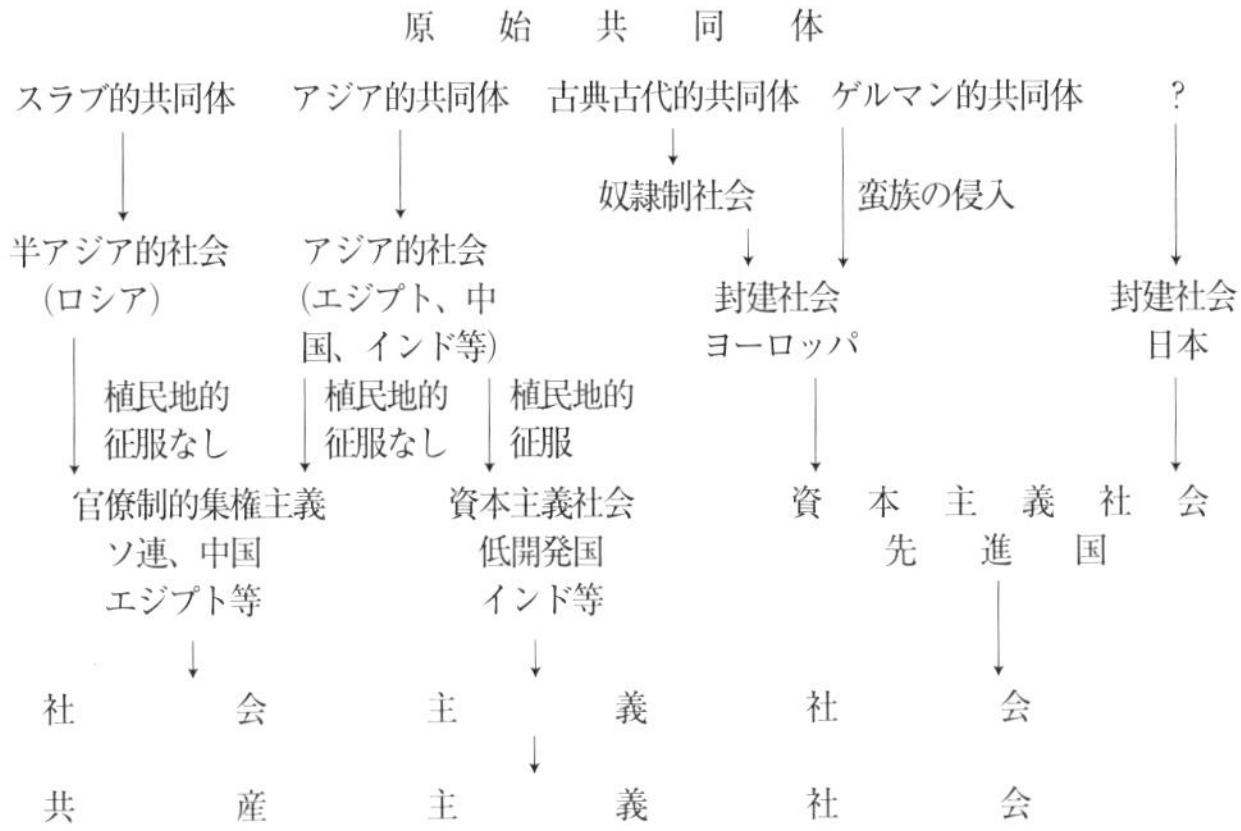

U.Melotti, Marx and the Third World, Macmillan, 1977, p26.

（12）たとえば香山陽坪訳『奴隷制社会の諸問題』（有斐閣、一九五八年）所収のテュメネフ論文、「古代東方と古典古代」及び「ヘレニズム時代およびローマ時代における河川文化諸国（メソポタミアおよびエジプト）」を参照。

（13）Melotti（1977）では、上図の構想が載せられている。

（14）『諸形態』におけるアジア的共同体に関して、一般に「……としてあらわれる」と訳される als...erscheinen を意識的に「……であるかのように現象する」と訳し、これまで常識とされてきたアジア的共同体論についてのイメージをひっくり返してしまうところが秀逸である（望月、1972b: p.80）。たとえば、具体例を二、三、引用すると、

①総括的統一体は、すべての小規模な共同団体（ゲマインヴ

エーゼン）の上に立ち、上位のあるいは唯一の所有者であるかのように現象する。
②そのため現実の共同体（ゲマインデ）は、たんに世襲的な占有者であるかのように現象する。
③この統一体が現実的所有者であり、かつゲマインシャフト的所有の現実的前提であるから、この統一体は、それ自体がこれら多数の現実的な特殊の共同団体——ここでは個々人は事実上無所有である——の上に立つ一つの特殊なものであるかのように現象することができる。望月によれば、この「……であるかのように現象する」が「……である」と直裁に訳され、専制君主（総括的統一体）＝唯一の所有者、共同団体（現実的共同体）＝世襲的占有者、個々人（共同体成員）＝完全無所有者、とみごとに規定されてしまったのだという。総体的奴隷制は比喩ではなく、本物の奴隷制として受けとめられたのも、そのような誤認ゆえであった。
(15) この間の事情について熊野聰は次のように述べている。「それにしても、一時代を支配した旧説にたいする批判的見解があらわれるにいたったのには、二つの契機がある。一つは、実際の歴史研究が、各民族についてはかかる諸社会を経過していないことを明らかにしたことであり、第二はマルクス主義文献学の進展である。とりわけ一九四九年に最初の邦訳がでたマルクスの手稿『資本制生産に先行する諸形態』の理解がすすみ、そこにのべられている所有と共同体の三つの形態、アジア的、古典古代的、ゲルマン的が、少なくとも、アジア的が発達して古代的に、古代的が発達してゲルマン的になったのではない、という意味において、段階ではなくて類型であるという理解がすすんだことである。この二つの契機から、「定式」の解釈と、世界史の発展法則の両面において新たな解釈と構想が生まれ、またこころみられてきた」（1976: p.186）。熊野がいう旧説とは、五段階説のこと。世界史の基本法則ということばが使われていないのが特徴的である。そのかわり典拠となっているのは、『経済学批判』「序言」における「定式」である。そこに、いわゆる「歴研」派全体のスタンスや論点の移動が存在すると思われる。
(16) マルクスにおける antik は古代一般を指すのではなく、古典古代のみを指すことについて、太田秀通（1978b: p.204）を参照。したがって、これまで『経済学批判』「序言」において、古代的（生産様式）と訳されてきたものは、古典古代的（生産様式）と訳すのが正しいということになる。なお、林直道は、彼の独特なフランス語版『資本論』の理解に拠り、原始共同体的生産様式（林の言うアジア的生産様式）につづく古代一般の生産様式のなかに、奴隷制も専制主義（総体的奴隷制）も含まれると主張している。だが、マルクスの antik が古典古代のみをさすとすれば、林の主張は根拠を失うが、それについて林（1977, 1978）は答えていない。
(17) アジア的生産様式論争もしくは時期区分論争に登場した理論家たちが、日本の古代社会、とくに律令期の社会構成をどう規定したのかを示してみたい。

石母田正　　総体的奴隷制（政治的臣従制→首長制）
吉田晶　　アジア的生産様式の第二段階
安良城盛昭　国家的奴隷制
原秀三郎　国家的奴隷制（≒アジア的生産様式）
鬼頭清明　国家的奴隷制の第一段階
塩沢君夫　アジア的生産様式（総体的奴隷制）
福冨正実　国家的封建制（≒アジア的生産様式）
吉村武彦　アジア的生産様式（アジア的隷農制）
峰岸純夫　アジア的生産様式（アジア的隷農制）
中村哲　　国家的奴隷制（土地占有奴隷制）

(18) 本質的な問題をあげれば、村落共同体（下位の共同体）の強さは専制国家（上位の共同体もしくは総括的統一体）の強さとイコールであるとはかぎらない。その点、決して両者の間に理論的な整合性があるわけではない。従来の論争においては、この点がほとんど考慮を払われておらず、共同体論の盲点ともいうべきものとなっている。

(19) 平田や望月が、共同体から市民社会へという人類史の発展段階を、マルクスのものとしえたのは、マルクスもまた同時代のヨーロッパ人と同様に、そしてまた、われわれと同じように、そのような「臆見」を抱いていた、ということであろう。すなわち、共同体の問題は、われわれ自身の文化や歴史に対する根本的な見方（臆見）に内在している。

(20) 筆者の知るかぎり、少し時代は下がるが、宮嶋博史（1984）だけである。ただ、宮嶋は分業＝所有の展開によって、第一次アジア的生産様式、第二次、第三次と、発展段階を踏むと説明している。

(21) たとえば、エンゲルス『反デューリング論』の「東洋では、トルコ人がはじめて、彼らの征服した国々に一種の地主制的封建制度を導入した」（岩波文庫、下巻、五五頁）や、エンゲルスからマルクスへの手紙（一八八二年一二月二二日）における「旧トルコの半封建制」など。前者はアジアにおける私的土地所有の欠如の指摘に続く一節であり、また後者は、農奴制が特殊中世的・封建的な形態などではないことを認めたくだりで述べられており、半封建制の半には、本来の意味での封建制ではないというニュアンスが濃い。

(22) これら国家的奴隷制や国家的農奴制など、国家を冠する概念によって、アジア的生産様式概念を代位してしまう方法については、峰岸の批判があたっている。

私は「国家的〜」という範疇をもって、こうした「アジア的隷属形態」を農奴制（封建制）ないし奴隷制に包摂してしまう見解には賛同しえない。それは「アジア的隷属形態」の独自な特質の追求がおろそかにされ、同時に奴隷制・農奴制の不当な拡大のゆえに、その概念自体があいまいになることを危惧するからである（峰岸、1975: p.7）。

(23) 前近代の歴史に関する発展段階論は、マルクス・エンゲルスの原始社会や人類学的な知識の増大とともに、構想が具体化する。とくに「ザスーリチの手紙への回答下書き」において、マルクスは共同体論の見地から、発展段階を構想している。それが、生かされぬまま、モルガン『古代社会』を契機とした、エンゲルス『起源』における原始社会→奴隷制→封建制への、普遍的発展段階論が成立する。

(補) マルクスの日本封建制に関する肯定的な言及として「日本は、その土地所有の純粋封建的組織とその発達した小農民経営とをもって、たいていはブルジョア的偏見によって口授されたわれわれの歴史書全部よりも、ヨーロッパ中世のはるかに忠実な像を提供する」（長谷部文雄訳『資本論』第一部第二十四章の注記）がよく挙げられる。筆者は、日本もまたアジア的生産様式にもとづく社会であったと考える立場から、あるいは一連の「水の理論」の探究を経つつ、次第に、このマルクスの注記が、日本封建制論を支持しているとはいえないと考える立場に立つようになっている。このテーマに関しては、保立道久『歴史学をみつめ直す——封建制の放棄』（校倉書房、二〇〇四年）を参照されたい。

［文献リスト］
一九六五年
本田喜代治「アジア的生産様式の問題」『思想』十月号　四九六号
一九六六年
本田喜代治「「アジア的生産様式」再論」『思想』三月号　五〇一号
平田清明「マルクスにおける経済学と歴史認識」『思想』四、五、八、十一月号　五〇二、五〇三、五〇六、五〇九号
福冨正実編訳「アジア的生産様式論争の復活」『山口経済学雑誌』第一七巻第一号
望月清司「マルクス『諸形態』の研究」『社会科学年報』第一号　専修大学社会科学研究所　一一月
本田喜代治編『アジア的生産様式の問題』岩波書店

一九六七年
布村一夫「マルクスの原始人　一八六七年によせて」『歴史評論』二月号　一九八号
石母田正「民会と村落共同体――ポリネシアの共同体についてのノート」(二)『歴史学研究』六月号　三二五号
伊豆公夫「「アジア的生産様式」の新しい肯定論について――本田喜代治編訳『アジア的生産様式の問題』を読む」『歴史評論』七月号　二〇三号
吉田晶「「アジア的生産様式」論の現代的課題」『日本史研究』七月号　九二号
朝尾直弘「前近代アジアにおける国家」『歴史評論』十一月号　二〇七号
福冨正実「マルクス主義社会発展論と現代史分析の方法」『山口経済学雑誌』第一八巻第三号
太田秀通「補論・アジア的生産様式」『共同体と英雄時代の理論』増補版　山川出版社
一九六八年
平田清明「社会主義と市民社会」『世界』二月号
手嶋正毅「古典研究：マルクス『資本主義的生産に先行する諸形態』」(上)(中)(下)『経済』十月、十二月、六九年一月　五四、五六、五七号
布村一夫「老マルクス遺稿「共同体的土地所有ノート」をめぐって」『歴史評論』十二月号　二〇〇号
塩沢君夫「マルクスにおけるアジア的生産様式概念の成立と発展」内田義彦・小林昇編『資本主義の思想構造』大塚久雄教授還暦記念論集Ⅲ　岩波書店
太田秀通『ミケーネ社会崩壊期の研究』岩波書店
吉田晶『日本古代社会構成史論』塙書房
一九六九年
太田秀通「歴史における国家の課題」『歴史学研究』八月号　三五一号
桑原洋「西洋古代奴隷制をめぐる理論的諸問題」『歴史学研究』八月号　三五一号
原秀三郎a「アジア的生産様式批判序説」『歴史評論』八月号　二二八号
原秀三郎b「階級社会の形成についての理論的諸問題　続・アジア的生産様式論批判序説」『歴史評論』十一月号　二三一号
福岡猛志「階級社会形成についての理論的諸問題討論要旨」『歴史評論』十一月号　二三一号
山之内靖『マルクス・エンゲルスの世界史像』未来社

ホブズボーム『共同体の経済構造』市川泰次郎訳　未来社
菊地康明『日本古代土地所有の研究』東京大学出版会
福冨正実編訳『アジア的生産様式論争の復活』未来社
大塚久雄「共同体の基礎理論」『大塚久雄著作集』第七巻　岩波書店
平田清明『市民社会と社会主義』岩波書店

一九七〇年

堀敏一「中国古代史と共同体の問題」『駿台史学』二七号
小谷汪之「インド村落共同体論の再検討」『歴史学研究』九月号　三六四号
福冨正実ａ「アジア的生産様式の再検討」『現代の眼』十月号
原秀三郎「律令体制の成立」『講座日本史』１　東京大学出版会
遠山茂樹「「アジア的生産様式」論争について」『仁井田陞博士追悼論文集』第三巻　勁草書房
小林良正『アジア的生産様式研究』大月書店
石川栄吉『原始共同体　民族学的研究』日本評論社
ロジェ・ガロディ『現代中国とマルクス主義』野原四郎訳　大修館
福冨正実ｂ『共同体論争と所有の原理』未来社
塩沢君夫『アジア的生産様式論』御茶の水書房

一九七一年

好並隆司「前漢帝国の二重構造と時代規定」『歴史学研究』三月号　三七五号
平田清明ａ「歴史的必然と歴史的選択」『展望』十、十一、十二月号
五井直弘「中国古代史と共同体——谷川道雄氏の所論をめぐって」『歴史評論』十一月号　二五六号
望月清司「「共同体のための賦役労働」について」『専修大学社会科学研究所月報』八八号
坂口勉「日本古代社会論」『講座日本史』９　東京大学出版会
田中収「〈紹介〉Ｗ・ルーペン〝古代インドの社会発展１　生産関係の発展〟」『市邨学園短期大学社会科学論集』第九・一〇合併号
熊野聰「平田清明氏の『諸形態』理解について」『彦根論叢』一五一・一五二合併号
井上周八「資本制生産に先行する諸形態について」（１）—（６）『立教経済学研究』第二五巻三号—第二六巻四

号　一九七一年十一月―一九七三年一月
石母田正ａ「東洋社会研究における歴史的方法について」『岩波講座世界歴史』30
石母田正ｂ『日本の古代国家』岩波書店
淡路憲治『マルクスの後進国革命像』未来社
河音能平『日本中世封建制成立史論』東京大学出版会
林直道『史的唯物論と経済学』上・下　大月書店
滝村隆一『マルクス主義国家論』三一書房
平田清明ｂ『経済学と歴史認識』岩波書店
林道義『スターリニズムの歴史的根源』御茶の水書房
テーケイ『アジア的生産様式』羽仁協子訳　未来社
保田孝一『ロシア革命とミール共同体』御茶の水書房
一九七二年
ダニーロヴァ「先資本制社会史の論争諸問題」松木栄三訳『歴史評論』一、三月号　二五八、二六〇号
ガマユノフ「マルクス・インド共同体研究ノート」福冨正実訳『現代の理論』一月号　九六号
望月清司ａ「資本家的生産に先行する諸形態――いわゆる諸形態をつつみこむ『要綱』の理論構造」『現代の理論』一月号
望月清司ｂ「資本家的生産に先行する諸形態――その共同体および原書・分析の歴史理論」『現代の理論』二月号
ガマユノフ「インド社会経済体制にかんするマルクスの構想について（問題提起によせて）」福冨正実訳『現代の理論』三月号　九八号
福冨正実ａ「アジア的生産様式論と「国家的封建制」概念――原秀三郎氏のアジア的生産様式論批判について」『歴史評論』五月号　二六二号
本多健吉「マルクスのアジア社会論」『現代の理論』六月号　一〇一号
布村一夫「古代社会ノート」『現代の理論』六月号　一〇一号
福冨正実ｂ「Ｂ・И・ザスーリッチの手紙への回答およびそれの下書き」『現代の理論』六月号　一〇一号
豊島静英「中国古代における「アジア的生産様式」」『歴史評論』八月臨時増刊　二六六号
福冨正実ｃ「津村喬対談　日本マルクス主義のアジア概念」『新日本文学』第二七巻第九号

吉村武彦「「アジア的生産様式」とその社会構成――塩沢君夫『アジア的生産様式論』に寄せて」『歴史学研究』十一月号　三九〇号
野田嶺志「日本古代史研究のための二、三の理論上の問題について」『新しい歴史学のために』一二八号
原秀三郎「日本における科学的原始・古代史研究の成立と展開」『日本歴史体系1　日本原始共産制社会と国家の形成』校倉書房
吉田晶a「奴隷制研究の諸問題」『日本歴史体系2　古代国家と奴隷制・上』校倉書房
吉田明b「日本古代国家研究の課題」『日本歴史体系3　古代国家と奴隷制・下』校倉書房
多田狷介「中国古代史研究覚書」『史艸』一二号
芝原拓自『所有と生産様式の理論』青木書店
内田芳明『ヴェーバーとマルクス――日本社会科学の思想構造』岩波書店
一九七三年
芝原拓自「前資本制社会における「所有」の問題――林直道氏の批判にこたえる」『経済』一月号　一〇五号
ヴィトキン「アジア的生産様式論争の新しい段階」『未来』一月号
ヴィトキン「マルクスの原古的社会構成体論」『現代の眼』二月号
平田清明・芝原拓自ほか「シンポジウム『アジア的生産様式論』をめぐって」ⅠⅡⅢ『アジア経済』第一四巻第五、六、八号
コレスニツキー「初期階級諸社会の構造の問題によせて」『歴史評論』八月号　二七九号
好並隆司「秦漢帝国成立過程における小農民と共同体」『歴史評論』八月号　二七九号
原秀三郎「日本古代国家論の理論的前提――石母田国家史論批判」『歴史学研究』九月号　四〇〇号
塩沢君夫「生産様式の諸形態について」『歴史学研究』十月号　四〇一号
佐藤正人「『ザスーリチ手紙への回答』およびそれの『下書き』考」『経済学研究』第二三巻第四号　北海道大学経済学部
望月清司a「「共同体から市民社会へ」視座の問題――比較体制論的関心から」『社会科学年報』第七号　専修大学社会科学研究所
沢田勲「日本におけるアジア的生産様式論争の展開1　戦前における論争」『金沢経済大学論集』第六巻第一号
吉田晶a「石母田正氏の日本古代国家研究について」『季刊科学と思想』第一一号

中島健一『古オリエント文明の発展と衰退』校倉書房
旗田巍『中国村落と共同体理論』岩波書店
望月清司b『マルクス歴史理論の研究』岩波書店
パンセ編集委員会編『史的唯物論と社会構成体論争』大枝秀一訳　大月書店
吉田晶b『日本古代国家成立史論』東京大学出版会
一九七四年
井上寛司「日本封建制研究とアジア的社会構成――日本中世封建制論の再検討」『歴史評論』八月号　二九二号
布村一夫「マルクス『共同体的土地所有ノート』をめぐって」（1）（2）『未来』九月、十月号　九六、九七号
沢田勲「日本におけるアジア的生産様式論争の展開2　諸形態招来以来前後」『金沢経済大学論集』第七巻第二号
太田秀通「歴史理論の諸潮流」『現代歴史学の成果と課題』1　青木書店
原秀三郎「前近代国家論の方法をめぐって」『現代歴史学の成果と課題』1　青木書店
太田幸男「共同体と奴隷制――アジア」『現代歴史学の成果と課題』2　青木書店
小山正明「アジアの封建制――中国封建制の問題」『現代歴史学の成果と課題』2　同上
日南田静真「マルクスの「農耕共同体」論　一つのテクスト・クリティーク」『経済学研究』二四巻第一号
川口勝康「日本マルクス主義古代史研究序説　戦前編」上『原始古代社会研究』1　校倉書房
原秀三郎「階級社会形成の法則性と多様性」『講座マルクス主義研究入門』第四巻　歴史学　青木書店
林直道『史的唯物論と所有理論』大月書店
黒田俊雄『日本中世封建制論』東京大学出版会
一九七五年
吉田晶a「日本前近代史研究の課題」『歴史評論』一月号　二九七号
吉田晶b「アジア的共同体と古代専制国家――日本古代専制国家再検討のための覚書」『歴史学研究』七月号
四二二号
多田狷介「「後漢ないし魏晋期以降中国中世」説をめぐって」『歴史学研究』八月号　四二三号
菊池一雅「マダガスカル島の共同体――アジア的生産様式によせて」『歴史評論』八月号　三〇四号
本多健吉「マルクスと非ヨーロッパ世界――南北問題への視座」『経済学雑誌』第七三巻第三号
田中収「インド封建制論の問題点」（一）『市邨学園短期大学社会科学論集』第一七・一八合併号

山本秀夫「中国村落の歴史的性格と農村人民公社」『現代中国と歴史像』東亜文化叢書第二集　霞山会
吉村武彦ａ「アジア的生産様式論」『日本史を学ぶ』１　有斐閣
川口勝康「日本マルクス主義古代史研究序説　戦前編」下『原始古代社会研究』２　校倉書房
沢田勲「日本における「アジア的生産様式論」に関する文献目録」『金沢経済大学論集』第九巻第一号
原秀三郎「日本古代国家研究の理論的前提」『体系日本国家史１　古代』東京大学出版会
吉村武彦ｂ「律令国家と土地所有」『体系日本国家史１　古代』東京大学出版会
峰岸純夫「日本中世社会の構造と国家」『体系日本国家史２　中世』東京大学出版会
和田春樹『マルクス・エンゲルスと革命ロシア』勁草書房
ゴドリエ『人類学の地平と針路』紀伊國屋書店
石井米雄編『タイ国　一つの稲作社会』創文社
一九七六年
近藤治「植民地前インドの社会構成について」『歴史評論』一月号　三〇九号
中村哲「前近代アジアの社会構成について」『日本史研究』三月号　一六三号
滝村隆一「アジア的国家の論理構造」『展望』三月号
有馬文雄「人類史＝世界史像の再構成」上・下『現代の理論』四、五月号　一四七、一四八号
井上寛司「日本におけるアジア的共同体の変質と解体」上・中・下『歴史科学』四―七月　六二―六五号
近藤治「インドの社会構成と変革課題」『歴史評論』十二月号　一九七七年一月号　三二〇、三二一号
ジーリン「ソ連邦の社会制度の歴史的地位の問題について――歴史的パラレルと社会学的仮説」石堂清倫訳『ソヴェト反体制』第１輯　三一書房
加納啓良「デサ共同体に関する一考察」『アジア研究』第二三巻四号
マルクス『古代社会ノート』グレーダー編　布村一夫訳　未来社
辛島昇編『インド史における村落共同体の研究』東京大学出版会
熊野聰『共同体と国家の歴史理論』青木書店
五井直弘『近代日本と東洋史学』青木書店
一九七七年
滝村隆一「アジア的国家の歴史的位相」『伝統と現代』一月号

林直道「《アジア的生産様式》とは何か」『経済学雑誌』第七七巻第一号、第三号
増田弘邦「共同体論の意義と共同体研究の課題」『史潮』新二号
倉持俊一「ロシア農民共同体について」『史潮』新二号
黒田俊雄「中世史研究と生産様式論」『現実のなかの歴史学』東京大学出版会
中村哲『奴隷制・農奴制の理論』青木書店
テーケイ『社会構成体論』羽仁協子・宇佐美誠次郎訳　未来社
太田秀通『東地中海世界』岩波書店

一九七八年

ロヘル・バルトラ「アステカ社会における貢納と土地占取」原田金一郎　青木芳夫訳『歴史評論』十一月号　三四三号
太田秀通a「歴史における階級・国家・民族（1）——前近代」『史的唯物論と現代　第3巻　世界史認識』青木書店
松木栄三「歴史における社会構成体の移行（1）——前近代」『史的唯物論と現代　第3巻　世界史認識』
吉村武彦「古代アジア社会と日本」『史的唯物論と現代　第3巻　世界史認識』
永原慶二「封建制のアジア的特質」『史的唯物論と現代　第3巻　世界史認識』
中嶌太一「M・コヴァレフスキーに於けるインド共同体の類型について」『彦根論叢』一九一号
不破哲三「マルクスの社会発展史論とアジア的生産様式」『科学と思想』第二九号
林直道「《アジア的生産様式》とは何か」『科学と思想』第三〇号、第三一号　十月、一九七九年一月
松尾太郎『先資本主義的生産様式論』論創社
中島健一『河川文明の生態史観』校倉書房
滝村隆一『アジア的国家と革命』三一書房
太田秀通b『世界史認識の思想と方法』青木書店
小倉芳彦『順流と逆流』研文出版

一九七九年

G・コモローツィ「古代メソポタミアにおける土地所有といわゆるアジア的生産様式論」『歴史評論』四月号　三四八号

熊野聰「太田秀通著『奴隷と隷属農民――古代社会の歴史理論』」『歴史評論』十月号　三五四号
太田秀通『奴隷と隷属農民』青木書店
小谷汪之『マルクスとアジア』青木書店
マルクス『十八世紀の秘密外交史』石堂清倫訳　三一書房
鬼頭清明『律令国家と農民』塙書房
サミール・アミン『周辺資本主義構成体論――世界的規模における資本蓄積』第Ⅲ分冊　原田金一郎訳　柘植書房
一九八〇年
尾崎庄太郎「アジア的生産様式、アジア的専制主義」『中国研究』一一七号
原秀三郎『日本古代国家史研究』東京大学出版会
布村一夫『原始共同体研究』未来社
吉田晶『日本古代村落史序説』塙書房
滝村隆一『唯物史観と国家理論』三一書房
山崎カヲル編『マルクス主義と経済人類学』柘植書房
一九八一年
田中真晴・小島修一「経済思想史におけるロシア論――共同体の問題を中心にして」『経済学史学会年報』第一九号
青山文久「国家成立論の批判的再検討」『道』六月号
小林一美「「アジア的国家・共同体」の解体過程　滝村国家論によせて」『道』六月号
滝村隆一『国家の本質と起源』勁草書房
福冨正実『アジア的生産様式と国家封建制』創樹社
一九八二年
山崎カヲル「〈アジア型〉国家の成立条件」『思想』五月号　六九五号
山内昶「未開社会と史的唯物論」（上）（中）（下）『思想』五―七月号　六九五―六九七号
福本勝清「中国におけるアジア的生産様式論争の復活」『アジア経済旬報』八月中旬号
テップァー「封建制の若干の基本的問題によせて」『歴史評論』十月号　三九〇号
山根清志「唐の良賤制をめぐる二、三の問題」『歴史評論』十二月号　三九二号
多田狷介「東アジアにおける国家と共同体――古代」『現代歴史学の成果と課題』Ⅲ　青木書店

渡島敦俊「東アジアにおける国家と共同体――中世」『現代歴史学の成果と課題』Ⅲ　青木書店
小野沢正喜「原始共同体と国家文化人類学における政治組織論の展開②」『社会科学論集』二二集　九州大学教養部社会科学研究室
小谷汪之『共同体と近代』青木書店
滝村隆一『国家論をめぐる論戦』勁草書房
福冨正実・一柳俊夫編訳『前資本主義的構成体の諸問題1――世界史の基本法則の再検討』未来社
福冨正実編訳『初期封建制度論争』創樹社
一九八三年
足立啓二「中国封建制論の批判的検討」『歴史評論』八月号　四〇〇号
渡辺信一郎「中国前近代史研究の課題と小経営的生産様式」中国史研究会編『中国史像の再構成　国家と農民』文理閣
足立啓二「中国前近代史と封建制」中国史研究会編『中国史像の再構成』文理閣
松尾太郎「マルクスと低開発」『経済学論集』第四九巻第三号
中島健一『灌漑農法と社会＝政治体制』校倉書房
布村一夫『共同体の人類史像』長野出版
サミール・アミン『不均等発展』西川潤訳　東洋経済新報社
一九八四年
宮嶋博史「朝鮮史研究と所有論　時代区分論についての一提言」『人文学報』一六七号　東京都立大学
小谷汪之『歴史の方法について』東京大学出版会
浜林正夫『現代と史的唯物論』大月書店
福冨正実・田口幸一『社会主義と共同占有「個人的所有の再建」論争と蘇るマルクス・エンゲルス』創樹社
湯浅赳男『経済人類学序説――マルクス主義批判』新評論
一九八五年
吉村武彦「古代の社会構成と奴隷制」『講座日本歴史　古代』2　東京大学出版会
一九八六年
小竹一彰「封建制規定の成立と「アジア的生産様式論争」――中国農村社会の研究における分析枠組の再検討」『旧

中国農村再考』アジア経済研究所
加藤義喜『風土と世界経済――国民性の政治経済学』文真堂
桜井由躬雄『ベトナム村落の形成――村落共有田＝コンディエン制の史的展開』創文社
肥前栄一『ドイツとロシア　比較社会経済史の一領域』未来社
布村一夫『マルクスと共同体』世界書院
一九八七年
外村直彦「マルクスの「前進的時期」と世界史の発展段階」『歴史評論』十月号　四五〇号
北原淳「移行過程としての第三世界（上）接合理論を中心として」『新しい社会学のために』一二―二
一九八八年
石上英一「日本古代における所有の問題」『日本の古代』第一五巻　中央公論社
寺出道雄「マルクスのアジア社会論――簡単な整合的理解の試み」『三田学会雑誌』八一巻第三号
石母田正『石母田正著作集』第一三巻　解説吉村武彦　岩波書店
都出比呂志『日本農耕社会の成立過程』岩波書店
一九九〇年
渡辺信一郎「国家的土地所有と封建的土地所有――マルクスの前近代的土地所有概念をてがかりに　中国史研究会編『中国史像の再構成Ⅱ　中国専制国家と社会統合』文理閣
吉田浤一「中国家父長制論批判序説」中国史研究会編『中国史像の再構成Ⅱ　中国専制国家と社会統合』
北原淳『タイ農村社会論』勁草書房
一九九一年
吉村武彦「古代は奴隷制社会か」『争点日本の歴史』３　新人物往来社
ウィットフォーゲル『オリエンタル・デスポティズム――専制官僚国家の生成と崩壊』湯浅赳男訳　新評論
大塚実『古代共同体論――考古学と史的唯物論』名著出版
中村哲『近代世界史像の再構成　東アジアの視点から』青木書店
一九九二年
鬼頭清明「日本における原始・古代の発展段階論の現状と課題　奴隷制に関連して」『歴史評論』四月号　五〇四号
一九九三年

谷川道雄編『戦後日本の中国史論争』河合文化教育研究所
鬼頭清明『日本古代史研究と国家論　その批判と視座』新日本出版社
保田孝一『ロシアの共同体と市民社会』岡山大学文学部研究叢書
中村哲「中国前近代史理論の再構成・序説」『東アジア専制国家と社会・経済』青木書店
一九九五年
飯尾秀幸「「アジア的専制」と戦後中国古代史研究」『歴史評論』六月号　五四二号
太田幸男「侯外廬『中国古代社会史論』の意義について」『中国古代の国家と民衆』汲古書院
G・L・ウルメン『評伝ウィットフォーゲル』亀井兎夢訳　新評論
一九九六年
永井和「戦後マルクス主義史学とアジア論――「アジア的停滞論」のアポリア」古屋哲夫編『近代日本のアジア認識』緑蔭書房
北原淳『共同体の思想』世界思想社
山田隆夫『社会と文化』文化書房博文社
近藤治『インド史研究序説』世界思想社
一九九七年
桜井由躬雄『緑色の野帖――東南アジアの歴史を歩く』めこん
原田金一郎『周辺資本主義論序説――ラテンアメリカにおける資本主義の形成と発展』藤原書店
一九九八年
足立啓二『専制国家史論』柏書房
国分幸『デスポティズムとアソシアシオン構想』世界書院
二〇〇一年
松木栄三「ロシア史とタタール問題」『歴史評論』十一月号　六一九号

＊紙幅の都合上、論文として書かれたもので、その後まもなく、論文集（著作）に収録されたものは、できるだけ重複をさけ、初出論文を記載していない。

第四章　二十世紀中国におけるアジア的生産様式論の変遷

1　始まりとしての土地問題党綱草案（一九二七年十一月）

発端は、一九二七年七月の中国革命の挫折以後、武装闘争に転じた中国共産党が、同年十一月、決議した「土地問題党綱草案」の内容であった。同会議は、第一次極左路線の下、瞿秋白が主導した会議として知られている。「土地問題党綱草案」は、

中国農業の生産方法には幾多の特徴があり、これがために農村経済に特殊な状態が現われている。これらの特徴とは、意識的な水利整頓の重要性（人工灌漑を必要としている）、水害と干害を調節する多量の器具や建造物の必要性、中国本土部の主要地域における牧畜業の欠除、農村経済において耕作用家畜が比較的少ないこと、多量の肥料の必要性、若干期間耕作を停止し土地に休閑期を与える方法の絶対的欠除、多量の手労働の消耗を必要としていること、などである。

と述べ、さらに中国社会の性格規定として、

このような農業の生産方法のほか、さらに商業・高利貸資本の早期の発展、遊牧民族の侵入と水害に対する巨大な防御工事（たとえば、万里の長城および運河・黄河の河川工事・防御工事など）の必要、天災に対処するための諸々の救済組織の必要、彼らを征服しようとする遊牧民族を強制的に農業民族に転化させる必要、などが加わった。これらの諸事情が綜合されて中国のこのような社会経済制度——すなわちマルクス・レーニンが「アジア的生産様式」と称した制度が形成されたのである（日本国際問題研究所編、1971: p.394）。

と、突然、「アジア的生産様式」を持ちだしたのである。草案は、さらに、

中国のこのような大量の小農経済は、実際には相互に関連はなかったのではあるが、それでも中国には、極めて早くから、統一されているかのような外貌をもった国家権力が存在した。かかる国家権力の物質的基盤の一つは人工灌漑であった。中国官僚制度の役割はこれまで非常に大きかったが、その原因はここにあった（同）。

と、アジア的生産様式におけるキーコンセプトの一つである人工灌漑の重要性を指摘している。草案は、人工灌漑が単に農業にとって重要な意義をもつばかりでなく、官僚の役割とその土地所有及び商業資本との密接な結びつき、その重合が苛酷な農民支配を招来せしめ、それが結局、社会発展の重大な阻害物になっていると述べる。

中国の農民生活の特徴は次の点にある。すなわち、人工灌漑がすべてを決定しうる重要な意義をもつこと、官僚の役割が非常に大きいこと、官僚と土地私有制および高利貸資本との間に密接な関係があること、ヨーロッパの中世にはなかったところの地主や商業・高利貸資本の農民に対する大規模な搾取、土地借用

のさいの非常に零細な分割使用（だがそれは同時に、土地所有権の集中をさまたげない）、資本主義前期的な地方市場の農民経済に対するかなり巨大な威力と権勢などである。新たな生産方法への移行、全国的な生産力の発展、農業技術のより高い段階への進歩、これらはいまもこの旧社会制度の余毒によってことごとく阻碍されているのである（pp.394-395）。

だが、中国共産党にとって土地問題とは、究極的には、中国社会の現状分析の根幹であり、それゆえ、土地綱領とは、その現状の分析を基礎とし、農民を如何に立ち上がらせるか、その戦略を明らかにするものであった。それを考慮すれば、この草案は不思議な文章である。中国社会の性格規定に関わる上述のパラグラフは、なるほど概括的ではあるかもしれないが、生死をかけた武装蜂起を、たて続けに行ってきた革命党の文献としては、漫然とした感があり、緊迫感が足りないと言わざるを得ない。とりわけ最初に引用したパラグラフは、外国人の視点を感じさせるものである。まるで、初めて中国を訪れた外国人農業専門家が、畜力をあまり用いない園芸的な農業に驚き、呆れたかのような口調で、中国農業の現状を概括している。だが、これは革命文献なのである。特に問題なのは、何が農民生活を飢餓の淵に陥れているか、あまりはっきりしないことである。それゆえ、何に向けて農民は蜂起するのか、明確に伝わって来ない。蜂起を呼び掛けることは、農民に命をかけよと言うに等しいはずである。打倒すべき敵がはっきりしないのでは、武装闘争下にある革命政党の土地綱領にふさわしくない。では、綱領が意図する蜂起の主要な対象は、しきりに言及されている官僚なのであろうか。民国期には、統一政府の維持さえ難しい、軍閥混戦の時期であり、官僚を労農階級の主要な敵としても、ほとんど意味を持たなかったであろう。アジア的生産様式には、東洋専制主義が不即不離であるが、もちろん、民国期には、その専制君主も存在していなかった。

草案は、ついで、ようやく、農村社会の根幹である地主・小作制度について言及する。だが、そこでも、小作制度の特殊なあり方について、とくに永代小作権や、華中江南の「共有田地」制度――一田両主制――の説明に紙幅を費やしている。その後、ようやく苛酷な小作料の取り立てに言及するのであるがその地主の搾取のなかに、またもや水利の問題をからませないではおられないのである。

水利の使用の面でも、きわめて激しい階級闘争が行われている。地主は極力、灌漑水利の支配権を奪いとる。商人の会社または、豪紳・地主の会社が、しばしば河川・湖沼をかすめとり、農民が水を使うのに金を払わせる。農民の側も、一人ひとりの小農経済には水利を改善し水源を開発する能力がないこと、それどころか、もとからの天然の水利を保存することさえもできないことを知っており（水利は農民の生産上最も重要な前提である）、そこで彼らは、国家や政府がこの問題を解決してくれることを望むのである。農民は、働くものの政府だけが人工灌漑改善の方法を実施し、新しく発明された技術を応用することができるのだ、ということを身にしみて理解することができるのである（pp.398-399）。

問題は、草案が中国の苛酷な地主制度について言及していないことにあるのではない。官僚、地主、商人、軍閥、帝国主義、資本家と、階級敵は次々に登場するが、叙述が散漫なので、何がもっとも緊要なのか、伝わって来ないところにある。

草案は最後に十五箇条の革命スローガンを掲げている。その第一は、極左路線の象徴として悪名の高い、「一切の地主の土地の無償での没収」及び「私有地の収公」と、「農民への使用権の付与」である。十番目に、

水利の整頓、灌漑方法の改良のための諸工事は、農民代表者会議の手でおこない、井戸・泉水・溪沼など［の水］は完全に農民の使用に移し、農民は農民代表者会議を通じてこれらの権利を行使する（p.404）。

とあり、あくまで、水利にこだわり、この草案の特徴を際立たせている。おそらく、党綱草案の起草者は、中国全体を俯瞰して、農業・農民を中心とした中国社会の現状を概括してみせたのであろうが、中国各地から危険を冒して上海に集まった党員たちの多くは、唖然とするか、ひどく戸惑う以外のほかに反応しようのないも

のであったろう(1)。とくに、華北諸省出身の党員にとって、人工灌漑の重要性については、その指摘の意図さえ伝わらなかったであろう。華北における農業は、基本的には旱地農業であって、灌漑は主要な役割を果たしているとは、とうてい言えなかったからである。

この草案の起草者立夫は、当時、中国におけるコミンテルン代表であったロミナーゼであったと言われている。コミンテルン代表の権威は高く、この時期の極左的な方針にもっとも大きな責任を負っていたのも彼であった。では、なぜ、ロミナーゼはこのようなアジア的生産様式規定を盛り込んだのであろうか。ロミナーゼがトロツキストであったから、といわれたこともあったが、ロミナーゼがトロツキストとされたのは彼がトロツキストとして批判されたことによる。だが、彼が失脚したのは一九三〇年以後のことであり(一九三五年、自殺)、それまでの一時期、彼はスターリンの下で昇進しており、トロツキストであったから、アジア的生産様式論を唱えたというのは、根拠に欠けている。むしろ、ここでは、次の点を重要視したい。

コミンテルンと中共との関わりは、一九二〇年、ヴォインチンスキーが中国を訪ね、李大釗、陳独秀らに接触し、共産党組織の樹立を働きかけたことに始まる。国共合作後、孫文を首班とする広東政府のもとには、コミンテルンよりボロディンをはじめとする顧問団が派遣されたが、後にアジア派を率いるマジャールも顧問の一人であった。また、アジア的生産様式論争においてマジャールを批判したヴォーリン、ヨールクも、同じく顧問として中国に派遣され、広東の農村において社会調査を行い、帰国後、当時としては画期的であった農村調査報告を発表したことで、よく知られている。このような顧問たちの中国体験は、強烈な印象――違和感――を与えたと思われる。それは、アジア的生産様式論の代表的な理論家となったマジャールの著作から十分に窺われるものであるが、同じような違和感は、論敵となったヴォーリン、ヨールクの著作からも窺われる。ただ、それ――たとえば広東農村に広がる祠田、族田、学田のような宗族財産――を、アジア的生産様式に由来するものと捉えるか、あくまでも封建的、あるいは半封建的な搾取関係において捉えるか、であった。

マジャール、そしてヴォーリンやヨールクが感じた中国農村社会の特異性を、ロミナーゼもまた感じていた。彼が、草案のなかで、マジャールと同じように、人工灌漑と永代小作制にこだわり、マジャールやヴォーリン・

ヨークと同じように、華南に顕著な宗族共有地にとくに言及しているのは、そのためであった。華中江南の「共有田地」、一面領主制は、ロッシング・バックや戦前戦中の中国農村慣行調査の、やはり強い関心の対象となっていたことを想起させる。土地党綱草案が真にロミナーゼの主導で書かれたとしたら、この草案におけるロミナーゼは、彼の中国体験の驚きを直裁に述べている、そう考えることができる。

一九二七年十二月、極左路線の主導において実行された広州蜂起は無残な敗北に終わる。上海とともに労働運動の拠点であった広州は、大きな犠牲を出し、中共の手から奪われることになる。翌一九二八年夏、モスクワで開催された中共六全大会における大会決議（七月九日）では、中国革命は半植民地の革命であることが述べられ、かつ「中国の土地問題と土地闘争」において、二七年十一月土地問題党綱草案におけるアジア的生産様式規定は全面的に否定されることになった。

この根本的事実とは、現在の中国の経済制度・政治制度がはっきりと半封建制度と規定されるべきだという点である――現在このような制度は資本主義へ移行しつつあるが――。上述の中国経済のそれらの特徴、土地関係の特徴が半封建制度であることはきわめて明白である（日本国際問題研究所編、1972: p.43）。

さらに決議は、アジア的生産様式規定の誤りについて、以下のように指摘している。

もしも、現代中国の社会経済制度および農村経済が、完全にアジア的生産様式から資本主義にすすむ過渡的な制度であると考えるとすれば、それは誤りである。アジア的生産様式のもっとも主要な特徴は、1 土地の私有制度が存在しないこと、2 国家が巨大な社会的工事の建設を指導すること（とくに水利・河道改修）、これは集権的中央政府の一般小生産者組織（家族共同体あるいは農村共同体）に対する支配を貫徹する物質的基礎である、3 共同体制度が強固に存在すること（この種の制度は工業と農業が家庭を通じて結びついている現象にもとづいている）、である。これらの条件のうちとくに第一の条件は、中国の実際の状況とは相反したものである（同）。

中共六全大会は、コミンテルン第六回世界大会の後、開催されており、いわば最高指導者スターリンの膝元での党大会であった。中共の党大会はその後十七年間開催されることはなかった。それゆえ、この大会における決議は、きわめて重い意味をもつものであった。その後、中共党員であるかぎり、この大会で決議された半植民地・半封建規定を否定することはできなくなったのである。それは、当然、アジア的生産様式の理解を、大きく狭めることになった。

中国の知識人の間で、アジア的生産様式に関して議論が起きたのは、一九三〇年代に入ってからのことである。だが、アジア的生産様式論争は、一九三〇年以前に、中国の外で、すでに始まっていた。コミンテルンを中心とした、中国革命の敗北（一九二七年）をめぐる議論のなかで、マジャールなどアジア派が、中国社会の特異性をアジア的生産様式と呼んだことをきっかけとして、議論が始まり、その後、熾烈な論争となった。ついで、三〇年代初頭、日本においても論争の口火が切られている。だが、肝心の中国では、幾つかの議論は起きたが、当時、論争となることはなかった。

理由は幾つか考えられる。まず、考慮におかなければならないのは、中共系知識人が議論に参加する条件が整っていなかったことである。たとえば、中国社会の現状（性格規定）をめぐる社会性質論戦は、中共系の論客と非中共系（主にトロツキスト）の間で熾烈に闘われていた。もし、中共系知識人が、『読書雑誌』誌上においてアジア的生産様式についての見解を発表した李季なり、胡秋原なりを批判していればおそらく、李季、胡秋原らの痛烈な反論があったはずであり、そうなれば他の論客を巻きこんで議論は沸騰した可能性も考えられる。だが、そうならなかった。そこに、中共六全大会「土地問題に関する決議」におけるアジア的生産様式の否定、及び半植民地・半封建規定の採用が重くのしかかっていたと思われる。中共系知識人にとって、アジア的生産様式は、当時においてもやはり議論しにくいテーマであった。

次に、アジア的生産様式が論争といえるほどまで、活発に議論されなかった理由としてあげられるのは、マルクス主義諸学の未発達である。経済や歴史に関するマルクス主義的な研究は、当時、中国においては、ようやく始まったばかりであった。それらの知識なしでは、アジア的生産様式を論じることは不可能であった。

一九二〇年末以来の中国社会性質論戦、そして一九三二年以後の中国社会史論戦が続いて起こったことによって、知識人の間でマルクス主義への関心が高まり、上海を中心として発行された各種の雑誌——雑誌それ自体が知識人向けであった——において、議論が紹介され、左翼書や翻訳書の発行を促し、それがマルクス諸学の興起につながっていた。社会性質論戦は、当時の中国社会がすでに資本主義に変わったのかどうかをめぐって行なわれた。当然にも、論者たちは、『資本論』や『帝国主義論』（レーニン）に依拠して議論していた。また、社会史論戦は、中国の歴史をどう見るのかをめぐって行われた。時代区分、それぞれの時代の性格（生産様式、社会構成）など、幅広く議論されていた。

マルクスやエンゲルスの主要著作が中国語に翻訳されていなかったことも、論争の拡大に影響を与えている[2]。当時、マルクス主義の論客たちは、ほぼ、ソ連帰りか、日本帰りの青年たちであった。例外は、李季であったが、彼にしても、ヨーロッパ（ドイツ）留学から帰って来たばかりであった。すなわち、マルクス、エンゲルスの著書を原語で読むか、ロシア語や日本語を通して読むか、それができるものたちだけが、理論を語れたのである。

その数少ない議論への参加者の理論レベルも高いものではなかった。李季は殷代をアジア的生産様式と見なしている。ただ、何ゆえ、殷代がアジア的生産様式なのか、その根拠をはっきり提出しているわけではない。当時の学問水準では、「夏」代、殷代、周初の、生産力や生産関係について、あるいは土地制度や社会制度について、ほとんど確かなことがわからなかったからであろうから、やむをえない面もあったと思われる。胡秋原の見解は、ドゥブロフスキーのアジア的生産様式否定論の受け売りともいえるものであった。それにも関わらず、胡秋原の名前が中国におけるアジア的生産様式論の議論において挙げられるのは、彼がアジア的生産様式の代わりに、アジア的専制主義もしくは封建的専制主義によって、中国の専制制度の性格規定を行っていたからである。

『読書雑誌』を中心とした中国社会史論戦における種々雑多な試みは、マルクス主義歴史理論の水準からみれば、始発段階にあり、未熟なものであった。だが、この論戦を通じて、非中共系、中共系など種々の左翼知識人が、同じ雑誌上で互いに議論を闘わせ、各々の歴史観や歴史構想を練り上げたのは事実であり、その角度から、これまで以上に、より肯定的に評価されてよいと思われる。

2 何幹之と呂振羽――秋沢修二の功罪

上記の知識人に対し、一九三六年頃から、理論的著作の執筆を開始した何幹之は、理論を論じるに足るだけの文献や資料を十分に読みこんでアジア的生産様式を論じえた最初の一人であったといえる。何幹之は三〇年代前半、二度ほど日本に滞在している。しかも、二度目の滞在は、日本におけるアジア的生産様式論争、奴隷制論争が、高揚を見せていた時期にあたっており、他の理論家たちよりも、日本の左翼雑誌、著書を入手する機会に恵まれていた。

何幹之『中国社会史問題論戦』（1937）は、一応、三〇年代前半における中国社会史論戦に関する概説書である。実際には、著名な社会史論戦の概説書の体裁をとりながら、一九二〇年代におけるマルクス主義歴史理論の興亡を綜述しようとしているといったほうが、むしろ当たっている。社会史論戦の概説書だと思って同書を手にとれば、ひどく戸惑うであろう。というのも、ソ連および日本の論争の紹介が半分以上を占めているからである。また、中国における論争を記述していても、頻繁にソ連や日本の理論家たちの名前が登場し、その見解が挿入されている。同書の構成は以下のようである。

上編　アジア的生産様式論争の意義
第一章　ソ連におけるアジア的生産様式問題

第二章　日本におけるアジア的生産様式問題
第三章　中国社会史論争におけるアジア的生産様式問題
中編　中国奴隷社会の方法論
第四章　中国には奴隷社会があったのか
第五章　奴隷社会は一つの歴史的範疇である
第六章　奴隷社会の具体的形態
下編　中国封建社会の特質
第七章　封建社会の法則性
第八章　ソ連史学界の中国封建社会に対する新しい認識
第九章　中国社会史論争中の封建社会問題

一九三〇年代は、日本、中国のいずれの国においても、マルクス主義史学の勃興期であり、何とか自国の過去の歴史を、科学的な方法によって叙述しようという機運に満ちていた。そこから、アジア的生産様式や奴隷社会及び封建社会について、議論が起こって当然であった。ただ、日本のマルクス主義者の方が、中国のそれよりも一歩先んじていた。それゆえ、社会主義の祖国ソ連の理論文献が尊重されたほか、日本の理論家たちの著書も、中国のマルクス主義者の注目するところとなった。何幹之が同書のなかでもっとも注目したのは、早川二郎と秋沢修二、そして相川春喜であった。

相川、早川、秋沢ら三人は、一九三〇年代中葉における、アジア的生産様式及び奴隷制論争の旗手であった。戦前日本のマルクス主義古代史学を切り開いたのは、この三人、とくに早川、秋沢、そして彼らに加えて渡部義通(3)であったといっても過言ではなかった。何幹之は、早川と秋沢の論戦を詳細に跡付けている。二人は、一九三四年当時、ともに日本古代史における最初の階級社会を国家封建主義と見なしており、極めて接近した立場にあった。ところが、その直後、ソ連より、コヴァレフ説が紹介され、二人は対立する異なった見解へと分岐していく。コヴァレフ説は、一九三一年二月、レニングラードにおける討論以後、突然終結せしめられたソ連におけるアジア的生産様式論争の終着点を意味する論文であった。アジア的生産様式とは、古代においては奴隷制のアジア的変種であり、それ以降においては封建制のアジア的変種とするのが、その結論であった。コヴァレフらスターリン史学樹立を目指す理論家たちにとっては、この変種説によって、ひとまず、原始社会→奴隷制→封建制→資本主義社会へという歴史発展の法則が、アジアの歴史にも貫徹されることになった。また、アジア的変種としたことによって、アジアの歴史の特殊性が――普遍性や統一性を犯さないという枠のなかにおいて――保持されることになった。

早川二郎が国家封建主義を唱えた最大の動機は、すでに、マジャール学派的な、独立した生産様式あるいは経済的社会構成体としてのアジア的生産様式論が不可能となっていたからである。『アジア的生産様式に就いて』（レニングラード討論会の発言集）の翻訳者として、それが不可能なことを知った早川は、アジア的生産様式を、原始社会から階級社会へ至る過渡期の構成体と位置づける立場をとった。そして、過渡期の後、成立する最初の階級社会こそ、国家封建主義であった。これは、ある意味では、マジャール学派を葬り去らんとした中国問題研究所編集局（マジャール『中国農村経済研究』序文の起草者）やゴーデス説、すなわち土地国有を含んだ東洋的封建社会説を借りて、最小限の犠牲においてアジア的生産様式論を展開せんとしたと考えられる。何故なら、早川説にとって最初の階級社会である国家封建主義は土地国有であり、王朝（中央政府）をも成立させている。それゆえ、アジア的生産様式の内容を盛り込むことが可能であったからである。その後、早川は、コヴァレフ説到来により、俄然勢いを増した奴隷制論の攻勢の前に苦しむが、何とかそれを凌ぎ、アジア的生産様式＝貢納制論を発展させていく。早川は、過渡期の社会構成の中核を貢納制として捉えることで、何ゆえ、アジア的社会が最初の階級社会として、奴隷制ではなく、国家封建主義＝アジア的封建制へ向かって行くかを明らかにできると考えたのであろう。

それに対し、当初、秋沢が原始貢納国家から大化の改新以後の国家封建主義への流れで歴史を構想したのは、アジア的生産様式＝国家封建主義が社会主義の祖国の主流派の見解だと考えたからであろう。主流派の見解、すなわち世界革命の指導者スターリンの見解だと考えたからであろう。それゆえ、主流がコヴァレフに移った以上、しかも、コヴァレフの、従前の見解――国家封建主義説――に対する自己批判をもっての見解の訂正であった以上、秋沢も躊躇せずに、コヴァレフ説に左袒したのだと思われる。一九三〇年代を一貫して、秋沢はつねに、社会主義の祖国ソ連に忠誠を誓っていたと考えられる。ただ、そのことは、秋沢がソ連流歴史理論のコピーだったという意味ではない。何幹之（1937）における早川・秋沢論争は、そのことを実感させてくれる。

何幹之は、上編において、ソ連におけるマジャール、ゴーデス、ライハルト等のそれぞれのアジア的生産様式についての見解を紹介し、続いて日本における論客たちの論争を丁寧に跡づけている。その結果、早川二郎の貢納制論をアジア的生産様式に関するもっともすぐれた立論の一つであると称えている(4)。そこから、何幹之は早川貢納制論の支持者、もしくは何幹之自身がアジア的生産様式＝貢納制論をとっていると見なされている。だが、何幹之は続く中編（中国奴隷社会の方法論）において、また別な側面を見せる。中編は、まず、中国の論客たちの奴隷制否定論や肯定論、コヴァレフの新見解を紹介した後、議論は奴隷制をめぐる早川・秋沢論争に戻っていく。この、戻っていくという表現は、やや不自然な表現かもしれない。だが早川・秋沢の論争においては、というよりも、生産様式もしくは社会構成体に関する論争においては、アジア的生産様式と奴隷制をめぐる論争は、互いに表裏の関係にあり、深く絡み合っており、戻った先の奴隷制論争は、実はアジア的生産様式論争とほぼ同じ領域の論争であった。

早川は奴隷制が普遍的な歴史発展段階であることに反対であった。アジア的社会においては、共同体的諸関係の残存によって奴隷制が発達せず、したがって古典古代のような奴隷社会に達することはないと考えていた。それに対し、コヴァレフ説、より本質的にはスターリン史学においては、奴隷制は最初の階級社会の社会構成であり、人類の歴史は奴隷制より封建制へ、そしてさらに資本主義社会へと発展するものとし、そのような発展の趨勢は、人類史にとって普遍的なものであると見なしていた。それゆえ、その信奉者たちが、アジア的社会における貢納制から封建社会への発展を構想する早川説を受け入れることはなかった。むしろ、渡部義通が述べるように「世界をつらぬく歴史の法則がこの国だけに成立しなかったとは考ええないことであった」

（渡部義通「改版に際して」『日本古代社会』一九四七年版所収）との信念の方が、大多数の支持者を見出していた。秋沢はもちろん、後者の側に属した。というより、一九三五年の時点においては、最初の階級社会＝奴隷制説のもっとも強力な提唱者であった。このような奴隷制をめぐる早川・秋沢の論争に対し、何幹之はアジアの歴史における奴隷制の欠如説を批判し、秋沢説に賛意を表するのである。

何幹之は早川貢納制論に魅せられたのと同様に、秋沢奴隷制論にも魅力を感じたのであろう。というのも、秋沢奴隷制論は、日本古代史における奴隷制設定に画期をなすものであったからである。それは、部民制を包含した日本的な奴隷制を構想しようとするものであり、日本型奴隷制は奴婢制を基礎に、その奴婢制の本質が農村共同体の成員を部民ならしめ、さらに半奴隷としての部民を、奴隷制への補充ならしめると捉えるものである。この発想は相川の「奴婢制による部民制の牽引」に始まるが、秋沢はそれを「奴婢制と部民制の連関＝結合」と理論的に規定した。その後、これは渡部義通により「奴婢制と部民制の連関＝統一」と再定義され、日本古代史における奴隷制の設定に決定的な役割を果たすことになるが、それでも、渡部に対する秋沢の理論的なオリジナリティを認めなければならない（5）。このような奴隷制の構想は、奴隷制は普遍的な歴史発展段階だと考える何幹之にとって、中国への適応を示唆するものであったらしく、「彼の新見解は我々の古代史研究家にとって、本当に無限の深い意味を持っている」と賛意を表明している。

だが、前述したようにアジア的生産様式と奴隷制は表裏の関係にある。それゆえ、一方で早川貢納制論を称揚し、また一方で秋沢奴隷制論に賛意を示すことは、大きな矛盾を抱え込むことになる。何故ならば、過渡期の構成体としての貢納制は、共同体的諸関係と強固に結びついており、それゆえ、共同体の分解を阻止し、奴隷制への展開を阻むものと構想されているからである。おそらく、何幹之は部民制をも奴隷制の枠組みに取り込んだ秋沢の手法にならって、貢納制及びそれに関連した共同体的諸関係をも、奴婢制のようなアジア的な奴隷制によって分解しつつ、広義の奴隷制のもとに包含せしめることが可能であると考えていたのかもしれない。

ただ、早川貢納制論を称賛したことには、意味があった。このお蔭で、何幹之は、後世から早川説の支持者もしくは、貢納制説の支持者と見なされるようになる。それは、決してマイナスではなかった。また、後に、秋沢批判が起こった時も、何幹之の秋沢説支持のマイナス評価を何割か相殺することになったと思われる。

では、中国のアジア的生産様式論に関しては、何幹之は如何に評していたのであろうか。何幹之が中国におけるアジア的生産様式論として取り上げたのは、郭沫若、李季、胡秋原の三人であった。郭沫若は『中国古代社会研究』(1929)において、アジア的生産様式は原始社会であると述べているが、その論拠は示されていない。多分、それは、古典古代的生産様式がギリシア・ローマの奴隷制を示すので、その前に位置するアジア的生産様式は、位置関係として原始社会の生産様式であるとの推測から来ているのであろう。さらに何幹之は郭沫若が「社会発展階段之新認識」(1936)において、アジア的生産様式を家父長制或いは氏族所有形態〔今日では一般に部族的所有と訳されているもの〕に相当すると、その見解を改めている点を紹介している。ここでは、原始社会ではなく、敵対的社会構成に位置づけられている。郭沫若によれば、その変更の理由は『ドイツ・イデオロギー』における所有形態論において、奴隷制、封建制、資本主義の前に、家父長制(部族的所有)が置かれているからだとされる。いずれにせよ、郭沫若にアジア的生産様式論は存在しない(アジア的生産様式という呼称が何にあたるのかに言及することと、アジア的生産様式を論じることは異なる)。ただ、アジア的生産様式が何に相当するのかについての、概念上、カテゴリー上の問題だけがあるにすぎない。それが、逆に、郭沫若のアジア的生産様式に対する根本的な見解を窺わせている。

李季に対しては、プレハーノフやマジャール説との類似を指摘しているほか、その夏殷=アジア的生産様式説に対しては、李季が人と人の関係を通して経済的時期区分をしなければならないと述べた部分を摑まえ、批判している。アジア的生産様式が氏族社会末期の現象であるならば、一つの経済的構成〔経済的社会構成〕ではない。なぜならば、太古の農村共同体は、ただ原始社会末期の現象であり、氏族制度に内包された二元性の矛盾が、最終的には共有制にもとづく社会を止揚してしまうので、この現象は、一つの経済的構成の基礎を作ることはない、と。

次に胡秋原に対しては、胡秋原がドゥブロフスキーに従い、アジア的生産様式が特殊な一つの生産様式であることを批判する点を良しとするも、彼が一方で「アジア的生産様式があるとしたら、それは専制主義的農奴制だ」と述べるような、ルーズな用語や概念の使用法を批判している。何幹之の批評が、日本の同志たちに対しては、好意的で、中国の非中共系知識人に対し辛辣なのは、一つには彼の中共系知識人としての立場から来るものである。その一方で、中国における当時のアジア的生産様式をめぐる議論のレベルを受け、本格的な議論がしたくてもできなかった面も否定できないと考えている。

　何幹之の著作の刊行から三年後、呂振羽「関於中国社会史的諸問題（中国社会史に関する諸問題）」「「亜細亜生産方式」和所謂中国社会的「停滞性」問題（「アジア的生産様式」と所謂中国社会の「停滞性」の問題）」「中国社会史上的奴隷制度問題（中国社会史における奴隷制問題）」が雑誌『理論与《と》現実』に続けて発表され、一九四二年『中国社会史諸問題』として出版される。これらの論文の主な矛先は明白であった。秋沢修二『支那社会構成』（1939）であった。何幹之によって、もっともすぐれたマルクス主義歴史理論の担い手とされた秋沢修二は、ここでは単なる論敵を越えた、中国侵略の手先として指弾され、呪詛の対象となっていた。

　同じコヴァレフ説を受容した秋沢修二と呂振羽は、アジア的生産様式について共通した見解を有していたはずであった。どこに分岐があったのであろうか。呂振羽がアジア的生産様式の指標としたのは、みなよく知られたものである。（一）土地国有、（二）全国が無数の孤立した共同体に分かれていること、（三）農業にとって人工灌漑の重要性、及び治水その他の公共事業の担い手としての国家、（四）共同体は国家の支配を受ける——彼らは国家に納税する——政権は中央集権的な専制形態をとること（呂振羽、1940b）。それに対し、『支那社会構成』において秋沢がアジア的社会の諸特徴として挙げるのは、（一）農村共同体[6]——土地共有制乃至その遺制、（二）人工灌漑の必要とそれに対応する大規模な治水土木事業の国家による遂行、（三）集権的デスポティズム、（四）基本的な社会経済的単位（細胞）としての世帯共同体乃至父家長制的家族、（五）共同体の代表者あるいはその役員の致富による支配者的貴族・官吏・祭司への発展——これらの階層が主要な支配階級を形づくり、その先端に王朝が立っている集権的デスポティズムの支配体制、（六）農村共同体の存在によって制約された奴隷制の不完全な展開と同時に、その特異な発展——共同体の奴隷化・直接生産者＝農民の人格の占取——謂わば「半奴隷的」農民——恰も全農民が国家の奴隷——実は半奴隷的農民——であるかの如き現象、（七）ここからしてやがて生れる、奴隷制と農奴制の相関的な併存の関係（秋沢、1939: p.184）、以上の七つである(7)。

実は、秋沢は、このアジア的諸特徴を、アジア的生産様式を否定するために用いている。秋沢によれば、「アジア的生産様式」なる言葉は、アジア的古代社会の基礎をなす奴隷所有者的生産様式のアジア的特徴を表現する概念でしかない、と言いきっている。つまり、秋沢は、アジア的生産様式とは、アジア的古代奴隷制社会のアジア的変態（変種）にすぎず、アジア的生産様式論者がその歴史的存在の証拠としてあげる種々の特徴は、アジア的な古代社会に共通する特徴にすぎない、と断じているのだ。そして最後に、これらの特徴は、中国社会の諸特性でもあると付け加えている。

呂振羽は上記の秋沢の七つの指標が、「アジア的」なるものに関する議論を悪用し曲解を加えたものである、偽装されたファッショ的侵略主義的歴史理論であると非難している。また、これらの指標は虚構の図式に基づいているとも、秋沢の中国社会に被せたアジア的停滞性とは蜃気楼であるとも述べている。呂振羽は懸命に秋沢への反論を試みているが、あまり成功していない。それは、彼らの前述の指標が極めて類似していることからも明らかである。どのように力を込めて否定したとしても、類似点は類似点として残り、批判は不徹底に終わってしまう。たとえば、秋沢がもっとも主要な指標とする農村共同体の残存について、呂振羽は、文献上考察すれば、同姓村であれ異姓村であれ、みな豪紳地主と農民階級によって構成され、共産体などではないこと、さらに例として挙げられている「三世同堂」「四世同堂」などについても本質的には地主経済にすぎず、原始共産体ではないことを指摘し、後はレーニンの議論――村落共同体を通した地主支配――によって理論的に補強している。秋沢が農村共同体の残存としている以上、もとより、原始的なまま存在し続けたことを意味しないであろう。秋沢にとっては、それは形を変え、影響力を減じながら、依然として、それにより明確な階級分解に至るのを阻止し続けていると見なしていたのだと思われる。それゆえ、以上のような批判は、中途半端な批判に終わってしまう。また宗族に代表される中国社会に長く存在した族的結合を、共同体論の領域から追放するには勇気が必要であった。宗族を共同体とみなせば、それが如何に地主支配に適合的であったとしても、まさにその存在によって、長期にわたって、農村における階級分解が阻止されてきたとの見解に、何分かの根拠を与えることになったであろう。

現在の視点から、筆者は、中国史においては、おそらく漢代以降、プリミティブなものであれ、西欧中世や日本中世以降のような村落共同体的なものであれ、中国においては、共同体は存在しないと考える立場に立つ(8)が、それは戦前及び戦中の満鉄調査部を中心とした農村慣行調査を経て、ようやく明らかになってきたことであり、この時点では、それを利用することは不可能であった。また、たとえ利用できたとしても、村落共同体のない農村社会という、マルクスやエンゲルスでさえ、想像しえなかった結果を受容するには、長い年月を経なければならなかったことを考えると、より一層困難であったといわざるをえない。マルクス・エンゲルスが挙げたアジア的社会の諸特徴の一つ、農村共同体の残存を、日本人であれ、中国人であれ、その農村社会論において、理論的に否定することは、到底できなかった以上、呂振羽と秋沢修二の間に、明確に異なった結論は生じないのは当然であった。

また、人工灌漑に関する批判においても、同様の事態が生じたはずである。人工灌漑が中国における専制主義を発生させたかどうかについては、様々に議論があっても、灌漑・治水などの大規模土木事業が、中央集権国家とその官僚機構の形成に有利に働いてきたのは事実である。それを無理に否定してしまうと、却って奇妙な結論を招来せしめることになる。呂振羽がしたことは、まさにそれであった。水利が中国社会にとって、さほどの重要性をもっていなかったとするあまり、「常に人民に厳しい水害によって脅威を与える黄河、淮河などに対して、歴代王朝の封建統治は、ほとんど真剣に水利事業を行ってこなかった」(9)などという彼の主張は、とにかく「封建王朝」を批判しておけば、それでよいという立場の表明にしか見えず、客観的な記述ではないであろう。秋沢への怒りが昂じ、その立論の根拠をとにかく崩そうとするあまり、冷静さを失ったのであろう。

前述したように呂振羽、秋沢ともに、コヴァレフ説の到来により、それを受け入れた理論家たちであった。だが、眼前に早川二郎というアジア的生産様式論者(やむをえず独立した構成体としてのアジア的生産様式説を放棄せざるをえなかったとはいえ、貢納制説によって過渡期の社会構成としてのアジア的生産様式を唱えていた）の存在を常に意識せざるをえなかった秋沢は、コヴァレフ説をより徹底化しようとしていた。つまり、秋沢はコヴァレフ説を過剰に受け入れていたといえる。コヴァレフが「古代史研究のレーニン的段階」と呼び、その課題を「奴隷所有者的構成のマルクス＝レーニン主義的歴史の建設」として設定したことをひたすら実践しようとしたのである。歴史発展段階における最初の階級社会である奴隷制の範疇的確立にとって障碍となっていたアジア的生産様式概念の解体こそ、彼の目指すものであった。それに比し、呂振羽は自説である奴隷制のアジア的変種説を、アジア的生産様式概念の解体などとは考えていない。つまり、アジア的生産様式＝奴隷制のアジア的変種説であった。それは、上記の四指標の提示からも窺える。

秋沢理論は知的アクロバットとも言えるものであった。たとえば、アジア的生産様式の指標の一つとして見なされていた国家的土地所有制について、秋沢は猛然と批判を加え、中国史における擬制にすぎず、古代より私的土地所有が発展していたことを強調している。ところが、続いて、それとはまったく逆に、秋沢は、農村共同体の強固な残存、農村共同体的関係の長期維持を、中国におけるアジア的社会の特徴として、繰り返し述べる。アジア的生産様式の歴史的存在ばかりでなく、その概念をも否定しようとしたところに、『支那社会構成』の異常さはあった。だが、伝統中国の農村社会のいたるところに、彼はアジア的生産様式の指標を見つけてしまう。そして、それらが中国の長期停滞の原因であることを強調する。まさに、自家撞着であった。それらに比すれば、秋沢の奴隷制と農奴制の併存説は、きわめて真っ当な理論提起であった。中国古代においては、奴隷制的デスポティズムが、中世以降においては封建制的デスポティズムが存在し、かつ中世以降も奴隷制的諸関係が強く残り、それらが封建〈農奴制〉的諸関係と絡み合いつつ長期にわたり併存する、とするのが秋沢理論の骨格であった(10)。

それは、歴史発展の五段階論あるいは「世界史の基本法則」に照らせば、直線的な歴史発展を曖昧にしたことになるかもしれない。呂振羽が秋沢の奴隷制と農奴制の併存・反復の記述について、それは中国の社会構成の循環性を指摘したもの――停滞性の強調――として強く反発したのも、そこに問題があったからである。だが、秋沢の意図としては、ともかくも正当な発展段階論に準じた発展図式にはなるはずであった。

実は、このような奴隷制と農奴制の並存説は、後に支持者を見出している。第二次アジア的生産様式論争におけるヴァシリエフ&ストゥチェフスキー（1969）の、「アジア的共同体解体のもとで発生する階級対立のこれらの二つのコース――封建的（農奴制的）なコースと奴隷制的なコース――、二つの傾向のまさに長期的・併存的な共存、および、密接な絡み合いは、世界の非ヨーロッパ的諸民族の圧倒的多数が本源的にたどった歴史的道の基本的特質をなすものであった」（p.206）との主張は、まさに秋沢理論に酷似していたといえる。このヴァシリエフとストゥチェフスキーのアジア的社会の歴史コースに関する見解は、中国においては、馬曜（2001）によって西周井田制およびシーサンパンナ土地制度の理解に応用され、何平（1999）によりベトナム、ビルマ、タイなど東南アジア社会の歴史に適用されている。

実は問題は、このような学説間の齟齬の問題などではなかった。学説を成り立しめている理論家たちの現実存在の在り方が問われていたのである。侵略する側にいるものが、侵略される側に対し、社会の性格規定として停滞性を付与すること、それが裁かれていたのだ。問題は『支那社会構成』序文であった。序文は、時局について、こう述べている。

ところが、幸いにして、今次の日支事変は、支那社会に一つの光明を与える結果となった。すなわち、皇軍の武力が、支那社会の「アジア的」停滞性の政治的支柱とも云うべき軍閥支配を支那の広汎な主要地域から一掃してしまったのである。かくして、支那社会がその特有な停滞性を最後的に克服して、前進的自立的日本との結合によって、その真の自立を獲得する道――東亜協同体とは実はこれだ！――が拓けたのである。

これが呂振羽らの怒りをかったことは、理解できる。『支那社会構成』の叙述が緻密であればあるほど、この序文の目的を達するために、中国社会の停滞性が強調、力説されているととられたのは、やむをえなかったであろう。だが、秋沢の著述の目的を示す文章は、他にないわけではない。以下の文章はどうであろうか。

だが、それにも拘らず、現代支那社会は現在とくに偉大な転換期に立っており、その「停滞性」を克服せんとする社会意志が政治の前面にあらわれつつあることを、見落としてはならない。即ち、その後れた経済にもかかわらず、否それ故にこそ、進んだ政治への要望（1939: p.375）。

このパラグラフの言い回しは、講座派のレトリックそのものである。遅れているがゆえに、その社会には革命を招来せしめる力が備わっていること、それである。講座派停滞論が革命論でもあったのは、その意味においてであった（逆にいえば、中西功のそれを除けば、講座派革命論は停滞論でもあった、ということである）。もちろん、秋沢はこれを当局に糾されれば、進んだ政治とは、皇軍統治による中国社会の改造のことだと答えたであろう。だが、この時期の著作を、軍部や特高の立場からだけ見てはならない。そのような支配のもとにあって、しかも何かを書かねばならない人間に、他にどのようなメッセージを込め得るか、それを読む必要がある。ファッショ的な支配のもと、奴隷の言葉を使いながら、しかも、その言葉を超えて何を書こうとしたのか、はるか五、六十年以上も後の人間がやらなければならないのは、そういうことであろう。奴隷の言葉を使っている者は、所詮奴隷にすぎないと考えるかどうかであろう(11)。

実際にも、秋沢らは身動きが取れない状態にあった。一九三〇年中葉以降の、「ファッショ体制」の強化と左翼弾圧の前に、彼らの党はすでに崩壊し、個々の党員たち、左翼知識人の抵抗も、その維持すらままならなくなりつつあった。秋沢は一九三二年七月、プロ科関係者として逮捕され、三四年秋に出所し、唯研の歴史グループに参加して活動を続けていたのだった。一九三七年以降の戦時体制の深まりの中、追い込まれ、窮した左翼知識人たちが、奴隷の言葉を使って生き残りをはかったとしても、深まる弾圧を逸らすことはできなかった。秋沢はすでに、一九三六年、二・二六事件をめぐる戒厳令の下で、再び逮捕され、唯研の活動から身を引くことを条件に釈放されている。だが当時、あるいはその後も、彼が共産主義グループ（講座派）の友人たちを裏切ったわけではないことは、ともにマルクス主義古代史研究に取り組んでいた渡部義通、伊豆公夫のこの時期についての回想にも、そのような指摘はないことからも明らかである(12)。

秋沢の例は、講座派の歴史理論を日本以外に適用した時に陥る難局を示したものといえる。秋沢『支那社会構成』の歴史理論（社会構成体論）は、彼が、渡部義通とともに『日本歴史教程』第二冊（一九三七年）を執筆した当時と異なるものではない。何よりも、『支那社会構成』の中核である第二編第一章「アジア的生産様式」は、一九三〇年代中葉における彼の社会構成体論をそのまま継承して書かれたものである。その点において、明白に大東亜共栄圏構想に左袒した平野義太郎『大アジア主義の歴史的基礎』（一九四五年）の例とは異なると考える。

講座派は、方法論として、日本社会の遅れた部分、封建的残滓を検出し続けたが、それを他のアジア諸国、諸民族にも適用した場合においても、それぞれまた停滞的要素を検出することに励み続けた。その危険性を指摘したのは中西功であった。中西は、講座派亜流であった大上末広以下の満鉄マルクス主義との理論的対峙のなかで、中国社会のなかの、進んだ部分、あるいは進もうとする芽を、検出することに力を注いでいた。講座派の手法、自国、自民族のなかの遅れた部分を検出することに努力を傾けていたのは、中国共産党も同じであった。中共の敵、トロツキストたちの「中国＝資本主義」論を否定するあまり、遅れた部分の強調に励んだ結果でもあった。また革命党にとって停滞論には魅力があった。それぞれの国家あるいは民族の、大衆のルサンチマンを引きだすのに格好の理論的基礎を与えるものであったからである。

3　侯外廬、立つ

呂振羽が秋沢修二の停滞論に対する批判を繰り広げた一九四〇年の前年、一九三九年は、二十世紀におけるアジア的生産様式論にとって、記念すべき年であった。二十世紀後半のアジア的生産様式論争においてもっとも重要な典拠とされた『資本制生産に先行する諸形態』（以下、『諸形態』と略す）を含んだマルクスの草稿『経済学批判要綱』（一般には『要綱』Grundrisseと呼ばれている）が初めて刊行されたからである。原文は勿論ドイツ語である（一九五二年、東ドイツにおいて『要綱』ドイツ語版が出版され、広く普及したといわれている）。なお『要綱』とは別に『諸形態』も小冊子として出版されたが、ロシア語訳であった。

一九三〇年代以来、一貫してアジア的生産様式論争に多大な関心を寄せていた侯外廬は、当時、大後方の中心、中華民国の臨時首都重慶において共産党系知識人として、抗日文化活動に従事していた。一九四三年、ソ連のシノロジスト（費徳林）より、ソ連においてマルクスの遺稿が発見され、刊行されたことを聞く。その後、そのシノロジストより一冊を譲り受け、早速、それを戈宝権に依頼し中国語に訳してもらう。それは解放後（一九四九年以後）、日知により翻訳されたとあるところから、おそらく、侯外廬が翻訳を依頼したのは、『要綱』の一部『諸形態』と呼ばれる部分だけであったと思われる。

一九四七年、侯外廬は自己のアジア的生産様式論を具体化した『中国古代社会史』を出版する。同書は、『諸形態』の所有形態論をもっとも早く取り入れたアジア的生産様式論であった(13)。同書は、一九五五年、『中国古代社会史論』として人民出版社から出版され、その存在を広く知らしめることになった。侯外廬（1955）は日本において、西嶋定生（1957）、増淵龍夫（1960）からも高い評価を受け、その学説史における位置づけを確かなものにしている。

さて、侯外廬（1955）のアジア的生産様式論について、まず気がつくのは、マルクス・エンゲルス以外の経典（古典）作家の理論的著作、及び一九二〇年代以降のソ連及び日本におけるアジア的生産様式論争において諸家によって提出された議論が、ほとんど参照されていないということである。スターリンについては第一章冒頭で、生産様式とは「社会の生産力も人間の生産関係をも包括し、かくして物質的財貨の生産過程における二つの統一を体現しているのである」（『ソヴィエト同盟共産党（ボルシェヴィキ）歴史小教程』）との著名な一節が、抜け目なく引用されているのみである。レーニンについては引用されていない。レーニンやスターリンの著作は、アジア的生産様式否定派がよく引用しているが、本格的なアジア的生産様式論を展開せんとする侯外廬にとって、それらは引用する必要のないものであったことをよく示している。

また、一般の論文では先行研究にあたる、一九二〇、三〇年代における理論家たちのアジア的生産様式論がほとんど無視されているのも、特徴的である。冒頭で主要学説を並べた際、たしかに、マジャール、ゴーデス、コヴァレフらの名前は出てくるが、それだけである。それぞれの論文や著書の内容については、僅かに早川二郎『古代社会史』（1936）から三カ所引用されているのみである。その早川についても、その貢納制論がライハルトの過渡期論に近く、貢献も欠点もライハルトと同様だと一蹴されている。ただ、ほとんどの論客たちが無視されているのに比し、早川は少なくともその著書の内容が引用されており、別格に扱われているともいえる。

このように侯外廬が先行研究に対し冷淡に振る舞えたのも、『諸形態』の存在ゆえであった。新たな理論的指南書の登場が、その著書マルクスと、それに近い理論的スタンスをとっていたエンゲルスの著述にのみに依拠し、他の経典作家の著書への依存を減じたのであろう。また『諸形態』登場以前の論争という意味で、ソ連、日本などの先行理論の価値も当然大幅に減じたと思われる。とくに日本の理論家たちの重要度は、アジア的生産様式論争における、早川と二枚看板ともいえた秋沢修二の転向が、大きな影響を与えている。それは、秋沢の負の遺産ともいえるものであった。従来、郭沫若のみならず、呂振羽、侯外廬もまたソ連における論争の詳細について、日本語に訳された文献から入手していたと思われる。同書（1947）はそのような時代の終焉を告げるものでもあったといえよう。

さらに、もう一つ、他の研究との顕著な違いについて述べたい。ほぼ同時期の、つまり『諸形態』到来以後の日本の古代史研究と比較した場合の相違についてである。日本においては『諸形態』（飯田貫一訳）は、当初、結合的統一体と総体的奴隷制の書として受け取られたと伝えられているように、この二つのタームは、アジア的生産様式の理解に決定的な、あるいは多大な役割を演じたのである。それに対し、侯外廬のアジア的生産様式論には、総括的統一体及び総体的奴隷制に関する議論あるいは理論提示が存在しないことが注目される。総括的統一体（die zusammenfassende Einheit）に関する記述は一九四七年版では、これら一切の小集合体の高く位置する結合体（高於這一切小集合体的結合体）と訳されている。おそらく総括的統一体に当たるのは「結合体」であろう。一九五五年版にようやく、日知訳に依り結合的統一体とされたのだと思われる。では、総体的奴隷制（die allgemeine Sklaverei）は、どのように扱われていたのであろうか。侯外廬（1947）（1955）にはそれに相当する訳語は見あたらない。また、五〇年代前半の、中国のアジア的生産様式及び奴隷制に関する議論においても、die allgemeine Sklavereiの訳語に相当する一般奴隷制とか普遍奴隷制といった語彙は使われていない(14)。中国においても、日本においても、『諸形態』の最初の翻訳はロシア語からの重訳であったにもかかわらず、訳語に差が出たのである。これらから、ほぼ正確な翻訳を生み出す学的水準の不足が、『諸形態』の理解、あるいは『諸形態』に依拠した議論を妨げていたということが明らかになる(15)。

では、より具体的な内容に踏み込むとすれば、侯外廬のアジア的生産様式論の特質とはどこにあったのであろうか。中国古代史研究者である太田幸男は、侯外廬（1997）の解説において、日中古代史学研究の中における侯外廬（1955）の特徴について、1 アジア的生産様式は、古典古代と並行するアジア的古代の生産様式であるが、その社会構成は奴隷制であること、2 氏族や共同体など集団を包括する奴隷制の概念、3 都市と農村の分離と都市による農村の支配、の三点を挙げているが、アジア的生産様式論の歴史から見ても、やはり同様の諸点が問題となる。

まず、古典古代と並行するアジア的古代として、同じ発展段階にあり、そしてその社会構成を奴隷制であるとする観点は、多分に戦略的なものである。古典古代の歴史コースが革命的な道ならば、血縁的氏族制度を残したアジア的古代は改良の道、維新の道であるとも述べている。古典古代が奴隷制により構成された社会であるように、アジア的古代も奴隷制的構成であるとしている。つまり、原始社会崩壊後の最初の階級社会は奴隷社会、洋の東西を問わず奴隷制だと言うことになる。それでは、一九三〇年代中葉以降のソ連流古代東方型奴隷制論とどのように違うのか、理解が難しくなる。少なくともその亜流とされてもやむを得ないものであろう。だが、古代東方型奴隷制論に見られた、奴隷制の変種論が持つ遅れたアジアの意味合いを、あまり強調しすぎないような配慮がうかがえ、革命の道に対する改良の道といったネーミング（議論の提出の仕方）からは、予め批判されないための顧慮や準備がうかがえる。

筆者は、この古代東方型奴隷制論との類似は、侯外廬が敢えて採用したスタンス、ポジションであると考えている。二十世紀のアジア的生産様式論争において、その名を冠して書かれた論文、著作の大半は、アジア的生産様式論否定論であった。それはアジア的生産様式論自身が二十世紀社会主義の歴史理論とは大きな齟齬があった以上、当然であった。だが、まったく皮肉なことに、アジア的生産様式肯定論もまた、二十世紀社会主義の陣営においてその主張を展開せざるをえなかったのである。たとえば、中国社会はすでに資本主義化したと考えていたトロツキストの間では、アジア的生産様式論を受容したのは李季のみであった。また、明治維新以後、日本が資本主義化したと主張した労農派のなかでアジア的生産様式論を受容したのは猪俣津南雄『農村問題入門』(1937)のみであった。そこに猪俣津南雄の思想的独創性があるが、同時にまた労農派における猪俣の孤立ぶり、居心地の悪さも明白であった。すなわち、アジア的生産様式論は、本質的に停滞論である講座派あるいは二十世紀社会主義(スターリン主義)陣営の、そのまた停滞性を強調する理論や学説として存在していた。革命を唱える政治思想、潮流において、理論の提出は正否の問題であった。商品棚に品ぞろえよく様々な商品を並べる商業とは反対の極にあるものなのである。正しいものは一つしかないのであり、それ以外は異端とされる。ただ、どこまでが正しく、どこから異端となるのかは、党派の性格に依っている。二十世紀社会主義は単一権力社会を背景として生成した以上、革命の最高指導者の唯一の教えに忠実であろうとし、それに忠誠を誓うもの以外は異端とされがちであった。かつ、いずれの部門であれ、官僚機構が存在し、昇進や出世の階梯が存在したために、ライバルを蹴落とすための相互告発は、この陣営の習いとなっていた(16)。

これらの束縛は、西欧及び日本においては、一九六〇年代後半以降、新左翼の登場によってかなり緩和されたと思われるが、理論家たちをとりまく状況は、それほど変わったわけではなかった。というのも、新左翼は、従来の異端に対して開放的な一方で、「第三世界」に対する停滞論の押しつけに対しては極めて警戒的であったからである。アジア的生産様式論が停滞論であるかぎり、もとよりあまり広くない新左翼の「寛容」にも限界があった。また、一九五七年、ウイットフォーゲル『オリエンタル・デスポティズム』刊行以降、ウイットフォーゲルを連想させるアジア的生産様式論については、新左翼は旧左翼と同じく、決して寛容ではなかった。ただ、新左翼の分裂ぶりが、それぞれの隙間のなかに、様々な思想的要素を含むことを可能にしており、ほそぼそとアジア的生産様式論の理論的な営みが持続するのを助けていた。

話を侯外廬に戻すと、古代東方型奴隷制に類似した学説が、当時においては、アジア的生産様式論を語るにもっとも容易で、有利なポジションであったということである。少なくとも、それに類似するかぎり、異端との烙印は免れることができたからである(17)。それゆえ、侯外廬の、古典古代と並行するアジア的古代の奴隷制を、額面どおりに受け取ってはならないと考える。証拠というほどではないが、一九八〇年代のアジア的生産様式論争において、独立した社会構成体としてのアジア的生産様式論を唱え、論争の一方の旗手となった県大琨が、文革前の自説である古代東方型奴隷制説をあっさり放棄したのが、その良い例となろう。文革前においては、支配的構成としての奴隷制を認めずには異端となるがゆえに、奴隷制説の体裁をとっていたのであり、必要がなくなれば――奴隷制の歴史的な存在は認めたとしても――その装いを捨てるのは当然であった。今日、中国の古代史学において主流となりつつある、無奴派――一九八〇年代以降登場した、中国古代に奴隷社会は存在しなかったとする研究者グループ――から、侯外廬が有奴派の一人と目されているのは、気の毒としか言いようがない。

次にその奴隷制説の具体的な内容についてであるが、種族奴隷制説もしくは集団奴隷制説と呼ばれている(田昌五、1986: p.288)。侯外廬は、征服氏族が被征服氏族を総体として奴隷化するという点において、総体的奴隷制概念から発想を得ているように見える。おそらく『諸形態』におけるアジア的共同体に関するマルクスの叙述から、氏族ごとあるいは共同体ごと、まるごと奴隷化するコースを、奴隷制のアジア的な展開と捉えたのであろう。ただ、筆者の理解によれば、集団奴隷制における奴隷とは、集団(氏族であれ、部族であれ)まるごと、あるいは共同体まるごと奴隷化されるがゆえに、我々が理解する奴隷とはまったく違ったものである。その種族あるいは共同体は、ほとんどの場合、依然として同じ大地を占有しているであろうから、むしろ、太田秀通『奴隷と奴隷制』(1979)で述べた隷属農民と同じものである。そこでは、何か奪われたようにみえても、身分が降下し、さらに負担が多くなることはやむを得ないとしても、後は何も奪われていないと言って良く、古典古代の労働奴隷のような、個々に生まれ育った共同体から引きはがされ、生得の社会関係を失ってしまった奴隷とは大きな相違がある。

まるごと奴隷化したとはいえ共同体を維持している種族奴隷制は、貢納制と適合的なものである。侯外廬は表面的には貢納制を重視していないようにみえるが、この点で早川二郎の影響を受けている可能性が考えられる。侯外廬にとって、貢納制とは共同体的諸関係を通した収取関係の総称として捉えていたと言えそうである。そうでなければ、同書の冒頭において、早川二郎『古代社会史』から貢納制に関するパラグラフを三カ所も引用した理由がわからなくなるであろう。その直後の早川への批判的言辞は、むしろ、日本贔屓あるいは日本人に媚びているとの印象を打ち消すための、一つの仕掛けだと考えられうる。

『起源』において、古代ギリシア・ローマ社会において発生したものとして述べられているような階級分解は、古代としては極めて例外的なものであった。むしろ、共同体的なまとまりの方が階級分解を阻止してしまうのが一般的なものであった（氏族や共同体は、基本的にはギリシア・ローマ世界においても、同様な、階級分解を阻止する役割を果たしていた）。それゆえ、支配・被支配、搾取・被搾取によって表される諸関係を、氏族や共同体といった集団を通して理解するのは、方法として間違っていない。古くはローザ・ルクセンブルク、あるいは第二次アジア的生産様式論争においては、Ion Banu やモーリス・ゴドリエが採っていた方法を、早川二郎も侯外廬も同じように探り当てていたということである。

表面的な類似ではなく、また、概念や理論の呼称の一致でもなく、その構想において早川二郎・侯外廬は継承関係にあったのかもしれない。早川二郎『古代社会史』から侯外廬『中国古代社会史』への継承といってもよい。そう考えると、同書冒頭の、早川の特別扱いは、その批判的言辞にもかかわらず、「俺は早川だけは認めている」というニュアンスを込めていたと考えてよさそうである。

次は、都市と農村の分離、そして都市による農村の支配についてである。『諸形態』におけるアジア的社会、古典古代、古ゲルマン及び中世西欧における、都市と農村の諸関係についての記述は、『諸形態』刊行後、三つの文明世界の社会的性格に関する様々な着想をもたらすことになったものであるが、侯外廬もまた、そこから古典古代とアジア的古代の相違に関する大きな着想を得ている。

侯外廬は、社会的分業に基礎をおく古典古代の都市に対し、「都市と農村の一種の差別なき一体性」として現れるアジアの都市は、経済機構のうえの「いぼ」（複受胎）にすぎないと強調している。このような古典古代の都市とアジアの都市との比較は、一見、有効なようにみえる。また、侯外廬の『諸形態』理解によれば、都市より出発した周代は古代であって、農村から出発すべき中世（封建社会）ではありえないということになる。

ここでは、都市より出発する（古典古代）とか、農村より出発する（封建社会）との記述が、無限定に、アジア的社会にも一般化され適応されている。むしろ、これらはその世界（古典古代＝古代ギリシア・ローマ世界）及び古ゲルマン及び中世西欧世界に、固有なものとして理解されなければならない。他の世界にも適応できる、古代一般、中世一般に対する時代的規定ではないのである。

支配的な氏族が都市に拠り、農村に拠る氏族を支配するという認識は間違っていないであろう（具体的な歴史研究にとって氏族をどう考えるかが問題となるが、ここではマクロ・ヒストリーの立場で考察しているので、氏族でも共同体でも良いと思われる）。それは貢納制論とも、種族奴隷制論とも適合的であろう。侯外廬は、同じような支配システムにある殷及び周初について、国家として認めていないように見える。国家とは都市と農村の分離を踏まえた都市国家から始まると考えていたようにみえる。貢納に基づく支配システムを、どこから国家として捉えられるか、あるいは今日的な意味で、国家的支配にまでいかない首長制段階（氏族連盟段階）のものとして捉えるかは、実は極めて難しい問題であった。というのも、マルクス主義国家論の聖典とされる『起源』には、貢納制国家について言及されていないからである。

エンゲルス『起源』はマルクス『モルガン・ノート』に基づいて書かれたと言われている。だが、『起源』はマルクス『モルガン・ノート』にあったアステカに関する部分を省くことによって、北米インディアン諸族の社会システムからギリシア・ローマの都市国家段階――国家の成立――へ、政治支配成立の道筋を完成させている。すなわち、アステカ社会への言及を故意に避けることによって、プリミティブな社会の貢納国家へ展開する道筋を理論的に塞いでしまったといえる。エンゲルスが何故そうしたかはっきりしないが、それによって、エンゲルス『起源』の国家論は『反デューリング論』に存在した政治支配の二つの道の一方（アジア的社会の道）を削除してしまったのである。侯外廬がエンゲルス『起源』を随所に引用しながら、政治支配の道の多様性を主張した（p.59）のは、『起源』における国家論が貢納制国家――ひいては共同体的諸関係を通じた政治支配の道――を包含していなかったからである。

侯外廬にとっての難題は貢納制国家を語れないことにあったのではないか。それゆえ、都市に拠る氏族が農村に居住する氏族を支配し、土地国有による利益を独占する貢納制的な支配システムが、私的所有にもとづく国家システムにどのように転換（生成・転換）したのかについて、その理論モデルを自力で構築しようとしたのだと思われる。郭沫若は『中国古代社会研究』において、中国のエンゲルスたらんとしたことを述べている。侯外廬は、『反デューリング論』において述べられた政治支配の二つの道が『起源』において一つの道に統合されたこと、というよりむしろ、第一の道（共同体的諸関係を通じての政治支配の道）が削除されたことを受け、それを復元しようとしたのだといえる。そう考えると、殷及び周初の政治システムと、農村を支配する都市国家（いわゆる邑制国家と同じものであろう）のシステムを区別したのは、そこに貢納制的政治システムの新しい段階への到達を見ていたのだと思われる。あるいは、貢納制国家からエンゲルスの国家成立の指標を持つ国家への転換のプロセスの起点を考えていたのかもしれない。

最後に、アジア的古代の封建制への展開について考えたい。太田幸男（2006a）は、その侯外廬論において、封建制への移行のプロセスと、プロセスを生成させる原動力が明確ではないと述べている。そのとおりであるが、筆者は、この欠点は、早川二郎にも共通している点を指摘したい。早川のアジア的封建制は国家封建主義を経るとされ、そしてその国家封建主義は貢納制の帰結である。それゆえ、原始社会の最終段階（貢納制）から、封建制はほとんど明確な変更なしに連続して移行する。おそらく、種族奴隷の小農化によって、封建的土地国有制は成立する。戦後日本古代史及び中世史研究において、一時、盛んに喧伝された奴隷から農奴への成長転化などという問題意識は、彼らには存在しない。

アジア的古代の奴隷制からアジア的封建制への移行も、明確な移行期をもたない。侯外廬は土地私有に基づく国家（秦漢国家）の成立を指標としている。早川においては、むしろ個々の農民に小経営的生産の基礎となる分田を給する体制（律令国家）の成立が国家封建主義成立の指標となっている。だが、これら転換のプロセス及び転換点が曖昧だというのは、彼らのアジア的生産様式論の必然的な結果である。アジア的生産様式に基づく社会構成は、その後の段階をどのように呼ぼうと、後代に大きな影響を残し続けるからである（たとえば侯外廬にとっては封建的土地国有制）。彼らが自ら少数派であると知りつつ、アジア的生産様式論を唱えたのも、その後代への影響力の大きさに由来している。もし、明確な転換のプロセス、質的な転換点を容易に指摘できれば、彼らはアジア的生産様式論者にならなかった可能性もありえたと思われる。そして、このこと——封建的土地国有制論——が、その後の侯外廬につらい運命をもたらすことになる。

そのことに触れる前に、一九五〇年代初頭におきた童書業と日知の、アジア的生産様式をめぐるさや当てに言及しておきたい。童書業は、一九五一年、『文史哲』誌上において「論〝亜細亜生産方法〟（〝アジア的生産様式〟を論ず）」を発表した。それは、郭沫若以来のアジア的生産様式＝原始社会説を述べた小論であった。それに対し、日知（1952）は社会主義の祖国ソ連においては、古代東方型奴隷制（未発達の奴隷制）説が主要学説であると指摘した。日知はさらに、マルクス『前資本主義生産形態』（『諸形態』）がソ連で出版され、古代アジア的社会研究の指針となっていること、そこから、アジア的共同体の成員は自由民であり、侯外廬の支配氏族が従属的氏族を奴隷化する種族奴隷制説は、支持されないと批判している。つまり、アジア的形態の共同体成員は自由民である以上、奴隷ではない。奴隷はまず家内奴隷として存在し、さらに共同体の解体とともに債務奴隷などが増加していくのであるが、アジア的社会では共同体の残存が長引くので、奴隷制は低い段階のままとどまらざるをえない、と。日知は林志純であり、一九七〇年代末勃発したアジア的生産様式論争においては、《世界上古史綱》編写組の名で、まったく皮肉にも、原始社会説を展開し、一九八〇年代を通じて、論争の主流を占めることになる。当時の、彼らの議論の水準について、これ以上言及する必要はない。だが、この日知の反論によって、『諸形態』の重要性が認識される契機となったこと、さらに、『諸形態』もまた古代東方型奴隷制を支持していると述べたことによって、その後の中国における歴史発展の五段階論（世界史の基本法則）の理解に、一定の枠をはめることになる。すなわち、一九五〇年における未発達の奴隷制論の流行であった。一九七〇年代末に勃発したアジア的生産様式論争において、原始社会説の論者たちは、一九五〇年代におけるアジア的生産様式に関する議論の多くが、未発達の奴隷制、古代東方型奴隷制説であったと回想している。そして、それでもなお童書業、田昌五らによって郭沫若以来の学統——原始社会説——が守られたことを誇っている。

一九五四年、侯外廬は『歴史研究』創刊号において「中国封建社会土地所有制形式的問題」と題する論考を発表した。それは、土地私有制が支配的だとされたはずの秦漢以後の「封建社会」においても、皇族的土地所有が重要な役割を果たし続けたことを述べたものであった。論争の兆しはその二年後に始まり、一九五七年、侯外廬など封建的土地国有制説に対する批判が巻き起こった。一九五七年は、反右派闘争の年であった。社会に漲っていた緊張が、歴史工作者の間に投影したのであろうと考えられる。侯外廬を支持したのは、皇族的土地所有に代わって封建的土地国有との呼称を提唱した李埏のほか、韓国磐、賀昌群など少数であった。批判者の言い分の、その本音の部分は、以下のようなものであった。もし封建社会の土地所有制度が国有制だったら、一体、勤労階級の主要な敵は誰かということが問題になる。地主階級は少なくとも主要な階級敵ではなくなる。そうすると、半植民地・半封建規定のもと、封建地主やその庇護者である軍閥、国民党との間で革命闘争を闘い抜いた中国共産党の綱領は間違っていたということになる(18)。問題はまた、本稿の始まりの問題（一九二七年十一月「土地問題党綱草案」）に戻っていく。侯外廬ら封建的土地国有制論の不利あるいは劣勢は、ソ連アジア派の敗北と同様の、イデオロギーの領域におけるものであった。彼らは、ともに、論理で敗れたのではない。イデオロギー当局が「理論」に求める、政治的要求に答えられなかったからである。

4　田昌五――原始社会説の理論

第二次アジア的生産様式論争勃発後のソ連学界の論文をまとめた福冨正実『アジア的生産様式論争の復活』に、Ю・コスティン「古代アジア的社会について」が掲載されている。実はこれは、田昌五「馬克思恩格斯論亜洲古代社会問題（マルクス・エンゲルス、アジア古代社会問題を論ず）」の要約である。第二次アジア的生産様式論争が盛んであった一九六〇年代中葉から一九七〇年代にかけ、中国は政治的動乱の歳月にあった。ただこの論文はそれゆえ、この論文が第二次論争期に中国人の研究者によって発表された唯一のものとなった。その前年に草稿が書かれており、第二次論争の勃発に触発されて書かれたものではなく、たまたま発表が国際的な論争の再開の時期に重なっただけであった。

田昌五論文が掲載された『歴史論叢』（中国科学院歴史研究所編）は、第一輯しか刊行されていない。まるで、この論文を掲載するためだけに創刊された雑誌であるかのようである。田昌五（1964）は巻頭におかれ、五八頁を占める。Ｂ５判大の雑誌なので、相当な分量である。おそらく、中国のアジア的生産様式論中、原始社会説を唱えたもののなかで、最長の論文であると思われる。なぜ、一九六〇年代前半の多難な時期、田昌五（1964）だけが発表を許されたのか、そこを考える必要がある。この論文の発表後、他の学派の見解表明があったのかどうか、あるいは許されたのかどうか不明である。ただ一般論として言えば、もし許されるならば、理論界の様々なグループは、一方の見解が発表され、理論的に強化されれば、同じように、自説の強化、そして公開を目指すと考えられる。

たとえば、一九五七年前後に、中国における奴隷制から封建制への交替期は、郭沫若らが提唱する春秋・戦国の交と決定された。そのような見解の統一は、学校教科書作成のために必要であったと考えられる。その後、この説のみが正統とされ、他の学説は衰退し、郭沫若説に統一されたかに見えた。だが、文革が終了し、論文の発表や著作の出版が緩和され、比較的自由になるとともに、従来の学説の提唱者は競って自説を改めて発表し、諸説が入り乱れる状況は以前に復してしまった。学派というものは、本来、そういったものであり、もし、田昌五（1964）のみが公開されたとすれば、当時、他説の公表を許さない環境が存在した、と考えてよいであろう。田昌五（1964）のみが公開された理由があるとしたら、それは明白である。田昌五は、正統とされた郭沫若が唱える、アジア的生産様式＝原始社会説の支持者であり、かつ継承者であったからである。

郭沫若正統説におけるアジア的生産様式理解は、きわめてシンプルなものであった。アジア的、古代的、封建的、近代ブルジョア的な生産様式と、マルクス『経済学批判』「序言」に並んでいるところから、その並びを発展図式とみなし、単純に、古代＝奴隷制、すなわち奴隷制が最初の階級社会である以上、その前にあるアジア的生産様式を、無階級社会、すなわち原始社会の生産様式と捉えたものである。郭沫若は一度として、原始社会説の理論構築を行ってこなかった。ただ、彼の発想には一貫性があった。彼が古代東方型奴隷説に向けた批判においても、同じく示されている。「私は中国の奴隷社会は所謂古代東方型奴隷制の奴隷社会――［そこでは奴隷は］家内奴隷のみが存在し、生産者は共同体成員である――のようではないと考える。もし、共同体を強調しすぎると、中国の奴隷社会の生産者はみな共同体成員であり、そうすると中国には奴隷社会はないことになるだろう。ちょうど、中国封建社会が、奴隷社会と同様に、土地国有制であることを強調しすぎると、中国には封建社会がなくなってしまうのと、同様である。これでは、マルクス・レーニン主義の人類発展段階に関する原理が問題となってしまうであろう」（郭沫若、1973: pp.231-232）とその思うところをあけすけに述べている。これが意味するところは明快である。郭沫若が最も関心を払っているのは、中国の歴史を、歴史発展の公式――スターリンの歴史発展の五段階論――に当てはまるように解釈することであり、かつ、そうした際、中国の歴史が、世界の他の歴史に対して、何か特殊なもの、普遍性において悖るもの、ではないものとして、記述することであった。それゆえ、郭沫若は、ソ連流古代東方型奴隷制論に対し、普遍性を振りかざしつつも、中国に損な役回りを押しつけるものとして、警戒していた。また、アジア的生産様式のみならず、それに気脈を通じている封建的土地国有制論に関しても、中国史における封建制を否定するものとして、疑いの目を向けていた。

田昌五は、まさにこのような郭沫若正統説のアジア的生産様式＝原始社会説の理論構築を引きうけるものとして登場したのである。一九六〇年代初頭、『要綱』全体の翻訳が――草稿段階であるとはいえ――進み、研究者の利用に供せられるようになった。その点においても、正統説の信奉者は、他に先駆けて、それを利用した新たな理論構築が必要とされるようになったのだと思われる。

田昌五（1964）は、アジア的生産様式とは、原始社会についての不正確な概念であり、その基本的な内容は「東洋的共同体を基礎とする共同体土地所有制」であると述べる。では、どうしてアジア的生産様式は、搾取や専制主義、家父長や奴隷制と結びつくのであろうか。それは、アジア的生産様式概念を提出した五〇年代のマルクス・エンゲルスらが、当時の諸科学の発展水準に規定され、「不自由な共同体」の資料を使用せざるを得なかったからである。そのような限界は、一八七八年、モルガン『古代社会』における氏族共同体の発見によって、突破されることになる。

このようなレトリックは、一九七〇年代末に始まったアジア的生産様式論争における原始社会説も同様であった。ただ、田昌五には、他の原始社会説と異なる側面がある。それは、農村共同体の意義の極小化といったものである。『諸形態』そしてとりわけ「ヴェ・イ・ザスーリチの手紙への回答・下書き」以来、マルクス主義における古代史学及び人類学研究は、農村共同体（農業共同体）の概念と固く結びついているが、田昌五は、それの結びつきを断とうとしていた。田昌五はマルクス・エンゲルスの原始社会研究を総括して、氏族、家父長制的大家族、単婚家族の発展に対応して、氏族土地共有制、家族土地共有制、村落土地共有制に基づいて、それぞれ氏族共同体、家族共同体、農村共同体を組織した、と述べる。さらに、氏族共同体は人類社会の必ず経なければならない段階であり、家族共同体は大多数の文明民族が辿った道だが、農村共同体は、そうではなく、共有と私有の矛盾結合体であり、その運命は、時間、地点、条件によって変わり、至る所に農村共同体のラベルを貼り付けるのは間違いだと述べている。この時点では、農村共同体の単なる過小評価であった。それは後に敵意としか言いようがないものとなる（後述）。

総体的奴隷制について、田昌五は、その特徴は東洋の奴隷制や封建制と共通しており、何か特殊な社会構成体を示すものではない（田昌五、1980: p.109）と述べ、問題をアジア社会の、どこにでもある、隷属の一般的特徴に解消してしまう。東洋的専制主義についても、東洋的専制主義は、奴隷所有者あるいは封建領主たちの独裁である、と同じレトリックを使っている。アジア社会の隷属の特殊性についての印象を弱めるというのが田昌五の戦術であった。田昌五にとって重要だったのは、むしろ、総体的奴隷制がもし、本来の意味での奴隷制であったら、それが、アジア社会の奴隷制の特質とされ、古典古代的な奴隷制と鮮明な対比をなすのではないかという心配であった。アジア的形態を総体的奴隷制、つまり階級社会の原始共同体的関係と呼んだのかを理解するのは難しくない、と述べた後、田昌五は、

しかし、総体的奴隷制が、我々が通常言うところの奴隷制に等しくはないことは、はっきりしている。もしこの点をはっきりさせないとすれば、われわれは、奴隷制の二元論に陥る。アジア的奴隷制と、ギリシア・ローマ的奴隷制を、本質的に異なる二つのものとみなすことになる。実際、アジア的形態のもとでの奴隷制とギリシア・ローマ的奴隷制は、ただ形式上の差異があるだけで、本質的な区別はない。もちろん、アジア的形態を各々の社会発展段階から独立した特殊な生産様式と言うのは、さらに、完全な間違いだ（p.89）。

と述べる。本音であろう。彼らがもっとも怖れたのは、このようなアジア的な特殊性の押印であった。田昌五はアジアの奴隷制もまた古典古代の奴隷制と同じように発達した奴隷制であったとしきりに強調する。それは、ソ連流奴隷制説の支持者たちが、奴隷制を発達した奴隷制と未発達の奴隷制に分け、古代アジアの奴隷制は後者であり、それはアジア的社会の共同体諸関係の残存に阻まれ、発達した奴隷制に到達しないまま、封建制に転化すると主張していたからであった。田昌五たちのよりどころは、エンゲルス『起源』に古ゲルマン人たちの奴隷制は「完成された奴隷制には、つまり、古代の労働奴隷制にも、オリエントの家内奴隷制にも、まだ到達していなかった」（全集二一巻、p.157）と記述された一節である。つまり、古代オリエントの家内奴隷制は、

古典古代の労働奴隷制と同じように、完成された奴隷制に達していたと考えたのである。このエンゲルスの文脈の意図は、古ゲルマン人の未開性を強調し、この未開性ゆえにかえって農奴制への展開が可能となったとするところにあり、古代オリエントの奴隷制が、古典古代の労働奴隷制と同じ発展段階にあった、などというところにあるのではない。牽強付会ではないにしても、根拠が薄いと考える。だが、田昌五らにしてみれば、これが数少ない絶対のよりどころなのである。

東洋の家族奴隷制と古典古代の労働奴隷制はただ表現形態上の差異しかなく本質の区別は存在しない。共同体に結合された奴隷はけっして奴隷の本質を変えるものではない。それは村落共同体におかれた農奴がその農奴であることをやめないのと同様である。それゆえ、我々は古典古代の労働奴隷制を〝厳格な〟奴隷制と呼ぶことはできない。そうすれば、まるで東洋の家族奴隷制は無理に間に合わせで作り上げたものにすぎないかのように見えるであろう。実際には、東洋の家族奴隷制は奴隷制の普遍的な形態であり、古典古代の労働奴隷制は逆にかなり特殊なものである。もし、古典古代の奴隷制を本物の奴隷制だとすると、人類の社会発展史における奴隷制段階を取り消してしまうことになる。(pp.98-99)

田昌五はまるで、とにかく名前だけ、形式だけ、発達した奴隷制、完成された奴隷制であればよい、そうすれば、ともかく、歴史発展の五段階が、アジア的社会においても完成する、と言っているように見える。だが、そのようなことをすれば、実質的な不一致は、そのまま残ってしまう。おそらく、田昌五にとっては、それはどうでもよい問題なのであろう。名を捨てて実をとるのではなく、名をとって、実を捨てる、としか形容のしようがないものである。

田昌五の矛先は、アジア的生産様式(総体的奴隷制)論や古代東方型奴隷制もしくは未発達の奴隷制の支持者にも向けられていたが、さらに、農奴制的封建制論に対しても、次のように釘を刺している。

農奴制は決して唯一の封建制の形態ではないし、また封建社会が必ず経過しなければならない段階でもない。もしヨーロッパの封建農奴制を無理に東洋の社会に当てはめれば、必ずそこにおける奴隷制を押しのけたり、大幅に圧縮したりすることになり、封建制を前だおしたり、原始社会から直接に封建社会に移行するものとさえ、考えるようになる（p.107）。

ここまで来ると田昌五の求めた歴史理論とは何かということが問題となる。歴史発展の公式に合うように解釈することが理論に対する絶対的な要請であり、それに体面を保ちながら——従属的な立場や役回りに陥らないように——合わせることができれば、理論は要請に適ったことになる。そうとしか考えられないものであった。そして、田昌五（1964）は、そのような理論的な要請に適うものであったのであろう。

文革後、それまで十年間凍結されていた歴史理論の探求がようやく再開され、一九七〇年代末には、ついにアジア的生産様式論争が勃発する。一九八〇年、田昌五は一九六四年の論文を収録した『古代社会形態研究』を出版する。翌一九八一年四月、天津においてアジア的生産様式学術討論会が開催された折り、田昌五も「亜細亜生産方式問題的問題（アジア的生産様式問題の問題）」と題する論文を提出している（『中国史研究』一九八一年第三期）。この論文のタイトル自身が、彼の考え方をよく表している。本来問題にすべきではないことが問題となっている。あるいは、アジア的生産様式にかこつけて色々なことが語られている、それが問題なのだ、という立場である。一九八六年に出版された『古代社会形態析論』には、同論文のほか、六四年論文の草稿に加えて、さらに三本のアジア的生産様式に関する論文が収められており、この問題に対する彼の意気込みが窺われる。田昌五（1981）において注目されるのは、マルクス・エンゲルスは、その後期に観点を変え、アジア的生産様式を階級社会の中に持ち込んだと言っている点である。すなわち、林志純らの原始社会説が、マルクスはモルガンを読んだ後、アジア的生産様式を原始社会に解消した——すなわち階級的成分は後の時代に送り込んだ——とするのと、逆向きに発想している。では、どういう階級社会かというと、農村共同体・土地国有・専制主義が三位一体の社会である。だが、中国はすでに古代より土地私有が発生していたので、それに該当しない。文明の歴史は、エンゲルスの発見によれば、家父長制的奴隷制的大家族より始まったのであって、村落共同体の基礎の上に築いた専制国家から始まったのではない。中国の歴史は前者に属する。だが、後者に属する民族が存在したことも排除しない。アジア的生産様式とは、そのような特殊な構成に属するのだ。そして、そのような例として、先進国家や民族の影響を受けて生れたアジア的形態の国家や民族があり、我国のタイ族がこれにあたる、云々。

ここでは、家父長制的大家族が進歩的な役割を、そして農村共同体、村落共同体が遅れた役割を負わされている。見事な議論である。中国の歴史にあるものは、先進的なもので、周辺の他の民族にあるものが遅れたもの、ということになるからである。

田昌五は原始社会説を掲げつつも、なぜ、林志純などのように、アジア的生産様式における階級的要素を他の階級社会に送り込み、その概念を原始社会へ純化する道を選ばなかったのであろうか。なぜ、特殊な階級社会、敵対的な社会構成の特殊な形態としてしまったのであろうか。おそらく、そこに八〇年代のアジア的生産様式論争に最大の刺激を与えたメロッティ『マルクスと第三世界』の影響力を削ぐことが意図されているのだと思われる。メロッティは、アジア的様式の影響のもとに二十世紀社会主義が成立したと考え、それを、官僚制的集権主義と名づけた。もちろん、その規定には中国も含まれる。田昌五は、メロッティの影響を断つべく、中国の歴史とアジア的生産様式との関連を何が何でも否定する必要にかられたのであろう。それゆえ、アジア的生産様式を農村共同体、土地国有、専制主義の三位一体とし、農村共同体と土地国有は、古代より——奴隷制の崩壊以後——中国においては存在していないことをあげ、中国の歴史はアジア的生産様式とは無関係であり、かつ中国圏内および周辺の諸民族は、その二つが依然として近代まで残っていたので、アジア的生産様式によりふさわしいと、いわば逆ねじを食らわせたつもりになっていたのであろう。

一九八七年、栄剣は東方社会理論の誕生を告げた「関于跨越資本主義〝卡夫丁峡谷〟問題（資本主義の〝カウディナ峠〟を跳び越える問題に関して）」を発表する。そのなかで、アジア的生産様式に言及し、マルクスはモルガンを読み、アジア的生産様式とは人類の原初的構成体であることを知った後、アジア的生産様式の使用を止めたが、同時に、アジア的生産様式の、「その他の構成体とは、長期併存するところの独自な発展の道は、依然としてマルクスの歴史理論の重要な問題として残り続けた」、と述べ、そのアジア的生産様式を、農村共同体、土地国有制、専制主義の三位一体として特徴づけている。これは、表面的には、理論界の主流であった原始社会説に与するものでありながら、実質的にはアジア的生産様式論の内実を、換骨奪胎するものであった。すなわち、言葉としてアジア的生産様式が放棄され、原始社会説が肯定されたように見えたとしても、歴史的には、その特徴を備えた実態、すなわちアジア的生産様式は残るとされたのである。原始社会説を持ち上げることで、それとの衝突を避ける作戦であった。

それでは、アジア的生産様式論は継承されたのであろうか。否。メロッティの翻訳を進めた呉大琨らアジア派は、中国社会におけるアジア的生産様式の残存を批判することで、彼らの議論がより民主的な政体への変革に資することを望んでいたのである。だが、カウディナ峠資本主義跳び越え論は、まさに、現政権の基本的な構造を擁護する理論であり、中体西用論の現代版であった。それゆえ、東方社会理論の興起以後、アジア的生産様式論に与えられたのは、理論的な下請けとしての役割であった。もちろん、田昌五ら原始社会説も勝利者ではなかった。とくに、田昌五が苦心して特殊な生産様式として、その影響を極小化し、中国の歴史に無縁としたはずのものが、逆に、中国の歴史の真の潮流となったのである。アジア的生産様式の強い影響があるがゆえに、中国は西欧とは異なった歴史の道、革命の道を歩むのだ、というのが東方社会理論の根底に存在する。そこには、郭沫若、田昌五らがもっとも怖れていた、中国の歴史に歴史発展の公式とは異なった特殊性を押しつけられることに対する警戒心などまったく存在しない。むしろ、東方社会論のよりどころは、晩年マルクスがそのような東方社会の特殊性を見据えて革命論を再構築した、と信ずるところにある。田昌五の役割はもう終わったのである。天安門事件（一九八九年）を経た、九〇年代の論壇に、アジア派呉大琨の活躍する余地はなかった。そして、アジア派が存在しえなくなった論壇に、田昌五の存在意義もなかったのである。

［注］

（1）党の綱領においてアジア的生産様式規定を盛り込むこと自体が誤りだったと言っているのではない。問題は、一九二七年八月以降の中共の武装方針路線への転換によって、党員たちはいまだかつてない犠牲を払いながら、闘い続けていたこと、未知の状況のもとでの闘いを勝ち抜くためには、党は具体的で明確な提案をしなければならなかったはずであった。拡大政治局会議が緊急に開催されたのもそのためであった。それらを考慮に入れるならば、さきに引用した「土地問題党綱草案」のようなもの――特に外国人の視点から見た中国農業論――は、それに相応しいものであったかどうか、やはり疑問が残る。立夫（ロミナーゼ）の構想を、より具体的な、かつ実践的な戦略的な綱領へ書きかえることが必要であり、その点において、中国の実情に習熟した瞿秋白ら中国党指導者とロミナーゼとの協力関係の質ということが問題になる。

（2）社会性質論戦や社会史論戦の高揚を前提として、アジア的生産様式をめぐる議論も、それらと同様の熱い論争へと発展しても不思議ではなかった。だが、アジア的生産様式を論ずるためには、『資本論』第一部・第三部、「ザスーリチの手紙への回答およびその下書き」は必須の文献であるが、それだけではなく、マルクスとエンゲルスの書簡（特に一八五三年六月）や、「インドにおけるイギリス支配」を含む、マルクスの「インド論」などについて、読んでおく必要があった。マルクス・エンゲルスの主要著作の翻訳は、次第に増えて行ったが、『資本論』第三部の発行は、一九三八年のことであった。それに対し、日本ではすでに高畠素之による『資本論』全訳が、大正年間に出版されており、また『マルクス・エンゲルス全集』も、不完全ではあったとはいえ、一九二八年から一九三三年にかけ、改造社より刊行されていた。

（3）何幹之が早川、秋沢と並んで、有力な理論家として渡部義通を紹介していない所以は、彼の二度目の日本滞在が、一九三五年春から同年末までであったが、その時までに、渡部義通が傑出した著作を書いていなかったことと関係がある。何幹之は、二度目の日本滞在時に、『歴史科学』や『経済評論』といった左翼雑誌を通じて、早川二郎、相川春喜、秋沢修二の著作に親しんだと思われる。渡部が理論家として頭角を現したのは一九三六年に入ってからであった。『日本古代社会』は同年八月出版であったが、何幹之は参照していない。入手していなかったと思われる。

（4）「私は早川の新見解が国際的なアジア的生産様式論争における最も貴重な結論の一つであると思う。階級の発生過程のなかで、貢納制を見つけ出し、さらに貢納制の性質、貢納制の社会に対する働き、アジア的封建制と貢納制の関係を分析している。これはあたかも筍の皮を剥ぐように、一皮一皮進み、ついに核心まで進むに至っている。

あるいは梯子を昇るように、一段一段昇り、ついには頂点にたどり着くに至っている」（何幹之、1937: p.58）。

（5）川口勝康「日本マルクス主義古代史学研究史序説――戦前編」（『原始古代社会研究』二、校倉書房、一九七五年）は、渡部義通の古代奴隷制論の骨格は、相川春喜『歴史科学の方法論』における「奴婢制による部民制の牽引」に淵源し、秋沢修二による理論化を経て、渡部義通によって完成されたものであると述べ、渡部義通の独創に帰した原秀三郎を批判している。間違いなく、川口が正しい。

（6）マルクス主義において、農村共同体あるいは農業共同体とは、一般的な村落のコミュニティを指して言っているのではない。それは、マルクス「ヴェ・イ・ザスーリチの手紙への回答・下書き」（一八七一年）において示された、原始社会から階級社会への移行期における共同体、原始共同体の最後の段階を指す。農村共同体における、太古より引きずって来た土地共有制と、宅地を中心として広がる私有地との、所有の二重性が、この段階の所有を特徴づけるとされる。

（7）秋沢の七つの指標を呂振羽はすべて訳しているが、全文を訳しているわけではない。また、世帯共同体を世襲公社と訳している。

（8）筆者は、村落共同体が存在しない中国農村社会への理解については、費孝通が提唱している「差序格局」がもっとも適合的な理論モデルであると考える。

（9）「自〝古代〟到〝中世〟，中国広大耕地，主要都是人民自己利用泉、井、堰、灞、蓄水池塘、小渓流、河川及天然雨量等灌漑的：中国的黄河、長江、珠江等大河流，与其説同于尼羅河那種情形（尼羅河也只能給予埃及社会的発展以較大的影響，也不是決定性的影響），毋寧説和泰晤士河、莱茵河、多瑙河、密士失必河等的原来情形相似。対於常給予人民以厳重水災威脅的黄河，淮河等，歴朝封建統治階級也大都没有認真去進行過水利事業。」『呂振羽史論選集』、p.267）。

（10）戦前講座派の読者なら、この奴隷制と封建制（農奴制）の長期にわたる絡み合いとの記述のなかに、野呂栄太郎以来の「抱合」や山田盛太郎の「相互規定性」を連想するであろう。それほど、この「絡み合い」は、講座派理論に馴染んだものであった。

（11）秋沢修二『支那社会構成』と同時期に刊行された『東洋古代民族史』（白揚社、1939）の「はしがき」において、著者赤松啓介は次のように述べているが、参照に値すると考える。

東洋の社会的発展が、西洋の社会的発展と質を全く異にするものの様に論ずる人達と、私は一致することができない。両者の間に発展の相違があることは当然だが、それは一般的基本法則までを歪める性質のものではないのである。だから私達は、東洋の、更に東洋の各地方に於いて、特徴的な発展を遂げた具体的な歴史のなかに、一般的法則の貫徹を見出さねばならないのだ。しかもかかる特徴的な発展と雖も永久的なものではなくて、歴史的なものであろうことは明らかであり、そこにこそ所謂「東洋」的特質の悲劇を止揚し得る期待があるので、今次の日支間の不幸なる事態も、そうした特徴を打破すべき必至な運動の一環として、私達に大いなる希望を与えるのだ。それを忘れることは迷蒙への転落を意味し、如何に科学的な扮装を凝らすとも、東洋の新しい発展にとって無能であるといわねばならない。

(12) 秋沢修二は、戦後、講座派を離れ、社会党に参加する。それが、結局、秋沢理論の支持者、そして戦前の主張や立場への擁護者を見いだせない大きな理由となっている。

(13) 同書序文の日付は一九四七年二月十五日である。因みに、日本において『諸形態』が訳出発表されたのは、同年九月、『歴史学研究』誌上であった。

(14) 『諸形態』の中国語訳は、一九五六年、日知訳として、人民出版社から出版されている。Die zusammenfassende Einheit の訳語は結合的統一体であるが、die allgemeinde Sklaverei は普遍的奴隷と訳されている。やはり奴隷制と訳すべきであろう。奴隷と訳すか奴隷制と訳すかは、その後の議論に大きな影響を与えることになる。因みに、この時期、初めて中国古代史における普遍的奴隷制（総体的奴隷制）を用語として使用したのは束世澂「有関古史分期的一些理論問題」『学術月刊』一九六〇年第九期である（林甘泉『中国古代史分期討論五十年』上海人民出版社、一九八二年）。

(15) 一九六〇年代になっても、中国語版『要綱』――『政治経済学批判大綱』（草稿）――においては、総括的統一体は綜合単位と訳されており、ここから、何か創造的な議論が起こる可能性はないであろう。また、ゲルマン的所有における個人的所有概念は、アジア的所有を理解する時に極めて重要な役割を果たすが、中国語版『要綱』（草稿）は das individuelle Eigentum を個人的資産と訳している。これらは、ドイツ語から翻訳であるにもかかわらず、明確に概念化ができなかった例である。

(16) 戦前日本におけるアジア的生産様式論の旗手たち――とくに早川二郎がそのような苛酷さのなかに置かれなかったとしたら、それはまず、革命党が崩壊しており、誰もその異端ぶりを審問する人間がいなかったという偶然に負っている。また、おそらく、自由闊達な議論を可能にした渡部、早川、秋沢、相川といった理論家たちのパーソナリティー、個人的な資質にも負っている。

（17）マルクス主義歴史理論をめぐる問題は、単に研究者個人の思想領域に属する問題ではなかった。たとえば、侯外廬は次のような経験を記している。一九四三年頃、重慶において学術講演を行ったおり、彼は自分の生産様式論に対する考えを述べた。侯外廬は生産力と生産関係の統一が生産様式であるとの公式論をとらず、自己の見解――歴史的に規定された特殊な生産手段と、同じく歴史的に規定された特殊な労働力の特殊な結合――を述べたところ、それはスターリンが『ソ連共産党史』（一九三八年）において述べた公式と異なるとの疑問が聴衆の中から出された。それに対し、侯外廬は、国際共産主義の領袖であるスターリンに敬意を払い、スターリンの言い方は、自分はわかりません（斯大林的説法我不懂）と答えた。だが、その答えに納得しない聴衆の一人が、さらに説明を求めた。会場は緊張した雰囲気に包まれた。その時、杜国庠が立ち上がり、「すでに分らないと答えているのだから、さらに何を聞こうというのか」と言ってくれたお陰で、ようやく包囲が解かれた（侯外廬、1985: pp.228-229）。たとえ歴史理論であっても、或いは他の学問上の問題であっても、公式説との相違はただちに政治上の問題に転化する可能性があったことが、理解できよう。

（18）侯外廬は『韌的追求（しなやかさの追求）』（1985）において、封建的土地国有制論が、封建制を否定したもの、土地改革の必要性を否定したものと、長く誤解されてきたと述べ、自分の封建的土地国有制論はあくまで、封建専制主義の長期存在の理解のための議論であって、一八四〇年以降の半植民地・半封建社会について言及したものではないこと、また、明代嘉靖・万暦年間以降、土地私有制が支配的なものとなったと弁解している。前者についてはともかく、嘉靖・万暦以降、土地所有制のどんな大きな変化があったのかについて、納得するものはいないであろう。

[文献リスト]

一九二九年
郭沫若『中国古代社会研究』上海聯合書店
一九三二年
李季「関於中国社会史論戦的貢献与批評」『読書雑誌　中国社会史論戦専号』第二輯
胡秋原「亜細亜生産方式与専制主義」『読書雑誌　中国社会史論戦専号』第三輯
一九三四年

秋沢修二「日本における国家的土地所有の問題」『経済評論』十二月号
早川二郎「東洋古代における生産様式の問題」『歴史科学』十二月号
ウォーリン&イヨルク「広東省農業関係概説」上・下、『東亜』第七巻第一一号、第一二号
一九三五年
相川春喜『歴史科学の方法論』白揚社
秋沢修二「奴隷所有者的社会構成の意義――奴隷制の日本的形態（その1）」『経済評論』十二月号
一九三六年
秋沢修二「奴隷制の日本的形態」『経済評論』一月号
早川二郎『古代社会史』三笠書房
渡部義通『日本古代社会』三笠書房
一九三七年
秋沢修二「支那古代史の社会構成」『歴史』七月号
何幹之『中国社会史問題論戦』生活書店
一九三九年
秋沢修二『支那社会構成』白揚社
一九四二年
呂振羽『中国社会史諸問題』耕耘出版社
「関于中国社会史的諸問題」
「〝亜細亜生産方式〟和所謂中国社会的〝停滞性〟問題」
「中国社会史上的奴隷制度問題」
一九四七年
侯外廬『中国古代社会史』新知書店
一九五一年
童書業「論〝亜細亜生産方法〟」『文史哲』一九五一年第四期
一九五二年
童書業「答日知先生論亜細亜生産方法問題」『文史哲』一九五二年第六期

日知「与童書業先生論亜細亜生産方法問題」『文史哲』一九五二年第六期
一九五四年
呂振羽『中国社会史諸問題』華東人民出版社
一九五五年
侯外廬『中国古代社会史論』人民出版社
一九五七年
西嶋定生「中国古代社会の構造的特質に関する問題点」『中国史の時代区分』東京大学出版会
一九六〇年
増淵龍夫「中国古代社会史研究の問題状況——学説史的展望」『中国古代の社会と国家』弘文堂
一九六四年
田昌五「馬克思恩格斯論亜洲古代社会問題」『歴史論叢』一九六四年第一輯
一九六九年
福冨正実編訳『アジア的生産様式論争の復活——世界史の基本法則の再検討』未来社
ヴァシリエフ＆ストゥチェフスキー「前資本主義的諸社会の発生と進化の三つのモデル」福冨正実編訳『アジア的生産様式論争の復活』
一九七一年
日本国際問題研究所編『中国共産党史資料集』第三巻　勁草書房
一九七二年
日本国際問題研究所編『中国共産党史資料集』第四巻　勁草書房
伊豆公夫『新版日本史学史』校倉書房
一九七三年
郭沫若「関于中国古代史研究中的両個問題」『奴隷制時代』人民出版社
一九七四年
渡部義通『思想と学問の自伝』河出書房新社
一九八〇年
田昌五『古代社会形態研究』天津人民出版社

一九八一年
田昌五「亜細亜生産方式問題的問題」『中国史研究』一九八一年第三期
呂振羽『呂振羽史論選集』上海人民出版社　一九八五年
侯外廬『韌的追求』生活・読書・新知三聯書店　一九八六年
小竹一彰「ロミナーゼの中国革命論――「アジア的生産様式論」との関連における紹介」『近代中国研究彙報』第八号
田昌五a『古代社会形態析論』学林出版社
田昌五b「馬克思恩格斯論亜洲社会形態的一些問題」『古代社会形態析論』一九八七年
秋沢修二『創造的マルクス主義の道』すくらむ社
栄剣「関于跨越資本主義〝卡夫丁峡谷〟問題」『哲学研究』一九八七年第一一期
一九九五年
趙慶珂『読書雑誌与中国社会史論戦（一九三一～一九三三）』稲禾出版社　一九九七年
侯外廬『中国古代社会史論』太田幸男訳、名著刊行会　一九九九年
何平『東南亜的封建――奴隷制結構的古代東方社会』雲南大学出版社　二〇〇〇年
侯外廬『中国古代社会史論』河北教育出版社　二〇〇一年
馬耀『西双版納份地制与西周井田制比較研究』雲南人民出版社　二〇〇二年
福本勝清「アジア的生産様式論争史　戦前日本編」『明治大学教養論集』第三五一号　二〇〇六年

太田幸男ａ「侯外廬『中国古代社会史論』の意義について」『中国古代史と歴史認識』名著刊行会
太田幸男ｂ「侯外廬の都市国家論をめぐって」『中国古代史と歴史認識』名著刊行会
福本勝清ａ「マルクス主義と奴隷制をめぐる諸問題」『明治大学教養論集』第四〇六号
福本勝清ｂ「戦前日本における奴隷制論争」『明治大学教養論集』第四一一号

第五章　中国におけるアジア的生産様式論争　一九七九―一九八九年

筆者は、三十年近く前、「中国におけるアジア的生産様式論争の復活」(1)と題する論文を書いたことがある。文化大革命の混乱がまだいやし切れていない一九七九年、文革中、タブー視されてきたアジア的生産様式を論ずることが可能となり、一九七九年から一九八二年頃まで、アジア的生産様式に関する論文が一斉に書かれた時期、たまたま一九八一年九月以後、中国に留学していた筆者が、それを知り、一文にまとめたものである。だが、アジア的生産様式に関する論文は、少しずつではあるが、その後も、年に数本、時にはそれ以上の数の論文が、各学術雑誌に掲載されてきている。それをも、論争と呼べば呼べないことはない。また、論争の開始期（一九七九―一九八二）、継続期（一九八二―一九八九）、一九九〇年代、二〇〇〇年以降の各時期における議論のあり方、論争の様相も、それぞれ異なっているように思われる。

今回、時期区分を一九八九年までと区切ったのは、一つには、中国政治における本当の意味での改革期とは、鄧小平が復権した三中全会（一九七八年）から天安門事件（一九八九年）までの時期、全体としては一九八〇年代にほかならないこと、かつ、筆者と同じように中国のアジア的生産様式論に関心をもっていたT. Brook（1989）が、この時期を対象としていることを踏まえ(2)、一九七九年から一九八九年の時期を一区切りとして論じ、併せて、一九八二年に書いた筆者の前作を、当時よりはより長期の射程をもって、さらに広い視座に立って、補いたいと考えたからにほかならない。

1　アジア的生産様式と中国

マルクス主義者によるアジア的生産様式論争が、現実に勃発したのは、一九二〇年代後半以降のことである。論争が具体的に起こったのは、ソ連と日本においてであった。論争の発端が一九二七年敗北に終わった中国革命に絡む、当時の中国社会の性格規定を巡ってであったわりには、中国のマルクス主義者は、それほどこの論争に深く関わったわけではない。それというのも、論争初期において、すでに中国の党は、当時の中国社会の性格を、半植民地・半封建社会であると規定した以上、その規定に対し中国共産党傘下の知識人が異論を提出することはできなかったからである。それゆえ、ソ連や日本において、アジア的生産様式論争が熾烈に、あるいは華々しく闘われていた当時、中国においてアジア的生産様式を論じた人々は少数にとどまった。自由に議論できたのは、非中共系の論客たちであり、中共系の理論家たちは、ほとんど正面からアジア的生産様式論を取り上げることはなかった。たぶん、何幹之『中国社会史問題論戦』(1937)は例外といってよいであろう。何幹之は、日本の論争、とりわけ早川二郎、秋沢修二、相川春喜などの論争を丹念に紹介しつつ、早川二郎の貢納制論が、マルクスのアジア的生産様式に関するもっともすぐれた理解であることを指摘している。

中共系歴史家たちがマルクスの言説を指針としていた以上、マルクスのいわゆる「アジア的生産様式」に触れないわけにはいかなかった。それぞれの著作を通して、郭沫若は一般に原始社会説を、呂振羽は当初はゴーデス説の影響を受け仮説論(放棄説)を、後にはコヴァレフの影響を受け、古代東方型奴隷制説を主張していた。

中国においてアジア的生産様式論について正面からの議論が起きたのは一九四〇年代のことであった。呂振羽「関於中国社会史的諸問題」(1940)は、先の秋沢が一九三九年に発表した『支那社会構成』を厳しく指弾して注目を浴びた。『支那社会構成』は、秋沢のライバルであった早川二郎『古代社会史』(1936)のアジア的生産様式論をまっこうから批判するものとして書かれていた。秋沢は、中国の歴史的な社会構成が、けっして早川のいうようなアジア的生産様式やアジア的な社会構成によるものではなく、奴隷制及び封建制（農奴制）の並存、あるいはその絡み合いによるものであると主張していた。だが、それにもかかわらず、彼が伝統的な中国社会の特徴として挙げたエレメントは、家父長制、専制制度、中央集権的官僚制など、みなアジア的生産様式と適合的なものばかりであった。さらに、問題であったのは、その序文に中国の停滞を打ち破るものは、中国の現体制からではなく、当時占領統治を開始していた皇軍にほかならないと述べていたことであった。すでに軍部を中心とした翼賛体制の前になすすべなく敗退し、屈服を強いられていた知識人たちは、このように書くことでその著書を出版し得たということを、裏切りと考えるか、それとも、序文にそのように書くことで「本文」を辛うじて出版し得たと考えるべきか、である。秋沢自身は、序文はともかく、その本文はマルクス主義社会科学、マルクス主義歴史観の立場から叙述したと考えていたからである。

だが、呂振羽は、秋沢修二が、中国社会の後進性を過度に強調し、現状では救いようのないものであるかのように書き、中国の窮状を救うのは、侵略者である皇軍であると述べている点を、怒りを込めて指弾している。このこと自体は、呂振羽に理があり、批判がある程度偏ってもやむを得ない部分である。だが呂振羽の秋沢批判は、秋沢のアジア的停滞論批判であると同時に、秋沢のアジア的停滞論がアジア的生産様式論をその理論的基礎としているとの見方からする批判でもあった。だが、秋沢の中国論は、アジア的生産様式論批判として書かれていた。そのことに呂振羽はまったく言及していない。そのため、秋沢修二＝アジア的停滞論＝アジア的生産様式論という負の公式ができあがったといえる。その後、森谷克己や平野義太郎が、アジア的生産様式論を下敷きにしたアジア的停滞論を唱えるが、それらと相まって、アジア的生産様式論＝アジア的停滞論という負のイメージが、いわゆる戦後の進歩的文化人の間では定着することになる。

呂振羽自身のアジア的生産様式についての見解は、いわゆる古代東方型奴隷制説である。この見解は、一九三一年二月のレニングラードにおけるアジア的生産様式に関する討論会以後、アジア的生産様式論争が途絶された後、三〇年代中葉、ストルーヴェによって唱えられ始めたものであり、いわばソ連学界の公式説といってよかった。この見解は、アジア的社会の特殊性およびその歴史のヨーロッパとの相違を認めると同時に、それでもなおかつ、その社会及び歴史が、世界史における普遍的な歴史的発展段階の一部であり、歴史法則に適合したものであることを主張するものであった。一九三〇年代後期に、ソ連で成立した教義としてのマルクス主義諸学のなかの、歴史理論の一翼であった。

侯外廬は、専著としては、中国で初めて、アジア的生産様式論を自己の著作の中心において、議論した歴史家であった。『中国古代社会史』(1947)は、もっとも早い時期にマルクス『資本制生産に先行する諸形態』(以下、『諸形態』と略す)を歴史研究に応用した著作として知られている。彼のアジア的生産様式論は、原始社会解体後、最初の階級社会として、地中海世界あるいはヨーロッパでは奴隷制にもとづく社会が成立するのに対し、アジアにおいて、アジア的生産様式にもとづく階級社会が成立するというものである。侯外廬はそれを、ヨーロッパにおける革命的な歴史コースに対して、改良の道だと主張する。ただ、その具体的な内容は古代東方型の奴隷制と変わらない。奴隷社会であることには違いない。奴隷制から封建制社会が生まれるように、アジア的生産様式にもとづく社会からも、封建社会が生まれてくる。それでも、侯外廬のアジア的生産様式論と、ソ連製の古代東方型奴隷制論との違いは、明確である。ソ連製のそれは、あくまでも、奴隷制の一種にすぎないけれども、侯外廬のそれは、古典古代の生産様式とは違う、独立した生産様式なのであり、異なった歴史コースをたどるものと考えられている。

一九四九年の革命後、社会構成体論(生産様式論)の議論の中心は奴隷制にあった。アジア的生産様式論が中共第六回大会において綱領レベルにおいて否定されていた以上、議論の中心は、アジア的生産様式論ではなく、それに取って代わった奴隷制におかれるのはやむを得なかったと思われる。それゆえ、一九四九年から一九六六年の間、中国におけるアジア的生産様式論に関する論文は数えるほどしかない。一九五〇年代初期、『文史哲』誌において、童書業と日知との間で、アジア的生産様式について議論が交わされたことはよく知られているが、逆にいえばそれぐらいであった。さらに、一九六四年『歴史論叢』創刊号に掲載された田昌五「馬克思恩格斯論亜洲古代社会問題」があるが、田昌五論文は、国際的な規模において、始まったばかりの第二次アジア的生産様式論争に関する、中国からの唯一の反応であった。彼は、一九三〇年前後の郭沫若説を踏襲し、アジア的生産様式は原始社会のことであるとして、アジア独自の生産様式説や古代東方型奴隷制説を批判し、中国社会の歴史が、ヨーロッパとなんら区別のない、普遍的な歴史発展段階を経て資本主義から社会主義に到達したことを強調した。

2 論争初期（最盛期）

悪夢としか言いようのない十年の文革が終わった後、すぐに中国社会が変化したわけではない。文革が終わったとしても文革的思考方法は色濃く残っていた。それゆえ、歴史研究や歴史理論に関する議論がすぐにオープンになされるようになったわけではなかった。それでも、鄧小平の復権を促した「実践は真理をはかる唯一の基準」「実事求是」をめぐる論争の動きにつられるようにして、歴史学界においても、文革中タブー視された諸問題の再検討（禁区の打破）が呼びかけられ、少しずつ、開放への歩みが始まっていく。

一九七九年八月、長春において、アジア的生産様式問題討論会が開催され、同年十一月には、同じく長春で、中国古代史分期問題学術討論会が開催されており、議論の開放は現実のものとなっていった。

論争の端緒を誰が直接切ったのかは、別として、議論の開放という点において先陣を切ったのは、志純・学盛（1979）であった。古代史研究者であった林志純と廖学盛が共同執筆したものである。アジア的生産様式に関する最初期の論文としては、馬克垚（1978）があがっている。だが、馬克垚は極めて保守的な立場をとっており、むしろアジア的生産様式については、すでに結論がでており、議論する必要がないという立場であった。志純・学盛（1979）の後、宋敏、于可・王敦書、祁慶富、羅碧雲、呉大琨、《世界上古史綱》編写組（林志純主編）など、主要な論客たちが、それぞれ自己の見解を発表し、論争は一挙に盛り上がりを見せていく(3)。

一九七九年から一九八〇年にかけての論争初期に、論争に名を連ねた論客の間において、すでにアジア的生産様式論に関するそれぞれの立場、学説といったものが出ている。それは大別すると、原始社会説、奴隷制説、仮説論（放棄説）、独自の社会構成説であり、さらに、一九八一年四月の天津におけるアジア的生産様式論までに、東方型封建制説が加わるにいたる(4)。

ここでは、行論の関係から、以下の順序でそれぞれの学説の主要な論調の紹介を行いたい。

i 原始社会説
ii 奴隷制説
iii 仮説論（放棄説）
iv 独自の社会構成説
v 東方型封建制説

i 原始社会説

一九三〇年代以来、中国マルクス史学の創始者ともいうべき郭沫若が唱えており、さらに、一九五〇年代初期には童書業によって、一九六〇年代には田昌五によって支持されており、原始社会説は、中国の理論界（マルクス主義理論に関して発言したり、述作する人々）においては、由緒正しい説ともいうべきものであった。論争初期において、原始社会説の主要な提唱者は、志純・学盛、《世界上古史綱》編写組（林志純主編）、羅碧雲、胡徳平らであった。

本格的な論争の先陣を切った志純・学盛（1979）は、まずマルクスのアジア的生産様式概念の原始性と普遍性を強調する。彼らによれば、マルクス『経済学批判』「序言」の、「大づかみにいって、アジア的、古代的、封建的および近代ブルジョア的生産様式を経済的社会構成のあいつぐ諸時期としてあげることができる。ブルジョア的生産様式は、社会的生産過程の最後の敵対的諸形態である」（杉本俊朗訳、国民文庫）との、著名な一節におけるアジア的生産様式は、古代的生産様式の前に置かれており、古代的生産様式が奴隷社会の生産様式である以上、最初の階級社会である奴隷制の前の生産様式は、無階級社会の生産様式であるべきである、ということになる。また、『資本論』第一部（第一章商品第四節「商品の物神的性格とその秘密」）における古代アジア的生産様式も古代的生産様式の前に置かれており、さらにはエンゲルスが一八八七年英訳版『資本論』において、「古アジア的生産様式」の原始性をさらに強調していることも、アジア的生産様式が原始社会と見なされるべきであるとの彼らの主張に有利に働いている(5)。マルクスとエンゲルスは、原始社会という言葉をいまだ提起していない一八四〇年代の『ドイツ・イデオロギー』においてすら、最初の所有形態として部族的所有を、第二の所有形態として古代共同体的所有及び国家的所有をあげているが、この最初の所有形態、部族的所有こそ、原始社会の所有形態にほかならない。さらに、『ドイツ・イデオロギー』の所有形態の各段階は、世界史的な規模における発展系列をなしており、特定の地域にのみ適用できるといったものではない。

これらから、マルクスとエンゲルスは、モルガンを読むまで原始社会について知らなかったのではなく、モルガンを読むことによって、氏族からなる無階級社会という明確な概念を与えられたのである。それゆえ、モルガンの読後も、アジア的生産様式概念を放棄しなかったが、それまでのように原始社会の代わりにアジア的生産様式を用いることはなくなっただけである。それゆえ、我々も現在これを用いることはできない。

以上のように、志純・学盛の議論は、極めて簡単な論理から成り立っている。それゆえ、彼らのいうことが正しいとすると、アジア的生産様式を巡って、何故、二度も国際的な論争が巻き起こっているのか理解し得なくなる。その点に関して、同じ立場から、アジア的生産様式をめぐる主要な論点に全面的に答えようとしたのが、《世界上古史綱》編写組（1980）である。

編写組は、志純・学盛（1979）が触れなかったマルクスの東方理論（アジア的社会論）、専制主義、租税と地代の一致、河川灌漑の役割などについても、積極的に発言している。彼らの見解によれば、アジア的生産様式であれ、東洋的共同体であれ、それらは原始社会に属するものであり、もともと問題となるものではなかった。それが問題となったのは、人々が東洋的専制主義のもとにおける共同体は、依然として原始共同体段階の社会に属しているにもかかわらず、それを誤って階級社会の中に無理に押し込んだからである、と。

彼らはさらに述べる。マルクスが言うアジア的生産様式とはとても簡単なものであり、理解しやすいものであった。だが、人々はそれを階級社会のなかに引っ張り込み、境界を曖昧にし、階級社会なのに私有制がないとか、分業を経ていないとか、始まったとたんの専制帝国の支配等々、を求めたのである。このような要求は、存在しない事実を、教条的に歴史に押し付けるものであった。このようにして、アジア的生産様式の問題が生まれ、数十年もめ続けても、解決しえないのである、と。

このような、志純・学盛、編写組の、きわめて単純明快な論旨は、郭沫若以来のものである。アジア的生産様式を巡る問題は、問題にする人間たちが、ただただマルクスを誤解していたからだ、という議論には、唖然とせざるをえない。特に、マルクスがさかんにアジア的社会の特徴として、小さな孤立した共同体と、その上に聳え立つ専制国家（専制君主）の組み合わせを強調しているのに対し、小さな共同体あるいは農業共同体を原始社会の側に、そして専制国家を階級社会の側に振り分けてしまう、などといった論法には、唖然さを通り越し、呆気にとられるほかはない。しかし、このような論法は、意外にも、他の論者にもしばしば見られる。たとえば、于慶和（1980）は、「専制制度の基礎となる共同体的所有制と専制制度は当然にも同じ時代のものではない。専制制度は共同体内部から出現したものではなく、共同体は当地のものである。専制制度は外部から押しつけられたものだ」と述べている。

では、他の原始社会説の支持者のなかで、これほどまでに強引な論法を駆使していない論者は、どのような議論をしているのだろうか。

胡徳平（1980）のアジア的生産様式理解は、農村共同体説とでもいえるものである。胡徳平によれば、アジア的生産様式とは、一八五〇年代において、インド的な農村共同体所有制を中核とする生産様式であった。だが、マルクスはその後の人類学的探究により――とくにマウラーに触発されて――、農村共同体がアジア以外においても存在したことを認識するようになる。それゆえ、『資本論』第一部の発行以後、アジア的生産様式は使われなくなる。最後にマルクスは、モルガンを読み、氏族社会と農村共同体の相違を認識するにいたった、と述べている（6）。

一方、朱家楨（1982）は、アジア的生産様式は、奴隷制、封建制、資本主義的生産様式と同じように、具体的な社会経済構成体に対する理論的な概括であり、抽象的な概念であると述べ、さらに、アジア、アフリカ、ラテン・アメリカ、ヨーロッパなどの具体的社会のなかに残存している原始的生産関係の理論的抽象物であるとしている。具体的社会のなかに残存している原始的なものとは、主要には、アジアとりわけインドに残っていた村落共同体制度のことである。マルクスはそれらを理論的に概括して、アジア的生産様式概念を抽象したのであり、けっして、当該社会の具体的な社会構成体のことではないのだ、と主張している。おそらく、このような論法に依るとすれば、同じように、奴隷制も、封建制も、そして資本主義さえ理論的に抽象された概念である以上、それにふさわしい具体的な存在は、どこにもないということになってしまうであろう。

これらの原始社会説に対し、羅碧雲（1980）のそれは、まだ少しのオリジナリティーが感じられる。彼はまず、アジア的生産様式論において、原始社会説が、国際的にはポルシネフ（波爾什涅夫、Porshnev）をもって始まったこと、そしてさらに、五〇年代、六〇年代は、原始社会説の支持者は幾人もおらず、古代東方型奴隷制説に傾くものが、わりと多かったことを述べる。さらに羅碧雲は、『諸形態』の分析において、アジア的共同体のもとにおいて、共同体成員が専制君主の奴隷であるとする従来の議論（初期奴隷説に顕著な）に対し、それは奴隷と奴隷的な地位を混同していると指摘し、さらに、いわゆる専制君主についても、実際には、マルクスの記述から窺えるのは、専制君主の萌芽的性格をもった、部族社会の首長にすぎないのではないか、と鋭い疑問をなげかけている。中国におけるアジア的生産様式論は、結論がすべてで、テキスト・クリティークを踏まえて議論をしている研究は極めて少ないが、当時、羅碧雲はきちんと『諸形態』を読んでいる研究者の一人であった。

ii　奴隷制説

一九四〇年代に始まり、一九五〇年代には全盛を誇った、ソ連流の古代東方型奴隷制説の継承である。当時、社会主義の祖国、ソ連の地位は絶大なものがあり、アジア的生産様式論争を経て、かつアジア的生産様式論の否定をへて成立した、スターリンの歴史発展の五段階説、原始社会→奴隷制→封建制→資本主義社会→社会主義、へと発展する人類社会の歴史法則は、各国共産党およびそのシンパであるマルクス主義的知識人において、マルクス主義の真理を表すものと見なされていた。古代東方型の奴隷制とは、もちろん、最初の階級社会である奴隷制の一つのタイプ、変種であった（コヴァレフ）。それは、古典古代の発達した奴隷制との比較から未発達の奴隷制とも呼ばれる。ただ、この初期奴隷制あるいは未発達の奴隷制は、発達した奴隷制になる可能性を欠いた奴隷制であった。

この時期の奴隷制説支持者は、宋敏、黄松英、林甘泉などである。宋敏は初期奴隷制説であるが、黄松英（1981）は侯外廬以来の、古典古代奴隷制とは異なる、それとは独立した、古代アジアの奴隷制説をとっている。奴隷制説は一九五〇年代には、かなりの支持を集めたはずであるが、おそらく、中ソ論争の後、その支持者を失った可能性がある。しかし、この時期、宋敏は論争参加者のなかで、もっとも多く、アジア的生産様式に関する論文を執筆、発表しており、それゆえ奴隷制説の重要性が失われたわけではない。

だが、九〇年代初期を含めると、十数本の論文を発表しているにもかかわらず、彼の自説である初期奴隷説の根拠について、宋敏はあまり述べていない、あるいは彼自身のアジア的生産様式論をあまり語っていない、という印象を受ける。宋敏に関して特徴的なのは、原始社会説および仮説論に対する猛烈な攻撃ぶりである。というのも、彼の論拠の一つは、マルクスはモルガンを読む前は、原始共産制社会（無階級社会）と階級社会の区別を知らなかった。それゆえ、彼がそれ以前に語っているプリミティブな社会は、『ドイツ・イデオロギー』における部族的所有のように、家族中心の時代に奴隷が存在したように、すでに階級抑圧と奴隷的な使役が存在する社会であり、モルガン・エンゲルスが言う、野蛮や未開（原始時代）に対する文明の時代に属するのである（宋敏、1980）。このようなレトリックは、明らかに、原始社会説の論法とは、まったく逆方向である。原始社会説は、マルクスがモルガン（あるいは、コヴァレフスキー）を読んだ後、原始共産制社会（無階級社会）の存在を知り、それまでプリミティブな社会の認識に、混在していた階級支配や搾取を、階級社会の側に移したことによって、すなわちプリミティブな社会を無階級社会に純化することによって、概念としてのアジア的生産様式を使う必要がなくなった、と主張していたからである。それゆえ、逆の立場の宋敏が、原始社会説の提唱者である林志純・廖学盛を、あるいは編写組を論破することに精力を傾けていたのは当然であるといえよう。

また、マルクスはともかく、晩年エンゲルスがアジア的生産様式論を放棄した（あるいはその概念を使わなくなった）との主張に対しても、『フランク時代』におけるエンゲルスの「アジアのアーリア系諸民族やロシア人の場合のように、共同体が耕地をまだ共同の勘定で耕作しているか、でないまでもある期間だけ個々の家族にそれを割り当てている時期に、つまり、まだ土地の私有が形成されていない時期に国家権力が成立したところでは、国家権力は専制政治として現れた」（『マルクス・エンゲルス全集』第一九巻、大月書店）との記述を引用し、その発想が、「ザスーリチの手紙への回答下書き」の中のマルクスのそれと同一であることを述べている。この主張は、仮説論、特に一八五〇年代のマルクスやエンゲルスのアジア的社会論の未熟さを指摘し、それが七〇年代中葉以降の彼らの人類学的研究の進展によって、突破され、未熟な概念としてのアジア的生産様式概念は放棄されたと主張する祁慶富とはまっこうから対立することになった。

だが、宋敏は、アジア的社会の特殊性を強調するアジア的生産様式論を容認していたわけではない。彼はあくまでスターリン以来のアジア的生産様式否定論の立場から、歴史発展の五段階論を擁護している。歴史発展の法則は普遍的であるからこそ、成立するのであり、普遍性に包含されないような、過度の特殊性の強調は、歴史法則自身を成立させなくするからである。それゆえ、独自の社会構成としてのアジア的生産様式論の提唱に対しては、特に、その多系的な発展論に対し、それを多元論だと批判している(7)。

iii 仮説論（放棄説）

アジア的生産様式がマルクスの一九五〇年代における アジア社会に対する研究の際、いちおう探求の指針として建てられた一つの仮説にすぎないという主張は、一九三一年、レニングラード討論会において、討論の総括を行ったゴーデスの主張以来のものである。ゴーデスは、一八五〇年代以降、マルクス、エンゲルスのアジア社会あるいは古代社会への探求が深まるにつれ、とくにモルガン『古代社会』により、私有財産の発生が氏族社会の崩壊過程によって説明されたことにより、アジア的生産様式をもって原始的諸関係を説明する必要がなくなった、と述べる。すなわち、アジア的生産様式は原始社会の存在を知らなかったマルクスの作業仮説にすぎず、正しい理解を得ることによって、その仮説は放棄されざるをえなかったとしたのである。

このような作業仮説論は、一旦、支持を集めたかのように見えたが、実際には、この仮説論は、マルクスやエンゲルスが少年期や青年期においてはともかくも、壮年期においてもなお未熟であったといっているのと同様であり、次第にマルクス主義の創始者たちの神格化が進むにつれ、そのような仮説論が多数の支持を集めたり、あるいは最高指導者スターリンの後押しを、つなぎ止めることはなかった。それは、無謬性を誇るマルクス主義教義体系に矛盾するものであったからである。

一九五〇年代の中国においても、その後においても、この仮説論が唱えられることはなかった。だが、于可・王敦書（1979）、祁慶富（1980）らによって、中国においても放棄説が登場することになった。

于可・王敦書（1979）は、初期階級社会論、あるいは特殊社会論に数え上げられることがある。彼らは、一八五〇年代、人類の発展段階を概括して、アジア的生産様式概念を提起した。それは、古代東方社会に特徴的な奴隷社会や封建社会を意味していた。だが、マルクス・エンゲルスの人類学的研究が進展をとげた一八七〇年代中葉以後、古代東方社会と原始社会を明確に区別するようになり、アジア的生産様式を、それ以後使わなくなったとしている。使わなくなった理由として、独立した社会構成としてアジア的生産様式を考えなくなったとしている点で、放棄説であると考えられる。

戦前の放棄説はゴーデスに代表されるが、彼はマルクスがアジア的生産様式として描き出そうとしていたのは、実際には、封建制の東洋的な変種であるとみなしていた。于可・王敦書（1979）は、ゴーデス説と類似している点もあるが、彼らは、マルクス・エンゲルスがアジア的生産様式であると考えていたものは、自らの研究の進展によって原始社会であることが理解できたので、アジア的生産様式概念を放棄した、とみなしたのである。

この時期、中国においては、原始社会説が主流として存在しており、于可・王敦書の放棄説もまた、原始社会説を下敷にしている部分がある。祁慶富（1980）は、一八五〇年代、マルクスが提起したアジア的生産様式は、マルクス・エンゲルスが原始社会の謎をいまだ解いていなかった以上、原始社会とはいえないものであった。それゆえ、それは作業仮説ともいうべきものであったと述べる。アジア的生産様式またはアジア的社会のアジアの意味合いは、社会の原形態に対応していた。その意味で、アジア的生産様式は、本来、原始社会の土地所有制を指し示していた。とくに、その中心は、アジア社会に長期存在していた土地共有の農村共同体を指していた。五〇年代から七〇年代にかけて、マルクスの記述する農村共同体の属性は、原始性、普遍性、階級性であった。だが、コヴァレフスキー『共同体的土地所有　その解体の原因、経過および結果』を読んだ後、一八八一年、ついに農村共同体における本質——所有の二重性——を発見する。さらに、モルガンから原始社会の社会組織、氏族組織を見いだす。これらの発見によって、それ以後、アジア的生産様式を使うことはなかった。なぜなら、その概念には、奴隷制やカスト制度の指標が固く結びついていたからである。それゆえ、これらの発見は、アジア的生産様式やアジア的社会にみられる「アジア的」なる問題提起のあり方が科学的ではなかったこと、概念の放棄が理として当然であったことを証明している。

このような放棄説には、一九六〇年代中葉の、ソ連におけるアジア的生産様式論争の一方の雄ともいうべきニキフォロフの影響が大きいと考えられる。どの国にも、アジア的生産様式キラーといった理論家が存在する。戦後の日本では、石母田正がその役割を果たしていた。石母田の転向——石母田旧説から石母田新説への転換——後は、小谷汪之がその役割を継承し、日本における第二次アジア的生産様式論争の息の根を止めた感がある。ソ連においては、一九三〇、四〇年代のストルーヴェに代わって、その役割をニキフォロフが果たしていたと考えられる(8)。

iv　独自の社会構成説

実際のところ、過去のアジア的生産様式論争の議論の中心は、この独自の生産様式説であった。その代表は、ソ連における論争の中心でもあったマジャールと、その強力な同盟者であるウィットフォーゲルであった。マジャールの声望ゆえに、ソ連内のアジア的生産様式論者は、マジャール派とも呼ばれていた。彼らの学説の特徴は、アジア的な社会、すなわち非ヨーロッパ的な社会においては、原始社会の解体後に最初の階級社会としてアジア的生産様式が成立し、かつそれに基づく経済的社会構成は、近代に至るまで、すなわちヨーロッパ列強によるアジア諸地域の植民地化、半植民地化まで続くと主張するものであった。さらに、彼らはともに、そのような独自の生産様式としてのアジア的生産様式は、アジア的社会に特有な灌漑や治水といった水利のための大規模公共事業の存在にもとづくと主張した。彼らの中でも、ソ連において厳しい非難のなか議論を展開せざるを得なかったマジャールたちは、その後主張を一歩後退させ、アジア的生産様式はアジア的社会における古代の生産様式であり、ヨーロッパ帝国主義の東漸時にあったのは、アジア的な封建制であると、その主張を緩めざるを得なかった。

中国（中共系知識人）におけるアジア的生産様式論は、侯外廬を嚆矢としていることは前述した。侯外廬は一九五〇年以後も健筆を揮い、一九五〇年代中葉には、封建的土地国有制説を唱え、議論の中心となった。彼の言う、中国古代のアジア的生産様式にもとづく社会から、秦漢以後の封建制社会への以降後も、土地所有は、主に国有制に基づいており、それが封建専制国家を支えていたと主張した。これは、封建制＝土地私有制とする多数派の強い批判にさらされた。

このような侯外廬の独創的な生産様式論（社会構成体論）には、公然と支持を表明するものは少なかった。だが、中国社会がヨーロッパとは異なった独自の社会、独自の歴史コースを歩んでいたとの見解には、非公式的ながら、共鳴するものがあったようであり、それは、文革期の悲劇を経て、再度、中国社会の特殊性への認識につながったと思われる。一九五〇年代の論争（中国封建社会土地所有制形式論争）において、侯外廬が批判に晒されるなか、思うように支持を表明し得なかった呉大琨が、文革後、たまたま新しく国外から入手した書物（メロッティ『マルクスと第三世界』）に触れ、衝撃を受けたのも、そのような学問的、文化的な土壌によってであった。

呉大琨は、一九三〇年代中葉以来の、アクティブ（積極分子）である。一九三四年早稲田大学に留学したが、三六年帰国し、折からの上海を中心とした救国会運動に参加し、全国救国会幹事会のメンバーに名を連ねている。抗日戦争勃発以後は、上海に残って活動していたが、一九四一年、新四軍慰問団を率いて抗日根拠地を訪ねての帰途、国民党に捕縛され江西上饒集中営（収容所）に囚われ、一九四二年、ようやく釈放されている。一九四六年、渡米し、ワシントン州立大学で経済学の研究を重ねている。その時、ウィットフォーゲルの講義を聴講している。

一九五〇年代中葉から始まった中国封建社会土地所有制形式論争においては、西周井田制をアジア的土地所有にもとづくものと論じながら、侯外廬の封建的土地国有制を支持することはなかった。そのことが少し負い目になっていたのであろう、文革後、侯外廬に代わって独自の社会構成としてのアジア的生産様式論の主要な提唱者として論壇に登場する。

改革開放後のアジア的生産様式論争を誰が主導したのかを判断するのは難しいが、少なくとも、この時期の論争に大きな刺激を与えたメロッティ『マルクスと第三世界』は、彼が見いだし、研究者たちに宣伝し、さらに翻訳の段取りをつけており、間違いなく論争の進展に大きな役割を果たしたといえるであろう。

呉大琨（1980）は、国際的なアジア的生産様式論の水準としては、独立した社会構成としてのアジア的生産様式論を改革開放後初めて唱えたという意味以上ではない。また、呉大琨（1981b）も、遅ればせながら、侯外廬の封建的土地国有制説の継承を鮮明にしたという意味以上ではない。ただし、スターリンの歴史発展の五段階論を教義としている二十世紀社会主義国において、独立した社会構成としてのアジア的生産様式論を唱えること、さらに、直線史観（単系的発展論）に対し世界史の多系的発展を構想し、それを公表すること自体、大きな意味があるということを予め了承しておかなければならない。

改革開放後の論争において顕著なのは、独立した社会構成としてのアジア的生産様式論の立場にたつ数人の論者が参加していることである。その主要な提唱者は呉大琨だが、胡鐘達もまた、数本の論文を発表することによって、アジア派の一翼を担うことになる。

胡鐘達はヨーロッパ古代史の研究者である。彼がヨーロッパ史に精通しているということは、たぶん、マルクス・エンゲルス文献のテキスト・クリティークに役立っている。たとえば、アジア的生産様式否定論の根拠として、あるいは奴隷制説の根拠として、諸家にしばしば引用されるエンゲルスの言及に対する胡鐘達（1981）の対処の仕方にそれを感じる。エンゲルスは『家族、私有財産、国家の起源』（以下、『起源』と略す）において「東方の家内奴隷制もまた充分に発達した奴隷制であった」と述べ、あたかもアジアにおいて奴隷制が発達していたかのように記述し、さらに「アメリカの労働運動」（1887）においては「古代アジアにおいては……、階級抑圧の主要形式は奴隷制であった」と述べている。それに対し、胡鐘達は、「我々はエンゲルスがこのように述べる根拠をまだ理解できていないが、エンゲルス自身もまた論証していない。それゆえ、我々はこれによってマルクスの意見［アジア的社会論］を否定する必要はない。二人の革命家はマルクス主義の基本的な問題において意見は一致していたが、いかなる時もいかなる問題においても一致していたわけではない。そして、それは正常であり、理解しうることなのである」と述べ、マルクスの議論に沿ってアジア的生産様式論を理解すべきだという原則を堅持している。

これは、現在の我々にとっては当然の考え方である――マルクス・エンゲルスの持ち分問題――が、当時の中国においては、極めて勇気のある発言であった。このように胡鐘達がいい得るのは、彼が、ヘロットなど古典古代の隷属農民の規定をめぐってマルクスとエンゲルスの間に意見の相違があったこと（それはすぐに解消したのだが）、また彼らの古代史知識のなかに、当時の研究水準に災いされ、見逃せない誤りがあったことを知っていたからである。たとえば、『起源』において、エンゲルスは古典古代の奴隷数について、誇張された数を挙げている。そのようなことは、エンゲルスの方法論的な誤りとはいえないが、奴隷の数がどのくらいかは、やはり社会構成の規定に関わる問題であり、無視できない事実であった。マルクス主義創始者たちの個々の知識に誤りがあったことは、当然のことであった。それは、どの時代にも、その可能性については否定されることはなかったと考えられる。だが、具体的な誤りの指摘や未熟さの指摘となると、簡単にできることではなかった。スターリンに後押しされ、勢いを誇ったはずのゴーデスさえ、彼の結論がマルクスの考え方の変更（つまりは従来の考えの未熟さ）を指摘したことにより、教義としてのマルクス主義には、きわめて不都合な見解となったことを想起すればよい。

胡鐘達は、マルクスが、一八七〇年代、八〇年代初期における様々なアジア的社会の事例に触れることによって、部分的な修正をしたかもしれないが、アジア的社会において長期に存在し続ける農村共同体を基礎とし、それに聳え立つ専制主義政権という観念は始終変わることはなかった、と主張している。

胡鐘達はまた、アジア的生産様式、古代的生産様式、封建的生産様式を同一段階の生産様式と捉え、それを広い意味での封建社会と解し、人類の歴史発展を、原始社会―封建制―資本主義の三段階に捉えることを提起する。これは、一九六〇年代初期、イギリスの『マルキシズム・トゥデイ』における社会構成体に関する討論の際、ジョージ・サイモンによって提出されたものである（市川泰治郎編『社会構成の歴史理論』未来社、1977）。それを今さら、胡鐘達が持ち出したのは、おそらく、彼らが多系的な発展論を唱えたとしても、人類の発展史を広義の意味で、統一的に捉えることが可能であることを示すことによって、守旧派の批判をそらす意図からであったと思われる。もし、同じようなことを、西欧や日本で行えば、アジア的生産様式論の独自性を薄めるものと同一陣営からも批判されかねない議論の仕方であるが、守旧派あるいはイデオロギー官僚の圧力のもとで論争が行われることを考慮すれば、やむをえない部分があったといえるかもしれない。ただ、このような封建制概念を拡張したとしても、問題はほとんど解決しない。なぜならば、封建制概念の拡大には根本的な矛盾があるからである。つまり、広義の封建制のなかに、資本主義に至る封建制と、資本主義につながらない封建制が存在することになるからである。

姜洪・江于（1981）は、国際的なアジア的生産様式論においては、いわば共通の認識ともいえる幾つかのことに、きちんと言及している。まず、アジア的概念は、二重の意味を帯びているということである。すなわち、一つは、プリミティブな社会における共同体的な土地所有制度に使われ、さらに非ヨーロッパ的な社会における特殊な歴史発展に関して使われている、ということである。それゆえ、非ヨーロッパ的な社会の歴史発展は、必ずしもヨーロッパ的な歴史発展と同じ歴史コースを辿るとは限らず、別の歴史発展のコースを辿る可能性があるということである。そして、このような考え方は、マルクスの思想や歴史観と矛盾するものではない。姜洪・江于は、社会主義圏を席巻した、どの社会も、原始、奴隷、封建、資本主義という社会構成を辿って発展するというスターリン主義的な歴史発展の五段階論が、マルクスの思想に違反していると述べている。これは、当時としては、思い切った発言である。というのも、この意見が正しかったとすれば、スターリンの五段階論に従ってきた従来の中国の歴史家たちばかりでなく、政治的指導者たちも、みな間違っていたことになるからである。すなわち、マルクスに違反してきたことになるからである。そのことを考慮すれば、当時の党のイデオロギー担当者たちが、アジア的生産様式論を容認しえなかったのは、彼らの思想性が守旧的であったからということばかりでなく、そのままにしておけば、彼ら自身がマルクスに違反していたものとされるがゆえに、容認しえなかったということが理解できるであろう。

何新（1981）もまた、スターリンの五段階論を批判し、歴史発展の多系説を主張している。何新によれば、アジア的生産様式とは、広義の意味と狭義の意味があり、広義のそれは人類全体の歴史に関わり、アジア的所有＝農業共同体に基づく生産様式のことである。そして、この広義のアジア的生産様式から狭義のアジア的生産様式（東洋的専制主義）、古典古代的生産様式、封建的生産様式が、それぞれ発生したと述べる。ということは、狭義のアジア的生産様式は、東洋の特殊な生産様式ということになる。ただ何新は当時、中国における封建社会を認めており、それを認めていないウンベルト・メロッティ『マルクスと第三世界』を中国史への無知を表したものと強く批判している。このようなアジア的生産様式を広義と狭義に分ける論法は、孫承叔（1987）にも見られ、その後に影響を残したと思われる。

趙儷生は、中国古代史研究者である。秦暉（9）によれば、以前からのアジア的生産様式論者であった。趙儷生（1982）において興味深いのは、古代中国における水利に関して述べた部分である。アジア的生産様式において灌漑は極めて重要だが、中国ではそうではない。夏、商、周の主要な領域は今日の豫北（河南北部）、豫西（河南西部）、晋南（山西南部）、冀南（河北南部）と関中（陝西中部）及び魯西（山東西部）であり、これらの一帯は、天然降雨への依拠と多雨が引き起こす洪水の恐れを習いとしていた。中国古代にも水溝（水路）はあったが、それは主に排水のためであった。その意味において、アジア的生産様式の諸指標のうち、灌漑については中国に適合しないのである、と。

これは、彼のアジア的生産様式論が残念ながら、まだ通俗的な理解に終わっていることを示している。灌漑にせよ、治水（河防）にせよ、共同体のための必要労働を徴集し、それを指揮して、ようやく可能となるのであって、その点において、両者の間に区別はない。たとえば、井田制のもと、田畑（田土）の傍らに水溝が築かれたが、その水溝の配置は、精緻な規則によって決められていたとあるが、一体だれがどのようにその溝を掘削したのかを考えてみればよい。それぞれの経営（小農）が、個々に掘り起こしたのだろうか。そうではないだろう。それは一定の規則によって築かれた以上、共同体あるいはその連合体の農民を大量に動員して、誰かの一定の指揮のもと、共同して築いたのである。かつ、その成果は誰のものとなったであろうか。共同体成員に平等に分けられたのだろうか。平等に分けられれば、井田制度など存在し得なかったであろう。そのように考えれば、この水溝建設一つとっても、これが如何に共同体的所有のアジア的形態にもとづく社会の特質を明らかにしているか、ただちに理解できたはずである。

V　東方型封建制説

前記、放棄論の提唱者ゴーデスは、アジア的生産様式とその提唱者たちが力説する社会を、封建制に基づくものとみなしていた。それ以前のアジア的生産様式論への論難者として知られるヨールクも、さらにドゥブロフスキーも封建制説であった。彼らは、土地所有にもとづく収取、さらにその収取にもとづく支配は、どのようなものであれ、封建制であるとみなした。ひどく大ざっぱな見解であったが、それによってともかく、アジア的な社会の経済的社会構成を規定しうると考えていた。アジア的社会における土地所有が、国有にもとづこうが、私有にもとづこうが、いずれも封建制に包含される。なぜならば、土地所有者はその占有者から貢納や賦役、あるいは租税や地代を受け取るからである。もし、占有者が貢納や賦役を所有者（王や首長、貴族、領主、地主等）に納めなければ、強制力をもって納めさせるだけであった。

中国における論争においては、高仲君・龐卓恒（1981）が東洋的封建制論を唱えている。高仲君・龐卓恒は、アジア的生産様式がアジア的な社会の特有な性格——たとえば農業と手工業が結合した原始的な協業と個別的生産、共同体農民の間接財産権、共同体の世襲的占有権、国家の最高所有権の三位一体、貢納制、租税と地代の一致、等々——を反映した生産様式であることを認めながら、それを広義の封建制のなかに含まれる、東方型封建社会の生産様式であると主張する。すなわち、農奴制や采邑制を特徴とする西欧的な封建制を狭義の封建制と呼び、それに対して広義の封建制は、土地を通した一切の収取（租税、徭役、地代など）を包括するものである。このような規定は、戦前の論争以来のものだが、実際のアジア的生産様式の諸エレメントをアジア的社会の特徴をよく表わすものとして認めながら、なぜこのような結論を出すにいたったのであろうか。おそらくは、無奴学派（中国史において奴隷社会は存在しなかったとする、改革開放後登場した歴史学界の潮流）の影響をそこにみるべきなのであろうか。とすれば、それを発展図式で示せば、原始社会→封建制→資本主義、を採る以外に他に選択の余地はなくなるであろう。

3　論争後期（継続期）

改革開放後の論争は、一九八一年四月、天津で開催されたアジア的生産様式討論会で隆盛を迎えたかに見えた。だが、同大会でアジア的生産様式に関する学会の成立と、第二回討論会開催が決議されたにもかかわらず、論争は下火に向かう。一九八一年から一九八二年にかけ各学術雑誌に掲載された論文は、一九七九年以来の論争の継続であったとしても、変化は明らかであった。イデオロギーの締め付けが始まったのである。締め付けは一九八三年の精神汚染除去キャンペーンで最高潮に達する。その後、中共のイデオロギー担当の指導者であった胡喬木、鄧力群らの表舞台からの退場によって、締め付けはゆっくりと緩和されていく。

さらに、改革派指導者であった胡耀邦の挫折、及びそれに続く趙紫陽へと総書記職の継承と、政治的な力関係の変遷に揺さぶられながらも、全体的な議論の趨勢は、一九八九年にかけ、アジア的生産様式論争の継続に有利に働いたとはいえないまでも、少なくとも不利なものではなかった。それゆえ、八六年から八八年にかけ、少なからぬ論文が発表され、一九七九—八二年以来の論争の継続とでもいった印象がつくられることになった。

まずは、この時期の主要な論客といえるのは、T. Brook 編（1989）で翻訳が掲載されている柯昌基、宋敏、胡鐘達、祁慶富、馬欣、蘇開華らである。

i　原始社会説

この時期、前期（一九七九—八二）に比べれば、かなり大勢を占めているという印象を薄くしている。独自の社会構成論に比べて、主流派であるかれらはイデオロギー的締め付けの時期においては、あえて議論を起こす必要がないと考えていたのかもしれない。この時期において、原始社会説の支持を表明したのは、一九五〇年代からの古代史家である何茲全である。何茲全（1985）は他の原始社会論者と同様に、アジア的生産様式と東方専制主義の問題をはっきり分けて考えている。もし、分けなければ、原始社会説自体が成立しないからであるが、彼によれば、両者を関連させるような誤解のもとになったのは、アジア的生産様式（すなわち原始的な村落共同体）そのものと、その残留物（専制主義の基礎となった小農業と家内工業との結合）とを混同したためだとしている。さらに、マルクスが何故、原始社会の生産様式にアジア的生産様式と名づけたのかという疑問に対し、古代以前の歴史がアジアから始まったからだとし、それは考古学者が仰韶遺跡や龍山遺跡にちなんで、それぞれの時期を仰韶時期、龍山時期と呼んでいるのと同じく、古代的生産様式の前の生産様式の名称に、地名を借用しただけだと答えている。

この時期における原始社会説の中の異色ともいうべきは、蘇開華（1986）である。その論文は極めて短く、論旨も、『諸形態』の中のマルクスの一節に、人類社会の起点として遊牧生活があがっている点から、『経済学批判』「序言」において最初の生産様式としてあげられているアジア的生産様式こそ、遊牧社会の生産様式だと述べるものである。

ii　奴隷制説

この時期においても、一九七〇年代末から九〇年代初めにかけ、アジア的生産様式に関する十数本の論文を書いているように、宋敏の健筆に緩みはない。ただ、多数の論文を発表することによって自説を強力に展開している、という論争の在り方とは異なる。それだからこそ、独自の社会構成説の支持者ではない宋敏が、何故それほどまでにこの論争にこだわり続けるのか、十分納得する理由を認めることは難しい。

全般的にみて、奴隷制説にとって不利だったのは、学界（とくに古代史学界）の趨勢が、そもそも中国を含むアジア古代における奴隷制の不在に傾きつつあったからである。無奴学派ともいえる一群の研究者たちは、従来の原始社会→奴隷制→封建制といった歴史図式のなかの、奴隷制の存在に疑問をもち、八〇年代以降、次第に批判を強めつつあった。アジア古代における奴隷制の不在が常識化すれば、アジア的生産様式とは奴隷制のことである、ということも同時に、存在の意義を疑われるのは当然のなりゆきであった。無奴学派から、有奴学派と名指しされている人々は、郭沫若、侯外廬、呂振羽など、従来からの学界の重鎮たちであり、公式教義である歴史発展の五段階論をあくまでも守る防波堤の役割を果たしているようにみえる。

この時期、一九五〇年代以来、古代史家として数多く著書を発表してきた呉沢も、奴隷説に立ち参戦している。呉沢は往年の侯外廬と同様に、アジア的、古代的、封建的、近代ブルジョア的と列せられた諸生産様式のなかで、古代 antik が実は古典古代であり、それゆえ、その前に置かれているアジアとは、古典古代以外の古代を表わすのだと考える(10)。さらに、『諸形態』における共同体的所有のアジア的形態と古典古代的形態が、類型として描述されており、さらにアジア的が、マルクスの著述のなかでは、古典古代と併記されているところもあるところから、アジア的と古典古代は、同じ古代に属し、アジア的所有制のもとにおいては「個人は所有者ではなく、占有者にすぎず、共同体の統一体の体現者の個人的な財産、すなわち奴隷である」との記述から、アジア的生産様式も、古代的な生産様式と同様に、奴隷制的な生産様式であると主張している(11)。

曹革成(1986)は、一八五九年、『経済学批判』「序言」におけるアジア的生産様式の本来の意味は、共同体的土地所有のもとでの家族奴隷制であり、それは後にエンゲルスによってアジア的古代は奴隷制であると強調されることになる、としている。マルクスは一貫して、原始的な社会といえども、階級社会及び国家のカテゴリーから考察してきたのであって、共同体的な所有は原始的であったとしても、階級社会の一つの構成要素であることを排除するものではない、と述べ、『諸形態』において、総括的統一体のもとでは共同体成員が無所有として現われ、かつ統一体の体現者のもとにおいては、彼の財産、すなわち奴隷として現われることを、その根拠としてあげている。曹革成は、「東方的普遍奴隷制」(東洋の総体的奴隷制)を、マルクス流の比喩としてではなく、字義どおり奴隷制として捉え、アジア的生産様式の本義は、土地共有(国有)のもとでの家族奴隷制であると結論づけている。

欒凡(1989)は、むしろ一九九〇年代以降に含めた方がよいかもしれない。というのも、彼の論文が発表された時期は、ちょうど八九年四月に始まった学生を中心とする民主化運動が、天安門事件を経て当局によって暴力的に弾圧される時期だからである。論文を書くには、当然、それまで研究の蓄積があるはずであり、その見解は少なくとも発表数年前から蓄積されたものであろう。だが、二十世紀社会主義のもと、このような政変においては、雑誌編集部は敏感に反応し、時期に合わせた対応をとるはずであり、欒凡(1989)も、そのようにして選ばれた可能性が高い。

欒凡(1989)が、当時、やや勢いを増していた独自の社会構成説ではなく、初期奴隷制説であることに、上記の可能性を感じるのは、行きすぎた判断であろうか。欒凡が、文末において、歴史発展の五段階論の科学性を問い、その問いに対し、明確にマルクス・エンゲルスが創立した唯物史観に適合したものだと回答を与えているとに、筆者の推断が間違いでないものであることを証明しているように思われる。

iii 仮説論（放棄説）

仮説論の提唱者、祁慶富はこの時期においてもアジア的生産様式概念批判の論文を発表している（祁慶富、1985）。その名もずばり「アジア的生産様式は科学的な概念ではない」というものである。原始社会説も仮説論も似たところがあるが、違いは原始社会説論者が一般的にアジア的生産様式概念は純化して原始社会の概念となったとするものであり、マルクスやエンゲルスが彼らの成熟期である一八五〇年代に築き上げた思考法や概念を変更した、というものではない。それに対し、仮説論（放棄説）は、本来は成熟期である一八五〇年に培ったはずの思考法や概念を変更した、と主張することによって、マルクスやエンゲルスもまたこの時期においてもまだ未熟だった、ということを言外にもらしているところに違いがある。それゆえ、仮説論はそれなりに理論的根拠をもっているはずであるが、二十世紀社会主義のマルクス主義を国是とする国家においては、あるいはマルクス主義教義体系を有する国家においては、仮説論を主張することは、一般にはそう容易なことではない。おそらく、異端の疑いのあるアジア的生産様式論を批判するという一点において、イデオロギー担当の党官僚たちから大目に見られていると考えられる。

祁慶富によれば、アジア的生産様式は、一八五〇年代には農村共同体を意味していた。農村共同体を離れては、アジア的生産様式を語ることができなくなる。ところが、コヴァレフスキーを読んだ後、農村共同体の所有の二重性を理解することによって、アジア的生産様式概念を放棄した、と従来の議論を繰り返している。実のところ、どうして共同体における所有の二重性の発見が、アジア的生産様式概念の放棄の理由になるのか、理解できない。おそらくは、私有の原理が共有の原理を打破することによって、農村共同体は私有制を土台とした二次的構成体に転化する、すなわち奴隷制や農奴制に転化する、すなわちアジア的生産様式の固有性は存在しない、という理由づけであろうか。それだとしても、アジア派の論客ならば、ロシアにおけるミールの例をあげ、アジア的社会においては私有制の優位を具現するような二次的構成体への転化は極めて難しいことを証明してしまうだろう。

少数民族の研究者である祁慶富は、シーサンパンナのタイ族社会の例をあげ、いかにアジア的生産様式概念が具体的な歴史社会に妥当しないかを力説している。ところが、興味深いことに、彼のあげる反証を読めば読むほど逆の結論を得るようになる。たとえば、シーサンパンナの首長である召片領（zhaopianling）が、土の主であること挙げながら、召片領が封建領主である以上、専制君主ではない、したがって、アジア的生産様式は妥当しないと言ってみたり、水利灌漑について、シーサンパンナではそれが極めて重要であることを認めながら、それは専制主義の原因ではない、なぜならば階級社会以前から水利灌漑はすでに存在していたからである、などと主張している点である。彼の思惑とは異なり、著者が例を挙げるごとに、アジア派ならば『諸形態』における共同体的土地所有のアジア的形態に関するマルクスの記述の格好の例であると理解できるのは、痛ましいというほかない。

シーサンパンナのタイ族首長である召片領は、まさしく土の主、水の主としての、総括的統一体の君主である。『諸形態』を読むならば、アジア的な所有に基づく社会のすべてが必ずしも、総括的統一体を形成するものではないこと、また総括的統一体の君主が専制君主となるか、それともより穏和なタイプの君主となるのかは、予め決定されていることではないことを理解しうるはずである。また、階級社会以前から水利灌漑が存在しているからこそ、共同体内部において無階級であっても、共同体のための必要労働あるいは共同体のための賦役労働を徴集し、それを指揮することによって、首長の権力が伸張し、小共同体の上に聳え立つ総括的統一体の君主に転化することが可能となるのである。それが、エンゲルス『反デューリング論』における階級支配形成の第一の道、共同職務機関の長から君主への転化である。それがどうして理解できないか、疑問に思わざるを得ない。

ただ、このシーサンパンナ首長制の例については、李埏や馬曜らが、シーサンパンナの歴史に、アジア的土地所有の存在を認めている。だがそれらを、少数民族研究者がどのように感じているか、特に少数民族出身の研究者たちがどう感じているのか、難しい問題が潜んでいる(12)。もっとも悪い想定をすれば、アジア的生産様式にもとづく社会であると認められることは、涼山彝族社会のように奴隷制社会であると認められる以上に遅れた社会であると規定されることになりかねないからである。土地私有さえもなかった社会という規定は、我々のような外部の人間にとって、かえってのどかなイメージをかき立てるものであるが、遅れた社会を指導しなければと、大民族が手ぐすねをひいてまっている社会においては、外から改革してやる必要のある救いようのないほど遅れた社会であるとの規定を拝するしかなくなる可能性がある。

祁慶富がどのような意図において、仮説論に固執し、さらに雲南の少数民族の例をあげて、アジア的生産様式概念の否定に躍起となるのか、子細にはわからないけれども、以上のような想定も、あながち間違ったことではないと考える。

李永采・魏茂恒（1986）は、マルクスのアジア的生産様式に関連する記述が、他のマルクスの概念——とくに資本主義——と比べ明確ではなく、未成熟なので、原始社会説、古代東方奴隷社会説、特殊社会構成説、永遠の封建制説、貢納制説、第六番目の生産様式説、農業共同体説などの、いずれの説も成立しえないとしている。

iv　独自の社会構成説

この時期、独自の社会構成説は、やや陣容の厚みをましたように見える。この派の代表ともいうべき呉大琨は、この時期、目立った活躍はしなかったけれども、相変わらず胡鐘達が健筆を揮い、新たに柯昌基、項観奇、馬欣、孫承叔・王東といった理論家たちが登場したからである。

胡鐘達（1988）はアジア的生産様式を論じたものではなく、歴史発展の五段階論を批判したものである。

柯昌基（1983）は、アジア的生産様式は、農村共同体というカテゴリーとして、原始社会末期から資本主義初期までの、長期にわたる存在であり、それが含む内容もかなり多く、それゆえマルクスはアジアの古代から中世を含む複雑な問題に触れざるを得なかったのである、と述べる。アジア的生産様式の特徴として、①一人形式の土地国有制、すなわち最高統治者による土地国有制、②農村共同体の長期存在、③総体的奴隷制の三つをあげることができる。①は西周期に全盛を迎え、北魏・隋唐の均田制において再生したように、最高統治者が土地を集中的に所有し、全国民の生計、命運及び前途を支配する大権をにぎることであり、それは人民にとって最大の不幸や災難となっている。③は、アジア的な農村共同体の成員が、名前は奴隷ではないが、実質的には奴隷であることをしめしており、その存在はアジア的古代から中世へかけての特有な歴史現象である。そして、それらの特殊性が、中国封建社会の長期停滞をもたらし、資本主義への発展を遅らせた原因なのである。

項観奇（1986）は、アジア的生産様式のなかには、共同体もあれば、国家もある。また共同体的所有があれば、剰余労働もある。共同体内の一定の平等もあれば、社会の中の一定の対抗性もある。だが、それらはみなマルクスの原意なのであると述べ、アジア的生産様式を共同体の側に帰属させ、国家をその外に除外するのは、マルクスの原意に背くと指摘している。穏当な指摘だと思う。

また、マルクスが影響を受けたヨーロッパ人の材料を出発点とすると、階級社会に残る農業共同体のいろいろなあり方から、共同体所有を抽象することは可能だが、原始社会を抽象することは不可能である。ここでは求めすぎてもならないし、また高く持ち上げてもならない。マルクスのイメージのなかのアジア的生産様式は二重の意味合いを帯びており、それらのどれか一方に偏することは、問題を解決不可能にすることである。この二重性がマルクスの思考のなかでどう結びつき、統一されていたのかを明らかにすれば、アジア的生産様式の解きほぐせぬ結び目を探しあてられる。というのも、そこから問題が始まっているからである、と。このような項観奇の論述の仕方自体が、従来からの論証のあり方と大きく違っていることに注目しなければならない。

孫承叔（1987）のアジア的生産様式論の特徴は、広義の意味と、狭義の意味との、二重の意味でとらえることを主張していることである。広義のアジア的生産様式は農業共同体の生産様式としてとらえた場合であり、狭義のアジア的生産様式は、アジア的所有制にもとづく生産様式としてとらえた場合である。とすると、自然経済のもとに、農業共同体の類型の違いに対応して、資本制に先行する諸生産様式としてアジア的、古代的、封建的な、三つの生産様式が存在することになる。また、孫承叔・王東（1988）は、アジア的生産様式論を中国独特の社会主義の道に結びつけている。目下の社会主義的発展の阻害物として、①古いアジア的生産様式の残余、②アジア的生産様式を基礎とするアジア的政治行為様式、③閉鎖的な生活様式、④崇古尊王、克己復礼、知足常楽、信奉天命などの儒教的な価値観、を挙げ、それらの克服が今後の社会主義建設にとって、改革開放の進展にとって必須であることを強調している。

4 各説の特質

以上、文革後の、とくに改革開放後のアジア的生産様式論争に参戦した主要各派、各潮流の、議論の内容を紹介してきた(13)。以下、これら代表的な学説の長所と短所を挙げてみよう。まず、なにゆえ、中国において、原始社会説が主要な学説であったのであろうか。たしかに、論争後半においては、前半ほどの厚みを失ったとはいえ、やはり原始社会説は、郭沫若以来のもっとも中国らしい見解であった。原始社会説の強みは、①二十世紀社会主義諸国において、権威ある二つの発展図式をともに満足させられるのは原始社会説のみである、ということにある。二つの発展図式とは、いうまでもなく、マルクス『経済学批判』「序言」における、アジア的→古代的→封建的→近代ブルジョア的生産様式、そして、一九三八年のスターリン『ソ連共産党小史』（『弁証法的唯物論と史的唯物論』）のなかの、原始社会→奴隷制→封建制→資本主義→社会主義、いわゆるスターリンの公式であり、歴史発展の五段階説ともいわれるものである。従来、二十世紀社会主義においては、二つの発展図式のうち、後者を教義としていた。当時の最高指導者によって、マルクス・エンゲルスの言説が解釈されたのである。各国党がコミンテルンの支部である以上、スターリンの威信は絶大であり、その言説は即、真理であり、マルクスのそれがテキスト・クリティークの対象であったのとは対照的であった。だが、スターリンの死後、とくに脱スターリン化とともに、スターリンの公式に対する疑問は深まっていく。それに反比例するようにマルクスの発展図式の再検討が始まる。だが、日本においても、中国においても、マルクス主義者の間では、歴史発展の五段階論は強い影響力を持ち続けた。二つの発展図式を矛盾なく統一して理解する見解として、原始社会説が保守派の理論家から常に提出されてきた理由もそこにある。だが、この説では、マルクスのアジア的社会論にみられる、共同体的土地所有にもとづいた、孤立した小共同体と、その小共同体の上に君臨し、さらにそれを睥睨する総括的統一体もしくは専制国家、といった一見矛盾する存在を統一して理解することは不可能である。その矛盾を避けるため、原始社会説の論客のなかには、原始社会の最後の段階であることを強調するものもあるが、それでも矛盾は解消しない。共同体だけを取り上げ原始社会説を打ち出せば、総括的統一体や専制国家（専制君主）を棄てざるをえなくなる。その結果、そのような矛盾した構造からなるアジア的社会論などということも、認めることは不可能になる。そうなれば、どうしてマルクス及びエンゲルスは、一八五〇年代初めから、幾度となく、上記の同じ問題に繰り返し取り組んだか、相似た叙述を繰り返したのかを理解することは不可能となる。

だが、だからこそ、原始社会説が存在する、ということも言える。というのも、原始社会説は、アジア的社会がヨーロッパとは異なった特殊な社会であり、異なった歴史法則をもっている、などといったアジア的社会論そのものを認めない傾向が強い。郭沫若や田昌五が強く懸念するのは、中国の歴史に、ヨーロッパの歴史とは異なった特殊な規定が押し付けられることである。そこに、彼らが歴史法則の普遍性を主張したゆえんがある。そして、それは毛沢東を始めとする中国のコミュニストによって強く支持されてきた。なぜならば、中国革命の実践は、特殊な歴史によって生み出されたのではなく、きわめて普遍的な性質を備えたものであった。それゆえ、マルクス主義の適応が可能となったのであり、また、彼らの実践が他の国家や民族によって、学ぶに値するものであることを保証しうるのであった。もし、彼らの歴史コースと革命的実践が行われた社会が、他の諸国家や諸民族と異なったものであったら、どうして、他の国（たとえばロシア）の実践を学ぶことができたのであろうか。あるいは彼らの成功した革命を、他の国々や民族が学ぶことができるであろうか。

それゆえ、原始社会説論者は、まず、アジア的社会の特殊性を強調する独自の社会構成説を強く批判する。

また、同じく、アジア的社会の独自性に強く留意している古代東方型奴隷制説を批判する。それが、たとえ未成熟な奴隷制とか初期奴隷制と名称を変えても、容赦することはない。何故なら、未成熟な奴隷制や初期奴隷制と名前を変えたとしても、アジアの奴隷制が成熟し、あるいは初期から後期へと発展したり、あるいは、さらにその後、西欧的な封建制へと転化していく見通しはないからである。つまり、この奴隷制は古典古代の奴隷制とは異なり、未成熟のまま、封建制へと転化するしかない奴隷制なのである。これは、形を変えた、アジア的生産様式論であり、アジア社会特殊論である、と原始社会論者がみなしたのは当然であった。

それに対し、奴隷制説の長所は、何よりも、歴史発展の五段階説にほぼ妥当し、さらにマルクスのアジア的社会論とも何とか折り合いがつく、という点にある。だが、これを『経済学批判』「序言」の発展図式にあてはめると、アジア的（初期奴隷制）→古代的（奴隷制）→封建的→近代ブルジョア的、となり、慎重なマルクスが、如何に性質が異なるとはいえ、奴隷制段階を発展図式の上に二つ並べているという、そのダサさ、不格好さが気になってくる。このダサさや不格好さは、別にマルクスやエンゲルスのものではなく、後に、スターリンの歴史公式に合わせて、強引に解釈されたがゆえに生まれた、ダサさ、不格好さである。それゆえ、スターリンの死後、その呪縛が解けるや、急速に信奉者を失っていく。さらに、一言でいえば、古代東方型奴隷制(14)にせよ、初期奴隷制にせよ、強引にアジア的社会を自ら発案した歴史公式のなかに組み入れ、しかも、そのなかでは、主流ではなく、脇に逸れた歴史コースをあてがうという点において、ロシア人の中国人に対する位置関係をも象徴している。それゆえ、郭沫若や田昌五など、中国の歴史家が強く反発したのも当然であった。

仮説論は、マルクスのアジア的社会論の展開を、成熟ととらえる。つまり、一八八〇年代のマルクス・エンゲルスあるいはエンゲルス『起源』をマルクス主義の創始者たちの歴史理論の最高峰と見なし、それ以前の、とくに一八五〇年代のマルクス・エンゲルスのアジア的社会論を未熟と断じ、それらはみな、最後期の成熟したマルクス・エンゲルスによって廃棄されたあるいは克服されたと主張している。この仮説論は、エンゲルス『起源』のなかにおいて、まったくアジア的社会論に関して論及がないという点において、マルクスとエンゲルスを一体のものとみなすかぎり、強い根拠を持っている。だが、マルクスとエンゲルス一体説が揺らぎ、

『起源』がすぐれた人類学的著作でもなく、したがってマルクス主義の創始者たちの最高の歴史理論の著書でもないことが知られるようになった現在、説得力をもっていない。また、二十世紀社会主義諸国において、アジア的生産様式論キラーとして有力なこの仮説論が支持者を見出さなかったのは、仮説論がその核心において、教義としてのマルクス主義に不適合だったからである。つまり、二十世紀社会主義諸国は、その教義をマルクス・エンゲルスに負っていた。かつ、マルクス・エンゲルスの理論的な無謬性に強く依存していた。仮説論はその無謬性を損なうものであった。反アジア的生産様式論として有力であったはずの仮説論が、アジア的生産様式論追い落としにおいて大きな役割を果たしたにもかかわらず、なにゆえそれ以後、歴史理論の主流となり得なかったのか、それによって理解しうるはずである。

東方型封建制論には根本的な欠点がある。というのも、もしアジア的生産様式＝東方的封建制とすると、『経済学批判』「序言」の発展図式は、アジア的（東方的封建制）→古代的（奴隷制）→封建的→近代ブルジョア的、となる。この図式がもつ違和感は否定しようがない。つまり、東方的封建制→奴隷制への転換を説明しなければならないからである。それゆえ、奴隷制を跳び越えるか無視するかして、アジア的社会は原始社会の崩壊以後、近代社会に至るまで、ずっと封建社会であったとせざるを得なくなる。論敵から永遠の封建制論と揶揄された所以である。

中国のアジア的生産様式論においては、ごく少数の支持者しか見出さなかった永遠の封建制論だが、実際の中国古代史学界においては、状況は一変する。改革開放後、中国史における奴隷社会の存在を否定する「無奴学派」が登場し、次第に勢いを増し、ほぼ大勢を占めるにいたったが、なかでも張広志は、周代封建制を越え、殷代においても封建制に類似した社会にあったと主張している。すなわち、殷代における初期国家ないし階級社会の成立後、近代にいたるまで、ずっと封建社会であったということになる。それは、逆にいえば、資本主義以前の階級社会を区分する種別性を見い出し得なかったということを意味する。封建制に似た社会、あるいは、ゆるやかな封建制ともいうべき殷代、周代封建制、秦漢から清代までの専制主義国家、これらをただ封建制と呼ぶだけだとしたら、それは規定ということばに反することになる。むしろ、区分しえなかった、あるいは規定しえなかったから、すべて封建制と呼ぶしかない、ということであろう。もし、アジア的生産様式論者であれば、それらをアジア的生産様式の社会と呼ぶであろう。アジア的生産様式論において、総括的統一体概念によって、首長制社会や初期国家社会から、専制国家まで包み込んでしまうからである。

最後に独自の社会構成説である。独自の社会構成説は、二十世紀社会主義の教義としてのマルクス主義と衝突する。社会主義の祖国ソビエト・ロシアの党が、他のすべての党を指導できるゆえんは、その革命が普遍的な歴史的任務を遂行したことによる。歴史における普遍性を体現したのがロシア革命であり、ロシアの党であった。普遍性を体現しているがゆえに、ロシアの党は、他の国々の党を指導できるのである。ソ連党の指導者は、諸民族の党や現地の指導部よりも、真理を体現し、その現地の党に与えた方針は、現地の党がたてた方針よりも正しいとされた。もし、独自の社会構成を内容とするアジア的生産様式論が正しいとすれば、アジア的社会の党の方針は、アジア的社会の党が立てなければならなくなる。ソ連党指導部の立てた方針が、アジア的社会の党が立てた方針よりも正しいとは言えなくなるからである。それゆえ、ロシアの党は、アジア的生産様式論を葬り去った。それは、中国の党にとっても同じであった。アジア的生産様式論にせよ、古代東方型奴隷制にせよ、そのような諸説は、すべて中国史および中国革命に特殊な性格を押し付けるものであり、中国革命の普遍性についての認識を損なうものであったからである。

さらに、アジア的生産様式論における共同体的土地所有にもとづいた、小共同体と専制国家の組み合わせは、国有にもとづいた、コルフォーズと党及び最高指導者の全体主義的支配のイメージを暗示しており、スターリンらが、自らの支配の正当性に疑いを抱かせる可能性のあるアジア的生産様式論を嫌悪したとする議論は、一定の根拠をもっている。

本来のアジア的生産様式概念は、たしかにアジア的社会の特徴をよく捉えているが、それは、そのように規定された社会に住む人々、そこで抑圧や搾取に闘いを挑んでいる人々に説得力をもつことを保証してはいない。というのも、アジア的生産様式概念の諸エレメントは、当該社会に住んでいる人々にとって、不快なもの、屈辱的なものである可能性が高いからである。たとえば、中国やインドのマルクス主義者にとって、アジア的生産様式概念における、土地私有の不在は、彼らの歴史認識からいっても、受け入れ難いものであった。アジア的生産様式と規定された当該社会において、それを受け容れることこそが、すなわち停滞しているということ、小共同体の上に聳え立ち、それを睥睨している専制国家に統治されているということ、それは革命を促す根拠や動機にもなりうるが、そのような革命への意志を挫いてしまうこともありうる。また、他の国々、諸民族を、停滞していると名指しすることは、往々にして、それらの地域や民族を侵略する口実とされてきた。アジア的生産様式論もそのように利用された歴史をもっており、アジア的生産様式論＝アジア的停滞論といった負のイメージはいまだに消えていない。

5　小括――一九八九年以降へ向けて

一九七九年以降の、十年にわたる論争を通じての印象としてあげられるのは、最初期には優勢であった原始社会説が、その後、それほどふるわなくなり、当初、圧倒的な少数派であったはずの独自の社会構成説が、ともかく消滅もせず、保守派のイデオロギー的な締め付けの時期を含めて、意外にも支持者を増やし、さらに初期奴隷説、未発達の奴隷制説、あるいは古典古代と並行したアジア的古代の奴隷制説らが、最後まで少数派で終わり、仮説論も、同様に少数のままに推移し、最後に封建制説はほとんどごく少数の支持者しか見出さなかったという事実である。

それほどサンプル数が多くないので、決定的なことはいえないが、一九八〇年代を通じて、アジア的生産様式論の支持者が緩やかに増えていったということは、事実として指摘しておかなければならない。これをどのように考えればよいのだろうか。

これと同時期、アジア的生産様式論と強い関わりを持つ議論が並行して行われていた。一つは、奴隷制論争であり、さらに一つは封建社会長期停滞論争であった。奴隷制論争は、主に、中国史のうえで、奴隷社会が存在していたかどうかが問われた。上述のごとく、中国史における奴隷社会の存在を否定する人々は「無奴学派」と呼ばれたが、公式説である郭沫若説に挑戦し、次第に勢力を増していく。今となっては単なる学術上の議論であるが、当時は公式説に挑戦するというのは、いわゆるスターリンの歴史発展の五段階説に挑戦することを意味し、極めて勇気のいる、リスクの高い行為であった。

筆者と同じように、この時期のアジア的生産様式論争に関心を抱き、その見解を公表しているJ.Rapp（1988）は、独自の社会構成を主張するアジア的生産様式論者たちが、微温ながら、改革派指導部の支持を受けていたことを明らかにしている。だが、その支持は、党の代表的イデオローグであった胡喬木、鄧力群などの反撃を跳ね返せないほど微温なものであった。かりにこれらのグループをアジア派と呼べば、このアジア派は、文革に顕著に見られるような、伝統中国社会の古い政治システムを恣意的なデスポティズムとして描き、さらに経済システムについてその恣意的なデスポティズムや官僚主義的統制により経済的な停滞を克服できなかったことを挙げ、経済改革や政治システムの穏やかな民主化を主張するかぎりにおいて、改革派にとっては、故毛沢東の権威にすがり何とか権力の維持をはからんとする保守派、守旧派との対抗上、望ましい存在であったであろう。だが、もしアジア派の知識人がそれ以上のことを望めば、すなわち、毛沢東の個人崇拝批判や林彪や四人組批判をさらに進めれば、共産党指導体制そのものへの批判になりかねなかった。そのようなことは、改革派指導部とはいえ対処不可能であり、そうなればアジア派の存在そのものが重荷になりかねなかった。独自の社会構成を主張するようなアジア的生産様式論者たちは、一九四九年以降、つねに危うい立場にたっていた。その危うさは、文革が終ったからとはいえ、消えたわけではなかった。

一九八一年四月、当時、社会科学院近代史研究所副所長黎澍の助手をしていた何新は、天津で開催されたアジア的生産様式学術討論会に参加するにあたって、若い何新の将来を心配した黎澍から、アジア的生産様式は政治的に微妙な問題を含んでいるので、「お前は耳だけで参加しろ、発言はしてはならない」と厳しく釘を刺されていたにもかかわらず、討論に参加し発言したばかりか、アジア的生産様式はアジア的な特殊性を反映させた概念だと、とうとうとまくしたて、北京に戻った後、黎澍の叱責を受け、黎澍のもとを去らざるを得なくなる(15)。だが、この何新の件はアジア的生産様式論の別の面をも表わしている。黎澍が心配したのは、過去に実際にそれに類したことがあったからであった。それゆえ、論争参加者は思わぬそのとばっちりを食う可能性があること、そして、アジア派はことのなりゆきによっては、政治生命を危うくする可能性があると、心配するのは当然であった。だが、若い何新の行動からは、別の面が見えてくる。それは、すでに毛沢東の時代のような全てを超越するような権威が存在しない以上、マルクス主義諸学の論争は不可避であり、さらにその論争は政治と直接かかわらない限り、もはや権力者の一声で、結論がでてくることもなくなっていた、という事態に関係している。たしかに、イデオロギー担当の党官僚はまだ権力を持っており、一九八三年、精神汚染排除キャンペーンを発動させたのも彼らであった。だが、そのようなイデオロギー締め付けも、たとえば先ほどの何新が、黎澍のもとを去った後も、何新を招き彼に研究活動を続けさせる中堅指導者がいたように、すでに圧倒的なもの、全般的なものではなくなっていた。そこから、何新などのような挑戦者たちにもチャンスが生まれてくる。

中国がマルクス主義を国是としているかぎり、教義を守る必要がある。改革開放以後は、その教義を時期に即応しつつ、適宜更新する必要がでてきた。教義は以前ほど、体系立ったり、包括的であったりする必要はなくなったにせよ、一定のものは揃えておかなければならなかった。国内で足りなければ、国外から調達する必要があった。ソ連のマルクス主義が創造性を失って久しい以上、学ぶべきは、西欧から、すなわち西欧マルクス主義から学ぶ以外になかったのである。外国語を学ぶものの強みがそこにあった。ウォーラーステインだろうが、アルチュセールだろうが、フランクフルト学派だろうが、ローザ・ルクセンブルクであろうが、ベンヤミンだろうが、それらはいずれもそのような知識人の知的源泉であり、彼らはそれを自らの体験や体感に重ね合わせ、伝統思想や時代の意識と融合させ、なにがしかの思想を生み出したのである。もし、その生み出した思想が、政治的権威に挑戦するものでないかぎり、世に流布し、時にはもてはやされる可能性があった。改革開放が進み、様々なもの、商品や情報が海外から持ち込まれるなかの出来事であり、同じプロセスの一部であった。以前であれば、そのようなことは不可能であるか、たとえ可能であっても政治的にあまりにリスクが高く、誰も行おうとするものがなかった。だが、一九八〇年代には、そのような行為はリスクが高くとも、行う価値が出てきたのである。何よりも、西欧マルクス主義がいかに中国マルクス主義と異なっていようとマルクス主義には違いなく、西欧マルクス主義者が引用するマルクスは、また中国のマルクス主義者が引用するマルクスと同じマルクスであるということに、最大のメリットがある。西欧マルクス主義に則って、あるいはその刺激を受けて書かれた著書の、マルクスの引用は、その引用の仕方に違いがあっても、マルクスには変わりなく、イデオロギー担当者たちはそのことに疑いをはさんだり、異議をはさんだりすることは不可能である。まして、マルクス主義者どうしの厳しい競争（批判や反批判）、あるいは他の類似諸学との厳しい競争に耐えてきた西欧マルクス主義者の理論や著作は、イデオロギー担当者にとって、「とにかく国外からの輸入物はまがいものだから駄目だ」と批判する以外に手はなく、彼らはそれを従来の決まり文句を用いて裁く以外に対処できなかったのである。実際に、彼らがしたことは、一九八〇年代初めに起こった「疎外論」をめぐる論争や、アジア的生産様式論争を、精神汚染排除キャンペーンの餌食にすることであった。

アジア派について言うと、呉大琨はウンベルト・メロッティを中国に持ち込むことで、先の若者たちや成り上がりと同じことをやったのである。ただ、呉大琨は、何かこれで一山あててやろうなどという山師的動機から始めたのではなく、研究者としての彼のキャリアのなかから、かなり必然的なプロセスとしてそれを行なったのである。メロッティはイタリアのマオイストであったともいわれる。おそらく、それが昂じて、文革中、中国にまでやってきたのだろう。保守派の激しい反発や敵意のなか、メロッティの急進的なアジア的生産様式論が、少なくとも多くの人々の話題にのぼり、知的な刺激を与えた（沈長雲）のも、八〇年代がすでに、もとに戻ることのない、毛沢東の時代とは別の時代に入ったことを示していよう。

これらを西欧マルクス主義の受容と呼ぶことはできない。もし、受容であるならば、受容した側は、たとえ部分的であれ、西欧的な原理の導入を構想しなければならないからである。また、中国側が言っているような西欧マルクス主義の中国化ということもできない。部分的な例外はあれ、大方は知的な装置として便利に利用されているといった方があたっていよう。

では、この時期のアジア的生産様式論争は如何なる意味をもっていたのであろうか。一九七九年、アジア的生産様式論争が始まった時、その議論の内容は、極めてシンプルなものであった。一九八一年の天津における討論の主要な論客（『中国史研究』一九八一年第三期）の報告を、一九七九年の論客たちの論文と比較すればただちにわかることである。つまり、論争参加者が飛躍的に増え、論争のレベルが上がるにつれ、シンプルな構成、決まり文句を羅列する論文に代わって、テキスト・クリティークを踏まえた論述が少しずつ増えていく。また、国外の研究成果を吸収したものも、これまた少しずつ増えていく。一九八三年の精神汚染キャンペーン期の挫折はあったとしても、アジア的生産様式に対する関心は、理論家、歴史家たちから失われることはなかった。

ただ、これらの関心は、制度的なものに支えられたものでもある。というのも、中央のみならず、各地（省、市など）に、理論工作者がおり、各大学や社会科学院などの学術機関はみずからその種の理論工作者を抱えると同時に、そのような理論工作者を育てている。つまり、そのような理論家、理論工作者の任務として、マルクス主義教義の維持、更新が組み込まれているのであり、その任務の遂行として、定期、不定期に、主要なテーマについて論文や報告の類が書かれ、発表されるのであり、そこから予想できるとおり、そこに創造性や想像性が期待できるわけではないからである。彼らのほとんどは、自らの任務の遂行として、さらに今後のチャンスを求めて、その種のものを書き、発表している（それゆえ、現に今もなお、アジア的生産様式に関する論文は、毎年、多数発表されている）。そうである以上、優れた学術機関に属していたとしても、あるいは学術の装いにたけていたとしても、そこで発表されるもののほとんどは、体制に対する奉仕でしかないことを知るべきであろう。アジア的生産様式論は、本来、テーマとして、過去の異端の疑いゆえに、そのような役割からほど遠い存在であった。体制擁護のためには、むしろアジア的生産様式論を批判しなければならなかった。アジア的生産様式など、むしろ今さら議論するに値しないとする態度がもっとも安全であった。だが、過去のようなアジア的生産様式概念への懸念が薄まり、ある程度見慣れてくると、アジア的生産様式論は別な居住まいを見せるようになっていく。中国革命が自らを歴史的普遍の体現者として登場させたがっていた時、その面において、アジア的生産様式論に発揮できる役割はなかった。事実は、まったく、その逆であった。ところが、改革開放後の経済発展により、他の先進国とは異なった政治体制、経済体制を理論的に擁護する必要が出てきた時、アジア的生産様式論を体制擁護へと動員するチャンスが訪れる。

ただ、一九七九—一九八九年の十年間において、そのような局面はまだ訪れていない。一九九〇年代に、中国の理論界に登場する新星たちは、この時点ではおそらくアジア派の一翼として、その穏健な見解を発表していたのだと思われる。アジア的生産様式論者たちは、民主化を目指す知識人の一翼であった。だが、民主化運動が挫折した後、彼らは、挫折を受け入れ、その主張は、現状の体制を肯定・擁護する東方社会論として、再出発することになる。

[注]

(1) 福本勝清(1982)には、当時、留学中の、筆者が集めた五七の関係論文のリストが記載されている。

(2) T.Brook(1989)に翻訳・掲載されているのは、呉大琨(1980)、柯昌基(1983)、趙儷生(1982)、《世界史上古史綱》編写組(1980)、朱家楨(1982)、王敦書・于可(1980)、祁慶富(1985)、宋敏(1986)、蘇開華(1986)、胡鐘達(1981)、馬欣(1987)の一一編である。同書巻末の文献リストには一九七八年以降一九八八年までに発表されたアジア的生産様式論争に関する一二六本の論文(討論会報告を含む)が掲載されている(リストには一二七本が掲載されているが、重複があるため、一二六本となる)。

全体としての論文(討論会の報告を含む)発表数の流れをみると、一九七八年:二本、七九年:八本、八〇年:一八本、八一年:三四本、八二年:一五本、八三年:一四本、八四年:七本、八五年:五本、八六年:九本、八七年:一二本、八八年:二本、となる。やはり、一九八一年四月の天津におけるアジア的生産様式学術討論会の前後に、多くの論文が集中して発表されている。文革後、おそるおそる、慎重に始まったアジア的生産様式に関する議論が、次第に多くの理論家や研究者の関心を呼び、急速に高揚していく様子が、その数字から窺える。結局、この論争の高揚が胡喬木や鄧力群など保守派を代表するイデオローグの注意を惹き、論争に強いブレーキがかかることになったと考えられる。

(3) 論争初期、とくに最初期の論争を丁寧に紹介したものに、Esser(1982)がある。そこで取り上げられているのは、胡徳平(1980)、志純・学盛(1979)、羅碧雲(1980)、編写組(1980)、祁慶富(1980)、于可・王敦書(1979)、宋敏（1979）、同（1980）、呉大琨（1980）の九編である。

（4）他にも、混合社会説、経済学的カテゴリー説など幾つかの見解が発表されているが、主要には上記の諸説によって、大方の論調を代表しうると考える。

（5）たとえば「古代アジア的・古代的・等々の生産様式においては、生産物の商品への転化は、したがってまた、商品生産者としての人々の定住は、従属的な役割――といっても、これは、共同体がその崩壊の段階にはゆけばゆくほど、ますます重要になる――を演ずる」（長谷部文雄訳『資本論』第一部）の一節のなかの、共同体の前に、エンゲルスは「原始」と付け加え、さらに、「かの古代の社会生産有機体は、ブルジョア的なそれより非常に簡単であり、透明であるが、しかしそれらは、ほかの個々の人間との自然的種族関係の紐帯からまだ離脱していない個々の人間の未成熟にもとづくか、さもなければ、直接的な支配＝および隷属諸関係にもとづいている」（同上）という箇所における「ほかの個々の人間との自然的種族関係の紐帯や隷属諸関係」が、「原始部族共同体のなかでの紐帯や隷属諸関係」であるかのように書き改めており、アジア的生産様式が原始共同体の時代に属することは明らかである、と（志純・学盛、1979）。

（6）論文執筆時（二〇一一年初）、胡徳平（1980）を入手することができなかった（その後入手）。しかし、同論文はEsser（1982）に詳しく、かつ丁寧に紹介されており、本論の胡徳平に関する記述は、それによっている。［なお、胡徳平（1981）の執筆者名は、中国歴史博物館胡徳平である。胡耀邦の長子胡徳平も、文革後の一時期、中国歴史博物館に所属していたことがある。同一人物であろう。］

（7）この場合、宋敏の念頭にあったのは、メロッティ『マルクスと第三世界』における、多系的な発展図式であろう。なお、プレハーノフの『史的一元論』以来、一元論、二元論という用語の理解については、マルクス主義者は、共通の認識を有していたはずである。歴史発展の一元論的な理解や説明は、歴史発展の多系的な発展の構想と矛盾するものではない。ただ、一九八〇年代、あるいは九〇年代以降、多元的な理解や説明を容認するマルクス主義者が登場してきている。

一般にマルクス主義的歴史観の原理と見なされてきた、人間の物質的生産の諸条件の発展から政治、文化、精神らの変化を説明する一元論から、上部構造の下部構造に対する自立性を主張する多元論の登場がそれである。この場合の自立性とは、以前のような上部構造の下部構造に対する相対的な自立性ではなく、明確な自立性である。

（8）ニキフォロフ「アジア的生産様式概念と現代ソビエト史学」および「中国社会経済体制に関するソビエトの歴史家たちの論争」、いずれも福冨正実編『ソ連におけるアジア的生産様式論争の復活』（未来社、1969）所収。

（9）秦暉「教澤与啓迪、懐念先師趙儷生教授」『南方週末』http://www.infzm. com/content/6784

（10）侯外廬が本当に古代東方型奴隷制の支持者であったのか、アジア的古代を古典古代とは異なるとはいえ、一種の奴隷制として考えていたのか、今日ではそれを知ることはできない。彼は、アジア的生産様式論者であった。ということは、ソ連におけるアジア的生産様式論の途絶以後、アジア的生産様式論者が生き残るためには、それを純粋な形で表現するのではなく、別の形をとらざるをえなかった可能性を考える必要がある。すなわち、自由に表現できたとしたら、侯外廬は、アジア的生産様式を一種の奴隷制に擬する必要はなかったと思われる。一九八〇年代以降、侯外廬のアジア的生産様式論を継承した感のある呉大琨が、奴隷制説に縛られていないのは、その表れであるともいえる。

　侯外廬より、少し前の時期、早川二郎も同じ立場に立たされていた。彼が過渡期の生産様式論を主張せざるを得なかったのは、レニングラードの討論会以降、独自の生産様式説が主張し得なくなったことに、大きな関わりがあった。原始社会から最初の階級社会である奴隷制にもとづく社会は、アジア的社会においては、成立しなかったと考える早川二郎は、その原因として、アジア的社会における原始社会から階級社会への過渡期において、貢納制が独自な役割を果たし、それに基づいてアジア的な最初の階級社会、アジア的封建制が成立した、と主張した。このような過渡期の構成体としての貢納制の役割については、第二次アジア的生産様式論争において、バヌやゴドリエが注目しており、早川の発想が優れたものであったことを示している。

　かくして、一九三〇年以降のアジア的生産様式論においては、つねに、論者たちが、党（ソ連共産党や中国共産党のような知識人に強い影響をもつ革命政党）の教義に縛られていたということを考慮にいれざるをえない。第二次論争以降においても、その事情は、ある程度緩まったとはいえ、そのような党の教義との関連を無視して、論者たちが思いのままに意見を開陳し得たと考えてはならない。党から処分される恐れのない国々においても、同僚や友人を失う危険性はつねに存在したのである。そのような可能性がなくなったのは、それぞれの国々によって異なるであろうが、社会主義をいまだ自称している社会を除いて、一般的には、一九八九—一九九一年以降のことであった。すなわち、マルクス主義が、革命党の下僕でなくなり、マルクスの思想の探求が、マルクス自身に問う以外の、如何なる意味合いもなくなってからのことであった。

（11）**T.Brook**（1989）巻末の文献目録によると、呉沢はこの時期、アジア的生産様式に関する三本の論文を書いている。だが、筆者の手元には、これらの論文をまとめ、一冊の著書にまとめた『東方社会経済形態史論』（一九九三年）があるのみであり、リストに掲載されている個々の論文名と、同書の各章との関係が不明であるので、呉沢の見解については、これ以上の言及はしない。

（12）雲南をフィールドとする人類学研究者である和少英（1987）は、祁慶富のシーサンパンナとアジア的生産様式の関わりについての理解に対し、微妙な表現であるが、おそらく筆者と同じような感想を持ったことを述べている。

（13）主要な論客のなかで、本論で取り上げることができなかったのは、王逸舟である。王逸舟については、J.Rapp（1988）に言及があり、高く評価されている。なお、J.RappおよびT.Brookは、王逸舟（Wang Yizhou）をWang Mian danと誤記している。おそらく王免丹であると誤解したのであろう。

（14）この古代東方型奴隷制は、初期奴隷制、未発達な奴隷制、普遍奴隷制らとともに、アジア的社会（東方社会）の歴史発展の固有性、特殊性を説明するとともに、ともかくも奴隷制の一つの型、タイプにすぎないことを明示していた。すなわち、古代東方型奴隷制に属する社会もまた、原始社会→奴隷制→封建制→資本主義→社会主義へと発展するものとみなされ、他の諸民族、諸国家と同様の、歴史発展の普遍性のもとにあると考えられていた。古代東方型奴隷制論はアジア的生産様式論を否定しながら、アジア的生産様式論が意図したアジア的社会の固有性、特殊性をも説明しようとした、いわば便利な理論であった。

（15）何新《何新談話録：我的思惟之路（之五）——初弄時期》、http://www.wyzxsx.com/Article3/Class17/201008/174594.html。なお、何新はアジア的生産様式学術討論会を一九八二年春、と記憶違いをしている。

［文献リスト］

馬克垚「学習馬克思論東方古代社会的幾点体会」『北京大学学報』第二期　一九七八年

志純・学盛「怎様理解馬克思説的〝亜細亜生産方式〟嗎？」『世界歴史』第二期　一九七九年

于可・王敦書「試論〝亜細亜生産方式〟」『吉林師大学報』第四期

宋敏「従馬克思主義的発展看〝亜細亜生産方式〟——与志純、学盛同志商榷」『吉林師大学報』第四期　一九八〇年

呉大琨「関於亜細亜生産方式研究的幾個問題」『学術研究』第一期

廖学盛「関於東方専制主義」『世界歴史』第一期

于慶和「関於亜細亜生産方式問題」『吉林師大学報』第一期

祁慶富「〝亜細亜生産方式〟指的是原始社会嗎？」『世界歴史』第一期
《世界上古史綱》編写組「亜細亜生産方式——不成為問題的問題」『歴史研究』第二期
羅碧雲「亜細亜生産方式的討論以及我対它的理解」『中山大学学報』第二期
王敦書・于可「関於〝亜細亜生産方式問題〟的幾個問題」『南開史学』第二期
劉夏明・許浩明「関於亜細亜生産方式及其有関概念的探討」『安徽大学学報』第三期
胡徳平「馬克思対亜細亜生産方式的提出研究和結論」『社会科学』第五期
宋敏「《亜細亜生産方式——不成其為問題的問題》一文質疑」『歴史研究』第五期
余樹声「関於亜細亜生産方式的問題——与呉大琨同志商榷権」『学術研究』第五期
田昌五『古代社会形態研究』天津人民出版社
一九八一年
呉大琨ａ「関於亜細亜生産方式的研究」『馬克思与第三世界』前言　一月
張亜芹・白津夫「亜細亜生産方式研究的方法論問題」『学習与探索』第一期
龐卓恒・黄思駿・田樹生・于可「〝亜細亜生産方式〟学術討論会紀要」『中国史研究』第三期
呉大琨ｂ「従広義政治経済学看歴史上的亜細亜生産方式」『中国史研究』第三期
胡鐘達「試論亜細亜生産方式兼評五種生産方式説」『中国史研究』第三期
周自強「是六種生産方式、還是五種生産方式？」『中国史研究』第三期
黄松英「亜細亜生産方式是東方諸国的奴隷占有形態——兼与《世界上古史綱》編写組的同志商権」『中国史研究』第三期
龐卓恒・高仲君「有関亜細亜生産方式幾個問題的商権」『中国史研究』第三期
田昌五「亜細亜生産方式問題的問題」『中国史研究』第三期
王敦書・于可「再談〝亜細亜生産方式〟問題——兼与持原始社会説的同志商権」『中国史研究』第三期
蘇鳳捷「関於社会形態問題的質疑和探索」『中国史研究』第三期
林甘泉「亜細亜生産方式与中国古代社会——兼評翁貝托・梅洛蒂的《馬克思与第三世界》対中国歴史的歪曲」『中国史研究』第三期
田人隆「建国以来亜細亜生産方式問題討論総述（附論文目録）」『中国史研究』一九八一年第三期
詹義康「試評奴隷社会両階段論和両類型論」『江西師院学報』第四期

姜洪・江于「馬克思在晩年放棄了〝亜細亜〟這一概念了嗎?――兼論馬克思〝亜細亜〟概念的両重含義及其発展」『文史哲』第五期
趙儷生「亜細亜生産方式及其在中国歴史上的遺存――参加八一年四月天津亜細亜生産方式学術討論会後的思考筆記」『文史哲』第五期
何新「論馬克思的歴史観点与社会発展的五階段公式――馬克思《1857―1858年経済学手稿》研究」『晋陽学刊』第六期
呉大琨c「関於中国歴史上的亜細亜生産方式及其社会経済結構」『馬列著作研究会通信』第一二期

一九八二年

趙儷生a「従亜細亜生産方式的角度看西周的井田制度」『社会科学戦線』第二期
世界上古史綱編写組「亜細亜生産方式与国家」『歴史研究』第三期
徐鴻修「農村公社与〝亜細亜生産方式〟?――対馬克思恩格斯有関農村公社論述的歴史考察」『文史哲』第四期
朱家楨「関於亜細亜生産方式理論研究中的幾個問題」『経済研究』第六期
呉大琨「駁卡爾・魏特夫的《東方専制主義》」『歴史研究』第七期
趙儷生b「亜細亜生産方式理論是先秦史研究的推動力」『学術月刊』(上海)第八期
Alofons Esser, *Die gegenwärtige Diskussion der asiatische Produktionsweise in der Volksrepublik China*, Studienverlag Dr. N. Brockmeyer, Bochum, 1982.
福本勝清「中国におけるアジア的生産様式論争の復活」『アジア経済旬報』八月下旬号 No.1233

一九八三年

余樹声「馬克思与東方学及其他」『社会科学戦線』第三期
柯昌基「従亜細亜生産方式看中国的古代社会」『蘭州大学学報』第三期

一九八四年

宋敏「《馬克思与東方学及其它》一文商榷」『社会科学戦線』第一期
趙儷生『中国土地制度史』斉魯書社

一九八五年

何茲全「〝亜細亜生産方式〟的本義」『社会科学季刊』第一期
祁慶富「亜細亜生産法式不是馬克思主義的科学概念」『中央民族学院学報』第三期

一九八六年
項観奇「論馬克思心目中的亜細亜生産方式」『文史哲』第一期
李永采・魏茂恒「関于亜細亜生産方式研究方法的幾個問題」『文史哲』第一期
曹革成「〝亜細亜生産方式〟的本義究竟是什麼?」『北方論叢』第六期
蘇開華「関于亜細亜生産方式的本義及其名称由来?——兼与何茲全先生商榷」『争鳴』第四期
胡鐘達「再評五種生産方式説」『歴史研究』第一期
宋敏「関于亜細亜生産方式概念的科学性問題?——〝亜細亜生産方式不是馬克思主義的科学概念〟説商榷」『社会科学戦線』第四期
田昌五『古代社会形態析論』学林出版社
一九八七年
和少英「従何処去突破?——〝亜細亜生産方式〟問題研究的回顧与眺望」『雲南民族学院学報』第一期
馬欣「論馬克思的〝四種生産方式〟説与古史分期」『中国人民大学学報』第二期
宋敏「論亜細亜生産方式与国家——〝亜細亜生産方式不知国家為何物〟質疑」『社会科学戦線』第四期
孫承叔「亜細亜生産方式和馬克思的歴史過程理論」『復旦学報』第四期
項観奇「論五種生産方式理論的形式」『歴史研究』第六期
馬欣「論馬克思的四種生産方式説」『新華文摘』第八期
一九八八年
鄭徳良「亜細亜生産方式和香港的歴史発展与〝一国両制〟」『中山大学学報』第二期
宋敏「亜細亜生産方式与東方専制制度——再論亜細亜生産方式的両種社会経済形態説」『社会科学戦線』第三期
孫承叔・王東「関於亜細亜生産方式的当代思考」『江漢論壇』(武漢)第六期
胡鐘達「〝五種生産方式〟問題答客問」『文史哲』第六期
John Rapp, "The Fate of Marxist Democrats in Leninist Party States : China's Debate on the Asiatic Mode of Production", *Theory and Society*, No16, 1988.
Joshua A, Fogel, "The Debates over the Asiatic Mode of Production in Soviet Russia, China, and Japan", *The American Historical Review* 93,1 (February, 1988).
一九八九年

欒凡「試論亜細亜生産方式的両種社会形態説」『社会科学戦線』第二期
Timothy Brook (ed.), *The Asiatic Mode of Production in China*, M. E. Sharpe, 1989.
柯昌基『中国古代農村公社史』中州古籍出版社
一九九三年
呉沢『東方社会経済形態史論』上海人民出版社
一九九五年
呉大琨『呉大琨選集』山西経済出版社
二〇〇三年
王敦書『貽書堂史集』中華書局

第六章　中国におけるアジア的生産様式論の後退と東方社会理論の興起

1　一九九〇年代初頭——嵐のなかの幕開け

一九七〇年代末、おそるおそる始まったアジア的生産様式についての議論は、一九八〇年代初頭、一気に高まりを見せる。それは、わずか数年で、再びブレーキがかけられる。しかしながら、強い圧力のもとでも一九八〇年代の政治改革への歩みと呼応し、論争自体は、一九八〇年代全般にわたり息長く続いたと考えられる(1)。だが、一九八九年、天安門事件が勃発、論争をとりまく局面は大きく変化する。

天安門事件以後の、異常な緊張のなか、体制維持のためイデオロギー的統制が強められ、文化、教育に関わる諸学には、それぞれ役割を果たすよう強い圧力がかかった。とりわけマルクス主義諸学はもとよりその役割を担う立場にあり、アジア的生産様式論のような、理論的な分野においても、例外とされなかったのは勿論であった。だが、それにもかかわらず、マルクス主義諸学を含む学術領域においては、体制を刺激しない限り、あるいは政治の現状に直接触れないかぎり、八〇年代以来の議論を続けることがある程度可能であった。党のイデオロギー統制が強まったということは、けっして、改革開放以前の状態に戻ることを意味してはいなかった。ゆっくりではあれ、アジア的生産様式に関する議論は、再び始まったかのようにみえた。

一九九〇年代初頭、いくつか発表されたアジア的生産様式論は、いろいろな意味で古いスタイルを継承した議論であった。袁林（1991）は一九八〇年代論争の回顧、あるいは総評である。内容的には、物足りないが、おそらくこの論文の学説史的な意義は、天安門事件以後、もっとも早い時期、アジア的生産様式に関する論文として学術誌に掲載されたというところにあろう。袁林は、一九八〇年代のアジア的生産様式論を、その内容から、①原始社会説、②奴隷社会説、③封建社会説、④混合段階説、⑤東方特有の階級社会形態説、⑥経済形式説に分ける。実は、この分類は、一九八一年四月に開催されたアジア的生産様式学術討論会の総括として書かれた、龐卓恒・黄思駿・田樹生・于可「〝アジア的生産様式〟学術討論会紀要」（『中国史研究』一九八一年第三期所収）の引き写しである。①は、一九五〇、六〇年代に、童書業、田昌五によって提唱され、八〇年代の論争においては、林志純（日知）、廖学盛によって代表される。②はソ連のストルーヴェによってまず提唱され、その後、一九五〇年代中国の歴史論争においては主流の位置を占めた。日知、王亜南、侯外廬、呉沢などがこの説を支持した。八〇年代の支持者として袁林は、黄松英、林甘泉らをあげている。③は八〇年代、龐卓恒、高仲君によって提唱されたもの。④は五〇年代に呉大琨が過渡期社会形態説として述べたことがあり、八〇年代においては項観奇に代表される。⑤については、七〇年代末、于可、王敦書が最も早く発表し、胡鐘達、呉大琨らが続いたとしている。⑥は五〇年代に楊向奎が類似した観点を提出したが、八〇年代の論争においては、張雅琴、白津夫が主張している。

筆者なりに評すれば、②については、八〇年代の主要な論客として、同時期、アジア的生産様式に関してもっとも多くの論文を書いた宋敏の名を最初に挙げないのは、不公平である。④については、ソ連におけるアジア的生産様式論の一翼、ヴァシリエフとストゥチェフスキーの、アジア的生産様式＝奴隷制と封建制の共存説に由来すると思われる。二人の所説は『外国学者論亜細亜生産方式』上（中国社会科学出版社、1980）に収録されており、論争関係者にはよく知られていたはずである。⑤は一般に言われている独自の社会構成体説としてのアジア的生産様式論であるが、その代表者として于可、王敦書をあげるのは不適切である。マルクスは一八五〇年代、アジア的生産様式概念を提起したが、それは古代東方社会に固有の、農村共同体の持続的な存在と、それに対応した東方独自の階級社会及び専制君主制を意味していた。だが、一八七〇年代におけるマルクスの人類学的研究が進むにつれ、古代東方社会と原始社会を明確に区別するようになり、その後アジア的生産様式概念は使用されなくなった、とするのが于可、王敦書説であり、独自の社会構成体説というよりも、むしろ放棄説と呼ぶべきものである。それゆえ、この独自の社会構成体説の提唱者は呉大琨であり、胡鐘達らである。また、混合社会説に名が挙がっている項観奇は、アジア的生産様式概念の曖昧さを認めつつも、マルクスのアジア的社会論の二重性、共同体的所有と国家、すなわち原始社会あるいは無階級社会に属するものと、階級社会に属するものとの二重性のうちにアジア的生産様式の特質を捉えようとしており、独自の社会構成体説の系譜に属する。⑥については、提唱者である張雅琴、白津夫の二人のほかに支持者を見いだしておらず、主要学説とはいえない。

袁林は、各学説の紹介の後、放棄説の妥当性について議論している。晩年マルクスがアジア的生産様式概念を放棄したかどうかについて、袁林は、マルクスは一八七〇年代中葉以降、この概念を放棄し、西方と東方に、共通した歴史法則が貫かれていることをさらに強調するようになった、と主張する于可、王敦書のみをとりあげ、どういうわけか、アジア的生産様式が非科学的な概念であると非難していた祁慶福に言及していない。

興味深いのは、その後に続く、歴史発展の五段階説（五種社会形態説）の妥当性をめぐる議論と、アジア的生産様式の〝アジア〟は地理的なものであるかどうか、また、アジア的生産様式の〝アジア〟に中国も含まれるのかどうかの議論である。とくに、後者は、一九八一年アジア的生産様式学術討論会において、東方と西方は異なった歴史発展の道を歩むのかどうかの議論として展開されており、アジア的生産様式をめぐる議論の、主要なテーマの一つでもあった。袁林の記述を読む限り、公式説は別として、有力な論者たちの議論は、ほぼ拮抗していたように見える。つまり、一方に、〝アジア〟は地理的な概念としてのアジア（少なくとも非ヨーロッパ世界）に対応しているとする古代東方奴隷制説、東方封建制説、さらに独自の社会構成体説の論客たちがおり、一方に、〝アジア〟は地理的な概念ではないとする原始社会説の論客たちが存在しており、アジア的生産様式に中国も含まれるのかについての論陣もまた、この対峙にほぼ即応している。

王国慶（1990）は従来のアジア的生産様式＝原始社会説、あるいは放棄説と同じ種類の議論をしている。すなわち、マルクスのアジア的生産様式概念における二つの側面、一つは人類のプリミティブな社会の在り方を指し示す側面と、さらにもう一つの、非ヨーロッパ的な社会（アジア社会）の特殊性を表わす側面に注目し、それが、初期マルクスから如何に変遷を辿ったのかを示すことによって、最終的には、モルガンの『古代社会』に啓発され、アジア的社会の独自性が、人類史（世界史）の普遍性のなかに解消されたとするものである。具体的には、一八四〇年代中葉、マルクスは『ドイツ・イデオロギー』の所有形態論において、最初の所有形態を「部族的所有」と名づけた。それは、原始的な社会における労働やその生産物の不平等な分配を萌芽的に示している共同体的な社会の在り方を示すものであった。

マルクスの一八五〇年代における東方への関心の深まりとともに、「アジア的社会」の概念が生まれ、それは一八五〇年代後期の『経済学批判要綱』における「アジア的所有」概念につながり、さらに一八五九年『経済学批判』「序言」における最初の社会経済構成体である「アジア的生産様式」に結実する。つまり、人類の最初の土地所有制度や生産様式に、西方社会（ヨーロッパ）とは完全に異なるものとして、「アジア的」なる地域的な社会形態との規定を与えたのである。だが、一八六〇年代、マウラーの著作に親しむようになり、共同体的土地所有がヨーロッパ各国の古代においても存在していたことを知り、さらに一八七〇年代中葉以降の農村共同体研究の進展により、マルクスは地域的な特殊性を意味するアジア的生産様式概念を使用しなくなる。とくに、一八七〇年代末から一八八〇年代初め、コヴァレフスキー『共同体的土地所有制、その解体の原因、過程および結果』及びモルガン『古代社会』を読み、氏族社会から農村共同体社会への社会発展の普遍性を理解することによって、アジア的生産様式概念を放棄するにいたる。

このような議論は、放棄論だともいえるし、アジア的生産様式が原始社会概念に解消されることを考えれば、原始社会説だともいえるものである。そして、一九八〇年代の論争でいえば、議論はここで終わるはずであった。だが、王国慶は最後に次のような一節を加えている。

〝アジア的生産様式〟概念の変遷過程は、マルクスの認識の深化の表現過程であった。十九世紀七〇年代以前、マルクスは社会構成体理論を研究したが、それは西欧の範囲に限られるものであり、たとえ東方社会の農村共同体を発見したとしても、ただそれによって西欧の歴史の最初の社会を説明しようとするものでしかなかった。晩年に至り、マルクスは視野を拡大し、西欧以外の社会もまたそれ自身の特徴と発展法則をもつことを認識するようになり、彼は理論研究の重点を資本主義から原始社会に移し、西欧国家から西欧以外の幾つかの国家に移した。〝アジア的生産様式〟という概念が、人類社会の原始的な形態に込めた働きは、すでに終わった。だが、概念自身が映し出した東方社会の特殊性は決してこれによって失われていない。反対に、これはマルクスが巨大な理論的な深化の後に得たところの積極的な成果だ。

長い引用だが、実に意味深長である。なぜならば、この一節は放棄説によるものでも、原始社会説によるものでもないからである。従来の議論からは出てこない、著者の気持の籠った独白というべきものでもある。というのも、原始社会説、放棄説はともに、もともとアジア的生産様式論がアジア的社会(非ヨーロッパ社会)の歴史発展の特殊性、独自性を強調することに対し、強く否定するものとして登場したからである。とくに、中国のアジア的生産様式論の歴史においては、郭沫若や童書業、田昌五に代表される原始社会説の提唱者は、中国の歴史が、原始社会、奴隷制、封建制、資本主義へと発展したとみなし、その点において、ヨーロッパの歴史とはまったく区別されない、普遍的な歴史法則に貫かれたものと主張してきた。一九八〇年代の論争の一翼を担った于可・王敦書、祁慶福らの放棄説も同様の観点をとっていたことは勿論である。

そこからすれば、この王国慶の最後の一節は、まったく別のことを告げている。マルクスのアジア的生産様式論は、たとえその概念が原始社会概念に止揚(解消)されたとしても、概念の大きな余剰として東方社会の特殊性は残る、しかも、それが、晩年マルクスが獲得した積極的な成果だというのである。一体、アジア的生産様式論争に何が起こったというのだろうか、と問わざるをえない。

一九九〇年代冒頭に書かれた孫承叔・玉東(1990)はアジア的生産様式論と次に来る東方社会理論とを橋渡しする論文である。だが、論文には東方社会理論の文字はなく、また東方社会理論の中核であり、かつその象徴である「カウディナ峠」（卡夫丁峡谷）理論の文字もない。彼らは、伝統的な中国、インド、ロシア社会がいずれもアジア的生産様式にもとづいたものであり、その社会は、村落共同体の孤立性と、それに聳え立つ中央集権的国家、専制主義によって特徴づけられる。そのようなアジア的生産様式の特徴を踏まえつつ中国の社会主義建設を進め、封建主義の残滓に打ち勝たなければならないと述べている。

孫承叔と王東は八〇年代後半にアジア的生産様式論争の若い世代の理論家として登場してきた人々である。八〇年代、彼らが、何新らと同じように早くからアジア的社会の特殊性に関する認識を足場に、欧米とは異なった中国独特の政治体制の擁護を目論んでいたのか、それとも呉大琨など独自の社会権成体説派のように、過去のアジア的性格に由来する改革開放の遅れを指摘することで、中国政治の民主化への歩みを後押ししようとしていたのか、不明ではあるが、ともかく、九〇年代初頭においては、前者の道を歩むことを決めたと考えられる。東方社会理論やカウディナ峠の文字がなくとも、そのことを実感させられる内容となっている。

額爾敦扎布はモンゴル族である。一九八〇年代中葉以来、何度も来日しており、アジア的生産様式及び内モンゴル土地所有制に関して日本語で論文を書いている。額爾敦扎布（1991）は、独自の社会構成体説に立つ本格的なアジア的生産様式論である。額爾敦扎布のアジア的生産様式論における議論の手続きは、一八五〇年代以降のアジア（とくにインド）への関心の深まりとともに、アジア社会の独自性――土地共有制、農村共同体、中央集権的専制国家――に注目し、アジア的社会、アジア的所有、アジア的生産様式概念の創出につながったことを指摘する点において、他の論客たちとそれほど異なるわけではない。だが、異なる点は、一八七〇年代以降もアジア的生産様式概念が維持されたとするその論証方法である。額爾敦扎布は、フランス語版『資本論』（一八七二年）に注目し、「古代アジアの生産様式、一般には古代の生産様式では、生産物の商品の転化は副次的な役割しか演じない」、「アジアでは……停滞的な生産関係にもとづいているこの地代形態は、旧式な生産様式を反作用的に維持している」、「生産有機体の単純性は、アジア的社会の不変性……を解く鍵を提供している」（江夏美千穂・上杉聰彦訳、法政大学出版局）などの記述のほか、『経済学批判』におけるアジア的生産様式に関する注記（インド的共有に関する注記）もフランス語版『資本論』に組み込まれたことを指摘する。フランス語版はドイツ語第二版を基礎にしたものであり、上述の引用文は、ドイツ語第二版以来のものであったが、重要なことは、それらの内容が、マルクス自身によって校訂されているということである。さらに、これら引用文の内容は、フランス語版より、マルクス死後、エンゲルスによる編集によって、ドイツ語第三版（一八八三年）、英語版（一八八六年）、ドイツ語第四版（一八九〇年）に受けつがれていく。すなわち、以上の説明から、それら各版の編集過程において、何度も修訂するチャンスがあったにも拘わらず、アジア的生産様式概念は削除されることも、他の概念に解消されることなく、受け継がれていったことがよく理解できる。そこから、原始社会説論や放棄論が言うような、一八七〇年以降、マルクスの人類学的研究の進展により、アジア的生産様式という学術用語が使われなくなったという解釈や主張には根拠がないことがわかるはずである。

この額爾敦扎布の論証のスタイル、テキスト・クリティークを支えられた論理展開は、アジア的生産様式論争においても、その他論争においても、中国においては極めて稀な例である。そこに、一九四八年生まれの彼が、一九八〇年代、来日してマルクス主義研究の研鑽を深めた跡を窺うことができよう。我々においては、マルクス主義諸学におけるフランス語版『資本論』の重要性は、平田清明、林直道以来、つねに共通の認識として共有されている事柄であるからである。

沈長雲（1991）は、著名な中国古代史家による戦国期＝アジア的生産様式論である。沈長雲は、一九八〇年代以来、多くの古代史家とともに、中国古代社会における奴隷制の存在を否定する「無奴派」の論客の一人として活躍している。その彼が、奴隷制概念に代わるものとして、アジア的生産様式の存在を主張している。だが、意外にも、彼は、戦国以前の社会、すなわち夏及び殷周社会をアジア的生産様式にもとづくとは考えていないようである。というのも、彼のアジア的生産様式論の主要な論点が、共同体的土地所有や農村共同体の存在にではなく（もちろんそれを否定しているのではないが）、氏族制（血縁関係）を脱した村落共同体（地縁関係）と、それに聳え立つ中央集権的国家、専制国家に置かれているからである。そして、それ以前の経済的社会構成をアジア的生産様式ではうまく説明できないとし、古代文献にある「部民」を援用し、「部民社会」なる理論モデルを構築しようとしている（沈長雲、2003）。この沈長雲のアジア的生産様式理解は、やや極端な解釈といえる。というのも、マルクス『資本制生産に先行する諸形態』によれば、アジア的土地所有にもとづく共同体の上に聳え立つ専制国家は、最初、諸共同体を緩やかにまとめる包括的統一体として存在していたはずであり、その包括的統一体の社会構成もまたアジア的生産様式と呼んでかまわないものだからである。

孫建（1991）には、タイトルにも、本文にも、アジア的生産様式の文字は見えない。だが、殷周社会において土地は国王に帰属し（土地国有制）、農村共同体はあまねく存在し、社会の基本的な構成単位をなしており、さらに共同体成員は、生産の主要な担い手であり、その身分は不自由で、実質的には国王の奴隷である。すなわち、殷周時代の土地国有制は、古代東方奴隷制タイプの土地国有制である、と。古代東方奴隷制とは、一九三〇年代、ソ連におけるアジア的生産様式論争の終焉後、アジア的生産様式にとって代わるべく、コヴァレフ、ストルーヴェらが作り上げた用語、概念であった。ある意味では、アジア的生産様式の別称になりうるものでもあった。というのも、古代東方奴隷制論の提唱者には、奴隷制といっても、古代アジアにおける奴隷制は、古典古代における奴隷制とは異なったものであるとの認識があり、そこに歴史発展のコースとして、名目的には奴隷制であり、歴史発展の普遍的な発展段階として位置づけられてはいても、その内容に少しく固有性を持たせることが可能であったからである。あるいは、まったく同じ逆の面から、同じ奴隷制でも発展した奴隷制ではなく未発達もしくは未熟な奴隷制として、東方社会の歴史発展コースを西方と区別するために使用される傾きも持っていた。第二次世界大戦後、『諸形態』が各国語で刊行され、総体的奴隷制（普遍奴隷制）が登場し、日本などでは、それがアジア的生産様式の別称となり、古代東方奴隷制はあまり流行らなくなったが、ソ連歴史界の影響を受けていた一九五〇年代の中国においては、一時、主流としての位置を占めた。ソ連理論界の影響を嫌う郭沫若や田昌五らは、この奴隷制概念が、ソ連に対し中国を特殊な（遅れた）地位におくものとして警戒していた。

それに対し、一九八〇年代論争の主役の一人、宋敏は初期奴隷制説支持者であり、一九五〇年代以来の古代東方奴隷制説とは一線を画していた。その彼が、九〇年代初頭、担ったのは、一九八〇年代論争に最大の刺激を与えたメロッティに対する批判であった。宋敏（1990）が批判の対象としたメロッティ『マルクスと第三世界』は、一九八一年中国で翻訳出版されたが、その内容、とくにスターリンの歴史発展の五段階論に対する批判、直線史観（単線図式）に代わる多系的発展図式の提起、二十世紀社会主義に対する官僚制的集権主義との規定は、中国の論争に大きな衝撃を与えた。早くから、その内容を読み、翻訳出版を進めた呉大琨のような独自の社会構成体説支持者ばかりでなく、メロッティの西欧マルクス主義の立場に立つアジア的生産様式論は、従来のソ連流アジア的生産様式論しか知らなかった中国の理論家たちに大きな刺激を与え、八〇年論争の起爆剤の一つであったといっても過言ではない。

宋敏のメロッティ批判で最も問題となるのは、直線史観に代わるメロッティの多系的発展論をどう批判するかであった。西欧マルクス主義者が多系的発展説を唱える時、その最も大きな理論的根拠を、『諸形態』の共同体的土地所有の三つのタイプ、アジア的、古典古代的、ゲルマン的、をそれぞれ継起的なものとみなさず、類型的なものとみなすところに求めている。つまり、共同体的土地所有の解体や再編が、それぞれ異なったタイプの階級社会、収取様式（搾取制度）、生産様式を生み出したとする考え方をとっている。メロッティも例外ではない。そのような多系的発展論は、一八七〇年代のマルクスの『祖国雑記』編集部の手紙や、一八八〇年代初頭における「ザスーリチの手紙への回答およびその下書き」（以下「ザスーリチへの手紙」と略す）において、『資本論』第一部でマルクスが述べた、資本主義原蓄期の経済法則の必然性は、あくまで西欧にのみ貫徹されるのであって、ロシアにおいては貫徹されるかどうかは、ロシア社会（ロシアの農村共同体）が置かれた歴史的状況によるとのマルクス自身の表明によって、いよいよ確かなものとされている。宋敏は、この多系的発展説をうまく批判できないでいる。

初期奴隷制説の提唱者として、彼は原始社会説支持者のように、ただ単純に歴史法則の普遍性を振りかざし、洋の東西を問わず、同じ法則が貫かれると断じるほど、従来の郭沫若や田昌五のような単線図式を信奉しているわけではなかった。また、それだからといって、アジア的生産様式の残滓のもとに作られた二十世紀社会主義は官僚制的集権主義でしかないとのメロッティの批判を受け容れることもできない。メロッティの主張は、中国社会主義の現実を歪曲したものであり、ウィットフォーゲルの反共理論『東洋的専制主義』の引き写しだと反駁し、伝統的な単線図式も、メロッティの多系的発展図式も、ともにマルクス主義的な科学的態度ではない、というのがせいぜいであった。

2　カウディナ派の足音を聞きながら——一九九二—一九九四年

一九九〇年代前半のアジア的生産様式に関する議論に特徴的なことは、一九九二年から開始されたウィットフォーゲル批判の猛烈さと、その論文の多さである。八〇年代論争の主要な論客である宋敏、廖学盛のウィットフォーゲル批判は、その先駆けであった。だが、ウィットフォーゲル批判運動を取り上げる前に、引き続き、一九九〇年代前半に発表された幾つかのアジア的生産様式論に言及したい。というのも、それらは、みな一九八〇年代型のアジア的生産様式論を継承したものだからである。

一九八〇年代の宋敏に対し、九〇年代のアジア的生産様式を含む社会構成体論について最も数多くの著作を発表したのは、おそらく朱晞である。彼はアジア的生産様式論のほか、廖学盛らとしばしば奴隷制論争を闘わせており、かつその奴隷制論の中で何度もアジア的生産様式に言及しており、一九九〇年代を代表するアジア的生産様式論の論客の一人といってよいと思われる。朱晞のアジア的生産様式論の特徴は、アジア的生産様式は最初の階級社会であり、土地国有制を主要な特徴とみなしている点である。それゆえ、アジア的所有から出発しようと、古典古代的所有から出発しようと、ゲルマン的所有から出発しようと、いずれも土地国有制の時期があり、それをアジア的生産様式の段階とすれば、アジア的生産様式は世界的に存在することになる。当然、治水・灌漑の役割も、専制主義もアジア的生産様式の特徴とはみなされない。朱晞は、小農経済と独立した手工業経営が封建的生産様式の基礎であるとのマルクス『資本論』第一部の記述「小農民経営と独立の手工業経営とは、いずれも、一部的には封建的生産様式の土台をなし、一部的にはその解体後に資本制的経営とあい並んで現れるものであるが、それらは同時に、本源的・東洋的な共同所有が解体した後の、その後の奴隷制がまだ生産を真実に征服しない前の、最盛期における古典的共同体の経済的基礎をなす」（長谷部文雄訳）から、アジア的生産様式も、古典古代的生産様式も一種の封建的生産様式であると考えている。さらに、この時期には、農村共同体も土地の国家的所有制も存在し続けているので、初期封建制すなわちアジア的生産様式の段階にあったとするのである。上述の東洋的共有制をアジア的所有とみなし、アジア的生産様式に基づく社会が古典古代にも存在したと考えているのだと思われる。興味深いのは、古典古代におけるミケーネ期をアジア的生産様式にもとづくものとしている点で、太田秀通のミケーネ期におけるアジア的な貢納王制論を想起させるものである(2)。

さらに、朱晞は古典古代的な奴隷制に関して、それは古典古代世界における商業資本の発展（生産物の商品化）という、「完全に別な状況」によってもたらされたものであり、それを世界史に普遍的なものとみなすことは間違いであり、マルクスやエンゲルスの古典古代に関する記述は、そのような観点から誤解や曲解を受けることを免れなかったとしているが、奴隷制論者及びそれを支えている五段階論者への批判である。

詹義康（1994）は、まず、エンゲルスはアジア的生産様式という学術用語を一度も使っていない、と断言する。つまり、マルクスが『経済学批判』「序言」のなかで「アジア的生産様式」概念を提出した後も、エンゲルスはそれに同意しなかったというのである。エンゲルスはアジア的社会に言及するとき、とりわけ『反デューリング論』において、階級社会成立への二つの道を提起した時もアジア的生産様式に言及することはなかった。ということは、マルクスが最初に提出したアジア的生産様式なる学術用語が、当時の科学水準の限界を受けたものであり、後の科学の発展によってその不備や不正確さが実証されるに至ったのを受け、マルクスの死後、エンゲルスは新しいより完全で正確な提案を行った。それが『家族、私有財産および国家の起源』である。実際に、マルクスは一八七〇年代以降、アジア的生産様式を学術用語としてまったく使用していない。『起源』はマルクスの遺言を執行したのだ、と。実に明快な、徹底的な放棄説である。エンゲルス自身の立場にたてば、主張していないことを放棄するわけもないので、エンゲルス＝アジア的生産様式否定説とでもいった方がよいのかもしれない。また、さらに詹義康は、歴史発展の五段階論はスターリンが創始したのではなく、エンゲルスがモルガン『古代社会』を含む人類史研究を踏まえて提起したのであり、スターリン晩年の誤りによってエンゲルスが達成した成果を否定すべきではないとまで言っている。まさにオールド・ボルシェヴィキの真面目といった雰囲気の議論をしている。筆者は、東方社会理論が興起しつつある一九九四年に、この論文が発表されたということに、少しく興味を抱かざるを得ない。詹義康のスタイルはあくまで、一九八〇年代論争のスタイルをとっている。そして、著者はこの論文のなかで、一語も東方社会理論という言葉を使っていない。もちろん、カウディナ峠の文字もない。そこから、本論文はアジア的生産様式論の体裁をとった東方社会理論への批判として提出されたのではないか、そのような印象をもっている。

宋敏（1992）は、一九九〇年代前半の最初のウィットフォーゲル『東洋的専制主義』批判である。アジア的生産様式論の大著として、かつ反共理論の書として知られる同書は、一九八九年に中国で出版された。奇しくも八〇年代民主化運動を武力をもって弾圧した天安門事件の年に、中国の読者のもとにとどけられたのである。おそらく、その批判はイデオロギー工作者、理論工作者にとって急務であったはずである。

宋敏のウィットフォーゲル批判は、①その行き過ぎた治水社会論、②あるいはそれをもとにした専制国家論に対してまず向けられる。次に、その矛先は、③マルクスのアジア的生産様式とウィットフォーゲルのそれとの相違に向けられる。そして、マルクス主義の創始者たちのロシア論にみられる、西欧とロシア（非ヨーロッパ）の歴史発展の同一性と差異の問題を論じ、この問題において、マルクス、エンゲルスが、彼らの普遍主義的な歴史哲学を貫いたとして解釈している。①や②について、マクロヒストリーを対象とした理論にありがちなようにウィットフォーゲルの水の理論を批判することは容易である。水に関するかぎり、あるいは権力に関するかぎり、全世界を視野に入れ、かつ人類史を貫くものとして構想されたウィットフォーゲルの水力理論に対し、理論に合致しない個々の例を探し出すのは極めて容易だからである。ロシア専制主義の基礎に、水が関係していないことを指摘することも、多数なされており、宋敏の批判はその点において常識的なものである。かつ、宋敏は中国の大多数の論客と同様に、マルクスのロシア論において最重要の文献『十八世紀の秘密外交史』を読んでいない。酷な言い方だが、それを読まないでマルクスのロシア論を論じることに大きな疑問を感じる。③については、ウィットフォーゲルは『東洋的専制主義』執筆時、もっともマルクスから遠ざかっていた時期であり、マルクスのアジア的生産様式論についても、批判的に継承したつもりであった。それゆえ、マルクスのアジア的生産様式論との違いの指摘は、ウィットフォーゲルを批判したことにならない。

だが、中国の読者に向け、マルクスのそれとは異なっている、マルクスの曲解から成り立っているとの指摘は、依然として有効であったであろう。宋敏は『諸形態』や「ザスーリチへの手紙」に言及しているほか、理論研究者によく知られている、マルクスの自著への注記やエンゲルスへの手紙のなかから、アジア的生産様式、東洋的共同体、インド的共有といったものが、単にアジアあるいは非ヨーロッパだけでなく、ヨーロッパにも存在したとの記述を引用し、アジア的生産様式の遍在を主張している(3)。彼が、同じ奴隷制説でも、古代東方奴隷制説ではなく、初期奴隷制説をとっている理由もそこにあると思われる。また、マルクスよりエンゲルスに依拠してロシアを論じているのも特徴的である。というのも、エンゲルスの方がマルクスよりも、ロシア(非ヨーロッパ世界)における歴史法則の貫徹を肯定しがちだったからである。そして、そのことが、歴史発展の伝統的な単線図式に代わる、多系的な発展図式を構想しえない理由にもなっている。結局において、宋敏のウィットフォーゲル批判は、多系的発展論についての言及がないまま終わっている(4)。

廖学盛(1992)のウィットフォーゲル批判は、東洋的専制主義の縁辺にある地中海世界(古典古代)に限って論じられており、本格的な議論となっていない。廖学盛は八〇年代の論争では、林志純とともに原始社会説の主導者の一人であった。それゆえ、アジア的生産様式論批判や東洋的専制主義批判は、宋敏よりもずっと容易に、厳しくできるはずであった。だが、廖学盛の批判は、言葉使いに対する挙げ足とりに終始しており、ウィットフォーゲルの個々の記述が史実と違うとか、史料(テキスト)の読みが間違っているといったレベルの批判から、ウィットフォーゲルをペテン師呼ばわりしている。そのなかで、気になるのは、「ウィットフォーゲルは、マルクス主義のマクロ的な研究方法に反対し、マルクスの社会経済構成体について、生産力と生産関係について、経済的土台と上部構造について、私有制について、階級と国家の相互関係について反対している。ウィットフォーゲルは、世界を長期的には共通した発展法則を持たない「東方」と「西方」に分けているが、このような研究は、本質的に、アリストテレスの政治学研究方法とはまったく相容れないものである」と述べている部分である。アリストテレス政治学云々についてはここで触れないとしても、マルクスの方法、歴史理論は、「東方」と「西方」を分けていないのだろうか。また、マルクスの所有や私有は、むしろウィットフォーゲルが言う所有や私有と同じものではないだろうか(5)。さらに、中国の理論界は、一九八〇年代から九〇年代にかけて、「東方」と「西方」に関する見解を大きく変えつつあった、ということをどのように考えて廖学盛は、この一節を書いたのであろうか、と様々な疑問が湧く。

宋敏、廖学盛のウィットフォーゲル批判は、実は予行演習のようなものであった。本格的な批判は、翌年一九九三年『史学理論研究』誌上で大々的に行われた。同誌は年四号の刊行であるが、毎号二篇ずつウィットフォーゲル批判が掲載されており、創刊(一九九二年)まもない『史学理論研究』は、この時期ウィットフォーゲル批判のために存在する雑誌であったといっても過言ではなかった。さらに、一九九四年五月十六〜二十日、上海において中国社会科学院世界史研究所、歴史研究所、近代史研究所及び上海市委党校などが共同主催し、研究者、理論家を集めて「東方専制主義」研究討論会が挙行されている(『史学理論研究』一九九四年第四期)。さらに、満を持したかのように九五年には、同じく『史学理論研究』誌上で林甘泉や王敦書・謝霖によるウィットフォーゲル批判が行われている。

一九九三年に掲載されたウィットフォーゲル批判は、かなり周到な準備がなされ、実績のある論客たちが動員された感がある。中国史ばかりでなく、インド史、エジプト史の研究者も動員されており、さらに所有論あるいは所有概念に関して二篇、オリエンタル・デスポティズム概念の成立過程に関して一篇が、ウィットフォーゲル批判として掲載されている。それらの批判の焦点はウィットフォーゲルの治水文明論に対してである。とくにその大規模水利事業の必要性が強力な官僚階級、強大な国家を形成せしめたとの水力理論は、強力な官僚機構の成立の後、大規模水利事業が可能となったとする考古学者や古代史家から批判されやすく、当然、論難はこのウィットフォーゲル理論のもっとも弱い環に集中している。

それゆえ張弓(1993)、劉文鵬(1993)、周自強(1993)らのウィットフォーゲル批判に新しいことは何もない。ただ、一般の読者ならば水の理論が歴史的事実と矛盾しているというだけで、十分に説得力を持ったであろう。古代中国においては、禹の治水伝説があり、水と中国文明は切っても切り離せない関係にあることは間違いないとしても、水を統制する官僚機構の形成は、ずっと後代のことであり、さらには、水官は官僚機構の全体ではなく、むしろその一部であることから、ウィットフォーゲルの仮設を叩くことはいとも簡単にできてしまう。また、ナイルの灌漑が溢流灌漑であり、河川は巨大であり、灌漑面積も巨大であっても、巨大な官僚機構の成立をまたなければ成立しないものとは根本的に違うものである。むしろ、古王国ではなく中王国になってから水利機構が整えられ、水利事業が行われたと考えられており（劉文鵬）、ここでもウィットフォーゲル水の理論は証明されえない。古代インドに至っては、水利は大規模なものは限られており、一般には小規模なものであることが指摘され、水の理論を立証するまでもないとされている（劉欣知、1993）。

そのほか論者たちはウィットフォーゲルの中国史への理解の浅さ、二十世紀社会主義への敵意、中国の現実に対する無知、解放後の社会主義的な改革への侮蔑等々、次々にあげつらっている。しかし、当時、ウィットフォーゲル批判の論客たちの多くが、一番関心をもっていたのは、むしろ東洋的専制主義と東方社会理論の関わりであったであろう。というのも、理論家たちは、急速に高まる東方社会理論の足音を聞きながら、ウィットフォーゲルの東方専制主義論を批判しなければならなかったからである。すなわち、スターリン統治下のソ連のように、アジア的生産様式論を抹殺したり、さらには東洋的専制主義論をまっこうから否定したりすることはできなかった。なぜなら、東方社会理論は東洋的専制主義の歴史的存在を認めていたからである。それゆえ、それらの概念をマルクスやエンゲルスが抱懐していたことを認めつつ、ウィットフォーゲルの理論的な欠陥、行き過ぎた水の理論（水力理論）、あるいは中国や二十世紀社会主義への彼の敵意や中国史、インド史、エジプト史などへの無知に焦点をあてて批判するほかなかったのである。

3　カウディナ峠資本主義跳び越え論の興起

いよいよ東方社会理論について述べなければならない。九〇年代初頭のアジア的生産様式論の大半は、東方社会理論とは無縁の、八〇年代論争の継続といった趣きにおいて存在していた。だが、九二年以降、次第に東方社会理論の影がちらつくようになり、九〇年代中葉には、おそらく朱晞以外のアジア的生産様式論、あるいは東洋的専制主義についての議論は、ほぼ東方社会理論の影響、あるいは東方社会理論との関係を考えなければ十分に理解できないものとなる。

東方社会理論は、カウディナ峠資本主義跳び越え論（跨越資本主義〝卡夫丁峡谷〟理論）とも呼ばれている。この場合、カウディナ峠＝資本主義である。より正確には、カウディナ峠＝資本主義の屈辱である。なぜ、資本主義がカウディナ峠に等置されるのであろうか。カウディナ峠（Fourches Caudines）は、カウディヌム山道（ラテン語 Furculae Caudinae）とも記される。英語名は Caudine Forks である。『マルクス・エンゲルス全集』第一九巻の注解によれば、紀元前三二一年、第二次サムニティ戦争のさいに、サムニティ人はカウディナ峠でローマ軍団を撃破し、これに「くびき門」（槍を交差させてつくった門）をくぐることを強制した。ここから「カウディナのくびき門をくぐる」［「カウディナ峠を通る」とも訳せる。「くびき門」の原語 Furca にはまた「峠」の意味がある］、すなわち最悪の屈辱をこうむる、という表現が生まれた(6)と、ある。

この言葉が中国独自の社会主義の道を象徴する言葉として使われるにいたった理由は、マルクス「ザスーリチへの手紙」にある。ロシアの女性革命家ヴェ・イ・ザスーリチは、ナロードニキ組織に加わり、一八七八年、ペテルブルク特別市長官トレポフへの狙撃を試み、逮捕される。裁判にかけられ無罪を獲得。その後、出国し、プレハーノフらとともにマルクス主義に接近、マルクスに直接教えを請うべく、手紙を書いた。ロシアでは、マルクスの『資本論』（ロシア語版）がよく読まれているが、『資本論』第一部にいわれているような、資本主義の歴史的不可避性についてロシアにも妥当するのかどうか、とくにその過程における村落共同体（オプシチナ、ミールともいう）の運命について、議論が絶えない。マルクス自身はどう考えているのか、聞かせてほしい、と。

マルクスはそれに対し、何回か（四回）草稿を書き、第四稿とほぼ同じ内容の、簡単な返事をザスーリチに送った（一八八一年）。問題は、送られなかった第一、第二、第三の草稿の内容であった。マルクスはロシアの農村共同体の現状と、その運命についての構想を書き始めたが、さらには、農村共同体そのものの歴史的な生成と解体に関して、その歴史的な趨勢を理論的に解明しようと、自問自答を繰り返した。結局、第一、第二、第三草稿は、いずれも途中で筆が止まっており、草稿の内容が書き遂げられることはなかった(7)。

ただ、農村共同体の運命についての、若干の指摘はザスーリチへの返信において行っている。マルクスは言う、『資本論』第一部において語った、本源的蓄積（生産者と生産手段の根本的な分離、農民の土地からの追放）の歴史的不可避性とは、「自分自身の労働にもとづいた私有」が「他人の労働の搾取」「賃金制度にもとづいた資本主義的私有」にとって代わられることであり、それはイギリス以外の他の西ヨーロッパ諸国においても貫かれると述べたのであり、ロシアでは、西ヨーロッパのような私有の一形態から私有の他の形態への転化が問題となっているのではなく、反対に、農民たちの共有を私有に転化させることが問題となっているのだ、と。それゆえ、『資本論』の分析はロシアの共同体に関する論戦におけるいずれの議論にも論拠を提供していない。しかしながら、この共同体がロシアにおける社会再生の拠点である、と確信するに至った、とマルクスは最後に書き記している。

では、カウディナ峠は、どのような場面で出てくるのであろうか。後に、カウディナ派、反カウディナ派の論戦に関連するので、長文ではあるが、あらかじめ明示しておきたい。第一草稿は、

ロシアは、「農耕共同体」が今日まで全国的な規模で維持されている、ヨーロッパで唯一の国である。ロシアは、東インドのように外国の征服者の餌食ではないし、近代世界から孤立して存在しているのでもない。一方では、土地の共同所有は〈それが西洋の資本主義的生産と同時的に存在し、それと物質的なら

びに知的な諸関係を結んでいることとあいまって〉ロシアが個人主義的な分割地農業を直接かつ徐々に集団的農業に転化してゆくことを許している。そして、ロシアの農民たちがすでに集団的農業を共有の草地で実行している。ロシアの土地の地勢が大規模な機械制耕作をうながしており、農民がアルテリ契約に慣れていることは、彼らが分割労働から協同労働へ移行するのを容易にしている。そして最後に、こんなにも長いあいだ農民の負担で生存してきたロシアの社会は、このような移行に必要な前払資金を農民にかえさなければならない。……他方において世界市場を支配している西洋の〈資本主義的〉生産が同時的に存在していることは、ロシアがカウディナのくびき門を通ることなしに、資本主義制度によってつくりあげられた肯定的な諸成果のすべてをこの共同体の中に組み入れることを可能にしている（「ヴェ・イ・ザスーリチの手紙への回答の下書き」『マルクス・エンゲルス全集』第一九巻）。

また、第三草稿では

ロシアの共同体は、歴史に先例のない独特な地位を占めている。ヨーロッパでただ一つ、ロシアの共同体は、いまなお、広大な帝国の農村生活の支配的な形態である。土地の共同所有が、それに集団的領有の自然的基礎を提供しており、またそれの歴史的環境、すなわちそれが資本主義的生産と同時的に存在しているという事情が、大規模に組織された協同労働の物質的諸条件を、すっかりできあがった形でそれに提供している。それゆえ、それはカウディナのくびき門を通ることなしに、資本主義制度によってつくりあげられた肯定的な諸成果をみずからのなかに組み入れることができるのである。それは、分割地農業を、徐々に、ロシアの土地の地勢がうながしている機械の助けによる大規模農業に置きかえることができる。現在の状態のもとで正常な状態におかれたあとでは、近代社会が指向している経済制度の直接の出発点となることができ、また自殺することから始めないでも、生まれかわることができるのである（前掲書）。

いずれも同じような趣旨においてカウディナのくびきが使われていることがわかる。ここから、カウディナのくびきとは、資本主義の悲惨さ、あるいは屈辱や恥辱を表わす比喩、象徴として用いられることになる。

このようなカウディナのくびきが、いかにしてロシアや中国など後進国の資本主義跳び越え論の理論的中核を表わす概念へと変貌したのであろうか。最初にカウディナ峠資本主義跳び越え論を提起したのは誰なのか不明だが、筆者が入手した論文のなかでは江婉貞（1987）がもっとも早い時期のものである。江婉貞論文は、一九八〇年代、民主派の代表的論客であった王若望らが主張したと言われる、資本主義を跳び越え社会主義段階に入ることはマルクスの発展理論に反しており、中国はもう一度資本主義を学び直すべきだとする資本主義補講論への論駁として書かれている。資本主義跳び越えの正当性は、マルクス自身によってすでに「ザスーリチへの手紙」において、「カウディナ峠」の議論として述べられており、中国革命はそれを実践したものであるとするのがその議論の骨子である。

時あたかも、趙紫陽のもとで社会主義初級段階論が登場した時期にほぼ重なる。それゆえ、この資本主義補講論をどう論駁するのかが、一九八〇年代後半の理論家たちに課せられた課題であった。その課題は、一九八八年『馬克思《マルクス》主義来源研究論叢』第一一輯（商務印書館）所収の諸論考からも窺えるごとく、主に若い論客たちによって晩年マルクスの人類学研究の再評価を通して実践されたと考えられる。カウディナ峠資本主義跳び越え論に関する唯一の総評といってもよい孫来斌（2004）もそれを裏づけている。孫来斌は、一九八〇年代中葉の、中国における、マルクスの『人類学ノート』（「コヴァレフスキー・ノート」及び「フィア・ノート」など）の翻訳・刊行が理論界に大きな衝撃を与えたことを、この議論の先行条件として挙げている。すなわち、晩年のマルクスが、アジアやロシアなど非ヨーロッパ世界に対して並々ならぬ関心を抱き、広く、様々なフィールドの資料や文献を読み漁り、膨大な抜粋を作っていたことに、諸家は驚かされたのであろう。

東方社会理論の起源は一九八〇年代後半にある。それが、天安門事件の混乱を経て、一九九二年、すなわち鄧小平の南巡講話の年、再び議論が活発に行われるようになったとされる(8)。孫来斌がカウディナ峠に関する最初の論文として挙げているのは栄剣（1987）である。

栄剣（1987）は、資本主義跳び越え論をもっとも早く肯定したのが、マルクス主義者ではなくロシアのナロードニキであることは、意味深長であると述べるところから、議論を開始する。資本主義跳び越え論を提起する著作としては、やや挑発的な書き出しである。プレハーノフやレーニンは、ナロードニキを徹底して批判し、ロシアはすでに資本主義段階に入ったこと、かつ社会主義への道は、資本主義の充分な発展を待たなければならないと主張したが、実際に起きたロシア革命は、ロシア資本主義の充分な発展の産物ではなく、資本主義段階に入ったばかりのロシア社会が、人民の革命によって別な発展の軌道に強行突入したのであった。それゆえ、人類社会発展の一般法則は、異なった国家の発展の道を一つのモデルとして強制的に当てはめるのではなく、東方社会の西方社会とは区別される独自性や独自な発展の道を認めることであり、またそれは、決して人類発展の一般法則が東方社会において何の働きもしないということを意味するものでもない。

マルクスは一八五〇年代、アジア的生産様式概念を提出したが、アジア的生産様式はすでに滅亡し、ただ古い地層に残留している社会構成体として残っているのではなく、長期的に、その他の社会構成体と併存し、自己の軌道を独立して発展するものであり、さらに資本主義以前のどの社会構成体よりも頑強な生命力を持つものであった。このアジア的生産様式は、農村共同体、土地国有制、専制主義の三位一体から成り立っている。だが、それは純粋に共有制にもとづく社会ではなく、アジア的社会に包含される国家専制の要素は、人類社会の原初的構成体である共有制社会が無階級、無私有制、無国家の性質を持つこととは、うまくかみ合わない。つまり、マルクスは当初、歴史と論理の統一による方法によって、アジア的生産様式を人類社会の発展のプロセスのなかに位置づけたのだが、実際には二重性を持つものであった。一方では人類社会の原初的構成体とみなし、もう一方では特殊な性質と特殊な発展の道を表現するものとした。が、論理的要求として、東方社会を西方社会の発展の道に強制的にはめ込むことはなかった。

だが、七〇年代に入り、マルクスの東方社会の研究が進み、さらにモルガン『古代社会』を読み、氏族組織からなる、階級、私有制、国家の存在しない人類の原初的構成体が明らかになると同時に、原初的構成としてのアジア的生産様式の使用が放棄される。だが、アジア的生産様式の、その他の社会構成体とは長期併存するところの独自な発展の道は、依然としてマルクスの歴史理論の重要な問題として残り続けた。一八七一年、パリ・コミューン敗北後、西欧革命運動は相対的に衰弱する。東方社会の革命情勢が次第に高まりを見せるなか、東方社会が必ず資本主義段階を経なければならないという結論は、時宜に合わなくなる。東方社会が、西方社会のように百年を超える本源的蓄積（原蓄）を必ず経なければならないとしたら、西方社会が被って来た苦難を必ず被らなくてはならないことになる。この歴史的代価は東方社会にとってあまりにも大きくはないだろうか。東方社会が西方社会の後を追って、原蓄期を終わらせ、発達した資本主義に到達したとしても、社会主義革命の勝利の可能性は保証されないし、西方社会の道をたどるならば、世界的な社会主義の可能性は、はるか遠い先に引き延ばされてしまうだろう。それならば、資本主義的世界システムの弱い環を、まず東方社会において穴を開け、歴史の進歩を早めるのも重要な意義がある。すなわち、理論的な構想として、東方社会は資本主義の歴史段階を超える可能性があり、資本主義の発展過程を短縮する可能性があり、自身内部の資本主義的要素の成長を中断し、そうすることで世界的な歴史過程を局地的な変革によって古い社会から新しい社会構成体への転変を早く完成させるであろう。

マルクスの、東方社会において資本主義跳び越えが可能であるとの思想は、一八七七年の『祖国雑記』編集部への手紙の中で示された。そこで、マルクスはナロードニキのミハイロフスキーを批判して、マルクスの西欧資本主義に起源する歴史記述を、社会発展の普遍的な道に関する歴史哲学理論に変えることを批判した。マルクスは自己の記述が機械的に援用され、どの民族にも、どの歴史環境においても、適用される万能の鍵となることを拒否したのである。東方社会発展の道の議論は、西方社会の発展の道を唯一の尺度として東方社会の発展の道を測る西方中心論に対する批判でもあった。一八八一年、マルクスは、ザスーリチへの返信と下書きにおいて、東方社会発展の道を系統的に詳述した。ロシアが資本主義というカウディナ峠を越え、直接社会主義段階に進む可能性に関する根拠として栄剣は、①資本主義の「歴史的必然性」は西欧各国のみに限られ、資本主義原蓄の理論を機械的にロシア農民の上に適用することはできないこと、②ロシアの農村共同体は資本主義生産と同時代のものであり、資本主義生産の一切の恐るべき波乱を通過せず（有可能不通過）、一切の肯定的成果を吸収することが可能であること、③ロシアの農村共同体の共有と私有の二重性がもつ強い生命力と、土地共有制とそれが作り出す社会関係が共同体の基礎を安定させると同時に、家屋の私有や小経営的生産が個人の発展を可能にすること、④ロシアの土地非国有制は農村共同体の発展を通じてのみ窮境を抜け出すことができ、イギリス資本主義式の地主小作関係によりこの窮境を脱しようという試みは、その制度がロシア農業の条件に全般的に抵触するがゆえに、徒労に終わるであろう、⑤農村共同体の発展は、歴史発展の方向に符合したものであり、資本主義滅亡は社会の、原古代的な型の最高形態、すなわち集団的生産と集団的占有、への復帰を以って終りを告げるであろう、の以上五点に概括する。

ロシア革命と中国革命の勝利は、東方国家が資本主義の歴史段階を越えるもっとも有力な証明であり、ほとんど十九世紀後半以来の東方社会発展の道に関する論争に結論が出たといえるほどである。だが、社会主義の道を歩み始めた東方の遅れた国家は、順調に高度に発展した社会的生産力を打ち立てることができず、生産関係の領域に限った「跳び越え」と遅れた生産力は、長期にわたり不釣り合いのままであった。このような状況をもたらした主な原因は、一方的に東方国家の特殊な国情が誇張され、盲目的に社会発展の一般法則と資本主義の道が混同され、発展の法則が退けられた結果であった。マルクスが繰り返し強調したように、ロシアの資本主義跳び越えの重要な前提こそ、広く資本主義の一切の成果を吸収することであったが、これらの重要思想は社会主義革命成功時においては、人々の注意を引かなかった。所有制のうえでは一方的に「一大二公」（人民公社の優位点として喧伝されたスローガン――規模が大きく、より集団所有制が進むことを指す）が追求され、幼稚にも「共産主義社会への到達」が鼓吹され、未来にようやく実施できることが、その区別なく当時の経済建設において試みられ、社会的生産力と、経済発展に不可欠な一連の段階が、完全に無視され、その結果早くを欲してもそれに達することはできなかった。

マルクスにより完成された社会構成体理論によれば、このように東方社会は所有制形態のうえで資本主義の歴史段階を越えたが、その技術形態や経済形態のうえで依然として遅れた小生産と自然経済の基礎の上に留まっており、決して所有制の変更に伴い資本主義の技術形態と経済形態を跳び越えてはいない。東方社会が資本主義の社会技術形態と経済形態を越えられないと確定する根拠は、まさに東方社会がすでに資本主義的所有形態を越えているところにある。すなわち、東方社会は資本主義的に高度に発達した生産力と充分に発展した商品経済の基礎の上に築かれておらず、そのもともとの遅れた工芸技術水準及び小生産に見合った自然経済はまったく社会主義生産力の発展を保証するに足りず、それゆえ発達した生産力水準にのみ適応できる共有制の形式を、長く支えることはできない。東方の遅れた国家に建設された社会主義制度は、ただ充分に社会的生産力と商品経済を発展させることによってのみ、根本的に資本主義段階を越え、かつ共産主義社会への移行に向かうことができるであろう。

以上、栄剣（1987）のカウディナ峠跳び越え論は、アジア的生産様式論における独自の社会構成体（生産様式）説といってもよい内容であったにもかかわらず、一九八〇年代のアジア的生産様式論争のなかでは、注目を集めることはなかった。それは、当時の論争の主流派であった原始社会説や放棄説に合わせた主張をしていたからである。だが、今日的な視点でみると、自らの社会を東方の遅れた社会であると認めることで、却ってその特殊性に見合った社会主義への発展の道を主張するという点において、かつ、そこに西欧中心史観への批判を込めているという点において、当時としては特異な議論をしていたといえる。というのも、当時、アジア的生産様式に関する見解として、西欧中心史観に対する批判を意図するとしたら、栄剣のように中国の歴史的特殊性を認めるのではなく、むしろ、郭沫若や田昌五が実践したように、マルクス主義にもとづく普遍的な歴史法則が中国の歴史を貫いていると主張することによってであった。この意味で、栄剣の主張は九〇年代の理論界を大きく先駆けるものであったといえる。

康復（1988）はこれらの栄剣の主張を、新しい学術用語の背後に、新たな更に保守的なものを潜めていると指摘している。彼の批判は、一九九〇年代中葉の、カウディナ峠跳び越え論に対する批判のような厳しいものではない。だが、おそらく、栄剣の主張のなかに、後進諸国は後進諸国で、その伝統的社会制度や所有形態に一定の価値があるのだ、といった保守的な観点を感じ取ったのであろう。康復はさらに「ザスーリチの手紙」におけるマルクスの見解、ロシアの農村共同体の資本主義跳び越え可能性を認めたかのようなマルクスの見解を、後にエンゲルスが明快に否定したことを指摘し、さらにホブズボームのような西欧マルクス主義者もまた、このようなナロードニキに傾いた観点を、ロシアのマルクス主義者も、さらにその後のマルクス主義者のいずれも支持しておらず、このような観点はおそらくマルクスが直面した困難に対するある種の扱いにくさを反映したものである、と述べていることを紹介している。おそらく、西欧マルクス主義者からの引用を以て、中国におけるこの種の論争への傍証とすることは、一九八八年前後という時期に特有の出来事ではないかと思われる。

張奎良（1989）は、東方社会理論をタイトルとした最初の論文であるが、内容的には栄剣論文とほぼ同じである。とくに、ヨーロッパ中心論への批判であるとか、人類の原初的社会構成を東方社会のアジア的生産様式のなかに求めるだとか、アジア的生産様式における土地共有制、農村共同体、専制国家の三位一体とか、アジア的生産様式はヨーロッパの奴隷社会、封建社会と併行して長期にわたって存在するなど、アジア的生産様式に対する見方は、両者に一致している。ただ、ナロードニキの資本主義跳び越え論については、栄剣（1987）のように冒頭にもってくるのではなく、第三節「マルクス、ロシア社会発展の道を論ず」のなかで、出てきており、相応の位置に置かれている。それを含めて、張奎良は、栄剣（1987）の欠点を補い、よりそつなく書いたという印象が強い。張奎良は、彼らの議論の今日的意義を次のように語っている。

過去一世紀近く、マルクスの東方社会理論、とくにカウディナ峠資本主義跳び越え論の構想について、これは伝統理論からの背離であり、理解できないと、多くの人々が頭を抱えていた。ここ数十年来、東方社会理論とレーニンが反対したナロードニキの観点が比較的近かったため、人々はあえて問おうとはしなかった。今日に至るまで、社会主義革命は典型的な西欧国家のなかでは発生せず、反対に、革命は資本主義が充分に発展していない東方国家においてまず勝利した。これは、社会主義が必ずしも資本主義の高度な発展の産物ではなく、カウディナ峠は確かに越えられる、ということを証明している。この点からいえば、マルクスの東方社会理論は検証を得られている。だが、今日のあらゆる社会主義国家のカウディナ峠跳び越えはあまり成功しておらず、資本主義との比較においてもまだ充分に社会主義の優越性を示していない。原因はアジア的生産様式が資本主義と同じ時代の存在であることである。資本主義制度を跳び越えることはできても、資本主義と結びついている肯定的な成果を跳び越えることはできない。この肯定的な成果が何かをマルクスは具体的に説明していない。今日からみれば、高度に発達した商品経済や社会的生産力および民主政治、人間の個性の発展等々である。これらの成果は跳び越えることができないばかりか、長期にわたる社会主義初級段階を通して補講を受け、それらの吸収に努力しなければならない、と。これは、一九八九年三月一日発行の学術誌に掲載されたことを考えれば、なんとも含蓄のある発言ではある。

以上のように、栄剣も張奎良も、アジア的生産様式の通時性（歴史貫通的性格）を強調しており、アジア的生産様式の存在を身近に感じていたように見える。栄剣は、社会主義の時代のソ連や中国についても、東方社会と呼んでおり、あえて誤解を生じさせかねない大胆な表現をしており、さらに張奎良も上記のごとく、アジア的生産様式と資本主義の同時代性という形で、社会主義の後進性の由来を指し示しており、このように以前ならば批判されかねない危うい表現を、彼ら二人が行えたのは、一九八〇年代後半の、より厳密にいえば一九八九年の直前の、中国において比較的言論が自由に行えた時期に彼らの論文が発表されたからであろう。その自由がなくなった時に、皮肉にも東方社会理論は論壇を席捲し、その全盛期を迎えることになる。

4　東方社会理論をめぐる攻防

一九九〇年代に入り、最初に東方社会理論を冠した論文を書いたのは、おそらく王永祥・謝霖（1991）であろう。だが、同論文は、東方社会理論、とくにその中核となるカウディナ峠資本主義跳び越え論を十分に展開しているわけではない。むしろ冒頭で短く概略が述べられているだけである。それよりも、中国共産党創立七十周年記念論文でもある同論文は、東方社会理論によって、党の革命理論の正しさ、および中共の革命への道と建国後の実践の正しさを、再び証明しようとしたものである。そこには、一九八九年以降の厳しい現実が横たわっている。著者たちは、苦境にある中共を理論的に救済すべく、革命における党の独立性の確保、指導権の維持を、繰り返し強調している。さらに、遅れた東方社会の革命にとって、党の独立性や指導権の確保は必須であり、毛沢東に代表される中国革命における、党に指導されたブルジョア民主主義革命と革命階級による連合独裁、すなわち新民主主義革命の理論は、東方社会理論に依拠したものであるとも述べている。

江丹林・倪道均（1993）は、改革開放の継続を前提とした東方社会理論となっている。その理論的枠組みは、アジア的生産様式における三位一体（農村共同体、土地国有、専制主義）、アジア的生産様式の他の社会構成体との長期併存、その独立した発展の特殊性、マルクス晩年におけるアジア的生産様式範疇の放棄等々、栄剣（1978）のそれとほぼ同じである。彼らは、最後に、中国社会主義革命が、一方では半植民地・半封建的な社会から社会主義への到達であったこと、もう一方では、その「超越」自身が資本主義的な世界システム内部における発展の産物でもあったということを見なければならず、それゆえ中国の発展の道を研究する時も、中国を世界の有機的な構成部分と見なしてのみ、中国社会主義の必然性について科学的に解釈しえ、さらにまた世界全体のなかに身を置くなかで改革開放をなし、社会的生産力と商品経済を充分に発展させてこそ、根本的に資本主義段階を超越することが可能となろう、と結んでいる。

張奎良（1994）のもっとも顕著な特色は、東方社会発展の道に関する理論――どういうわけか東方社会理論という言葉をここでは使わずに――すなわちカウディナ峠跳び越え論を、南巡講話以降の鄧小平改革路線にきっちりと結びつけたことであった。八〇年代末のカウディナ峠跳び越え論は、アジア的生産様式論の理論的枠組みを借りながら、中国独自の社会主義の理論づけを狙っていたが、おそらくそれは特定の指導者に結びつくものではなかった。だが、張奎良のそれは、明らかに南巡講話以降の鄧小平路線を擁護することを意図として提出されており、論文のいたるところに鄧小平とその改革開放路線への賛同や支持が書きこまれている。たとえば、張奎良が九〇年代中葉の社会主義公有制の維持を巡る論争に関して、請負制や株式制度など私有制の拡大につながるあらゆる改革に抵抗する勢力に対して、「改革の目的を歪曲し、ややもすれば〝姓社〟〝姓資〟の論難を提起する、これは明らかに改革の性質と使命に対する一種の誤解」だと述べる時、彼がどの立場に立っているのか明白である。というのも、資本主義の一切の肯定的な成果を吸収しなければ、社会主義が貧困の代名詞でしかなくなる以上、改革開放は必然であり、かつそれをこれまで以上に深化させなければならないからである。資本主義の一切の成果を吸収するということは、マルクスが、遅れた諸国の社会主義への道、カウディナ峠跳び越え論において述べたように、社会主義建設の必須の条件であり、その意味で、先進資本主義国のあらゆる進んだ成果——経営方法や管理方法——を取り入れようとする鄧小平の思想は、マルクスのそれと同一である、と。

一九九四年から九五年にかけ、陳国新（1994）、啓良（1995）、江丹林（1995）、徐崇温（1996）、王東（1996）など、カウディナ峠や東方社会理論を掲げる論文が相次ぐ。たとえば、孫承叔（1995）は「ザスーリチへの手紙」について「これはマルクスが初めて、東方社会が資本主義（カウディナ峠）を跳び越えることが可能となる仮説を提出したものであり、これを我々は東方社会主義の道に関する最初の理論的飛躍と見なすことができる」と評価する。ちなみに、第二次理論的飛躍は晩年エンゲルスが、第三次飛躍はレーニンの晩年が、そして最後の第四次飛躍は、鄧小平が担ったとしている。まったくの提灯持ちである。

カウディナ峠跳び越え論への支持が深まるなか、九六年初め、段忠橋（1996）、呉銘（1996）が相次いで発表され、ようやくここにカウディナ派に対するはっきりとした批判が開始される。段忠橋は九〇年代初め、エセックス大学に学んでおり、西欧マルクス主義に精通していたと思われる。その彼にとって、「ザスーリチへの手紙」の中国理論界の読み方、とくにカウディナ峠跳び越え論には、疑問が多々あったと思われる。段忠橋はまず、マルクスがロシア共同体救済の条件としてあげた西欧資本主義との存在の同時性について、西欧資本主義国家がロシアの共同体を援助することはありえず、ロシアの共同体の自発的な力によって資本主義がつくり出した成果を自らのものにすることも不可能であり、そうであればこそロシアの農村共同体を救う革命は西欧プロレタリアの社会主義革命と相呼応することが不可欠であり、ただ後者の成功のもと、前者は資本主義がつくり出した一切の積極的成果を得ることができるのだ、と述べる。この意味において、ロシアの農村共同体が資本主義のカウディナ峠を跳び越えたとしたならば、それは西欧資本主義国家がすでに資本主義のカウディナ峠を抜け出したからだ、と。さらに資本主義のカウディナ峠を跳び越える可能性は、ただ当時のロシアの農村共同体についてのみ言っているのであって、遅れた東方国家にみなこの可能性があるなどと言っているのではない、とも指摘している。

段忠橋のカウディナ批判は多岐にわたっている。彼によれば、マルクスが跳び越えを語ったのは、原始的土地共有制を起点にしての跳び越えであって、資本主義私有制を起点としての跳び越えではなかった。解放前の旧中国は、原始的土地共有制はすでに存在しないところの半封建半植民地国家であり、マルクスがいうような資本主義跳び越えの内的前提をまるっきり備えていなかった。中国はすでに資本主義のカウディナ峠に入り込み、資本主義が充分に発展しない状況のもと社会主義革命が進行したのであり、それゆえ、そこには資本主義のカウディナ峠を跳び越えたなどという問題は存在せず、ただ、すでにカウディナ峠を抜け出したかどうかだけが存在する。さらに、中国は目下、完全にはカウディナ峠を抜け出してはいないと述べる。というのも、中国が目下まだ資本主義の経済要素を徹底して消滅させておらず、かつ今後長い期間にわたってその存在と発展を許すからである。さらに、中国はマルクスが描くところの社会主義とまだ大きな距離をもっており、マルクスが描くところの社会主義をいまだ完全には実現していない。世界の大多数の国家がまだ資本主義の段階にあり、中国はその国々と密接な関係をもち、そこからさまざまな方面を通じて大きな影響と制約を受けている。先進諸国がいまだカウディナ峠を抜け出していないのに、それより遅れた中国は、少しの先進的資本主義経済の要素と大量の遅れた前資本主義的要素を併存させている、云々。このような論調、とくに中国がカウディナ峠をまだ抜け出していないという彼の主張は、カウディナ派から大きな反発を受けることになる。

呉銘（1996）も、明確にカウディナ峠跳び越え論を批判している。呉銘は、その冒頭において、カウディナ派の論客たちがこぞって書き立てている一八七〇年代における西欧社会主義運動の沈滞とマルクスの失望説に対し、それは重大な歴史の歪曲だと指摘し、実際にはこの時期、西欧各国の社会主義政党は次々と設立され、社会主義運動はよりいっそうの発展をとげ、マルクスの影響も七〇年代に日に日に大きくなっていったと述べる。すなわち、諸家のカウディナ峠跳び越え論成立の前提自体が間違っているということになる。それでは、マルクスが資本主義カウディナ峠跳び越え論を提出した本当の原因とは何か。それは、ロシアの問題というより、むしろ西欧革命の問題からであった。一八六一年農奴解放以後の、ロシアの矛盾の激化と危機の深まりを認識したマルクスは、ロシア革命が間近にせまったとみなし、ヨーロッパ反動勢力の砦であるツアー・ロシアにおいて勃発する革命が西欧革命の促進に大きな影響を与えることを認識していた。つまり、西欧社会主義運動の利益から出発して、マルクスとエンゲルスは、ロシアの革命家が提起したロシアの非資本主義的発展の可能性について真剣に検討したのだ、と。

マルクスとエンゲルスは「ザスーリチへの手紙」とほぼ同時期に執筆された『共産党宣言』ロシア語序文第二版（一八八二年）において、ロシアの農民共同体は「もし、ロシア革命が西欧プロレタリアート革命にたいする合図となって、両者が互いに補いあうなら、現在のロシアの土地共有制は共産主義的発展の出発点となることができる」（『全集』第一九巻）と述べているが、そこにおける「両者互いに補う」ことこそ、資本主義跳び越え論において極めて重要な意味を持つと呉銘は力説する。それは、高度に緊密な関連をもった世界における革命の同時性を述べたものであり、さらにここで主導的な働きをなすのは、遅れた国家ではなく、資本主義の先進的な成果を継承した西欧プロレタリアートであり、遅れた国家、民族はそれに依拠しなければ、跳び越え自体ありえないとマルクスやエンゲルスが考えていたことを明らかにしている。この『宣言』ロシア語序文第二版の一節は、張奎良、孫承叔らの論客たちも引用しているが、充分な配慮が払われているとは言い難いところである。それゆえ、マルクスの構想からみれば、ロシア革命や中国革命は、それから大きく離れたものである以上、両国の革命はマルクス晩年の構想、カウディナ峠跳び越え論とは関係がない。そこから、呉銘は、ロシアや中国などの東方の社会主義は、二十世紀の社会主義の道の重大な変化、転換から生じたもので、いかなる既成の理論や原則の体現でもなかったと論じている。

陳文通（1996）は、マルクスは「資本主義のカウディナ峠を跳び越える」などといったことはなく、ただ「資本主義制度のカウディナ峠を通らない」という言い方をしたのだ、と主張する(9)。この指摘は極めて重要であり、いままでどうして指摘されてこなかったのか、理解に苦しむところである。さらに、マルクスのカウディナ峠（資本主義）を通らない道に関する論述は、ロシアの農業共同体に関して提出されたものであって、それをマルクスの「超越論」と理解するばかりか、東方の遅れた国家とか経済文化未発達の国家全体へと拡大することは、誤りであり、マルクスのロシアの農業共同体の発展について提出された構想をマルクスの東方理論とするのは、不当であるとまで言っている。それは、ロシアの農業共同体が、「資本主義のカウディナ峠を通らなくともよい」との構想、が、完全に当時のロシアの農業共同体の特殊な生産様式と所有形態（土地共有制）に関連しているからであって、ただこの形式においてのみ、「通らなくともよい」可能性があるのであって、もし、小私有制を基本形式や主体としたり、資本主義的生産様式がすでに支配的地位を占めるのであれば、まったく「通らなくともよい」可能性はなくなるからである。

許全興（1996）は、まず、マルクスにとってロシアは一八六一年以降、資本主義の道に入りこんでいたのであって、ロシア社会が資本主義を跳び越えるなどという問題は、すでに存在していなかったと述べる。許全興はさらに、マルクス「ザスーリチへの手紙」において、カウディナ峠を通らなくともよいと言われているロシアは、実質的にはロシアの農村共同体のことであり、全体のロシア社会ではない。それゆえ、マルクスが、ロシアが資本主義のカウディナ峠を跳び越えることができると主張したとする結論は、マルクス・エンゲルスの原著によるかぎり、決して出てこず、ただ、マルクスはかつてロシアの農村共同体が一定の条件のもとで、資本主義のカウディナ峠を跳び越えることができるとする構想をもった、ということができるだけである、と。それゆえ、毛沢東や鄧小平の社会主義理論は、マルクスの東方社会理論とは直接の関係はない、ということになる。

このような一九九六年のカウディナ批判派の論法は、おおむね妥当なものであって、またその論旨も、日本や西欧の、マルクスのロシア論や「ザスーリチへの手紙」への理解に関する議論と嚙み合うものであり、納得のいくものである。だが、現実には、上記のような批判はまったくの少数意見にすぎなかった。それればかりではなかった。たとえば、段忠橋は、布成良・陳海濤（1996）、張志義（1997）、徐久剛（1997）などから厳しい批判を受けねばならなかった。それらの批判は、段忠橋が中国はいまだカウディナ峠を抜け出していないとの発言に向けられていた。その論拠は幾つかあるが、彼らをもっとも怒らせたのは、段忠橋が社会主義を資本主義と等置したことであった。カウディナ峠すなわち資本主義である以上、あるいはカウディナ峠が屈辱や悲惨さを意味する以上、中国がいまだカウディナ峠を抜け出していないという主張は認められないものであった。カウディナ派にとって、二十世紀社会主義はマルクスの描いた社会主義とは大きな差があるかもしれないが、それでもあくまで社会主義であって、段忠橋のように資本主義と同じレベルのものとみなすことは、社会主義の否定にほかならなかった。

段忠橋、呉銘、陳文通、許全興などが次々と反カウディナの論陣を張ったにもかかわらず、帰趨は明らかであった。郭棒樹（1997）によれば、中国はカウディナ峠をまったく跳び越えていない、あるいはカウディナ峠を跳び越えることができない、さらには資本主義の補講を受ける必要があるという誤った観点をとるものがいたが、近年来の探究や討論によって、上述の誤った思想は基本的に除去された、ただ、現在すでにカウディナ峠を跳び越えてしまったのかどうかについて、認識の上において、意見の相違があると述べている。まったく跳び越えていないとか、すでに跳び越えてしまったかどうかとは、微妙な表現であり、郭棒樹のいう、カウディナの議論への批判は、逆に批判され、基本的に淘汰されたとの評価を、果たして額面どおり受け取っていいのかどうか疑問なしとはしないが、それでも、大勢は決まったと考えてよいであろう。

姚亜平（1998）には次のような興味深い記述がある。マルクス・エンゲルスの東方社会理論は、後の実践とは大きく異なるものであった。それは、パリ・コミューン以後、西欧にはプロレタリア革命が起こらず、東西のプロレタリア革命が互いに補いあうという条件が実現しない状況のもとで、ロシアも、続いて中国も、社会主義建設を始めなければならなかったからである。東方の遅れた国々は、カウディナ峠の跳び越えを、西欧革命によって相補われることなく、一国における勝利の方法に照らして行ったのである。理論と実践は必ずや一致しないこともある。ゆえに、我々の主な精力を、必ずしも、理論とその後の実践が一致したかどうかに注ぐ必要はない。理論と実践は互いに解釈したり、循環的に論証しあう関係ではない。マルクスのある言葉を典拠に引っ張って来て、現在の実践の根拠としたり、指標（標簽）にすることさえ必要ではないし、旧ソ連・中国の社会主義実践によってマルクスやエンゲルスの思想を解釈する必要もない。なぜなら、マルクス主義の運用は書物から出発するのではなく、すべては実際から、国情から出発しなければならないからである。我々がマルクスのカウディナ峠跳び越えの構想を研究することは、学風の問題である。一体全体、単純にマルクス主義の書籍のなかの片言半句から答をみつけようとするのか、真にマルクス主義の立場、観点、方法を堅持しつつ現在の中国の現実問題を解決しようとするのか、と。

以上から、姚亜平が東方社会理論における理論と実践の一致に関して、かなり危機意識を持っていることがわかる。うがった見方をすれば、カウディナ峠跳び越え論、東方社会理論には最初から理論的に無理があることを、認めているかのように映る。この理論は、実践に要請された理論なのだから、初めから無理があるのだ。だが、国情を重んじるならば、それ以外の選択がない以上、これを何が何でも擁護しなければならないと言っているかのように聞こえてしまう。理論的な不備をつく批判家たちに対し、現実や実践を盾にして圧力をかけているのであろう。

だが、このようなプレッシャーにもかかわらず、またたとえ多勢に無勢であっても、カウディナ峠跳び越え論について、強い疑問を投げかけ、その理論的な誤りを指摘するものが絶えなかった。そのことは、彼らの理論水準を問わず評価されるべきである(10)。後に段忠橋と社会構成体論をめぐって互いに厳しい論争を繰り返すことになる趙家祥も、カウディナ峠跳び越え論に否定的であった。趙家祥（1998）は、まず、「ザスーリチへの手紙」にいうロシアの農村共同体を救うためのロシア革命とは、どんな性質の革命なのかを問う。これは良い設問だと思う。このロシア革命は社会主義革命でありえない。また、新民主主義革命（社会主義に向かうブルジョア民主主義革命）でもない。もともと半アジア的な性格のロシア社会において、しかも資本主義段階に到達したかどうか微妙な時期のロシアにおいて、さらにプロレタリア階級も育っておらず、それを指導する社会主義政党も存在しないロシアにおいて、それらはいずれも不可能であった。現実にマルクスやエンゲルスがロシアにおける革命主体として見ていたのはナロードニキ（人民の意志派）である。しかもテロリストであった。地下の政府（テロリスト独裁）が、ツアーの政府を打倒することにより、ヨーロッパ反動勢力の後ろ盾が失われること、それが西欧プロレタリアートの革命を大きく前進させること、マルクスが期待したのはそれであった。すなわち、ロシア革命を発端とした西欧のプロレタリア革命の勝利のもとにおいて、西欧資本主義の積極的な成果をもってロシアの社会主義的改造を助け、ロシアの農村共同体の共有制が共産主義の出発点となること、これが互いに補いあうということの中身であった。マルクス・エンゲルスの論理に照らせば、西欧プロレタリア革命の勝利がなければ、遅れた国家は資本主義のカウディナ峡を跳び越えることはまったくできない。ロシア革命や中国革命の勝利は、マルクス・エンゲルスの十九世紀七〇、八〇年代の、ロシアの農村共同体が資本主義のカウディナ峡を跳び越えることができるという構想と、直接的には何の関係もないということである。

以下、カウディナ批判の立場に立つ理論家たちの見解について、やや紙数が限られているが、なお少し言及してみたい。陳明軍（1999）は、カウディナ峡に関する議論を、より緻密に扱おうとしている。マルクスがいうところのカウディナ峡には二重の意味が含まれている。一つは、資本主義生産が引き起したところの経済危機とそれによる災難、もう一つは、経済危機をもたらす資本主義生産のある段階、である。良い指摘だと思う。資本主義の積極的な成果とか肯定的な成果とかいいながら、資本主義の全過程がカウディナ峡であるとするのは無理がある。むしろ、ロシアの農村共同体が直面するであろう、土地共有から私有への転換、それに伴う原蓄期特有の農民の生産手段（土地）からの徹底した分離のプロセス（原蓄期）を指していると考えた方が合理的であろう。さらに陳明軍は、マルクスがカウディナ峡に関する描述が極めて慎重であり、きちっと定まったものではないことに注意を促し、さらに第四稿すなわち正式な返信には、カウディナ峡への言及がないことを強調する。カウディナ峡の記述があった第一稿と第三稿と、そして（カウディナ峡の記述がなかった）第二稿は、いずれも草稿であり、ザスーリチに送られることはなかった。第四草稿こそ、マルクスの正式な思想がもられていると考えるべきである。多くの人が東方社会主義の道と現代の改革に関する理論的源泉を見つけ出そうとしている。しかし、「ザスーリチへの手紙」のなかにあるのは、「カウディナ峡を通らなくともよい」であって、「跳び越え」の文字はないのだ。細かい字句にこだわっているのではない。「通らなくともよい」と「跳び越え」

はまったく別の意味だからである。

今世紀に入り、カウディナ批判の論陣を張った数少ない人びとのなかで、特筆すべきは張光明（2003a）である。というのも、一九七〇年、八〇代のロシア・ナロードニキとマルクス・エンゲルスとの関わり、マルクス主義の創始者たちのナロードニキ（人民の意志派）への支持、さらにナロードニキから分離しつつあったプレハーノフ、ザスーリチなどとマルクス及びエンゲルスとの関わり、そしてその推移を詳述しているのは、彼のみだからである。そして、そのような関わりとその推移のなかで、「ザスーリチへの手紙」の持つ意味が明らかにされ――その結論は上記の反カウディナの議論とほぼ重複してしまうが――、東方社会発展の道や東方社会理論がまったく成立しないことが説得的に論証されている。また、マルクスの死後、八〇年代後半から九〇年代初頭の、ロシアの政治情勢の変化とロシア資本主義の発展を前に、エンゲルスはロシア農村共同体の救済は不可能になったと結論づけ、一八九四年「『ロシアの社会状態』へのあとがき」のなかで「ロシアの共同体をこのように改造するかもしれない主導力は、この共同体自体からはけっして生じることはできず、西ヨーロッパの工業プロレタリアートのみから生じうるということである（『マルクス・エンゲルス全集』第二二巻）と述べる。ロシア社会の発展問題については、マルクスとエンゲルスは一致していたのであって、若干の学者たちがいうようなマルクスとエンゲルスの分岐は根拠がなく、所謂「カウディナ峠跳び越え構想」の実質も、マルクスが晩年、東方社会の新しい道などといったものを信ずるようになったところにあるのではなく、ロシア革命と西欧革命が「互いに補いあう」ことのなかにあったのだ、と張光明は力説している。

張光明はとくに「ザスーリチへの手紙」にみられるマルクスのロシア農村共同体に対する見方が、人民の意志派を支持し、彼らの革命運動に期待を寄せていたマルクスの、彼の科学的判断以上にナロードニキへの配慮にもとづくものである可能性を指摘しているが、それに従えば、農村共同体がロシア再生の拠点となりうるとか、ロシアの農村共同体がゲルマン的共同体に近いと思わせるような表現についても、同様のことがいえるのではないかと思われる。

5　結びに代えて

今世紀に入り、中国経済の顕著な発展とともにカウディナ峠跳び越え論および東方社会理論はいよいよ隆盛を極めていく。そして、この十年間のこの種の論文の過半は、理論工作者あるいはイデオロギー部門の工作者たちによる、画一化された論調の、内容に乏しいものである。しかし、それにもかかわらず、カウディナ峠跳び越え論や東方社会理論は、論壇を席捲し続けるであろう。というのも、現実がそれを要求しているからである。鄧小平南巡講話以降の、中国社会主義の実践を支える理論を、マルクス主義の創始者の言説に求める必要がある以上、何であれ、それはつくり出さなければならなかったからである。その意味で、如何に、本来の意味から遠く離れていようと、カウディナ峠跳び越え論は、有効性を失うことはないと考えられる。

他方、このようなカウディナ峠跳び越え論や東方社会理論の隆盛のもと、当初、その理論的母体となったアジア的生産様式論は、完全に色褪せてしまった。それでも、一九九五、九六年頃まで、アジア的生産様式論は従来のスタイルを続けていた。つまりアジア的生産様式論争において論陣を張っていた従来の各派のスタイルで各々議論していた。だが、その同じ論文のなかに、カウディナ峠跳び越え論や東方社会理論への言及がなされ、それとのすり合わせが行われるようになる。そして、一九九〇年代末に近づくにつれ、最初からカウディナ峠跳び越え論や東方社会理論を前提としたものに変わっていく。その結果、タイトルにアジア的生産様式を冠していても、内容的にはカウディナ派や東方社会理論と変わらないものが主流となって行く。今世紀に入るや、その傾向はますます強まり、固有の意味でアジア的生産様式論——どのような学説に立とうとも——といえるものはほとんどなくなっていく。実際には、アジア的生産様式のタイトルを持つ論文は、八〇年代や九〇年代と比較しても、決して減ってはいない。むしろ、数だけは増えている可能性もある。それは、八〇年代や九〇年代初頭まで残っていた、アジア的生産様式論独特の異端の匂い——一部の知識人にはそれが魅力でもあったであろう——が完全になくなったからである。東方社会理論の下請けとなることで、アジア的生産様式論の中国化が完成したのだと言える。二〇〇〇年以降も、趙家祥、王立瑞、盛邦和、王海明などが、ほそぼそと、下請けではないアジア的生産様式論を書き続けている。だが、趙家祥、王立端は、以前の原始社会説もしくは放棄説に近い。王海明は、東洋的専制主義に比重を置いたアジア的生産様式論を展開しているが、何故か専制主義の偶然性や選択可能性を論じており、アジア的生産様式論としての評価を難しくしている。盛邦和は、東方社会理論とそりを合わせながら、独自の社会構成体説に近いアジア的生産様式を論じている点において孫承叔に近いと思われる。

最後に、カウディナ峠跳び越え論および東方社会理論の弱点あるいは欠点として次の四点をあげておく。

①まず、まったくといってよいほどテキスト・クリティークがなされていないことである。ただ、論文が数百篇もある領域において、まったくないというのも奇妙である。逆に、反カウディナ派自体は極めて少数ではあっても、彼らの多くが原書や洋書に接する可能性をもち、外国の文献を閲覧する可能性の高い人々であることを考えれば、そのような人々のなかでは、すでに筆者が注（9）において指摘しているような理論的弱点は了解ずみなのかもしれない。

②次に、同時代史的考察の圧倒的不足である。テキストが置かれている、歴史的コンテキスト及び同時代的諸関連がほとんど無視されている。それを十分に行っているのは張光明（2003a）くらいであろう。たとえ、十分とまではいかなくとも、基本的な点は押さえて議論されるべきである。ほとんどの論者たちが、当時のロシアの状況や、西欧の社会主義運動の流れ、マルクスとナロードニキ（人民の意志派）との深い関わりなどを無視するか、わずか数行の通り一片の知識で片付け、「ザスーリチへの手紙」のほか、数点の文献に限って引用し、自分たちが願ったとおりの、結論を引き出している。また、多くの論者が東方社会理論にとって障害となるエンゲルスの言説を無視しており、エンゲルス『起源』をもってマルクス主義歴史理論の最高の原典としていたスターリンの歴史発展の五段階論の時代との違いを際立たせている。

③マルクス・ロシア論への誤解。これは、マルクス『十八世紀の秘密外交史』（一八五八年刊行）が参照されていないことに関わりがある。同書は、中国では未公刊である。だが、それなしでマルクスのロシア論を理解

することはできない。とはいえ、社会主義国では、マルクス・エンゲルスの著作の翻訳・出版は研究者個人の問題ではない。さらに、マルクス・エンゲルスの未公刊文献に関しても、自由に引用することを憚る雰囲気があるように思われる。それらが、マルクスのロシア論に対する理解を妨げているといってよい。

④これは、ほとんどの中国の理論家にいえることだが、『共産党宣言』ロシア語序文第二版にいう「互いに補いあう」ことについての認識不足を挙げなければならない。天安門事件直前の開放的な雰囲気に染まったのか、張奎良（1989）がふと最後にもらしたように、互いに補うことのなかには、民主政治の導入も入っている。もちろん、一八八二年当時のマルクスやエンゲルスの念頭にもあったということ、それを忘れてはならない。しかしながら、中国の論客たちの本音は、西欧の進んだ科学技術、豊かな資金は欲しい、だが、文化は中国の方が進んでいるので、もしくは外国のものは汚れているので、取り入れる必要はない、ということであろう。政治文化の取入れは、民主集中制を犯すので拒否される。すなわち専制が継続されるということである。東方社会理論は、結局は中国の伝統思想である中体西用論の現代版に過ぎないものになっているといわざるをえない。啓良（1995）は「ここでいう一切の肯定的な成果とは、資本主義の物質文明、すなわち科学技術を指しており、精神文明や制度文明を含んではいない。なぜならば、資本主義の社会制度およびイデオロギーは、マルクスが極力批判の対象としたものであり、これらのものをロシア社会に持ち込もうと考えることなど不可能であった」と述べているが、見事なぐらいの率直な本音の吐露である。ロシア社会を現代中国に置き換えれば、その意味は明らかである。

［注］

（1）一九八〇年代におけるアジア的生産様式論争に関しては、前稿「中国におけるアジア的生産様式論争：一九七九〜一九八九年」（『明治大学教養論集』四六七号、二〇一一年三月）［本書第五章］を参照されたい。

（2）朱晞の解釈は、多くの中国の理論家たちも同じような理解をしていると思われるが、誤っている。上記の一節における「東洋的共有」とは「インド的共有」と同じように、『諸形態』に言われている、アジア的、古典古代的、ゲルマン的所有に先立つ、より古代的な共有のことである。インドをより古代的なものとするのは、インド＝ヨーロッパ語のインド起源説と同様の、より古いもの、太古のものをインド的とする当時の西欧知識人のイメージを借りたものであろう。『諸形態』におけるアジア的、古典古代的、ゲルマン的所有は、共同体的所有といっても、すでに十分に個性的であり、太古の共有からははるかな時期を隔てたもの、長期にわたって歴史的に形成されたものであることが理解できるはずである。それゆえ、東洋的共有が解体した後の、古典古代とは奴隷制が支配的になる以前の、古典古代的共同体に基礎をおく社会であり、当然、小経営的生産にもとづく社会構成のことである。古典古代的所有、古典古代的共同体より以前の所有形態や社会構成については、ミケーネ期の所有形態を、プロト古典古代的なものとした太田秀通『東地中海世界』（一九七七年）が参照されるべきである。

（3）マルクス、エンゲルスのアジア的社会論は、『諸形態』『経済学批判』「序言」、『反デューリング論』、「ザスーリチへの手紙」といったまとまった論考ばかりでなく、多数の自著への注記、手紙での言及などを含めて成り立っている。それらの関係について、あるいはマルクス、エンゲルスのアジア的社会論における意味合いについて、いずれ、稿を改めて考察してみたいと考えている。

（4）一九七九年から一九九二年まで、宋敏はアジア的生産方式に関して十数本の論文を書いている。当時のもっとも多産な論客であった。ところが、その後、宋敏は一篇も書いていない。もし引退していないとしたら、アジア的生産様式を論じることを辞めたのであろう。どうして、彼が辞めたのかについて何も知るところはないが、どうしてやめざるをえなかったかを、彼のそれまでのアジア的生産様式論からおおよそ推測することはできる。一九九二年以後興起し、論壇を席捲した東方社会理論は、その理論的根拠を「ザスーリチへの手紙」における「カウディナ峠跳び越えの構想」に依拠していた。西方への社会主義に代わる遅れた東方諸国家の、しかも資本主義を跳び越える社会主義への道、宋敏はそのような読み方に反対であったということである。そのような解釈の仕方は、宋敏によれば、マルクス主義の創始者たちの普遍主義的な歴史哲学に反するのである。おそらく、そこに宋敏の沈黙の理由が存在していると考えられる。

（5）ウィットフォーゲルが言う、所有もしくは私有に関する見解は、アジア的世界の人間が常識的にもっている所有や私有の認識では、アジア的社会論においてマルクスやエンゲルスが何度も言っている「アジア的社会には土地の私的所有がない」との指摘をほとんど理解できない点を深くついたものであり、むしろこの点に関する無理解が、マルクスのアジア的生産様式やウィットフォーゲルのオリエンタル・デスポティズム論を容易に理解しえない理由となっていると思われる。

（6）本稿では、カウディナ峠と訳してみたが、カウディナ山道でもよいと思われる。また、参照した翻訳、辞典や事典のなかでは、カウディナは、カウディネ、カウディーネ、カウディヌスとも訳され、また峠も、山道、くびき、くびき門、岐路など、様々に訳されている。岐路と山道では実態としてかなりの違いがあるが、『ロワイヤル仏和中辞典』（旺文社）では、fourches Caudines をカウディヌスのふたまた山道と訳しており、理解を容易にしてくれる。なお、全集「ヴェ・イ・ザスーリチの手紙への回答の下書き」の翻訳者は平田清明である。

（7）日南田静真によれば、実際に草稿が書かれた順番は、第二、第一、第三草稿の順である。日南田静真「福冨正実『B・И・ザスーリッチの手紙への回答およびそれの下書き』へのコメント」『マルクス・コメンタール』Ⅳ（現代の理論社、一九七三年）。

（8）カウディナ峠跳び越え論を中核とした東方社会理論の出現に関しては、孫来斌（2004）を参照している。なお、拙文を書くにあたって、東方社会理論およびカウディナ峠跳び越え論を含め、二〇〇篇近い論文を入手し、読んでいるが、それでも決して網羅的なものではないことを、まずお断りしておく。また、紙幅の関係から、文末にあげた参考文献も、入手したもののほぼ半分ほどである。

（9）カウディナ峠という言葉が出てくる当該個所の原文（フランス語）を示すと、第一草稿の最初の出現箇所は、

De l'autre côté, la contemporanéité de la production (capitliste) occidentale, qui domine le marché du monde, permet à la Russie d'incorporer à la commune tous les acquêts positifs élaborés par le systeme capitaliste sans passer par ses fourches caudines.

であり、このドイツ語、英語訳及び中国語、日本語訳は以下のようである。

Andererseits wird es Rußland ermoglicht,durch die Gleichzeitigkeit mit der westlichen Produktion, die den Weltmarkt beherrscht, der Gemeinde alle positiven Errungenschaften,die durch das kapitalistische System geschaffen worden sind, einzuverleiben, ohne durch das Kaudinische Joch gehen zu mussen.

On the other hand,the contemporaneity of western production, which dominates the world market, allows Russia to incorporate in the commune all the positive acquisitions devised by the capitalist system without passing through its Caudine Forks.

另一方面，和控制着世界市場的西方生産同時存在，使俄国可以不通過資本主義制度的卡夫丁峡谷，而把資本主義制度所創造的一切積極的成果用到公社中来（『馬克思恩格斯全集』第一九巻）。

他方において世界市場を支配している西洋の〈資本主義的〉生産が同時的に存在していることは、ロシアがカウディナのくびき門を経ることなしに、資本主義制度によってつくりあげられた肯定的な諸成果のすべてをこの共同体に組み入れることを可能にしている（『全集』第一九巻）。

以上、これらから理解できることは、中国語訳は、間違っているわけではないが、文のかかり方が、中国語訳では異なっており、中心となる文意が逆になっているといえる。原文及びドイツ語訳とも、できると言われているのは、資本主義が作り上げた一切の積極的成果を吸収すること、自らのものにすること、である。そして、それはカウディナの岐路（ふたまた山道）を経ることなしに、あるいはドイツ語訳ではカウディナのくびきをくぐることなしに、可能となるのだということが後から追加されている。つまり、中国語訳で問題となっている、カウディナ峠は「通過しなくてもよい」なのか、それとも「跳び越えることができる」なのか、といった議論は、最初から成り立たない、あるいは少なくとも文の中心的な意味ではないと考えられる。

なお原文、ドイツ語訳、英語訳は、以下より入手した。

http://www.communisme-bolchevisme.net/download/Marx_Engels_Textes_choisis_1875_1894.pdf

http://www.mlwerke.de/me/default.htm

http://www.marxists.org/archive/marx/works/1881/03/zasulichl.htm

（10）胡慧芳執筆「関于跨越〝卡夫丁峡谷〟的研究」（jpkc.nankai.edu.cn/course/mks/Data/）には、一九九四年から二〇〇六年の間に発表された卡夫丁峡谷を冠した一七九の文献がリストアップされている。そのうち、論文は一七二篇である。なお、そのほか、東方社会理論、東方理論、東方社会発展道路、東方社会主義理論、晩年馬克思設想を冠して発表されたものも、ほぼそれに匹敵する数に上ると考えられる。そのなかで、カウディナ峠跳び越え論、東方社会理論を批判したものは、多く見積ったとしても、おそらく十分の一を越えないと、筆者は考えている。

［文献リスト］

一九八七年

江婉貞「中国的発展不必通過資本主義制度的〝卡夫丁峡谷〟」『文匯報』三月四日
栄剣「関於跨越資本主義〝卡夫丁峡谷〟問題」『哲学研究』第一一期
一九八八年
康復「対馬克思関於東方社会発展道路理論的再思考兼与栄剣同志商榷」『哲学研究』第九期
一九八九年
張奎良「馬克思的東方社会理論」『中国社会科学』第二期
一九九〇年
宋敏「論五種生産方式与亜細亜生産方式」『社会科学戦線』第三期
孫承叔・玉東「亜細亜生産方式与中国特色的社会主義道路」『社会科学』第八期
王国慶「〝亜細亜生産方式〟演変初探」『社会科学』第一二期
一九九一年
袁林「亜細亜生産方式問題討論的回顧与展望」『社科縦横』第一期
額爾敦扎布「晩年馬克思与亜細亜生産方式」『内蒙古師大学報』第一期
沈長雲「亜細亜生産方式在中国的産生及相関歴史問題」『天津社会科学』第二期
孫健「商周土地国有制試析」『思想戦線』第二期
玉永祥・謝霖「馬克思主義的東方社会理論与中国的社会主義道路」『紀念中国共産党成立七十周年学術討論会』七月
一九九二年
宋敏「亜細亜生産方式与魏特夫的東方専制主義――《魏特夫的東方専制主義辨析》」『社会科学戦線』第一期
廖学盛「魏特夫的〝東方専制主義〟与古代希臘的歴史」『史学理論研究』第一期
朱晞「論古希臘、羅馬史上的〝亜細亜生産方式〟階段」『四川大学学報』第四期
桑志達「対青年深層思想理論問題的若干思考」『超越的評説』第二章、上海交通大学出版
翟昌民「馬克思跨越〝卡夫丁峡谷〟的構想与中国革命的実践」馮毅編『毛沢東思想与建設有中国特色的社会主義』
天津人民出版社
謝震『東方社会之路――馬克思関于東方社会非資本主義発展的理論』中国社会科学出版社、十月
一九九三年
劉欣如「魏特夫与印度史――評《東方専制主義》一書中有関印度歴史的論述」『史学理論研究』第二期

馬克垚「関於生産資料所有制的問題――評魏特夫的〝東方専制主義〟」『史学理論研究』第二期
郝鎮華a「蘇聯学者論〝亜細亜生産方式〟（続三）」『史学理論研究』第三期
郝鎮華b「蘇聯学者論〝亜細亜生産方式〟（続四）」『史学理論研究』第四期
劉文鵬「〝治水専制主義〟的模式対古埃及歴史的扭曲」『史学理論研究』第三期
施治生・郭方「〝東方専制主義〟概念的歴史考察」『史学理論研究』第三期
周自強「従古代中国看《東方専制主義》的謬誤」『史学理論研究』第四期
張弓「中国古代的治水与水利農業文明――評魏特夫的〝治水専制主義〟論」『史学理論研究』第四期
馮泉「従世界歴史看所有制的問題」『史学理論研究』第四期
朱晞「為馬克思辨――古代世界的奴隷経済取決於商業資本的発展是一個科学的結論」『史学理論研究』第四期
江丹林・倪道均「関於深化東方社会発展道路研究的幾個問題」『学海』第五期

一九九四年

詹義康「恩格斯与〝亜細亜生産方式〟」『江西師範大学学報』第四期
呉大琨「亜細亜生産方式与東方社会発展道路」『中国社会科学』第四期
張奎良「馬克思晩年的設想与鄧小平建設有中国特色社会主義理論」『中国社会科学』第六期
陳国新「建設有中国特色社会主義対馬克思主義東方社会理論的貢献」『思想戦線』第六期

一九九五年

朱晞「馬克思関於〝亜細亜生産方式〟的科学論断不容否定」『中国史研究』第一期
鄭祖鋌「馬克思古代東方社会理論形成的歴史」『史学月刊』第一期
林甘泉「怎様看待魏特夫的〝東方専制主義〟」『史学理論研究』第一期
王敦書・謝霖「対馬克思亜細亜生産方式理論実質的曲解」『史学理論研究』第二期
趙有信「建設有中国特色社会主義理論与跨越〝卡夫丁峡谷〟」『社会主義輯刊』第二期
朱政恵「一九七八年以来亜細亜生産方式問題研究的若干思考」『史学理論研究』第三期
孫承叔「東方社会主義理論的第四次飛躍――鄧小平理論的歴史地位」『復旦学報』第四期
曾名忠「跨越資本主義〝卡夫丁峡谷〟設想与建設有中国特色社会主義理論」『毛沢東思想研究』第四期
楊攸剛「歴史唯物論与馬克思東方社会理論――兼与幾種流行観点商榷」『社会科学研究』第五期
方愛楽「試論恩格斯晩年与馬克思在東方社会発展道路問題上之異同」『理論学習月刊』第五期

啓良「東方道路与晩年馬克思的理論難題」『湘潭師範学院学報』第五期
江丹林「馬克思対東方社会発展開題的研究——従《独意志意識形態》到《資本論》及其三大手稿」『北京大学学報』第六期
任鎧「論恩格斯晩年対社会歴史理論的新探索——兼駁〝馬恩対立論〟」『江准論壇』第六期

一九九六年

呉銘「跨越〝卡夫丁峡谷〟設想与東方社会主義幷無聯繋」『中国人民大学学報』第一期
段忠橋「対我国跨越〝卡夫丁峡谷〟問題再思考」『馬克思主義研究』第一期
洪韻珊「也談〝卡夫丁峡谷〟」『社会科学研究』第一期
王長里・呉琦「馬克思関於社会主義両種設想与二十世紀社会主義実践芻義」『江西師範大学学報』第一期
徐崇温「不発展国家建設社会主義世紀性難題」『中国社会科学院研究生院学報』第三期
陳文通「〝跨越〟卡夫丁峡谷、還是〝不通過〟卡夫丁峡谷?」『当代世界与社会主義』第四期
王東「晩年馬克思新解」『教学与研究』第四期
傅兆君「試析〝亜細亜生産方式〟在人類社会経済形態史上的時空結構」『学術論壇』第五期
周世興「論馬克思〝亜細亜生産方式〟」『西北師大学報』第五期
布成良・陳海濤「我国没有走出〝卡夫丁峡谷〟嗎?——与段忠橋商権」『馬克思主義研究』第六期
梁雲彩「当代社会主義国家跨越〝卡夫丁峡谷〟的主要難関与出路」『馬克思主義研究』第六期
馮景源「馬克思対社会形態跨越発展的早期論述」『哲学動態』第一二期
許全興「請不要誤解馬克思——関于〝跨越資本主義卡夫丁峡谷〟的辨析」『理論前沿』第一八期

一九九七年

張志義「我国目前還没有走出資本主義制度的〝卡夫丁峡谷〟嗎?——評一種錯誤的理論観点」『学術季刊』第一期
唐正東「馬克思〝晩年筆記〟研究中的両個理論誤区」『江蘇社会科学』第二期
張雲飛「馬克思東方社会理論的方法論特徴」『中国人民大学学報』第三期
郭榛樹「一個世紀的難題:〝卡夫丁峡谷〟——馬克思的東方社会理論研究綜述」『経済導報』第三期
趙浩・王復三「論馬克思東方社会思想及方法論力量」『馬克思主義研究』第四期
解民「馬克思東方社会理論与当代中国社会主義経済建設的理論和実践」『広東社会科学』第六期
徐久剛「我国目前是非已走出資本主義卡夫丁峡谷——簡評両種対立的観点」『社会科学』第一一期

一九九八年
趙家祥「対〝跨越資本主義卡夫丁峡谷〟問題的商権意見」『北京大学学報』第一期
張式谷「跨越〝卡夫丁峡谷之再求索」『中共中央党校学報』第一期
曹玉華・符礼建「鄧小平対馬克思的東方社会理論的新発展」『社会主義研究』第二期
江丹林「馬克思視野中的社会過程理論及其対東方社会的方法意義」『広東社会科学』第三期
姚亜平「対馬克思〝跨越卡夫丁峡谷〟設想研究的幾点思考」『南昌大学学報』第四期
一九九九年
何順果「馬克思《資本主義生産以前的各種形式》考辨」『史学理論研究』第一期
王栄閣「跨越〝卡夫丁峡谷〟後的沈思」『社会主義研究』第二期
趙建梅「馬克思主義関於跨越資本主義卡夫丁峡谷理論的現実意義」『新疆社会科学』第二期
戴海東・林艾菊「跨越〝卡夫丁峡谷〟与社会主義初級段階理論」『探索』第二期
許先春「毛沢東鄧小平対馬克思東方社会理論的巨大貢献」『毛沢東鄧小平理論研究』第三期
陳明軍「馬克思没有提出跨越資本主義〝卡夫丁峡谷〟的思想」『河南師範大学学報』第三期
劉桂斌「跨越〝卡夫丁峡谷〟新的必経階段的開拓」『湘潭大学学報社会科学学報』第四期
張慶服「亜細亜生産方式若干問題芻論」『湖南教育学院学報』第四期
高莉娟「析馬克思運用世界歴史思想対東方社会発展道路的探索及其現実意義」『求実』第一〇期
二〇〇〇年
楊煌「馬克恩格斯晩年対東方社会発展道路的探索与落後国家走向社会主義道路的実践」『当代思潮』第五期
孫承叔『打開東方社会秘密的鑰匙――亜細亜生産方式与当代社会主義』東方出版中心　四月
二〇〇三年
張光明ａ「関於所謂〝跨越資本主義卡夫丁峡谷設想〟的真相」『当代世界与社会主義』第一期
張光明ｂ「従〝跨越〟到不可〝跳躍〟――重評普列漢諾夫的俄国社会発展規劃」『当代世界与社会主義』第二期
沈長雲「〝先秦社会形態〟筆談」『河南大学学報』第四期
二〇〇四年
孫来斌「跨越資本主義〝卡夫丁峡谷〟二〇年研究述評」『当代世界与社会主義』第二期

第七章　西欧におけるアジア的生産様式論争の勃発

序

一九六四年、フランスの左翼雑誌『パンセ』四月号は、アジア的生産様式論の特集を組み、シャルル・パランの序、フェレンツ・テーケイ、ジャン・シェノーの論文を掲載し、国際的なアジア的生産様式論争の口火を切った。同号には、シェノーによる各国マルクス主義者によるアジア的生産様式関係論文の紹介およびモーリス・ゴドリエによるマルクス・エンゲルスのアジア的生産様式関連文献の略述も掲載されている。『パンセ』は、さらに同年十月号において、シュレ-カナル、ボワトーのアジア的生産様式論を掲載し、論争のさらなる展開を促した。同年、プラハで発行されていた古典古代研究誌『エイレネ』三号も、シェノーのアジア的生産様式論およびペチルカによる一九二〇～三〇年代以来のソ連における論争の概括を掲載した。『エイレネ』は、社会主義諸国の古典古代学者たちの学会である「エイレネ」協会の機関誌であった。また、同年、パリのマルクス主義研究所（ＣＥＲＭ）から、モーリス・ゴドリエのアジア的生産様式論が小冊子（cahier）として発行されている。そのほか、この年、ウィットフォーゲル『オリエンタル・デスポティズム』のフランス語訳が発行された。訳者は古典古代の研究者ヴィダル-ナケであり、彼は仏語訳のために長い序文を書いたが、それは同年『アナル』五―六月号に掲載されている。さらに、同年、マルクス『資本制生産に先行する諸形態』（以下『諸形態』と略す）が英訳された。その長い序文を、イギリスを代表する社会史家ホブズボームが書いているが、それまで、アジア的生産様式論に関する文献といえば、『資本論』その他の著作に散在するマルクスの記述を除けば、反面教師であるが、ウィットフォーゲル『オリエンタル・デスポティズム』以外に頼るべきものがなかった英語圏の読者に、英訳『諸形態』と彼の「序文」は、論争への関心を高める大きな契機となった。そして、同じ年、ソ連において、世界的なマルクス主義経済学者として知られるE・C・ヴァルガの最後の労作『資本主義経済学の諸問題』が刊行された。その最終章は「アジア的生産様式について」と題されており、一九三一年二月のレニングラード討論会の後、政治的な理由から長く中断されていたアジア的生産様式論争の再開を呼びかけるものであった。

一九二〇～三〇年代の論争は、ソ連、日本、中国における論争であった。それ以外のマルクス主義者で論争に関与したのは、当時ドイツ共産党員であり、かつコミンテルンにおける中国専門家として知られたウィットフォーゲルのみであった。そして、ヴァルガが告発したように、一九三一年以降、論争は中断され、かつ社会主義の祖国ソ連においては、アジア的生産様式論自体が、タブー視されるに至った。

アジア的生産様式論が、戦後日本において、しばしば言われたような、単なるアジア的停滞論であるならば、あるいは、アジア社会に対する偏見に満ちた議論、意味のない観念的な議論であったならば、どうして、一九六四年に、再度、フランスを起点に、ヨーロッパを中心に論争が再開され、以後長く世界のマルクス主義者に影響を与え続けたのか、理解できないであろう。

以下、戦後の国際的なアジア的生産様式論争がヨーロッパ、とりわけフランスを中心として勃発した歴史的経緯、論争を主導したマルクス主義者たちのアジア的社会論の特質を検証するとともに、論争の拡がりおよび他のマルクス諸学への影響、さらにはこの論争が果たした歴史的な役割などを、可能なかぎり明らかにしていきたい。

1　論争への助走——ヴェルスコップを中心に

ヨーロッパにおけるアジア的生産様式論争は、いずこに淵源しているのであろうか。具体的な著作として現れるのは、一九五七年である。ヴェルスコップ『古代オリエントおよび古代ギリシア・ローマにおける生産諸関係』がその嚆矢とされるべき労作である。同書は論文集であり、おそらく相当の蓄積をもとに書かれたものであろう。一九五七年は、ウィットフォーゲル『オリエンタル・デスポティズム』が刊行された年でもあった。ヴェルスコップの著作は、東ドイツでの出版ということもあり、ウィットフォーゲルの大著が引き起こした波紋の陰で、あまり、あるいは、ほとんど、注目されることはなかった。だが、福冨正実（1970）らが指摘しているように、彼女の著作は目立たないながらも、確実にヨーロッパのマルクス主義者たちに影響を及ぼしつつあった。彼女の著作のどの点が注目されたのであろうか。また、彼女の議論は、それ以前の議論とどう異なっていたのであろうか。まずは、先行研究との対比から明らかにしてみよう。

一九五六年から一九五七年にかけて、ソ連のテュメネフは、矢継ぎ早に論文を発表し、古代オリエントと古典古代における、異なる発展経路を辿る奴隷制の二つの類型説を明確に打ち出し、注目を浴びている。テュメネフはストルーヴェとともにソ連古代史学を代表する学者であり、以前より、ストルーヴェらの古代オリエント社会＝奴隷制説に抵抗していたといわれる(1)。彼の奴隷制の二つの類型説は、三〇年代より、ソ連古代史学界の主流となっていたストルーヴェの奴隷制の二つの段階説に挑戦したものであった(2)。テュメネフは「東方の奴隷所有者的社会と古典的奴隷所有者的社会の社会構成および歴史的運命の差違は、けっして段階的差違に帰せられない。それは、まず発展経路そのものの差違である」（テュメネフ、1958: p.269）と述べ、ストルーヴェらが、古代オリエントにおける戦争捕虜や購入奴隷の役割を過大に見積もり、一般の生産住民の役割を軽視してきたことを批判し、エジプトやメソポタミアの農業にとって不可欠であった灌漑建設及びその維持管理のための労働は、基本的には、この生産住民の共同労働によって果たされたことを強調する。そして、この共同労働を厳しく統制している国家機構のもとにおいて、生産住民は戦争捕虜や購入奴隷と同じく奴隷的搾取の対象とされていると述べるとともに、これは、古典古代の奴隷制が、土地の私的所有のもとで、戦争捕虜や購入奴隷に依拠していたのとは異なることを指摘している(3)。

だが、それにもかかわらず、テュメネフは上記のような特徴を持つ古代東方社会は、帝政ローマ時代の大土地所有制の成立のもと、国家権力に隷属した農民が大土地所有者に隷属した小作農民となることで、ビザンツ時代、あるいはアラブ支配期には、封建制へと転化したとする。しかし、この東方の封建制のもとでは、たとえば「エジプト貴族の領地の支配組織は、帝国の中央集権的支配組織にならってつくられた」ものであり、そこには「西ヨーロッパ封建制度に典型的な、家臣の主君にたいする強制的軍務をともなう君主的階層制は存在しなかった」と述べ、両者の違いを認めている。すなわち、奴隷制から封建制への転化とはいっても、それは、西方における奴隷制から封建制への転換とは異なった、古代東方社会——河川文化社会——の奴隷制から封建制への発展経路であった。

テュメネフに先行したストルーヴェの奴隷制理論は、一九三〇年代から一九六〇年代にかけ、ほぼ四半世紀の間、ソ連およびその影響下の諸国のマルクス主義的な古代史研究を支配した学説であったが、それは、究極的には、アジア的生産様式論を否定するため、アジア的生産様式を抹殺するための学説であった。テュメネフが古典古代とは異なっているとする古代オリエント社会の特徴は、マルクスのいう「アジア的社会」のそれであった。だが、それらの特徴を強引に、社会構成としての奴隷制に包括される特徴と主張する学説が、中断されたソ連におけるアジア的生産様式論争の後、一九三〇年代中葉に登場する。その理論的補強を行ったのが、主にコヴァレフであり、古代史研究における歴史記述として具体化したのが、主として、ストルーヴェであったといえよう。だが、彼らとしても先の東西の社会構成の差異を完全に無視することはできなかった。その無視できない差異を、コヴァレフは変種説にまとめあげた。すなわち、従来「アジア的生産様式と呼ばれてきたものは、古代においては奴隷制のアジア的変種であり、中世においては封建制のアジア的変種であった」と述べ、ストルーヴェは、それを受け、共同体的諸関係が残存し、家父長制的奴隷制、家内奴隷制、債務奴隷制らが未分化なまま成立した社会構成――すなわち従来アジア的生産様式の特質であったもの――を、古典古代に比して未発達な奴隷制、初期奴隷制であるとし、古典古代の発達した奴隷制から区別した(4)。

一九三〇年代後半、人類社会の発展を、原始社会→奴隷制→封建制→資本主義→社会主義へと発展するとみなすスターリンの歴史発展の五段階説が成立する(スターリン『弁証法的唯物論と史的唯物論』)。そこに、アジア的生産様式が入り込む余地はなかった。人類社会の発展は必ず原始社会から奴隷制、封建制を経て資本主義社会へと発展することとなった。アジアも例外ではなかった。しかも、アジア的な社会の奴隷制は、奴隷制とはいいえ、私的所有は十分に発展せず、共同体諸関係など多くの未分化な要素を抱え、かつ、古典古代の奴隷制に比し未発達なものとされたのである(5)。

それゆえ、一九三〇年代におけるストルーヴェ説の成立は、単なる学説上の問題などではなかった。ストルーヴェの奴隷制説の生成は、スターリンの歴史発展の五段階論の成立に呼応したものであった。独裁者スターリンの統治下において成立した「マルクス=レーニン主義」(ソヴィエト・マルクス主義)のもと、マルクス主義諸学を包摂した教義体系を構成する試みがなされたが、古代史学におけるストルーヴェなどの奴隷制説もその一部であった。

とすれば、テュメネフによるストルーヴェ説への明白な挑戦は、政治状勢と無縁ではなかった。一九五三年、スターリンが死亡し、一九五六年、フルシチョフによるスターリン批判(ソ連党第二十回大会)が行なわれたが、そのことがストルーヴェ説への異論の提出を可能にしたと考えられる。一九五六年は、まさにソ連・東欧の社会主義圏にとって激動の年であった。スターリン批判を切っ掛けにした、ハンガリー革命やポーランドのポズナニ暴動など、東欧の動乱は、当然にも、ソ連・東欧の知識人を巻き込んで行なわれた。その後、ソ連において、「雪解け」政策が開始される。だが、「雪解け」は、東欧諸国に波及したとはいえ、内情は複雑であり、それぞれの国の事情に応じて、かなり異なったテンポで行われたと考えられる。それにもかかわらず、この動乱は、一つの大きなきっかけを与えることになったと思える。ソ連流マルクス=レーニン主義諸学(スターリン諸学)への疑問、あるいはそれからの離反、そしてこれまでブルジョア諸学として軽蔑してきた、西欧的な伝統的な科学観、学問観を再評価することにつながった。

もちろん、これは言うほど、簡単ではなかった。マルクス主義諸学は、二十世紀初頭まで——厳密にいえば、一九二〇年代中葉にいたるまで——十分に発達しないまま、ロシア革命を迎えることになった。その後、国家的な規模において、マルクス＝レーニン主義にもとづき、マルクス主義諸学が成立した。それゆえ、ソビエト以外の諸国において、とくに東欧においては、ソ連における個々の諸学の成果に習い、マルクス主義諸学は形成されなければならなかった。

このような時期に、ヴェルスコップの著作が刊行された。ヴェルスコップ（一九〇一—一九七九）は当時、すでに五十歳を超えていたが、大学で教え始めたのは一九五二年からであった。一九二〇年代、大学で古代史を専攻し、研究者を目指した彼女は、父親が死亡し、家の経済状態が悪化したため、その道を断念せざるをえなかった。その後、ベルリンの国家統計局などで働く。一九四六年、ドイツ共産党に入党。一九四九年、ドイツ民主共和国成立の年、彼女に大きなチャンスが訪れる。フンボルト大学の古代史部門の、大学教授資格任用候補者となったのである。おそらく、ソ連占領下の社会主義への体制変更にともなう大学再編——とりわけベルリン大学からフンボルト大学への再編成——と、フンボルト大学における厳しいイデオロギー的統制に反対する学生・教員によるベルリン自由大学（西ベルリン）創設などが、彼女にチャンスをもたらしたのであろう。ヴェルスコップは大学教授資格取得のために、マルクス、エンゲルス、レーニン、そしてスターリンの、古代オリエントおよび古典古代に関する発言や記述をまとめ、それに評注をつけるプロジェクトを計画した。彼女は当初、それを大学教授資格論文として完成させるつもりであったが、認められなかった。だが、それは著作として刊行されることになる。それが、『古代オリエントおよび古代ギリシア・ローマにおける生産諸関係』であった(6)。

上記の、とくに、大学教授資格論文のために書かれた経緯を考慮すれば、この著作の特徴、あえていえば、奇妙さがよく理解できる。この著作は、一般的意味での古代史の著作ではない。主要には奴隷制を扱っている。だが、具体的な奴隷制を扱った著書、たとえば、フィンレー編『西洋古代の奴隷制』（東京大学出版会）所収の諸論文のようなものを想像すると、その内容は、大きく異なる。具体的な、歴史現象としての、様々な奴隷制、あるいは種々の隷属形態の多様な例をもとに論じているわけではない。だが、だからといって理論的な著作だともいえない。無理にいっていえないこともないが、奇妙な、隔靴掻痒の感が免れない著作である。繰り返しが多いのは、何よりもマルクスやエンゲルスなどの古典からの引用がやたらと多いためである。また、スターリン批判後の刊行であるにもかかわらず、スターリンからの引用も多いことが目立つ。同書は、約五〇〇頁の大著であるが、豊かな内容とは正直言い難い面を持っている。

では、何故、この著作が、その後の東欧や西欧のマルクス主義者のアジア的生産様式論に影響を与えたのであろうか。同書のなかで、明確な主張をしていると思われる第五章「古代オリエントおよび古典古代における土地所有関係と奴隷制」では、とくに、古典古代と比較した古代オリエントの土地所有関係と、その独特の隷属関係を論じている。古代オリエントにおいて、土地の私的所有は未発達であった。ここで重要なのは、単なる土地でも水でもなく、土地に併合された社会的生産手段であるとし、それが、労働様式、土地所有関係、そして労働の成果を決めると述べる。彼女は、「水ではなく、水利システムが歴史を作る」と述べる（Welskopf, 1957: p.99）。よい指摘であると思う。ヴェルスコップは、次々にマルクス・エンゲルスの古典から長い引用を繰り返し、最終的な拠り所として、エンゲルス『反デューリング論』の著名な一節、政治支配成立の二つの道における第一の道のパラグラフを引用する。すなわち、この水利システムを担うものこそ、共同職務執行機関であり、その共同職務執行機関の自立化こそ、古代オリエントにおける政治支配の成立なのである。だが、ここで彼女は、この支配と従属の形成とは、政治的なものではなく、（共同職務執行機関に体現される）生産関係の問題であり、さらには生産手段＝土地をめぐる所有関係の問題であることを強調する（p.108）。というのも、マルクス＝レーニン主義においては、上部構造である国家は、土台＝経済的諸関係の基礎の上に築かれる。もし、共同職務執行機関の職務が政治的関係を意味するならば、政治支配を変更するものは政治的な関係の変化ということ（トートロジー）になり、それでは、史的唯物論ではなくなるからである。筆者は、この共同職務執行機関は両義的な存在であり、そこに第一の道の特徴や特異性があると考えている。だが、この時点でのヴェルスコップの解釈はやむを得ないものであったと思われる。一九三〇年代中葉以降、マルクス主義は一つの教義となっており、それに馴染んだ理論家やイデオロギー工作者からの攻撃を、まず警戒しなければならなかったのは無理からぬことであった。

ヴェルスコップは、第一の道によって成立した政治支配における、君主と共同体農民の隷属関係を考察し、村落共同体を睥睨する上位の統一体の君主は、共同体のために必要な労働、たとえば共同の備蓄、神への奉献、戦争などのための共同労働を命ずると述べる。もちろん、これは『諸形態』のアジア的共同体の記述に依拠したものである。だとすれば、このような隷属のもとにある共同体農民を奴隷と呼ぶことはできない(7)。ヴェルスコップは総体的奴隷制と呼ばれる隷属形態は、古典古代的な奴隷制に比べ重要な指標が欠けていると述べる。すなわち、アジア的奴隷制においては、人間が剥き出しの生産手段となっていない。もしそれを奴隷と呼ぶことにすると、その「奴隷」は同時に、妻であり、子であり、あるいは家族の父であり、(土地所有者ではなく)土地保有者であり、世帯の専制君主であり、そして最上位の専制君主の臣下でもある(p.113)、と。

では、この古典古代と区別された古代オリエントの社会構成を何と呼べばよいのであろうか。ヴェルスコップは、同書において、「古代オリエント的専制」という言葉によって、古典古代的生産様式に対比させている。この「古代オリエント的専制」と呼ばれるものが何かについて答えたものが、第一七章「古代史時期区分の諸問題」である。ヴェルスコップはまず、マルクスの歴史発展の定式として著名な、「大づかみにいって、アジア的、古代的、封建的、および近代ブルジョア的生産様式を経済的社会構成のあいつぐ諸時期としてあげることができる」(『経済学批判』「序言」、国民文庫、一九五三年、一六頁)を挙げ、現実のマルクス＝レーニン主義の歴史発展論が、アジア的生産様式論の代りに、奴隷制を歴史発展段階として認めていることを問題にする。ただ、彼女は、最初の階級社会としての奴隷制を重視するこの歴史発展論が、スターリン『弁証法的唯物論と史的唯物論』の一節、「歴史上には、生産関係の五つの基本的な型、すなわち原始共同体的、奴隷制的、封建的、資本主義的、社会主義的な型が知られている」との一節に依拠していることには触れていない。その代わりに批判の対象として挙げられているのは、ストルーヴェである。考察の対象となっているのは、一九五〇年代前半の著作であるが、上述したように、ストルーヴェは、以前より、二段階の奴隷制論を唱えており、古代オリエント的専制を、初期段階の奴隷制社会、古典古代的奴隷制を高度に発達した段階の奴隷制社会と呼んでいた。

ヴェルスコップは、ストルーヴェらの議論が、デスポットの権力を単なる政治的ファクター、政治的上部構造としてしか見ていないと批判する。専制はたしかに政治的形態であるが、同時に経済的支配権力でもある。政治的権力は主にまず経済的専制に依拠しているのである。古代オリエント的専制にとって、共同体農民に賦役を強制し、かつそこから剰余生産物の収取を可能にする、特殊な土地所有権関係にもとづく中央の経済指揮権こそ重要である（p.446）、と総括している。筆者は、プリミティブな社会から初期国家と呼ばれる社会にかけて、政治的なものと経済的なものは未分化であると考えている。とくにアジア的社会においては、それが顕著に現れる。先の共同職務執行機関から国家へと展開する政治支配の第一の道（『反デューリング論』）とは、まさに、その未分化さを象徴するものであり、かつ、その未分化さは、後世にまで引きつがれる。それがアジア的社会の本質であり、ヴェルスコップがいう、アジア的社会固有の土地所有関係にもとづくものである。

ヴェルスコップはストルーヴェ批判を続ける。ストルーヴェが、全般的賦役労働、王権 Königtum など、アジア的社会の特殊性を示す特徴——マルクス・エンゲルスが東洋全体への鍵としたとしたもの——に触れることがなかったこと、そこから、当然にも、ストルーヴェが、専制の性格および、古代オリエントと古典古代の関係について、自分たちがマルクスにおいて見出したものとは異なった見方に到達したのだ、とかなり問題の核心に近づいた批判をしている。さらに、ソ連における『政治経済学教本』——それはスターリンの歴史発展の五段階論にもとづいている——を例に、古代オリエントと古典古代の歴史について、マルクスにおいては二つの区別された Epoche を見出し、ストルーヴェにおいては、一つの Epoche の二つ段階を見出す（p.448）、と述べている。Epoche は、先の『経済学批判』「序言」のなかの、経済的社会構成のあいつぐ諸時期の時期 Epoche のことである。すなわち、ストルーヴェは、古代オリエントと古典古代の歴史に、一つの時期（奴隷制的構成）の二つの段階、初期奴隷制と発達した奴隷制に区分したが、マルクスは二つの時期に、アジア的生産様式の時期と古典古代的生産様式の時期に、区分したのだ、と言っているのである。もちろん、ヴェルスコップがマルクスの側に立っており、ストルーヴェはスターリンの側に立っている。さらに、古代オリエントを原始社会に押し込むことも、非敵対的な生産様式や階級対立のない社会に押し込むこともできないとし、現存の資料のもとにおいて、古代オリエントと古典古代を一つの社会構成にまとめることも、その支配的生産様式をともに奴隷制であるとする試みも、放棄される（p.452）、と念を押している(8)。

ヴェルスコップの功績は、それまで少しずつ明確にされてきたアジア的古代の社会構成体や生産様式上の特徴を、奴隷制ではなく、アジア的生産様式であると認めたところにある。彼女と同じようにストルーヴェを批判したテュメネフが、結局はなお奴隷制にこだわり、古代オリエント、奴隷制の二つの経路説に止まった議論を大きく一歩前に進める役割を果たしたのである。彼女が、古代オリエント的専制の生産関係といった用語で、アジア的生産様式と直接に言及することを避けていたとしても、その試みは明白であった。上述のごとく、どんなに慎重に明示を避けていたとしても、読み手には十分にそれと理解できるものであった。

2　論争への助走――テーケイを中心に

アジア的生産様式論の領域において、ヴェルスコップについで西欧のマルクス主義者の注意を引いたのは、ハンガリー人、テーケイ・フェレンツであった。テーケイの著作を翻訳した羽仁協子によると、テーケイ（一九三〇―二〇〇〇）は、一九四八年ブダペスト大学東洋学科に入学しシナ学を専攻、シノロジーを選んだのは、ブレヒトをとおして中国芸術のエキゾチズムにひかれたからだという。一九五六年、ハンガリー革命の年、修士論文「周代における土地所有制度について」を提出している。卒業後は、ブダペストの東洋美術館に就職、ハンガリー革命（動乱）の際にはアクティブであった。ついで外国文学専門の出版社（国営）オイローバに転じ、極東文学担当の編集員となり、中国古代などの出版に携わった。一九五九年に『中国のエレジー――屈原とその時代』（風濤社）を書き、おそらく、同時期にアジア的生産様式論の執筆を始める。屈原の原稿について、ルカーチに読んでもらい、批判や助言を得ている(9)。マリアン・ソーワー Marian Sawer は、ルカーチもアジア的生産様式論を支持していたとしており、マジャール、ヴァルガから始まる、ハンガリー人のアジア的生産様式論の系譜がテーケイによって受けつがれたともいえる。

羽仁協子は、テーケイがアジア的生産様式論を書きあげたのは、一九六〇年であると述べている。彼の主著『アジア的生産様式』は三章からなるが、もともとは、各章それぞれ独立した論文であった。それが実際に、印刷物となって発表されたのは、一九六二、一九六三、一九六四年のことであった。それぞれ、順にブダペストの雑誌『真実』に発表されている。一九六五年、それらをまとめて単行本として出版されている。それゆえ、テーケイのアジア的生産様式論が国外で知られるようになったのは、一九六二年以降のことであろう。

テーケイについては、ヴェルスコップの著作と異なり、その主著を含め幾つか翻訳されている。先の三つの論文からなる『アジア的生産様式』の第一章「マルクスとエンゲルスによるアジア的生産様式論の展開」は、マルクス・エンゲルスのアジア的生産様式論の歩みをクロノジカルに説明したものである。さらに、マルクスはモルガンを読んだ後、考えを変えたとのプレハーノフ説に対する批判と、古典古代以来の西欧の土地所有の固有性、特殊性に関する議論が続いている。『ドイツ・イデオロギー』から『資本論』第三部まで、また一八五〇年代の書簡から、「ザスーリチの手紙への回答下書き」に至るまで、さらにはエンゲルス『反デューリング論』にいたるまで関連する文献をほぼすべて取り上げ、マルクス・エンゲルスのアジア的生産様式論の歩みと、その理論的特徴を総括的に論じており、これほどまで堂々とアジア的生産様式を積極的に論じたのは、一九三〇年前後のマジャール、ウィットフォーゲル、一九三〇年代中葉の早川二郎、そして一九四七年『中国古代社会史』を書いた侯外廬以来であった。だが、そこには、戦後アジア的生産様式を論じる際にもっとも重要な文献とされた『諸形態』への言及はない。実際には、それは、次の第二章（第二論文）のためにとっておかれている形となっている。第二章では、『諸形態』に依拠し、本源的所有の三つの形態を比較しつつ、アジア的所有あるいはアジア的共同体を軸としたアジア的生産様式論が展開されている。第三章（第三論文）では、中国古代史における具体的な生産関係や社会構成が論じられ、アジア的生産様式論の実証が試みられている。印象として、第一章よりも、第二章、第三章の方が、内容的にまとまっており、より理論的特徴のあるものとなっている。

アジア的生産様式論争史におけるテーケイの議論は、まず何よりも、『諸形態』刊行後の、ヨーロッパ最初の本格的なアジア的生産様式論であったことが評価されなければならない。かつ、ソ連以外のヨーロッパにおいては、ウィットフォーゲルを除き、それまで——一九二〇年代後半以降——誰も、アジア的生産様式論を論じてこなかったことを強調しておかなければならない。マジャールやヴァルガは、ハンガリー人であったが、彼らの議論はソ連の学界のなかでなされたのであった。おそらく、一九三〇年前後はヨーロッパのマルクス主義者にとって、国内的な社会主義運動の実践に没頭した時期であり、経済恐慌の深化とファシズムの台頭を前にして、国内の階級分析、資本主義経済論、支配思想のイデオロギー批判といったものが主要な課題であり、アジア的社会について関心を持つ余裕はなかったであろう。

テーケイに関して、もう一つ強調されなければならないことがある。『諸形態』における本源的所有の三つの形態を軸とした所有形態論（日本では共同体論と呼ばれている）にもとづくアジア的生産様式論は、ヨーロッパにおいては、テーケイに始まる、という点についてである。『諸形態』に依拠したアジア的生産様式がどのようなものになるのか、ということについて、テーケイは水の理論に代わる新しいスタイルを確立したのである。テーケイ『アジア的生産様式』の、とくに第二章「アジア的生産様式と三つの所有形態」は、共同体論そのものである。かつ、この論文は、一九六三年、ＣＥＲＭにおいて、仏語訳が簡易印刷され、ゴドリエらに大きな影響を与えたのである。我々日本人にとって、『諸形態』の共同体論にもとづくアジア的生産様式論は、戦後、アジア的生産様式を論じる際の、主要なスタイルであった。おそらく、それを確立したのは大塚久雄『共同体の基礎理論』（一九五五年）であり、その後、塩沢君夫がつぎ、ついで太田秀通や福冨正実によって批判的に継承され、我々にはもっとも一般的な議論のスタイルとなっていた。それゆえ、一九七一年、テーケイの主著が日本語に翻訳・出版されたとしても、それを新鮮に感じることもなかった。また、日本のアジア的生産様式論争において、とくにテーケイ理論の影響といったものが見られない理由でもあると思われる。

テーケイは、この三つの所有形態、アジア的、古典古代的⑽、ゲルマン的形態が、種族的共同所有を出発点としていることを述べた後、「アジア的諸民族はこれを不変のまま残したのであり、いやさらにこれを安定化させ、そして法へと高めた。ギリシア人とローマ人はそれを古代的形態へと発展させ、ゲルマン人にあっては、ついにこれを封建的形態へと発展させた」（テーケイ、1971: p.90）と述べる。すなわち、各所有形態は、ともに種族的共同所有から生じるのであり、アジア的形態から古典古代的形態が、古典古代的形態からゲルマン的な所有形態が生まれるのではないのである。そこが、大塚共同体論とは明確に異なる。だが、各共同体の関係は歴史発展段階と無縁なのであろうか。当時、もしこの疑問に的確に答えなければ、マルクス主義的な歴史観から外れるものと批判を浴びることになったであろう。それゆえ、テーケイは「この三つの――外見上互いに孤立した――発展は、また同時に、それぞれの人類の発展のくさりの環、それも互いに継起的なくさりの環、というよりも継起的にのみ生じたくさりの環をなすのである」（pp.90-91）。すなわち、種族的共同所有からそれぞれの所有形態への発展が、ある連関に統合されているとし、そしてその連関が継起的な関わりをつくっていると述べる。「自然的発生的、原始的、種族的共同体が、三つの所有形態の形成にとって前提であり、かなめであるのだが、その前提である程度はそれぞれに異なる。そしてこのどの程度前提であるかという観点から三つの形態を並列的に、より正しくは継起的に並べるとき、わたしたちは個人の自立化の過程、自然のままの共同団体の「へその緒」からの分離をえがきだすことができる。アジアにおいてこの分離はひきおこされないし（アフリカおよびインディアンのアメリカにおいても）、ヨーロッパ古代においては古い形態の分裂によって分離が起こり、ついにヨーロッパの封建制においてその分離は社会の基礎となる」（p.91）と述べ、それぞれの共同体の発展史は、人類の歴史において段階的に継起的に統合されることを指摘する。このような、社会発展史を、個人の自立化のプロセスの歴史に解消してしまうかのような説明で、頑なな正統派、すなわち歴史発展の五段階説の信奉者たちが到底納得するとは思えないが、ともかくも社会発展を段階づけていることに違いはなかった。しかも、類型論的な把握を残しつつ発展段階を構想しており、多系的な発展論の構えを崩していない。

彼が『諸形態』の三つの本源的な所有形態（共同体）を比較しつつアジア的生産様式論を論じたがゆえに、三つの共同体ばかりでなく、それぞれアジア的、古典古代的、ゲルマン的共同体に即応したそれぞれの生産様式、すなわち、アジア的、古典古代的、封建的な各生産様式の関係が、正統派が信奉するような、継起的発展段階における関係ではなく、原始共同体社会から階級社会への異なった道における関係であり、世界史的な関連においてのみ、継起的であることを明らかにし、資本主義以前の諸生産様式の類型的な把握を初めて確立したことは、高く評価されなければならない。この種の類型論的把握および多系発展論は、戦後日本のアジア的生産様式論争では、先の太田秀通、福冨正実、あるいは望月清司らによって、独自に展開され、確立されたものである。

日本において、勃発した西欧におけるアジア的生産様式論争の紹介を行ったのは、本田喜代治である。本田が、最初の論文（1965）ではたった数行でかたづけたテーケイについて、その「再論」（1966）では急に饒舌になったのも、彼が、羽仁協子が温めていた『アジア的生産様式』の翻訳草稿を借りて読んだからにほかならない。第二論文の所有形態論はもちろん、とくに第三論文の中国を対象としたアジア的生産様式論に興味を感じたからであろう。テーケイは若きシノロジストであった。しかも、二十代からすでに、将来有望だと関係者に感じさせるほどのシノロジストであった。この点については、二十八歳になる若者の論文をドイツ語やフランス語で『古代通報』などの学術雑誌に発表させた(11)ことに窺え、さらに、三十歳にもならない若者の、一般のハンガリー人が誰も知らないであろう屈原に関する著作を出版させたことにはっきり窺える。さらに三十歳になったばかりの青年のアジア的生産様式論の掲載を引き受けた『真実』編集部や、彼をハンガリー・アカデミー東洋部会から――多分その所用で――パリに派遣した関係者のことを考えれば、おそらく周囲は、以前から彼に期待していたと考えて間違いないはずである。

テーケイのアジア的生産様式論は『諸形態』の所有形態論に依拠したものであり、中国古代、周代に、アジア的生産様式が完全に現れているというのは、いまだ土地私有が成立していない周代社会において、族長率いる小共同体の上に成立した国家の性格に、マルクスが総括的統一体と呼んだものを認めたからであろう。氏族共同体の族長たちは、今や、国家の官吏となり、支配者である農民に対峙している。だが、それでも彼らは、古い血縁的な共同体的諸関係を維持し続ける。というのも私的土地所有は微弱な歩みしかなしえておらず、支配者たちは、端緒的な階級として存在するようになったとしても、依然として古き共同体的諸関係の助けを借りて支配の維持をはかる以外にないからである。収取の主体が共同体農民の貢租である以上、共同体的諸関係を維持するほかないのである。すなわち、アジア的社会においては、支配のトータルなメカニズムにおいて、個人の「共同体の臍の緒」からの離脱がなかなか進まないということになる。そこから、テーケイは、アジア的共同体は、原始共同体的構成に属するという結論を出す。すなわち、アジア的共同体にもとづく「社会構成」は、古典古代的構成、封建的構成と並ぶ、基本的な社会構成ではない、と主張する。そこが、テーケイと、他のヨーロッパ——チェコスロバキアやフランス——のアジア的生産様式論の支持者との、おそらくもっとも意見を異にする点であった(12)。

さらに、テーケイは、秦漢期の専制国家成立以降の中国の社会構成をどう呼ぶかについて、戸惑いを見せる。私的所有の発達により、周末から秦漢時代にかけ奴隷も増えてくる。だが奴隷制が社会的生産の主流になることはない。また、隋唐以降の土地私有の発達にともなう封建的諸関係の存在に言及しながらも、それは結局、国家の求心性のまえに屈服し、封建的生産様式に発達することはなかったと、あまり歯切れがよくない。ただ、これは無理からぬところであった。というのも、日本におけるアジア的生産様式論者、たとえば、早川二郎、福冨正実なども、みな、専制国家期（とくに分裂期を克服した隋唐期以降）を封建的な社会と認めているからである(13)。戦後のマルクス主義者として、アジア的生産様式論における停滞論的解釈を避けなければならないという大命題があり、それについて逡巡を繰り返したのは——その逡巡が何か実りをもたらしたわけではないけれども——いわば当然であった。

テーケイが独自にアジア的生産様式論を構築し、その成果を世に問いつつあった一九六〇年代初頭、他のヨーロッパ諸国においても、幾つか、論争へ向けての蠢動が開始された。その一つが、一九六二年、イギリス左派系雑誌『マルクシズム・トゥディ』に掲載された社会構成体をめぐる論争である。きっかけはロビン・

ジャーディンの問題提起であった。ジャーディンは「全体としての人類は四つの構成を経過してきた。すなわち、原始＝共産制、奴隷制、封建制および資本主義である」（市川泰治郎編訳、1977）とする『マルクス・レーニン主義基本教程』の記述を、そのままインドや中国の歴史にあてはめようとしても、うまくいかないと述べ、さらに、マルクス『経済学批判』「序言」の歴史発展の定式「アジア的、古代的、封建的および近代ブルジョア的生産様式」を例に挙げ、この『教程』の歴史発展論（スターリンの歴史発展の五段階論）と、どのような関係にあるのかと問題を提起したのである。その後、『マルクシズム・トゥディ』誌上で議論が続き、また、同誌編集部とイギリス共産党歴史グループとの共催により、「社会構成の歴史理論」についての討論会が行なわれ、ジョージ・サイモンが総括的な報告を行なった。それをも含め、一九六二年末までに、同誌に掲載された関係論文は一五本にのぼる。ただ、短いエッセイも多く、その理論的な水準もけっして高いとは言い難い。重要なことは、西欧のマルクス主義者の間で、社会構成体や生産様式に関して論争が起きた、ということであった。

西欧諸国、とくに英仏両国は、過去に植民地を多く有し、一九六〇年前後にそれらの国々が独立したとはいえ、まだ旧植民地との間に、浅からぬ関係をもっていた。それゆえ、マルクス主義者のなかで、アジア・アフリカ諸国の社会構成に関心が高まったのも当然であった。また、一九六〇年代初頭から顕在化した中ソ論争も論争に影響を与えていたと思われる。さらに否定的であるとはいえ、ウィットフォーゲル『オリエンタル・デスポティズム』の影響も可能性を排除できないであろう。

さらに付け加えなければならないのは、チェコスロバキアにおけるアジア的生産様式への関心の高まりである。残念ながらチェコスロバキアについては、福冨正実が四十年以上も前に言及したこと以上には、詳しい状況はわかっていない(14)。ただ、ヴェルスコップ、テーケイの論考から刺激を受けた、チェコスロバキアのシノロジスト、T・ポコラ（一九二八～一九八五）『中国に奴隷制は存在したのか』が、後にフランス語に翻訳されている(15)。福冨正実も言っているように、おそらく、この論文に対し、古代ギリシア史研究家J・ペチルカ（一九二六―一九九三）らからの議論が呼応し合い、活発な議論が行なわれたと思われる。そして、ペチルカは、この論争を弾みとして、一九六四年に始まる国際的なアジア的生産様式論争の波及に重要な役割を果たすことになる。

上述の論文において、ポコラは中国の歴史家はみな奴隷制の歴史的存在を認めているもかかわらず、その規定の在り方に疑問を呈し、中国史における奴隷制的社会構成の存在に異議をとなえる。テーケイ、そしてヴァシリエフ（ソ連）も指摘しているように、奴隷はいても、それは農業生産に結び付けられてはいない、奴隷的労働がそこに示されていても、たくさんの搾取者が存在し、奴隷も同じように存在するが、彼らは農村共同体のメンバーの労働による生産物によって養われている。

ポコラはウィルバー（Martin Wilbur）および翦伯賛の、漢代における官奴婢や私奴婢の研究に依り、漢代には多数の奴隷がいたことにもかかわらず経済的には重要な役割をはたしておらず、社会を規定するファクターとなりえないことを指摘する。また、参照にたるものとして王仲犖の魏晋南北朝期の奴隷および奴隷制の研究をめぐる議論を紹介している。この時期は、すでに封建段階に入っているとする中国学界主流の見解に対し、王仲犖は、この時期を、奴隷制から封建制への過渡期――すでに三世紀には封建制が存在したが、以後三世紀間基盤を固めることができなかったという意味で――であると主張する。それに対し、奴隷制論の支持者による、北魏時代には、奴隷制あるいは隷属的な労働がかつてないほどの規模に達したこと、それゆえ唐代までの時期は奴隷制に属するとの批判も存在した。ポコラは、奴隷は、その後も存在し続けること、封建制にもとづく社会である唐代においても、さらに新しい経済的特徴を示した宋代以降も存在していることを指摘する。だが、中国の奴隷制は、奴隷制と規定される時期に、それに相応しい比重をもたなかった。というのも、中国には自らの労働力を思うままに自らが処理するという意味での自由農民は存在せず、それぞれ程度の異なった従属関係しか知らず、農村共同体のメンバーは自由でなかったからである。「中国などのような共同体的な労働に従う――古い農業的専制主義に従う――国々において、奴隷制は二次的な役割以上のものを演じることはない」とのヴェルスコップの引用から、ポコラが、このような社会にわざわざ奴隷制が、主要な搾取制度、労働制度である理由も必要もない、と考えるに至ったことが理解できよう。

では、アジア的社会の歴史に奴隷制を否定することは、マルクス主義の歴史観にそぐわないことなのだろうか。ポコラは大胆にも、奴隷制を普遍的な歴史発展の不可欠な段階とする考え方は、マルクスやエンゲルスを起源とするものではないと述べ、かつ奴隷制段階を中国史の上に求めたのはソ連の歴史家、とりわけストルーヴェであったと指摘する。郭沫若らは、この考えにもとづき中国史の上に奴隷制を発見してみせたが、それに対し、侯外廬は一九四七年の著作（『中国古代社会史』）において、詳細にアジア的生産様式論を展開している。ポコラによれば、状況は相変わらず厳しいが、今、幸運にも、侯外廬、ヴェルスコップ、テーケイ、そしてヴァシリエフの、マルクスの時代には利用できなかったたくさんの資料を駆使したすぐれた著作が存在する。現在、一八五七—一八五八年にマルクスがまとめたアジア的生産様式と東洋的専制についての基本的テーゼに、立ち返る時である。それらは、決して生き生きとした活力を失っていない。奴隷制社会のシェーマは中国には適用できないことがわかった。それゆえ、われわれは、マルクスのアジア的生産様式概念において、テーケイの最近の著作に見られるように、あらためて、それらを、正確に研究していかなければならない、と。このポコラの議論は、まさに、翌年、一九六四年におけるアジア的生産様式論争を予兆させるものであった。

3 論争の勃発

一九六四年以降の論争の中心となったフランスのマルクス主義者は、パリのＣＥＲＭに結集していた。ＣＥＲＭ（Centre d'Etudes et de Recherches marxistes）は、フランス共産党の理論研究組織として一九五九年に創立されている。日本語訳は、マルクス主義調査研究センター（ロジェ・ガロディ『現代中国とマルクス主義』）、あるいはマルクス主義学習研究センター（大枝秀一訳『史的唯物論と社会構成体論争』）などである。筆者は、ソ連、東独などの類似の研究組織が、一般に○○研究所と呼ばれているところから、マルクス主義研究所と呼ぶのが適切であると考えるが、ここでは略称を使うことにする。ＣＥＲＭのなかに、アジア・アフリカ研究を担う東洋部会が作られ、シャルル・パラン（一八九三―一九八四）の発議でアジア的生産様式についての集団的研究が始まったのは一九六二年である。このグループの最年長者であり、おそらく――日本風にいえば――グループの世話人といった存在であったパランは、主に古典古代史研究をフィールドとしていたが、ラムセス二世についての著作がある。ピエール・ボナッシー『奴隷制から封建制へ』（From Slavery to Feudalism in south-western Europe, 1985）において、古代から中世への生産様式の移行に関してマルクス史学を代表する歴史家の一人としてパランが取り上げられているように、良く知られたマルクス史家であった。パランのほかに、アフリカ研究者で、一九六三年、ＣＥＲＭ副所長になるジャン・シュレ―カナル（一九二一―二〇〇七）、ベトナムおよび中国研究者ジャン・シェノー（一九二二―二〇〇七）、哲学（思想領域）を専攻し、経済人類学に転じマルクス主義人類学の旗手となったモーリス・ゴドリエ（一九三四―）などが主要メンバーであった。そのほか、アジア的生産様式に関する研究会に加わったのは、植物学者であり、マダガスカル研究家であったピエール・ボワトー（一九一一―一九八〇）、ベトナム研究者であり、長く仏越友好に尽力したシャルル・フルニオ（一九二一―二〇一〇）、農学、人類学、音韻学を修め、シノロジストであり、かつ東南アジアをも研究のフィールドにしたアンドレ―ジョルジュ・オードリクール（一九一一―一九九六）、古典古代学家ジャン―ピエール・ヴェルナン（一九一四―二〇〇七）などである。そこに結集した研究者たちが、それぞれの分野ですぐれた成果をあげており、かつ様々な経歴をもっているが、そのような多彩な人々が一堂に会していることに驚かされる。

ただ、個々のメンバーは、それ以前から、アジア的生産様式について、それぞれ関心をもっていたと思われる。たとえば、一九五六年、『パンセ』六六号の歴史理論に関する討論において、原始共産制から軍事的民主制を経て階級社会への移行が語られた折り、Ａ―Ｇ・オードリクールだけが、「アジア的生産様式」を無視してはならないと述べたといわれる（本田編訳、1966: p.67）。また、一九五八年『黒アフリカ史』初版を出版したシュレ―カナルは、伝統的なアフリカ社会を奴隷制や封建制として規定することに疑問をもっていた。また、シャルル・パランがヴェルスコップの論文を訳し、メンバーほかに配布したとされるが、ヴェルスコップの著作は、それ以前に読んでいたであろう。なお、一九六二年六月には、パリを訪れたテーケイをＣＥＲＭに招き、彼の報告をもとに研究会が行なわれている（Parain, 1964）。当然、この時には、テーケイの主要論文の要旨は、すでに何らかの形で翻訳されていたであろう(16)。この研究会にはパランなどグループの主要なメンバーも出席している。また、テーケイのほか、ヴェルスコップ、あるいはペチルカといった人々とも、相互に連絡を取り、互いに刺激し、鼓舞し合っていた可能性が高い。以上のように、研究グループは、一九六四年以降の論争の口火を切るための周到な準備を行ない、次第に理論水準を高めていったといえる。そして、一九六三年十二月、歴史、哲学、経済学分野のマルクス主義者の集まりが催され、シュレ-カナルの司会により、ゴドリエの総括的な報告をもとに討論を行った。この会議にはアルチュセールも出席し、発言している（シェノー）。このような共同の営為なしには、『パンセ』アジア的生産様式特集を編集するなどといったことはできなかったと、シャルル・パランが、特集号の序で述べている。

ついに、一九六四年春、『パンセ』アジア的生産様式特集号（四月号）は、出版された。まず、パランが特集号の序ともいうべき「アジア的生産様式――基本的な論議における新段階」を載せ、開口一番、「『パンセ』は今、アジア的生産様式について大論争に入る」と語り始める。その前半で、パランは上記の経過を概述し、後段で、マルクスがアジア的生産様式のなかに込めた内容を把握することの重要性を述べる。その理解の難しさや問題点について、種々ふれながら、たとえば現実の歴史のなかの、私的所有――ローマ法におけるような――の自生的成立の困難性について言及している。また、具体的な地域における実証的な研究、中国、ブラック・アフリカ、マダガスカル、ベトナム、ビザンツ、先史期地中海などをめぐる諸研究に、アジア的生産様式概念が有効である可能性に言及している(17)。

パランの序に続き、テーケイ、シェノーの論文が掲載されている。テーケイ「マルクスおよびエンゲルスの著作におけるアジア的生産様式」（本田喜代治編、1966）は、先の『アジア的生産様式』第一章とほぼ同一内容のものである。テーケイ論文は、アジア的生産様式特集号の実質的に巻頭を飾る論文であり、かつ、自著『アジア的生産様式』の巻頭論文でもあった。フランスのマルクス主義者に影響を与えたアジア的生産様式論として、かつ、その後の大きな論争の口火を切ったという意味において、記念すべき論文であった。前述したように、この論文は、アジア的生産様式をマルクスの歴史理論の掛け替えのない部分であると主張するものであった。だが、この論文には、『諸形態』への言及がなかった。内容的には、自著の第二論文、第三論文と合わせて読むからこそ、意味のある論文であった。ということは、この論文だけの掲載では、テーケイのアジア的生産様式論のもっとも良質な部分が読者に伝わらなかった可能性が高い。何故、このような方法がとられたのか、現在からでは知る由もない。パランの序において、テーケイ論文は、一九三九年以前に出版されたマルクス・エンゲルスの根本的なテクストについてのものであると明言しているが、論争勃発までのテーケイの果たした役割の大きさに比べ、論争全体における彼の評価が低いことを考えれば、不幸な選択であった。そして、テーケイの三つの所有形態の比較と、アジア的所有およびアジア的共同体を軸としたアジア的生産様式論は、ゴドリエの一九六四年、一九六五年の二つの論文において——基本部分はテーケイに依拠していることが明示されつつも——なされることになった。

テーケイ論文が、マルクス・エンゲルスにおいてアジア的生産様式とは何か、マルクス・エンゲルス歴史観におけるその重要性を論じたあとを受け、シェノー「アジア的生産様式——研究上の若干の見通し」（本田喜代治編、1966）は、今、何故、アジア的生産様式か、を論じたものである。すなわち、非ヨーロッパ世界の歴史に対する研究の進歩にともなう歴史発展の五段階論への疑問——とりわけ非ヨーロッパ世界の歴史に奴隷制や封建制といった概念を持ち込むことについて——と、ウィットフォーゲルの反共的な水力社会論に対する論争への厳しい要求が、アジア的生産様式へ関心の復活に貢献したと述べた後、シェノーはアジア的生産様式についての議論の沿革について触れる。とくに、モルガンを読んだ後、エンゲルスが『起源』で、アジア的生産様式に言及しなかったことについて、プレハーノフとレーニンのアジア的生産様式をめぐるやりとり、あるいは一九二〇年代中葉以降の中国革命の挫折をめぐって生じたアジア的生産様式論争と、その後、アジア的生産様式論がソ連の論壇において拒否されたことなどについて触れ、シェノーは慎重に言葉を選びながら——かつ各方面に向け周到な配慮を示しつつ——、それにもかかわらず、アジア的生産様式概念がマルクス主義の創始者たちによって否定されたわけでも、その概念自身が誤っていたわけではないことを述べる。そして、アジア、アフリカ、ラテンアメリカなど社会発展の歴史を科学的に満足のゆくように説明できるのは、ただこの特別の概念だけであると述べ、新しい時代の到来にあたって、アジア的生産様式論争の再開を提案している。じつに老獪だと思う。ただ、論争の再開を呼びかける以上、この議論にまつわる、さまざまな疑念を払拭し、予想される非難の芽を可能なかぎり摘んでおかなければならず、さらにアジア的生産様式論のこれらの展望を示さなければならなかったからであろう。シェノーの議論は、これら全てに成功したとはいえないが、難しい役割を担い、その目的は一応達成されたと思われる。

だが、このアジア的生産様式論の新しい展望は、彼らの間では、最も若いメンバーであり、シュレ－カナルのような実践に鍛えられた活動家型の研究者から一目置かれていたモーリス・ゴドリエこそふさわしかったはずである(18)。現に彼は一九六三年十二月の会合において「アジア的生産様式の概念」(レジュメ)のタイトルで、総括報告を行なっているのである。だが、実際には、『パンセ』特集号に彼が掲載したのは、マルクス・エンゲルスのアジア的生産様式関連文献の簡単な紹介であった(19)。ゴドリエは一九六四年、六五年に「アジア的生産様式の概念」に関する論文を二つ書いている。とくに一九六四年CERMから小冊子として発行された論文は、おそらく、前年十二月のレジュメを骨子としたものであると思われ、一九六九年、CERM編論文集『アジア的生産様式について』に収録され、かつその後英訳され、一九六〇年代のアジア的生産様式論を代表するものとみなされるにいたっている。なぜ、それを『パンセ』特集号に、テーケイやシェノーと並んで掲載しなかったのであろうか。そうすれば、その理論的インパクトはさらに強まったはずである。先のシュレ－カナルは自著において、ゴドリエの論文がまもなく『パンセ』に載ると予告までしているので、いっそう疑問におもわざるをえない。

後年、フランスのマルクス人類学の旗手として、代表的なマルクス主義的知識人の一人となったモーリス・ゴドリエは、当時、主要メンバーでは最年少であった。一九六二年、まだ三十一歳のテーケイがパリを訪れた時、ゴドリエは二十八歳であり、一九六四年、アジア的生産様式論を発表した時、ようやく三十歳になったばかりであった。

ゴドリエの一九六四年の論文「アジア的生産様式の概念と社会発展のマルクス主義的図式」の冒頭は、テーケイ「三つの所有形態」論から借りてきた個人―共同体―土地を三角形の頂点とする図式に依拠し、ゴドリエ流に展開したもので、『諸形態』に依拠したと称する六つの社会構成は、ゴドリエ独自のものである。その六つとは、原始共同体的社会構成とそれに続くアジア的、古典古代的、奴隷制的、ゲルマン的、封建的生産様式である。シェノーはこの七つの社会構成（シェノーは資本主義的生産様式をも含めている）のなかに、とくに古典古代的、ゲルマン的生産様式を含めたことに納得していない様子であったが、疑問とすべきは、むしろ奴隷制的生産様式とゲルマン的生産様式であろう。どちらも、マルクスやエンゲルスが使ったことのない用語である。奴隷制はむしろ一つの収取様式にすぎず、古典古代的生産様式にとって替わるような生産様式概念ではない(20)。また、ゲルマン的所有形態を封建的生産様式とは区別された生産様式とするのは、行き過ぎである。おそらく、ゲルマン的所有における個人的所有を私的所有と誤解し（これはテーケイも同じである）、土地私有がすでに原始的な共同体を制約している以上、敵対的生産様式であるとみなしたのかもしれない。

同論文後半部は、まず「アジア的生産様式の不運」と題し、『起源』におけるアジア的生産様式概念の不在を論じ、それをもたらしたモルガン＝エンゲルスの軍事的民主制段階説に対し、批判を投げかける展開となっている。『反デューリング論』での政治支配への二つの道において、アジア的社会における国家形成を論じたエンゲルスが、何故、『起源』において、それにまったく触れなかったのかについて、多くの議論がなされてきた。ゴドリエは、エンゲルスが、無階級社会から階級社会への発展において、軍事的民主制段階を経るとのモルガン説に引き摺られ、『起源』においてアジア的生産様式概念については沈黙してしまったと考えたのである。ところが、マルクスやエンゲルスの死後、トロア、ミケーネ、クレタおよびエトルリア文明などの発掘が始まり、古典古代以前の歴史が、次第に明らかになってきた。モルガン＝エンゲルス説は、ホメロスが詠いあげた時代を軍事的民主制段階とし、そこから次第に国家が発展したと考えたのだが、もし、それ以前にすでに国家が存在したとすれば、この仮説は維持できなくなる。ミケーネ社会の政治システムは、村落共同体が種族制的貴族に支配されており、かつそれらを支配していたのは王であった。エトルリアも同様であり、それらはアジア的生産様式のヨーロッパ型ともいえるものであった。

一九五〇年代、ベントリスがチャドウィックの協力をえて線文字Bの解読に成功し、ミケーネ文明の歴史研究は一挙に進んだ。そこから浮かびあがってきたミケーネ社会は、アジア的な貢納王政に似た相貌をもつものであり、当時の多くの古典古代学者を困惑させるとともに、アジア的社会に対する興味をかきたてることとなった。CERM東洋部会に古典古代研究者であるパランやヴェルナンが参加していたのも、東洋部会発足と同時に、パランが、アジア的生産様式を研究課題とするよう提案したのも、この気運と無縁ではないであろう(さらに言えば、ヴェルスコップやペチルカもまた、古典古代史家であった)。東洋部会のメンバーであり、対独レジスタンスの勇者ヴェルナンは、一九六二年にミケーネ以後の思想史を考察した『ギリシア思想の起源』を出版している。また、パランも『パンセ』一九六六年六月号に、ミケーネおよびエトルリア文明におけるアジア的生産様式的性格を論じている。すなわち、ゴドリエは、無階級社会から軍事的民主制段階をへて階級社会に踏み込むとのモルガン＝エンゲルス説が、ミケーネ時代を含むギリシアの実際の歴史にそぐわないことを、マルクス主義者である古典古代研究者から具体的に聞くことができたであろう。では、ゴドリエは、テーケイの所有形態論に依拠したアジア的生産様式論をベースに、ミケーネ社会の「アジア的」な社会構成を論じたとすると、彼自身のオリジナリティはどこにあるのであろうか。

ゴドリエ論文の最終章はまず、アジア的生産様式の性格を、共同体による共同体の支配と述べるところから始める。より正確には、個々の村落共同体が上位の共同体を代表する少数者の権力に従う社会であり、この権力は宗教的、政治的、経済的な共通の利害を代表する職務に根差しており、次第に共同職務の権能を搾取の権力に換えていくことになる。個々の共同体の土地は、しばしば、上位の共同体の化身たる王の領有するところとなる。土地私有はいまだ存在しないにもかかわらず、人間による人間の搾取は存在する(21)。社会の組織は、共同体的な社会構造と萌芽的な搾取階級の統一となる。このような矛盾こそ、社会が、最後の無階級社会であるとともに最初の階級社会であり、無階級社会から階級社会への過渡であることを示している(22)。

ゴドリエは、さらに、アジア的生産様式には、大規模公共事業を伴うもののほか、大規模公共事業を伴わないものもあるとし、アジア的生産様式の多様性を主張する。大規模公共事業を伴わないものは、アフリカの例であり、それはシュレ-カナルやピエール・ボワトーらの研究によって支えられている。それは、階級社会へ到る道の多様性でもある。この主張を、ゴドリエは、アジア的生産様式＝東洋的専制の図式は成立しないとし、公共事業の「水力」的性格と中央集権的官僚機構にこだわるウィットフォーゲルを批判しながら述べている。また、停滞論批判に答えるべく、アジア的生産様式は共同体的生産に支えられた生産力の発展によって過去の先進的な文明を支えてきたことを主張するとともに、生産様式が内的諸矛盾の展開によって発展するように、アジア的生産様式も共同体的構造と階級的構造の矛盾——対立物の統一——の展開により次第に私的所有にもとづく階級社会へ向かっていく。その方向は二つある。一つは、奴隷制に至る道であり、もう一つは、アジア的生産様式から奴隷制を経ないで封建的生産様式へ進む道であり、集団的な搾取から個人的な搾取へと展開する道である。ゴドリエは、このように、アジア的生産様式の発展のダイナミクスを主張し、停滞論の克服への道筋を示すとともに、人類の社会発展経路の多様性を主張している。これは、戦後日本のアジア的生産様式論争において、太田秀通、福富正実などによって唱えられた多系的発展論の展開と同質のものである。ゴドリエらにとって、アジア的生産様式の適用対象は、アジアをはるかに超えたものになる以上、アジア的生産様式の「アジア的」は不適切な形容詞であるということになる(23)。

このアジア的生産様式概念の「不運」とアジア的生産様式論の今後の展望を語る部分は、ソ連『アジア・アフリカ諸民族』一九六五年第一号に掲載されたゴドリエのテーゼ「アジア的生産様式概念と社会発展のマルクス主義的図式」（福富正実編訳、1969）の主旨にほぼ重なる。このソ連誌に掲載されたゴドリエ論文は、その前年八月にモスクワで開催された第七回国際人類学・民族学会議に、シュレ-カナルのテーゼとともに提出されたものであり、国際的なアジア的生産様式論争の再開を呼びかけたものとしてよく知られたものである。だが、ソ連誌に掲載された二人の文書は極めて短く、もし理論家や研究者たちを説得しようとして書かれたものならば、その目的を果たせたかどうか不明なほど、圧縮されたものである。だからテーゼと呼ばれているのであろうが、おそらく、ゴドリエのものは、当初、本論文と同じものが提出されたのであろう。シェノー論文も、同様に、『パンセ』一九六五年十月号掲載のものが提出されたと考えられる（Skalnik&Pokora, 1966: p.181）。おそらく、主催者によって論文の主旨、しかも圧縮された要旨が学会へのペーパーとして配布されたのであろう。意見を述べる側からすれば、説得的であることこそ重要である。テーゼと名づけられた切り詰められた要旨で何が可能であるかを考えれば、二人は少なくとも当初、上述の論文を提出しようとしたと考えたほうが合理的である。

一九六五年、六六年、『思想』上に発表された本田喜代治のアジア的生産様式論争復活に関する二つの論文においても、ゴドリエは何の紹介もされていない。本田は、少なくとも『レ・タン・モデルヌ（現代）』一九六五年五月号所載のゴドリエ「アジア的生産様式の概念について」を知りえたはずである。おそらく、テーケイの議論の枠組みに属するものとして、とりたてて紹介するに及ばないと考えたのであろう。たしかに、一九六五年の論文は、前年の論文の縮小版といった側面の強いものであった。一九六四年の論文（CERMの小冊子）は、おそらく一般の読者には手に入りにくいものであったであろう。それに対し、サルトル主筆『レ・タン・モデルヌ』は戦後フランスを代表する文化誌であり、ともかくもそれによってゴドリエは、論争の一翼を担うものとしての存在を示すことができたと思われる。

ゴドリエとともに、アジア的生産様式論争再開に向け、一九六四年夏の国際人類学・民族学会に論文を提出したシュレ-カナルは、当時、CERM副所長でもあった。シュレ-カナルの経歴は、歴戦の闘士そのものであった。高校生の時、対独レジスタンスで逮捕され、懲役刑に処せられている。また、一九四九年二月には、セネガルのダカールで、当時、ダカール労働組合連合の書記であったシュレ-カナルは、ダカール労働者の賃上げストの責任を問われ、フランス植民地当局に逮捕され、本国に追放されている。さらに、一九五九年からギニア政府に招かれ、教育機関の長を歴任するとともに新興独立国の建設に参画した。だが、ギニアとフランスの関係悪化と彼の急進的な立場がフランス政府に睨まれ、国籍剥奪や帰国禁止の脅しを受けたため、一九六三年、惜しまれつつ帰国せざるをえなくなった。このような活動歴にもかかわらず、彼はその合間を縫って大学を卒業し、大学教授資格をとり、さらにマルクス主義および社会科学研究に邁進し続けている（野沢協『黒アフリカ』日本語訳あとがき)。その成果が、主著『黒アフリカ』(一九五八年初版)であった。同書は、ソ連科学アカデミー・アフリカ研究所から博士号(歴史学)を授与されている。ソ連で翻訳・出版された『黒アフリカ』(24)から、「アジア的生産様式に関する記述が削除されていた」と福冨が述べているが、その時のことであろう。

シュレ-カナルが一九六四年八月の国際人類学・民族学会に提出したとされるのは「熱帯アフリカにおける伝統的な諸社会と「アジア的生産様式」のマルクス主義的な考え方」(福冨編訳、1969)と題する文書(テーゼ)であった。日本語訳でわずか二〇〇〇字前後の短い文章である。ほとんど同時期、シュレ-カナルは、同年『パンセ』十月号に「熱帯アフリカの伝統的な諸社会とアジア的生産様式概念」を発表しているが、本来、国際人類学・民族学会に提出されたのは、こちらの方であろう。前者は後者の主旨を圧縮したものであるといってほぼ間違いないと思われる。すなわち、前植民地期の熱帯アフリカの社会関係は奴隷制的でも、封建制的でもない。『パンセ』論文では、その証明に紙幅の過半を費やしている。そのような熱帯アフリカの伝統的な社会構成とは何か。前者(テーゼ)に沿いつつ、概略すれば、アフリカは、基本的な社会細胞として家父長制的な大家族が存在し、さらにその家父長制的大家族は、時には集団的土地所有をともなう村落共同体に統一されている。この家父長制的共同体の内部から奴隷制のような階級的社会関係が発生することもあれば、さらにこれらの家父長制的共同体のうえに種族制的貴族または軍事的貴族が形成されることもある。このような階級的社会関係の変化が国家の出現をもたらす可能性がある。これらのことは、マルクスがインドおよび近東の研究に依拠し「アジア的生産様式」として規定したものに近似している。かつ、これはより広い意味を持ち、私的土地所有の欠如した原始共産主義から階級社会への過渡期として、いたるところで存在していたのである。

さらに『パンセ』論文においてシュレ-カナルは、伝統アフリカにおける国家の役割が大きいことを強調する。それは、結局のところ、集団の共通利益を代表し、宗教的、軍事的、経済的職務を遂行する過程において、国家はより多くの剰余生産物を受け取るということにほかならない。支配階級によって集団の名のもとで行われる公共の機能は、そこで国家の形態をとる。つまり、国家は、階級的搾取の原因ではなく、結果である(これはおそらく、国家＝上部構造と考える正統派からの批判に対する顧慮にもとづいている)。さらにアジア的生産様式とデスポティズムの関係について、デスポティズムは生産様式の規定は含まれないと述べる。フランスの植民者たちには、王をとりまく機構や儀礼に目をくもらされ、アフリカの王たちが絶対的な統治権をもつ東洋的専制君主のように見えたのである。実際には、王は、王族、貴族階級、部族の首長層、村落の長、長老、家父長など——同盟しかつ協調し——様々な関係を結び、折り合いをつけなければならなかったと述べ、アジア的生産様式にまつわる専制主義との関わりを可能なかぎり薄めようとしている。

4　小括——論争の展開へ

『パンセ』四月号にアジア的生産様式特集が掲載されて以後、展開は急であった。アジア的生産様式論争再開への彼らの呼びかけは、大きな反響を呼び、再開への動きは、確実に拡がりをみせつつあった。それはおそらく、パランなど、東洋部会の主要メンバーたちにも思いもよらないほど速い展開であったに違いない。もっとも、彼らは悲観的に考えていたのではなかった。『パンセ』四月特集号において、シェノー「アジア的生産様式に関する最近のマルクス主義労作」がすでに紹介しているように、東欧、西欧のマルクス主義者の中心に、アジア的生産様式についての関心が、少しずつではあるが、高まりつつあるのを、彼らはすでに感じとっていた。だが、問題は、ながく議論することさえタブー状態にあったソ連学界の動向であった。社会主義の祖国ソ連の学界に明確に拒否ないし否定されては、再開への動きが止まってしまう可能性は極めて高かった。とくに、フランス党指導部(トレーズ)は、ソ連党追随者であり、ソ連学界——ソ連党のイデオロギー指導者——が否定したものを許容するはずはなかった。

一九六四年四月、レニングラードで、社会主義国を中心とした古典古代学研究者によるエイレネ協会の大会が開催された。このエイレネ協会はプラハにおいて雑誌『エイレネ』を発行しており、一九六四年『エイレネ』

四号に、シェノーのアジア的生産様式論およびペチルカの一九三〇年代のアジア的生産様式論争概観を掲載し論争の波及に一役かっている。四月のレニングラード大会では、チェコスロバキアのJ・ペチルカが、ポコラの提起によって始まったチェコスロバキアの論争、CERMにおいて進められている討論、およびテーケイの見解などを紹介し、ソ連の研究者のアジア的生産様式に対する関心を喚起せんとした。彼は、その意見発表のなかで、フランスのマルクス主義者の動向を伝えている。それによれば、ペチルカはプラハを訪ねたゴドリエに会い、彼からすでに、CERMにおいて、シャルル・パランの提唱で、奴隷制的構成体の諸問題について広範な討論が行われていること、さらに討論資料の一部も知ることができた、と述べ、さらに、シェノーが、二つの論文を用意していること、その一つは『パンセ』に掲載され、もう一つはこの夏の『エイレネ』第三号において発表されることになっている、と述べている。これらから、一九六四年前後において、ペチルカたちがシェノーやゴドリエたちと、緊密に協力しつつ、論争再開の努力を傾けていたことが理解できる（ペチルカ、1967）。

レニングラードは、一九三一年二月に、アジア的生産様式に関するソ連最後の討論が行なわれた場所でもあった。ペチルカは、徐々に再開されつつある論争に対してソ連の研究者たちが「三〇年代」（スターリン時代）の見地から接近することのないよう要請した。おそらくは、古典古代研究者にとり、クレタ・ミケーネ期の社会構成や国家をどのように考えるべきかについて、従来のような奴隷所有者的社会構成とか、奴隷抑圧機関などといった考え方では、容易に説明しえなくなっていることは、明らかであった。ペチルカの学生であり、当時、レニングラードに留学していたP・スカルニクは、長い間のタブーに触れたペチルカのペーパーは、ソ連の学者たちに大きな興奮を引き起こしたと回想している(25)。ペチルカはおそらく孤立していたわけではなかったと思われる。この問題では、ソ連の学者たちの関心を呼ぶことが重要であった。その意味で、ペチルカは、重要なつなぎの役割を果たしたといえる。

同年八月、第七回国際人類学・民族学会議がモスクワで開催された。先に述べたように、シュレ-カナルとゴドリエが文書（テーゼ）を提出し、アジア的生産様式論争の再開を呼びかけた。この会議には、ストルーヴェの従来の奴隷制説による反論「アジア的生産様式概念」（福冨編訳、1969）も提出されていた。しかし、呼びかけた二人も、ストルーヴェも出席しなかったことで、大会で議論されることはなかった。ただ、彼らの文書（テーゼ）は、『アジア・アフリカ民族学』一九六五年第一号に掲載された。とはいえ、フランスの二人の文書は、圧縮された要旨、テーゼであり、十分な説明を備えたものとはとうてい言い難く、それに対し、ストルーヴェのそれは、彼ら二人の文書を合わせたよりも長く、その面では公平さを欠くものであった。だが、それでも反響はあった。というのも、一九六四年、E・C・ヴァルガ最後の著作『資本主義経済学の諸問題』が出版され、その最後に「アジア的生産様式について」と題する特別な論文が掲載され、そこで、アジア的生産様式問題の再検討を呼びかけていたからである。二人のフランス人のテーゼは、当然にも、それと関連するものとして読み込まれることになった。

一九二〇年代後半以来、もっともすぐれたマルクス主義国際経済学者としてヴァルガは世界のマルクス主義者の間で、つねに高い権威を享受していた。その彼が、死に際し、一九三〇年代初頭にアジア的生産様式に関する討論が突然中断されたのは、政治的な圧力によるものであったこと、マルクスはもちろん、エンゲルスも、さらにはレーニンもアジア的生産様式概念を否定したことはなかったことを強調し、再審議を呼びかけたのである。ヴァルガは、さらに、アジア的生産様式の諸特徴の概観を示し、その理解がもたらす可能性について語っている。ヴァルガの「遺書」は大きな反響を呼ぶ。アジア的生産様式問題に対し長く閉ざされていたソ連学界においても、論争再開への機運が高まり、一九六四年末、ソ連科学アカデミー哲学研究所においてヴァルガの問題提起について討論が行なわれ、論争再開の口火を切るものとなる。

以上、一九六四年に起きたアジア的生産様式論争復活への動きを見るならば、そのタイミングとしてぎりぎり間に合ったということができる。なぜならば、この年一九六四年十月、ソ連党第一書記フルシチョフが失脚し、ついに雪解けの時代は終わりを告げたからである。フルシチョフに替わったブレジネフ政権のもと、ソ連は長い停滞の時代に入る。徐々に、スターリン批判以降の雪解けの揺り戻しが始まる。その後、社会主義圏は、それぞれの国の事情を抱えつつ、プラハの春とソ連のチェコスロバキア介入へ向け、ゆっくりと動き始める。

最後に、これまでの議論の行方を振り返ってみたい。何故、論争の萌芽は、東独、ハンガリー、チェコなどの中東欧諸国から、起きたのであろうか。これまで見てきたように、ヴェルスコップ、テーケイ、ペチルカ、ポコラなどの、東欧社会主義圏の研究者たちの存在なしに、一九六四年を起点とするアジア的生産様式論争の勃発と拡大は、起きなかったであろう。起きたとしても、より後に、違った形をとって開始されたであろう。

第二次大戦後、東欧に社会主義圏が成立すると同時に、フランス、イタリアにおいて共産党を中心とする左翼が大きな勢力を築く。だが、日本とは異なり、戦後しばらく、西欧におけるマルクス主義諸学――とくにマルクス史学――の成立は、急ピッチには進まなかったと思われる。彼らの当初の課題はより実践的な課題であり、さらには、マルクス諸学形成のために結集した人々は、すでに既成の諸学と浅からぬ関係を有しており、たとえば、スターリンの歴史発展の五段階論の全面的な受容に踏み切るには、それなりのプロセスが必要だったと思われる、それに比し、東欧社会主義諸国においては、社会主義化にともない、ただちに国家的な規模におけるマルクス主義諸学の建設が始まった。さらに、歴史学の場合、ソ連学界の動向に影響され、つねにそれを意識し、理論的整備・再編を行なわなければならなかった。そこに、東欧の西欧に比しての理論的な先行性（とくに奴隷制論争）が存在する。だが、これは苦難の道でもあった。なぜなら、マルクス主義者であろうと、非マルクス主義者であろうと、それ以前に、彼らはヨーロッパ的な学問（Wissenschaft）の伝統の中で育ってきたからであり、たとえ、ヴェルスコップのように、突然、五十歳をすぎて大学の教壇に立ったものでも、このヨーロッパ的な知や学問の伝統を受け継いでいたからである。古典古代学にせよ、シノロジーにせよ、すでにヨーロッパにおける長い伝統のなかから育ってきた彼らは、如何に社会主義の祖国がつくりあげた理論であっても、実情に合わない理論を現実の歴史に押しつける「靴をはかりて足を削る」やり方に従うことには、大きな抵抗があったと思われる。

一九五二年、東独のシノロジスト、エルケスは、『中国奴隷制の問題』を書いたが、中国古代の奴隷制は、決して奴隷制的社会構成を基礎づけるようなものではないことを、明確に述べている[26]。一九五六年、同じく東独のギュンターとシロットは、奴隷制についての論文を書き、古代オリエントと古典古代の奴隷制を質的に異なったものと考える傾向を批判し、ストルーヴェに学ぶように呼びかけた（Günter & Schrot, 1956）。だが、彼らの議論は、正統派の理論的指導者たちが、真理に絶対に従え、とばかりに居丈高に議論を繰り返す中国の同じ種類の論争に比べると、きわめてつつましやかで、穏やかなものであった。

もちろん、東欧各国にも、正統派の権威あるいはイデオロギー指導者（たとえば東独社会科学におけるクチンスキー）は存在し、油断なく学界に睨みをきかせていた。それに対し、ヴェルスコップらは東欧各国の同じ傾向を持つ研究者、知識人と交流し、互いに刺激し、鼓舞しあっていた[27]。実際には、ヴェルスコップら東独知識人は、次第に、かなり身動きできないほど不自由になりつつあった。特にアジア的生産様式論は「修正主義」理論であるとの疑いをかけられ、その講座あるいはセミナーはスパイ（情報提供者）の潜入を受けていたともいわれる[28]。その点においては一九六八年までのチェコスロバキアの研究者は比較的自由であったように思われる。また、カダール政権が軌道に乗った後のハンガリーの知識人も同様であったと思われる。一九六三、六四年におけるチェコスロバキア知識人が、ソ連学界とＣＥＲＭに代表されるフランス左翼をつなぐ役割を果たすことができたのも、それゆえであった。テーケイを含めた彼らの継続的な研究活動、著作活動は少なくとも、ソ連東欧圏の社会主義下の抑圧状況に不満をもったマルクス主義者に、マルクス主義理論の新たな可能性を示すとともに、今後の理論的発展への希望を与えたといえよう。それに対し、ソ連にも少なからぬ学問の伝統があったが、政治的な枠組みのあまりの狭さと頑なさが、学問の自立的な発展をいつも阻止していた。とくに、そのことで注意しなければならないのは、中国と同様の、分厚い理論工作者層の存在である。どのようにすぐれた理論も、そしてその業績も、党指導者に従うことを第一と考える彼らの前には、ほとんど無力であった。研究者は理論工作者の分厚い層に囲まれており、多くの場合、いつもそれにとって替わられる存在でしかなかった。

最後に再度テーケイに言及してみたい。一九六〇年代の新しいアジア的生産様式論の提唱者は、まずマルクスの著作、とくに『諸形態』を含むアジア的生産様式に関連する著作と、その内的な連関に精通していることが必須であった。また、理論と具体的な歴史研究を結びつけるという点において、エジプト学、アッシリア学、あるいはシノロジーといった伝統史学の出身者であることは、それなりに説得力をもったであろう。若きシノロジスト、テーケイが、一九六〇年代前半、アジア的生産様式論の旗手となったのは、それなりの必然性があったというべきである。

さらにまた、テーケイの議論が、共同体論ではなく、所有形態論であることの意義を評価しなければならない。『諸形態』において明確であるように、まず古典古代的、ゲルマン的な、すなわち西欧的な所有形態とアジア的な所有形態の違いに関するマルクスの鋭い認識があり、インドなどのアジア的社会における村落共同体は、アジア的所有が具現されたものと考えられていた。その実証のプロセスにやや性急なところがあったこと――マルクスが手にしえたその時点における資料の問題を含めて――が、後に、日本において、小谷汪之の批判を招くことになった。だが、マルクスの所有形態の違いに対する鋭い認識に間違いがあったわけではない。問題のかなりの部分は、マルクスもまた我々――日本人――と同じように、資本主義以前の農村社会が共同体から成り立っているということを信じて疑わなかった、というところに負っているからである。我々日本人は、『諸形態』から、各所有形態にもとづく各共同体のイメージを受け取った。それゆえ、アジア的生産様式をめぐる議論は、アジア的共同体についての議論――共同体を実体化した議論(29)――となった。だが、日本語以外の、我々が目にする『諸形態』の議論は、共同体論ではなく、あくまで本源的所有の各形態についての議論なのであり、その議論の礎石は『諸形態』自身にあるとしても、それを最初に実践したのがテーケイであるという事実に変わりはない。そのことを評価しなければならない。

［注］

(1) ダニーロヴァ「重要な問題に関する討論」(福冨正実編訳、1969)。ペチルカも、一九三四年、ガイムクにおける討論において、テュメネフは、レーニンの「国家について」を唯一の根拠にしての奴隷所有者的社会構成を普遍化しないように述べた、と伝えている(Pecirka, 1966: p.156)。

(2) レニングラードの討論会において、勝利したのはゴーデスの封建制説であった。だが、ゴーデスが展開した放棄論、および封建制説は重大な欠陥を抱えていた。それゆえ、その勝利もつかの間のものであり、二年後、スターリンの「奴隷革命」の提唱後、奴隷制説が支配的な学説として台頭する。

（3）古代オリエント社会における専制主義的支配について、テュメネフは以下のように述べている。「河川文化諸国では、支配階級の成員間の相互関係も奴隷所有者的関係の性格に応じて組み立てられていることは、指示的である。……支配階級の成員間の関係にもいちじるしい奴隷主義［servilism］が目立つ。地位の低いものは、権力の代表者の前に拝跪した。ギリシアの都市ではもっとも低い地位を占める市民でさえ、あらゆる体罰からまぬかれていたが、東方では、宮廷貴族さえむちうたれた」（テュメネフ、1958 : p.275）。

（4）ストルーヴェ『世界古代史』第一章「東方奴隷社会史」（原著は一九三七年出版、日本では一九三九年、白揚社出版）。

（5）アジア的生産様式否定論の立場からは、例外なくアジア的生産様式論が有する停滞論的側面が強調されるが、ストルーヴェ流奴隷制論においても、アジア的な社会における未発達な側面が強調されており、古典古代に対して劣ったという意味合いが含まれる。それゆえ、一九四九年以降の中国の歴史家、たとえば郭沫若や田昌五らはストルーヴェ流奴隷制論——中国では古代東方奴隷制説と呼ばれる——を、アジア的生産様式論と同じくアジアの歴史を劣ったものとする含意をもつものと警戒していた。

（6）Isolde Stark, Elisabeth Charlotte Welskopf:Eine Biographische Skizze, Isolde Stark（Hg.）, *Elisabeth Charlotte Welskopf und die Alte Geschichte in der DDR*, Franz Steiner Verlag, 2005.

（7）ヴェルスコップは、アジア的社会の奴隷制、総体的奴隷制を、『ドイツ・イデオロギー』における第一の所有形態、部族的所有に関連付け、原初的には「家族に内在する潜在的な奴隷制」として生成したものだと考えている。この『ドイツ・イデオロギー』における「家族に潜在する奴隷制」の重視は、両義的であると考えられる。一つには、これが明確な奴隷制の萌芽と捉えることにより、スターリンの歴史発展の五段階説への妥協の側面と、「潜在的な奴隷制」はあくまで潜在的なものであり奴隷制ではないとするか、あるいは奴隷制的な展開が多少あったとしても古典古代的奴隷制とは異なる社会構成であったとする、正統学説批判の側面である。筆者は、上記から、ヴェルスコップは当時、このような一種の保険をかけざるをえない立場にあったのではないかと考えている。

（8）ストルーヴェらに影響された東ドイツにおける奴隷制論を示す好例は、Günter & Schrot（1956）である。ヴェルスコップの批判は、それにも向けられている。

（9）「テーケイの業績」、テーケイ『アジア的生産様式』（羽仁協子訳）所収。

（10）羽仁は当時の用語法に従って古代的と訳している。なお、羽仁による日本語訳は一九七一年に出版されたが、翻訳草稿はかなり前にできあがっていた。本田喜代治の一九六六年の論文によれば、羽仁の翻訳草稿をすでに読んだと述べている（本田、1966）。

（11）「周代中国の土地所有関係」『古代通報（Acta Antiqua）』第六巻、第三―四号、ハンガリー科学アカデミー、一九五八年。「周代中国の家父長制的奴隷制の諸形態」（Akademia Kiado）、一九五九年。前者は仏語、後者は独語である。

（12）J・ペチルカ（1967）。また、シェノーも、*Eirene III*（1967）において、この点について、テーケイのアジア的生産様式論に対する批判として、はっきりと言及している。

（13）テーケイは唐代以降の中国における封建的諸関係の存在を認めているようにみえる。だが、それが社会構成を規定する決め手になるほど、明確で、安定したものではなかったとしている。まるで、鈴江言一のアジア的生産様式論を再読しているかのように映る（『中国革命の階級対立』）。因みに、日本において、テーケイとほぼ同じ議論をし、かつ似たような役割を果たした太田秀通、福冨正実は、中国を含めたアジア的社会の、アジア的生産様式から封建制への転化を認めている。日本のアジア的生産様式論者、あるいは理解者のほとんどは、アジア的な原始共同体社会から奴隷制への転化は否定しても、その封建制への転化を認める傾向が強い。その理由の主要なものは、おそらく、アジア的社会が古代から近代まで――すなわちウエスタン・インパクトの到来まで――アジア的生産様式のもとにあったとするのは、アジア的社会にいっさいの発展的契機を認めないアジア的停滞論に陥ることになると考え、その危険性を回避せんとしたためであると考えられる。

（14）「ところで、チェコスロバキアにおいても、アジア的生産様式問題を提起した中国研究者のT・ポコラの論文の内容をめぐる論争が、一九六三年に『リテラルニ・ノヴィニ』その他でおこなわれる。ポコラの見解はハンガリーのテーケイの立場に近かったが、この論争にはヒッタイト学者のV・ソウチェク、古典古代学者のP・オリヴァやJ・ペチルカ、封建制度史家のZd・フィアラやF・グラウスなどが参加した」（福冨正実、1970）。

（15）T.Pokora, La Chine a-t-elle connu une société esclavagiste?, *Recherches internationales à la lumière du marxisme*, no 57-58,1967. なお、この原文は、T.Pokora, Existierte Chinas eine durch Sklaverei bestimmte Produktionsweise und Gesellschaftsformation ?, *Archiv Orientalni*, no.31,1963. である。

（16）なお、CERM所長ロジェ・ガロディ（一九一三―二〇一二）は当時、党政治局員であり、後に、『現代中国とマルクス主義』を書き、CERM東洋部会発足の当時の事情を振り返っている。ガロディ（1970: p.22）によれば、研究所は、国際討論会を開いた時、参加者にヴェルスコップとテーケイの主要論文をテクストとして配ったとある。

なお、テーケイの第二論文「三つの所有形態論」は、一九六三年、CERMにおいて簡易印刷 ronéotypé されたと、『ルシェルシュ・アンテルナシオナル』五七―五八号にあるが、一九六二年六月の研究会ではレジュメが使われ、全文翻訳されたのが、一九六三年と解しうるのではないかと思われる。

(17) その鍵は、一九三九年に出版されたマルクスの遺稿『諸形態』の理解であるが、その理解の難しさに触れた後、パランは、マルクス主義歴史学の、もう一つの根本的な文献、エンゲルス『起源』がアジア的生産様式を放棄しているかのように映っていることについて、性急な判断を行なわないように注意を喚起している。『起源』は古代の奴隷制生産様式の形成について述べたものであり、『起源』直前に書かれた「フランク時代」において、土地私有が成立していない共同体の上に築かれた国家が専制となるとの記述があり、エンゲルス放棄説が妥当しない可能性を示唆している。

(18) シュレ-カナル『黒アフリカ』(理論社、1964) において、アジア的生産様式に関して、ゴドリエの協力を得たことを書いている。さらに、ゴドリエのアジア的生産様式論が近く『パンセ』に掲載されるとさえ述べている。それに比し、シェノー(本田編訳、1967) は、シュレ-カナルほどゴドリエに好意的でないようにみえる。シェノーは、ゴドリエの七つの社会構成に苦言を呈すとともに、ゴドリエが同じレジュメで、マジャールとその同調者を「修正主義者」と決めつけ、彼らの「停滞論」を非難したと述べている。そのとおりであろうが、討論のための「レジュメ」についてのものであることを考えれば、いささか暴露的であるように思う。ちなみに、シェノーのマジャール評価は、『諸形態』がまだ出版されていない段階で、マルクスのほかの著作から、アジア的生産様式の理論的構成に到達しようとしたかれらの努力は今なお興味深い、ときわめて公平な見方をしている。

(19) これは、一九七〇年CERM編『資本制生産に先行する諸社会――マルクス・エンゲルス・レーニンの文献抜粋』に結実する。そこで、ゴドリエは一〇〇頁をはるかに超える長文の序を書いている。一九六〇年代におけるゴドリエのアジア的生産様式論を集大成したものである。

(20) 生産様式概念には、小経営的生産様式とかマニファクチャー的生産様式などのような、より具体的な規定法にもとづくものがあるので、奴隷制的生産様式という言い方が間違いというわけではない。問題は、古典古代的生産様式にとって替わるような総括的な概念ではない、ということである。

(21) このような上位の共同体による小共同体の搾取に大きな関心を寄せていたのは、ローザ・ルクセンブルクであった。当時、このような政治支配の成立と収取の在り方について、ゴドリエらの興味をかき立てたのは、Alfred Métraux, *Les incas*, Editions du Seuil ,1962 であった。同書においてメトローは、ウィットフォーゲルの水の理論を援用し、アンデス文明における、共同体に依拠した政治支配の成立を説いている。

（22）だが、この過渡的社会は、敵対的社会構成にもとづく社会である。パンセ・マルクシストのあいだでは、アジア的社会は過渡期の社会であること、かつ敵対的社会構成であることは、共通の理解であった。なお、早川二郎は、このようなアジア的生産様式を階級社会への過渡期の生産様式と考えた。それは、原始社会の最後の段階であって、独自な社会構成を構成する生産様式とは考えなかった。すなわち、敵対的社会構成にもとづく社会ではなかった。

（23）シェノーやシュレ-カナルも同じような提案をしている。とくにシェノーは、アジア的生産様式の本質を、村落的生産と国家の政治関与との二重性 dualisme として捉え、アジア的生産様式の「アジア的」があまりに地理的環境決定論の響きをもつがゆえに、「専制＝村落的」といった用語で置き換える可能性を示唆している。このような「アジア的」という形容詞をより相応しいものに変えるといった点について、テーケイは、同意していなかったと思われる（Franc Tökei,Some Contentious Issues in the Interpretation of the Asiatic Mode of Production, *Journal of Contemporary Asia*, vol.12, no.3,1982）。ほかにも、彼らの間には、アジア的生産様式の封建化をはじめ、いろいろと、微妙なあるいは明確な、相違点が存在していた。テーケイの一九八二年論文は、おそらく、テーケイのアジア的生産様式論がゴドリエ等パンセ・マルクシストのそれと異なることの、テーケイの側からの、遅ればせながらの表明であった。論争の開始にあたって、ゴドリエらはアジア的生産様式論の従来からの難点、弱点を克服する使命を担っていた、ともいえる。その弱みとは、停滞論、デスポティズム、水の理論の三つであった。ゴドリエの対応は、ともかくも、この三つに応急手当てを施した、というところであった。

（24）「伝統的な黒アフリカのもっとも進んだ地域では、支配的な生産様式は、マルクスが〈アジア的生産様式〉と名づけたものにあたるようである。この生産様式の実例として、マルクスは、イギリスに征服される以前のインドをあげているが、周代の中国（紀元前一一世紀—紀元前三世紀）の生産様式もこれとおどろくほどよく似ている。……要するに、この生産様式（アジア的という名前は問題である。マルクス自身も、この名称に一般的な価値を与えてはいない）は、それ自体、原始共産制の無階級社会から階級社会への過渡的形態として、普遍的な価値をもつように見える」（シュレ-カナル『黒アフリカ』、p.101）。

（25）Peter Skalnik, Social Anthropology: Smuggling "biased" knowledge around the world? in: François Ruegg & Andrea Boscoboinik (eds.), *From Parermo to Penag : A journey into Political Anthropology*,2010.

（26）Eduard Erkes, *Das Problem der Sklaverei in China*, Akademie-Verlag, 1952.

（27）ヴェルスコップの学生であったハインツ・クライシヒ Heinz Kreissig（1921-1984）は、古典古代の研究者であり、かつアジア的生産様式論者でもあった。彼は、東欧の研究者たちばかりでなく、モーゼス・フィンレーのような西欧の古代史研究者たちと活発な交流を行っていた（Christian Mileta, Welskopfs Erbe: Heinz Kreissig als Wissenschaftler und Wissenschaftsorganisator der 'Mittleren' DDR, Isolde Stark（Hg.）, loc.cit.）。

（28）Bermd Florath, Zur Diskussion um die Asiatische Produktionsweise, Isolde Stark（Hg.）, *ibid.*

（29）もし、東洋的専制国家のもとにはアジア的共同体が実体として存在しなければならないとすると、秦漢期以降の中国史はアジア的生産様式ではない、ということになろう。筆者は水力的な専制国家のもとにおいては、村落は共同体として存在し得なくなると考えている。東洋的な専制国家のもとに存在するのは、アジア的所有であって、村落は、個々の専制国家およびそれを支える社会的経済的システムの在り方に応じて存在するのであって、共同体として存在するのではない。

［文献リスト］

一九五六年

Rigobert Günter & Gerhard Schrot, Einige Probleme zur Theorie der auf Sklaverei beruhenden Gesellschaftsordnung, *Zeitschrifts für Geschichtswissenschaft*, heft 5, 1956.

一九五七年

Elisabeth Charlotte Welskopf, *Die Produktionsverhältnisse in alten Orient und in der Greiechesch-Römischen Antike,* Akademie Verlag, Berlin, 1957.

一九五八年

テュメネフ「古代東方と古典古代」香山陽坪訳編『奴隷制社会の諸問題』有斐閣

一九六四年

Charles Parain, Le mode production asiatique : une étape nouvelle dans une discussion fondamentale, *La Pensée,* no 114, avril 1964 .

Frenc Tökei, Le mode de production asiatique dans l'œuvre de K. Marx et F. Engels, *La Pensée* no 114, avril 1964.

Jean Chesneaux, Le mode de production asiatique: Quelques perspectives de recherche, *La Pensée*, no 114, avril 1964.

Jean Chesneaux, Récents travaux marxistes sur le mode de production asiatique, *La Pensée,* no 114, avril 1964.

Maurice Godelier, *La notion de mode de production asiatique et les schémas marxistes d'evolution des sociétés,* Cahiers du CERM, 1964.

Jean Chesneaux, Le mode de production asiatique: Une nouvelle etape de la discussion, *Eirene* III, Praha, 1964.
Jan Pecirka, Die Sowjetishen Diskussionen über die asiatische Produktionsweise und über die Sklavenhalterformation, *Eirene* III, Praha, 1964.
Vidal-Naquet, Histoire et ideologie: Karl Wittfogel et le concept de《Mode de production asiatique》, *Annales*, 19e Annee-no3, Mai-juin 1964.
Jean Sure-Canal, Les sociétés traditionnelles en afriaque tropical et le concept de mode de production asiatique, *La Pensée*, no 117, octobre 1964.

一九六五年
本田喜代治「アジア的生産様式の問題」『思想』一九六五年十月　四九六号
Maurice Godelier, La notion de《mode de production asiatique》, *Les temps modernes*, no 288, Mai 1965.

一九六六年
本田喜代治「「アジア的生産様式」再論」『思想』一九六六年三月　五〇一号
本田喜代治編訳『アジア的生産様式の問題』岩波書店

一九六七年
J・ペチルカ「奴隷的構成体とアジア的生産様式に関する所見」福冨正実訳『東亜経済研究』第四一巻第三・四号

一九六九年
福冨正実編訳『アジア的生産様式論争の復活』未来社

一九七〇年
ロジェ・ガロディ『現代中国とマルクス主義』野原四郎訳、大修館書店
福冨正実「アジア的生産様式の再検討」『現代の眼』一九七〇年十月号

一九七一年
テーケイ『アジア的生産様式』羽仁協子訳、未来社

一九七七年
市川泰治郎編訳『社会構成の歴史理論』未来社

一九九五年
U・G・ウルメン『評伝ウィットフォーゲル』亀井兎夢訳、新評論

あとがき

各章の初出は以下のごとくである。いずれも、所属大学の紀要『明治大学教養論集』に掲載されたものである。

1　アジア的生産様式論争史　戦前日本編　三五一号　二〇〇二年一月
2　アジア的生産様式論争史　戦後日本篇　1945―1964　三五五号　二〇〇二年三月
3　日本におけるアジア的生産様式論争　第二次論争編　三六七号　二〇〇三年一月
4　中国におけるアジア的生産様式論の変遷　四七九号　二〇一二年三月
5　中国におけるアジア的生産様式論争1979―1989　四六七号　二〇一一年三月
6　1990年代中国におけるアジア的生産様式論の後退と東方社会理論の興起　四七二号　二〇一一年九月
7　1964年　西欧におけるアジア的生産様式論争の勃発　四九七号　二〇一三年十月

本書に収めるにあたり、誤字脱字の訂正のほか、意味をわかりやすくするため追加や、冗長な部分の削除・省略を行なっているが、論文の基本的な骨格は維持されている。見解を改めた部分および新しい知見については補注（二ヵ所）をつけている。

本書の続編として『マルクス主義と水の理論』（仮題）を予定しているが、以下の論文（『明治大学教養論集』掲載）を収める。

マルクス共同体論再考　四五五号　二〇一〇年三月
マルクス主義と水の理論　四六二号　二〇一一年一月
水の理論の系譜（一）　四七六号　二〇一二年一月
水の理論の系譜（二）　四八五号　二〇一二年九月
水の理論の系譜（三）　四九三号　二〇一三年一月
西欧におけるアジア的生産様式論争の展開　１９６４―１９７４上　四九九号　二〇一四年一月
西欧におけるアジア的生産様式論争の展開　１９６４―１９７４下　五〇一号　二〇一四年六月
アジア的生産様式論争の拡大　１９７４―１９８０　英語圏を中心として　五〇五号　二〇一五年一月

そのほか、アジア的生産様式に関連したものとして、以下の論文（掲載誌名のないものは『明治大学教養論集』掲載）を発表している。

アジア的生産様式論再考（一）　三八〇号　二〇〇四年一月
アジア的生産様式論再考（二）　三八五号　二〇〇四年三月
アジア的生産様式論の新しき地平　明治大学人文研究所紀要五四号　二〇〇四年
戦前日本における奴隷制論争　四一一号　二〇〇六年九月
マルクス主義と奴隷制をめぐる諸問題　四〇六号　二〇〇六年三月
マルクス主義と奴隷制をめぐる諸問題（２）　四二二号　二〇〇七年三月
アジア的生産様式と貢納制的生産様式　四二九号　二〇〇八年一月
20世紀社会主義と東洋的専制主義　四四六号　二〇〇九年三月
現代中国の封建論とアジア的生産様式　石井知章編『現代中国のリベラリズム思潮』藤原書店　二〇一五年十月

さらにエッセー・シリーズ「中国的なるものを考える」（『電子礫蒼蒼』http://www.21ccs.jp/soso/index_top.html）に、「アジア的生産様式物語」（六編）、「停滞論の系譜」（五編）、「アジア的生産様式と中国」（七編）、「カウディナのくびき」（三編）、「やわらかな水の理論の世界」（五編）を掲載している。併せてご覧いただければ幸いである。

筆者はもともと、一九三〇年代中国の政治史・社会史を主要なフィールドとしてきた。一九九八年『中国革命を駆け抜けたアウトローたち』を執筆する過程で、同じ時期を社会経済史的な視角から見る必要を感じ、戦前における中国農村社会論や日中資本主義論争史をしばらく翻ることになった。日本と中国におけるアジア的生産様式論争の歴史をまとめてみようと考えるようになったのも、その流れからであった。

だが、日本におけるアジア的生産様式論争史をようやく三本の論文にまとめた後、在外研究で、二〇〇三年春から二年ほど雲南で暮らすことになり、中国における論争史への取組を、一時中断せざるをえなくなった。在外研究中、雲南、貴州、広西といった中国西南から、タイ、ベトナム、ラオス、ミャンマーなどインドシナ北部を旅しつつ、その独特の景観やエコシステムとそこに住む人々に心惹かれた。また、同時に、今後もアジア的生産様式論争史研究を続けるべきか、それとも雲南研究の一翼に加わるべきか迷い続けた。

帰国後、最初に書いたものは「涼山彝族奴隷制」についてであった。人類にとって奴隷や奴隷制とは何かを考えながら、徐々にアジア的生産様式研究に戻ることを想定し、六十歳を前にドイツ語学習を開始し、六十歳を過ぎてからフランス語学習を始めた。ドイツ語、フランス語については、現在もなお中級程度の学習者に過ぎず、論文や著作は、相変わらず辞書を引きながら、たどたどしく解読しており、残念ながら読書になっていない。

再度中国におけるアジア的生産様式論争に取り組み始めたのは二〇一〇年前後からであった。その後、内外の水文献を読みつつ、アジア的生産様式と水の関わりを考察し、自分なりの「水の理論」をまとめ、ようやくここ数年にいたって、西欧におけるアジア的生産様式論争の歴史に辿りつくことができた。

すでにマルクス主義が、社会科学や歴史学などの知的ツールとして流行らなくなった今日、本書のようなマルクス主義論争の歴史にこだわり続けるのは、無駄な努力のように映るかもしれない。だが、それぞれの時代の衣裳とは別に、それを奥底において貫いているものもまた存在する。我々がこだわり続けるのは、それに関してなのである。

アジア的生産様式論争史研究のように書かれた「歴史としてのマルクス主義」を研究対象とするフィールドをマルクス主義ヒストリオグラフィーと呼ぶとすれば、この領域は極めて広く、日本資本主義論争や中国社会性質論戦、中国社会史論戦を初めとして、今後も、多くの興味深い議論の対象が見つかりそうである。これらの論争は、それぞれの国民あるいは民族の、思想の在り方や思考方法をも映し出している、と考えている。

また、世界における中国の存在感が増大している今日、近代以降、一貫して問われ続けていた古い問題「中国は如何なる社会であるのか」あるいは「あったのか」について、あらためてマルクス主義諸学の関心が注がれることを望みたい。

初めて本書の出版の話が出たのはずいぶん前のことである。出不精な著者を見かねて、出版を何度も強く勧めてくださった石井知章教授（明治大学商学部）、今回も原稿を読み適切なアドバイスをくださった岸田五郎氏に感謝申しあげます。石井教授は現在、日本における「アジア的社会論」の第一人者であり、岸田五郎氏は、戦中・戦後の日中民間交流史の生き字引的存在でもある。お二人の支持がなければ、本書は出版にまでこぎつけられたかどうか疑問である。

最後に、原稿の提出まで辛抱強く待っていただき、約束した期日を何年も過ぎてしまったにもかかわらず快く出版を引き受けてくださった社会評論社、とりわけ編集部の新孝一さんにお礼申し上げます。

二〇一五年十一月

事項索引

[ナ行]

[ハ行]

人名索引

＊頁数は本文及び注部分のみ。

［ア行］

［カ行］

[著者紹介]

福本勝清（ふくもと・かつきよ）

1948 年　北海道滝川市に生まれる。
1978 年　明治大学第二文学部史学地理学科東洋史専攻卒業
1981 年～ 84 年　北京大学歴史系留学
現在　明治大学商学部教授
主著　『中国革命への挽歌』（亜紀書房 ,1992 年）
　　　『中国共産党史外伝』（蒼蒼社 , 1994 年）
　　　『中国革命を駆け抜けたアウトローたち』（中公新書 , 1998 年）
　　　その他、論文多数。

アジア的生産様式論争史
——日本・中国・西欧における展開

2015 年 11 月 25 日　初版第 1 刷発行

著　者＊福本勝清
発行人＊松田健二
装　幀＊後藤トシノブ

発行所＊株式会社社会評論社
　　　　東京都文京区本郷 2-3-10　tel.03-3814-3861/fax.03-3818-2808
　　　　　http://www.shahyo.com/
印刷・製本＊倉敷印刷株式会社

Printed in Japan